Surface du cercle
carrer le diamètre
mettre par 11 et
diviser par 14

Prisme	La surface s'obtient en multipliant le contour de la base par la hauteur. La solidité s'obtient en multipliant la surface de la base par la hauteur.
Cylindre	La surface s'obtient en multipliant la circonférence de la base par la hauteur. La solidité s'obtient en multipliant la surface de la base par la hauteur.
Pyramide	La surface s'obtient en multipliant le contour de la base par la $\frac{1}{2}$ hauteur. La solidité s'obtient en multipliant la surface de la base par le $\frac{1}{3}$ de hauteur.
Cône	La surface s'obtient en multipliant la circonférence de la base par la moitié de la hauteur. La solidité s'obtient en multipliant la surface de la base par le $\frac{1}{3}$ hauteur.
Cône tronqué	Le cône tronqué ajoute les 2 bases et comprendre sa $\frac{1}{2}$ et multiplier.
Sphère	La surface s'obtient en multipliant la circonférence par le diamètre. La solidité s'obtient en multipliant la surface par le $\frac{1}{3}$ du rayon.

NOUVEAU MANUEL

A L'USAGE

DU COMMERCE.

NOUVEAU MANUEL

A L'USAGE

DU COMMERCE

CONTENANT

UN TRAITÉ D'ARITHMÉTIQUE; DES TABLES POUR LA CONVERSION DES ANCIENNES MESURES EN NOUVELLES; POUR LE CUBAGE DES BOIS EN GRUME ET ÉQUARRIS; DES NOTIONS DE GÉOMÉTRIE, D'ÉLÉMENTS D'ARPENTAGE ET DE TOISÉ; UN BARÊME DES TOISÉS TOUT FAIT; UN TARIF DES FERS, DE LA PESANTEUR DES MÉTAUX, DU PRIX DE LA MAIN-D'OEUVRE ET DES MATÉRIAUX EMPLOYÉS DANS LA CONSTRUCTION DES BATIMENTS; L'AVANTAGE DES COUVERTURES EN ZINC; UN TARIF POUR LES INTÉRÊTS, ET UN TRAITÉ SUR LES SIX ORDRES D'ARCHITECTURE

PAR

F. S. ET ORTLIEB,

Dix-neuvième Édition.

BAUDOT ET ISIDORE MOINE Éditeurs.

Paris,

Imprimerie de A. APPERT, passage du Caire, 54.

EXPLICATION DES SIGNES

EMPLOYÉS DANS CET OUVRAGE.

+ *Signifie* plus : *c'est le signe de l'addition.*
— *Signifie* moins : *c'est celui de la soustraction.*
× *Signifie* multiplié par.
| *Signifie* divisé par.
= *Signifie* égal.

Les autres signes seront expliqués aux articles où l'on en fait usage.

Les numéros placés entre deux parenthèses servent de renvois aux principes sur lesquels on s'appuie dans le raisonnement, et qui sont déjà démontrés.

TRAITÉ

D'ARITHMÉTIQUE.

NOTIONS PRÉLIMINAIRES.

1. L'objet des *Mathématiques* est de mesurer les *grandeurs* ou *quantités*, c'est-à-dire tout ce qui est susceptible d'augmentation ou de diminution.

2. On entend par *mesurer*, comparer une quantité connue, qui prend alors le nom d'unité, à toute autre quantité de la même espèce.

3. Les quantités peuvent être considérées comme *continues* ou comme *discontinues*. Elles sont *continues* quand leurs parties ne sont point distinctes les unes des autres, comme dans un bloc de marbre, une pièce de bois, un volume quelconque d'eau ou d'air. Elles sont *discontinues*, quand leurs parties sont à la fois distinctes et à peu près égales, de sorte que le nombre de ces parties représente le tout; tels sont un bataillon d'hommes, un tas de blé ou de pièces d'une même monnaie.

4. L'*Arithmétique* traite particulièrement de la mesure des quantités discontinues, c'est-à-dire de

celles qui peuvent être exprimées par des nombres. Elle enseigne à composer et à décomposer ces nombres, ce qu'on appelle *calculer*.

5. La *Géométrie* a spécialement pour objet les quantités continues, dans lesquelles on considère alors leurs dimensions : *longueur*, *largeur* et *profondeur* ou *épaisseur*.

DES NOMBRES.

6. Le *nombre*, en général, est l'expression d'une ou plusieurs unités entières, ou d'une ou plusieurs parties de l'unité.

7. On en distingue de plusieurs sortes, que l'on nomme *entier*, *fraction*, *fractionnaire*, *abstrait*, *concret*, *incomplexe*, *complexe*.

8. Le nombre *entier* est celui qui ne renferme que des unités entières, comme : trois, cinq, neuf, etc.

9. La *fraction* ne contient qu'une ou plusieurs parties de l'unité, comme : un demi, deux tiers, trois quarts.

10. Le nombre *fractionnaire* est celui qui exprime des unités entières et des parties de l'unité, comme : huit trois quarts, sept cinq sixièmes, un et demi, etc.

11. Un nombre est *abstrait* lorsqu'il n'indique aucune espèce de chose, comme : un, deux, trois ; une fois, deux fois, trois fois, etc.

12. Il est *concret* lorsqu'il désigne l'espèce d'unité que l'on considère, comme : trois livres ou huit aunes.

13. Le nombre *incomplexe* est celui qui ne dé-

signe qu'une seule espèce d'unité ; ce n'est, à pro-prement parler, que le nombre concret lui-même : comme huit toises ou cinq livres.

14. Un nombre est *complexe*, lorsqu'il exprime à la fois plusieurs espèces d'unités qui dépendent les unes des autres.

SYSTÈME DE NUMÉRATION.

15. Le but de ce système est de représenter tous les nombres possibles avec dix caractères appe-lés *chiffres*, qu'on figure et qu'on énonce comme il suit :

0	1	2	3	4	5	6	7	8	9
zéro	un	deux	trois	quatre	cinq	six	sept	huit	neuf

16. Le chiffre *zéro* n'a pas de valeur, mais par sa combinaison avec les autres chiffres qu'on nomme *significatifs*, il contribue à la valeur définitive du nombre et devient d'un fréquent usage.

17. On est convenu qu'un même chiffre, reculé d'un rang vers la gauche, prendrait une valeur dix fois plus grande, et qu'ainsi pour exprimer une *dizaine*, deux *dizaines*, trois *dizaines*, etc., il suffirait d'écrire les chiffres 1, 2, 3, etc., à la gauche d'un chiffre sans valeur, ou du zéro ; on a donc, de cette manière, 10, 20, 30. . . . . 90. Et si, à la place du zéro, on écrit tous les chiffres significatifs, on forme 11, 12, 13, 14, ... 99, c'est-à-dire tous les nombres depuis *dix* jusqu'à *cent*.

18. Mais le nombre *cent* étant composé lui-même de 10 fois dix, il sera convenablement écrit si l'on

recule le nombre 10 d'un rang vers la gauche, ou le chiffre 1 de deux rangs, en plaçant encore un zéro à la droite du 10. Et comme il en sera de même des nombres *deux centaines, trois centaines,* etc., on écrira 100, 200, 300, ... 900, pour exprimer toutes ces centaines ; après quoi, substituant au zéro les neuf chiffres significatifs, on aura tous les nombres depuis *cent* jusqu'à *mille.*

19. Il est clair que pour écrire *mille,* composé de dix centaines, il suffit de reculer le nombre 100 d'un rang vers la gauche, ou d'écrire un troisième zéro à sa droite ; que *deux mille, trois mille,* etc., s'exprimeront de même, en ajoutant un zéro à la droite de 200 ou de 300, etc. ; et qu'en remplaçant ensuite tous les zéros par des chiffres significatifs, on formera les nombres depuis *mille* jusqu'à *dix mille.* Alors il est facile de comprendre comment ce système peut s'étendre à tous les nombres entiers.

20. On doit donc distinguer deux valeurs dans les chiffres : la valeur *absolue,* qui dépend de la figure même que chacun d'eux affecte ; de la valeur *relative,* qui dépend de la place qu'on leur fait occuper. Ainsi la valeur absolue de 7 est toujours 7 ; mais la valeur relative de ce chiffre peut être 7 unités, 7 dizaines ou 7 centaines, suivant qu'on l'écrit à droite du nombre, ou qu'on le recule d'un ou de deux rangs vers la gauche.

21. Il résulte de ces principes que pour rendre un nombre entier quelconque dix, cent ou mille fois plus grand, il faut écrire à sa droite un,

deux ou trois zéros ; et que, pour rendre dix, cent, ou mille fois plus petit le nombre qui est terminé vers la droite par un ou plusieurs zéros, il faut supprimer un, deux ou trois de ces chiffres sans valeur. Ainsi 100 fois 256 font 25600, et la dixième partie de 450 est 45.

22. Ce qui précède, explique pourquoi le système de numération dont il s'agit porte le nom de système *décimal*. On voit en effet qu'on fait usage de *dix* chiffres, ce qui justifierait suffisamment cette dénomination ; mais que ces chiffres acquièrent encore une valeur de *dix* en *dix* fois plus grande, en allant de droite à gauche, ou de *dix* en *dix* fois plus petite, en venant de gauche à droite.

Manière de lire et d'écrire facilement un nombre composé de plusieurs chiffres.

23. L'énumération des chiffres qui composent un nombre, peut conduire à une manière facile d'énoncer le nombre tout entier. Car si on suppose le nombre suivant 256780246, on observera que le chiffre 6 à droite exprime des unités ; le chiffre 4 qui est à sa gauche, des dizaines d'unités ; et le chiffre 2 des centaines d'unités ; on peut alors séparer ces trois chiffres de tous les autres par une virgule, et les appeler la tranche des unités. Le zéro suivant tient la place des mille, le chiffre 8 la place des dizaines de mille, et le chiffre 7 celle des centaines de mille ; on peut donc encore séparer ceux-ci, et les appeler la tranche des mille. Les trois suivants seraient la tranche des millions, et

l'on aurait ensuite la tranche des billions, celle des trillions, celle des quatrillions, etc. , si le nombre des chiffres était plus considérable. Reprenant alors par la gauche le nombre proposé, et lisant chaque tranche séparément, on trouvera 256 millions, 780 mille, 246 unités.

$$2\ 5\ 6,\quad 7\ 8\ 0,\quad 2\ 4\ 6.$$

Centaines de millions. / Dizaines de millions. / Millions. / Centaines de mille. / Dizaines de mille. / Mille. / Centaines d'unités. / Dizaines d'unités. / Unités.

24. D'où l'on peut conclure que, pour lire facilement un nombre composé de plusieurs chiffres, il faut les séparer en tranches de trois chiffres, en allant de droite à gauche ; désigner les tranches , dans cet ordre, sous les noms d'*unités*, de *mille*, *millions*, *billions*, *trillions*, etc., et commencer par la gauche à lire chacune d'elles séparément.

Exemple d'un nombre à énoncer.

$$214,\ 687,\ 654,\ 389,\ 654,\ 329,\ 865,\ 432$$

Centaines de sextillions. / Dizaines de sextillions. / Sextillions. / Centaines de quintillions. / Dizaines de quintillions. / Quintillions. / Centaines de quatrillions. / Dizaines de quatrillions. / Quatrillions. / Centaines de trillions. / Dizaines de trillions. / Trillions. / Centaines de billions. / Dizaines de billions. / Billions. / Centaines de millions. / Dizaines de millions. / Millions. / Centaines de mille. / Dizaines de mille. / Mille. / Centaines d'unités. / Dizaines d'unités. / Unités.

On dira donc deux cent quatorze sextillions, six cent quatre-vingt-sept quintillions, six cent cinquante-quatre quatrillions, trois cent quatre-vingt-neuf trillions, six cent cinquante-quatre billions, trois cent vingt-neuf millions, huit cent soixante-cinq mille, quatre cent trente-deux unités. Cet exemple suffit pour faire concevoir la manière de lire tous les nombres.

25. Pour écrire facilement un nombre entier composé de beaucoup de chiffres, on pose d'abord la tranche des plus fortes unités, qui, étant la première à gauche, peut n'être composée que d'un ou de deux chiffres; on écrit ensuite successivement toutes les autres en les séparant par des virgules, et avec l'attention de remplacer par des zéros les chiffres qui ne sont point donnés, et sans lesquels chaque tranche ne renfermerait pas trois chiffres, ou ne serait pas de l'ordre qui lui est propre. Le nombre cinq trillions, deux cent quatre billions, cinq mille quatre-vingts unités, doit donc être écrit ainsi : 5, 204, 000, 005, 080.

ADDITION DES NOMBRES ENTIERS.

26. L'*Addition* a pour objet de réunir plusieurs quantités de même espèce en une seule qu'on appelle *somme* ou *total.*

27. Soit d'abord à ajouter les nombres suivants :

23645

16427

8642

———

48714

On les écrira les uns sous les autres, comme on le voit, de manière que leurs unités soient dans une même colonne verticale, les dizaines dans une autre, et ainsi de suite. On séparera ces nombres de leur somme, par un trait, et l'on commencera l'addition par les unités de la plus petite espèce. On dira donc : 5 et 7 font 12, et 2 font 14; et comme 14 unités renferment une dizaine, on n'écrira que 4 sous les unités, et l'on retiendra la dizaine pour la joindre aux dizaines suivantes. Cette dizaine et 4 font 5, et 2 font 7, et 4 font 11; de 11 dizaines, il n'en faut écrire qu'une seule sous les dizaines, et les 10 autres seront retenues comme une centaine, pour être ajoutées à la colonne des centaines. La centaine retenue et 6 font 7, et 4 font 11, et 6 font 17; desquelles centaines on n'écrira que 7 seulement sous les centaines, et l'on retiendra les 10 autres, en les comptant pour 1 mille. Ce mille joint à 3 fait 4, et 6 font 10, et 8 font 18 mille ; on écrira 8 sous la colonne des mille, et, retenant la dizaine, on la joindra aux dizaines de mille de la colonne à gauche, ce qui en donnera 4 que l'on écrira au-dessous : la somme sera donc 48714. On suivra un procédé tout-à-fait semblable, quels que soient les nombres à ajouter.

Il est évident que 48714 sont la somme de tous les nombres donnés, car on a ajouté successivement les unités, les dizaines, les centaines, les mille et les dizaines de mille, c'est-à-dire qu'on a fait la somme de toutes les parties dont ces nombres sont composés.

28. De l'exemple qui précède, on peut conclure que, pour faire l'addition des nombres entiers, il faut écrire ces nombres les uns au-dessous des autres, de manière que les unités d'un même ordre se correspondent, et souligner le tout ; puis on fait la somme des unités simples, et si cette somme ne passe pas neuf, on l'écrit telle qu'elle est au-dessous ; mais si elle passe neuf, elle contient une ou plusieurs dizaines, qu'on retient pour joindre à la colonne des dizaines ; l'excédant seul de ces dizaines doit être écrit sous les unités. On opère sur les dizaines comme sur les unités, et on continue ainsi l'opération jusqu'à ce qu'on ait épuisé toutes les colonnes. Arrivé à la dernière, on écrit la somme telle qu'on la trouve, avec l'attention de reculer d'un rang vers la gauche les dizaines qu'elle contient.

29. Pour faire sentir l'avantage de commencer l'addition par la droite plutôt que par la gauche des nombres, soit encore proposé d'ajouter ceux-ci :

$$5860$$
$$4072$$
$$7038$$
$$7429$$
$$\overline{23180}$$
$$212$$
$$25300$$

Commençant en effet par la gauche, on fera la somme des mille, qui est 23, et qu'on écrira sous les mille ; mais, comme en faisant ensuite celle des centaines, on a 21, et que celle-ci renferme 2 mille, on ne peut écrire qu'une centaine, et l'on doit joindre les 2 mille aux 23 déjà trouvés, ce qui donne 25 mille ; il faut donc supprimer le chiffre 3 pour mettre 5 à sa place. La somme des dizaines est 18, et comme elle contient une centaine, il ne faut écrire que les huit dizaines au-dessous et ajouter la centaine aux 21 déjà trouvées, ce qui fait 22 ; on supprime donc encore le chiffre 1, pour mettre 2 à sa place. Enfin, la somme des unités donne 20 unités ou 2 dizaines : on ne doit écrire que zéro sous les unités, et ajouter les deux dizaines aux 8 déjà trouvées, ce qui fait dix dizaines ou une centaine ; de sorte qu'on est obligé de substituer zéro à la place de 8, et d'écrire 3 centaines au lieu de 2. Ainsi, ce n'est qu'après avoir rectifié quatre des résultats déjà obtenus, qu'on parvient à la somme totale 25300 ; ce qui montre assez l'inconvénient de commencer par la gauche.

SOUSTRACTION DES NOMBRES ENTIERS.

30. La *Soustraction* est une opération par laquelle on retranche un nombre d'un autre plus grand, pour connaître la différence qui existe entre eux.

Le résultat de cette opération se nomme *reste*, *excès* ou *différence*.

La soustraction, ainsi que l'addition, ne peut se faire que sur des quantités de même espèce.

31. Supposons d'abord que du nombre 45628 on veuille retrancher 14315 : on écrira le plus petit au-dessous du plus grand, comme pour l'addi-

tion, c'est-à-dire, les unités de même espèce les unes sous les autres :

$$45628$$
$$14315$$
$$\overline{31313}$$

et l'on séparera ces deux nombres de leur différence par un trait. Alors on retranchera 5 unités de 8, il en restera 3, que l'on écrira dessous : on ôtera 1 dizaine de 2, il en restera 1 qu'on écrira de même ; en ôtant 3 centaines de 6, il en restera 3 ; 4 mille ôtés de 5 donneront 1 mille pour reste ; et 1 dizaine de mille ôtée de 4, il en restera 3. Le reste total sera donc 31313.

Il est évident que ce nombre est la différence qui existe entre les deux nombres proposés, car on a pris successivement la différence qui existait entre les unités, les dizaines, les centaines, les mille et les dizaines de mille : on a donc pris la différence entre toutes les parties des nombres proposés ; et, en réunissant les différences partielles, on doit avoir la différence totale.

32. Il peut arriver que plusieurs chiffres du plus grand nombre se trouvent plus petits que les chiffres correspondants du nombre à retrancher, comme si de 25638 on voulait retrancher 14719, on disposerait d'abord l'opération comme dans le cas précédent :

$$25638$$
$$14719$$
$$\overline{10919}$$

Il faudrait ôter 9 de 8 ; mais comme l'opération est impossible, on empruntera une dizaine sur le chiffre 3, on la joindra aux 8 unités, et l'on ôtera 9 de la somme 18, ce qui donnera pour reste 9 unités. Le chiffre 3 ne valant plus que 2, par suite de l'emprunt, on ôtera 1 dizaine de 2, et il en restera 1. Il faudrait ôter ensuite 7 centaines de 6 ; pour rendre l'opération possible, on empruntera 1 mille sur le chiffre 5, on le joindra aux 6 centaines, on ôtera 7 centaines de leur somme, et il en restera 9. Le chiffre 5 ne vaudra plus que 4, qui, diminué des 4 mille qu'il en faut retrancher, donnera zéro pour reste. Enfin, 1 dizaine de mille retranchée de 2, il en reste 1. Il restera donc en tout 10919.

33. Il pourrait arriver encore que le chiffre sur lequel on doit faire un emprunt fût un zéro ; l'emprunt ne pouvant pas être fait sur ce chiffre, puisqu'il n'a pas de valeur, on le fera sur le chiffre significatif suivant ; mais on décomposera l'unité empruntée, de manière à ne conserver que ce qui est nécessaire pour rendre la soustraction possible.

Proposons-nous de retrancher du nombre 48305 le nombre 17127 :

$$
\begin{array}{r}
9 \\
48305 \\
17127 \\
\hline
31178
\end{array}
$$

Après avoir indiqué l'opération, on aura 7 unités à retrancher de 5 ; il faudrait emprunter une dizaine, mais comme il n'y en a pas, on emprun-

tera 1 centaine qu'on décomposera en 10 dizaines ;
on laissera 9 de ces dizaines pour tenir lieu du
zéro intermédiaire, et la dizaine qui restera,
jointe aux 5 unités, rendra la soustraction possible
et donnera 8 pour reste ; 2 dizaines ôtées ensuite
de 9 en donnent 7 pour reste ; le chiffre 3 diminué
de l'emprunt qu'on a fait sur lui et de la centaine
à en retrancher, laisse 1 centaine de reste ; 7 mille
ôtés de 8, il en reste 1, et 1 dizaine de mille ôtée
de 4, il en reste 3 : le reste total est donc 31178.

34. On peut ramener les différents cas qu'on
vient d'examiner à un seul, en conservant au chiffre sur lequel on a fait l'emprunt, sa valeur première, et en augmentant le chiffre inférieur qui
doit en être retranché, de cet emprunt lui-même ;
et si ce même emprunt peut se faire par la pensée,
l'opération deviendra plus rapide.

Supposons que du nombre 17407 on veuille retrancher 8518, on posera ces deux nombres comme
dans les exemples précédents, et on dira :

$$17407$$
$$8518$$
$$\overline{8889}$$

8 ôtés de 17, il reste 9 : on retiendra 1, qu'on joindra au chiffre 1, ce qui donnera 2 qu'on retranchera de 10, il restera 8 ; l'unité que l'on retiendra
par rapport à l'emprunt, jointe au chiffre 5, fera
6 qui, retranchés de 14, donneront 8 pour reste ;
et enfin, 1 ajouté à 8 et retranché de 18, il reste 9 :
le reste sera donc 8889.

Soit encore l'exemple suivant : du nombre 400721 on veut retrancher 192938 :

$$400721$$
$$192938$$
$$\overline{207783}$$

on dira : 8 ôtés de 11, il reste 3, 4 de 12, il reste 8 ; 10 de 17, il reste 7 ; 3 ôtés de 10, il reste 7 ; 10 de 10, il reste zéro, et 2 ôtés de 4, il reste 2 ; le reste total est donc 207783.

35. Cette méthode est fondée sur ce que, si à deux quantités inégales on ajoute une même quantité, la différence reste toujours ce qu'elle était d'abord. Or, lorsqu'on fait l'emprunt d'une dizaine pour la joindre au chiffre trop faible, on augmente en même temps le chiffre inférieur de cette même dizaine ; on ne change donc en rien la différence primitive de ces deux chiffres.

36. On pourrait faire la soustraction en commençant par la gauche, mais avec le même inconvénient que pour l'addition.

Soit, en effet, 2782 à retrancher de 5641 :

$$5641$$
$$2782$$
$$\overline{3969}$$
$$2859$$

on dirait : 2 ôtés de 5, il reste 3 ; 7 ôtés de 16, il reste 9 ; mais comme on aurait emprunté 1 mille sur le chiffre 5, pour rendre la soustraction des centaines possible, on devrait aussi diminuer de 1 le reste déjà trouvé : il faudrait donc supprimer 3 pour y substituer 2. On dirait ensuite : 8 ôtés de 14, il reste 6 ; et comme on aurait fait encore un emprunt, pour rendre cette soustraction possible, on devrait écrire 8 au lieu de 9 dans le reste. Enfin, on dirait : 2 ôtés de 11, il reste 9, résultat qui exigerait aussi que l'on substituât 5 à la place de 6. Ainsi ce ne serait qu'après avoir remplacé trois chiffres par trois autres dans le reste total, qu'on parviendrait au reste définitif 2859.

Problèmes relatifs à l'Addition et à la Soustraction des nombres entiers.

37. Un marchand qui doit à un de ses confrères une somme de 2360 francs, lui envoie sept billets qu'il touchera pour lui, savoir : un de 125 fr., un de 540 fr., un de 1115 fr., un de 1545 fr., un de 248 fr., un de 1237 fr., et un de 580 fr.

On lui retient ce qu'il doit, on lui donne 1250 fr. en billets de caisse, et on lui paye le reste en argent : à combien montait ce reste ? — *R.* A 1780 fr.

38. On devait 4850 fr. à un négociant ; on prend encore chez lui pour 1750 fr. de marchandises et on lui donne en payement 7330 fr. en 2 effets : combien a-t-il dû rendre ? — *R.* 730 fr.

39. Quelqu'un, en vendant des marchandises 10482 fr., gagne 1945 fr. sur son marché : combien ces marchandises lui coûtaient-elles ? — *R.* 8537 fr.

40. Quelqu'un qui devait une certaine somme, a donné à compte 125 fr., 1250 fr., 340 fr., 215 fr.; on demande quelle est cette somme, sachant que

pour dernier payement il a donné un billet de 2000 fr., et qu'on lui a rendu 385 fr.? — *R.* 3545 fr.

Vérifications de l'Addition et de la Soustraction.

41. On appelle *preuve* d'une opération, toute autre opération servant à constater l'exactitude du résultat de la première. L'addition peut être vérifiée de plusieurs manières ; la soustraction ne comporte qu'une seule méthode.

42. Le premier procédé, applicable à l'addition, consiste à faire la somme isolée de chacune des colonnes, en commençant par la gauche ; à placer toutes ces sommes les unes sous les autres, en reculant chacune d'elles d'un rang vers la droite, et à les ajouter ensuite, pour retrouver un résultat semblable à celui qu'on vérifie.

Ainsi, en faisant la preuve de l'addition suivante :

$$43645$$
$$96427$$
$$8642$$
$$\overline{148714}$$

on a successivement :

130000	ou 13
17000	17
1600	16
100	10
14	14
$\overline{148714}$	$\overline{148714}$

43. La seconde méthode consiste à faire la somme de chaque colonne, en commençant par la gauche, et à retrancher ce second résultat du premier qu'on

a obtenu; l'opération est bien faite si la colonne des unités simples ne donne aucun reste.

$$23645$$
$$16427$$
$$8642$$
$$\overline{48714}$$
$$\overline{11110}$$

En vérifiant de cette manière l'addition précédente, on ajoute d'abord les dizaines de mille, et l'on en trouve 3, tandis qu'il y en a quatre au-dessous : la différence 1 ne peut provenir que d'une retenue faite sur la colonne des mille : or, une dizaine de mille, jointe à 8 mille qui se trouvent sous la seconde colonne, donne 18 : c'est donc là ce qu'a dû produire la colonne des mille. Mais, en faisant la somme des chiffres de cette colonne, on ne trouve que 17, de sorte qu'il reste encore 1 mille qui provient nécessairement de la retenue faite sur les centaines. Celles-ci ont donc dû produire 17 ; or, en les ajoutant, on ne trouve que 16, et la centaine qui reste appartient encore à la colonne des dizaines. Cette colonne, qui devait produire 11, d'après le reste, ne donne en effet que 10, parce que la somme des unités a donné lieu à retenir une dizaine, qui, jointe aux 4 unités, forme les 14 que doit reproduire nécessairement la colonne des unités. Il est clair, en effet, qu'un reste nè peut provenir que d'une retenue faite sur une colonne immédiatement à droite; or, à la droite des unités, il n'y a pas de colonne, donc on n'a pas pu faire de retenue, et il ne doit y avoir aucun reste.

44. Enfin, la troisième méthode consiste à supprimer un des nombres proposés, à faire ensuite l'addition des autres nombres, et à retrancher leur somme du résultat qu'on vérifie ; le reste doit être égal au nombre qu'on supprime.

Soit encore la même addition :

$$
\begin{array}{r}
23645 \\
\hline
16427 \\
8642 \\
\hline
48714 \\
25069 \\
\hline
23645
\end{array}
$$

dans laquelle on supprimera le premier nombre 23645. On le séparera par un trait pour éviter la confusion. On fera la somme des deux autres, et l'on trouvera 25069 qu'on écrira au-dessous de 48714 ; puis, retranchant la première somme de celle-ci, on aura pour reste 23645, c'est-à-dire le nombre qui n'a pas été ajouté ; ce qui démontre qu'on a bien opéré dans le principe.

Preuve de la Soustraction.

45. Nous n'indiquerons qu'une seule preuve pour la soustraction : c'est d'ajouter le reste à la plus petite quantité pour retrouver la plus grande.

Cette vérification se présente d'elle-même. Puisque le reste est la différence qui existe entre le plus petit nombre et le plus grand, il est clair qu'en l'ajoutant au plus petit, il n'y aura plus de différence entre eux, et qu'on trouvera infailliblement le plus grand nombre.

Exemple :

$$
\begin{array}{r}
400721 \\
192938 \\
\hline
207783 \\
\hline
400721
\end{array}
$$

MULTIPLICATION DES NOMBRES ENTIERS.

46. Le but de la *Multiplication* est de répéter un nombre autant de fois qu'il y a d'unités dans un autre.

47. Le nombre que l'on répète est le *multiplicande,* celui par lequel on le répète s'appelle *multiplicateur,* et le résultat de l'opération se nomme *produit ;* il se nomme encore le *multiple* du multiplicande, quand le multiplicateur est un nombre entier.

48. Le multiplicande et le multiplicateur s'appellent aussi les *facteurs* du produit, parce que ce sont eux qui concourent à le former.

49. La multiplication pourrait n'être qu'une simple addition ; car répéter 6 quatre fois, par exemple, ce n'est autre chose qu'écrire 6 quatre fois dans une colonne verticale, et faire l'addition ; le produit est alors 24. Mais on conçoit que, si le multiplicateur était composé d'un assez grand nombre d'unités, il faudrait écrire le multiplicande au-dessous de lui-même un grand nombre de fois aussi, ce qui conduirait à une addition qui deviendrait difficile par la quantité de chiffres qu'il faudrait ajouter.

50. D'ailleurs, il est aisé d'apercevoir que répéter un nombre quelconque, c'est en répéter successivement toutes les parties, c'est-à-dire les unités, les dizaines, les centaines, etc. ; il est clair encore

qu'en répétant les unités on doit trouver des unités , qu'en répétant des dizaines, on doit trouver
des dizaines ; et que si dans le produit des unités ,
on en trouve assez pour faire déjà une ou plusieurs
dizaines, on pourra les retenir pour les ajouter au
produit des dizaines ; et , opérant d'une manière
semblable sur toutes les parties du multiplicande ,
on parviendra aisément au produit par une voie plus
courte que celle qu'indique l'addition.

51. On peut distinguer trois cas dans la multiplication : ou le multiplicande seul est composé de
plusieurs chiffres, ou le multiplicateur est seul composé de plusieurs chiffres , ou ils en sont tous les
deux composés. Mais les deux premiers cas peuvent
être ramenés à un seul : car on peut prendre indis-
tinctement le multiplicande pour multiplicateur, et
réciproquement le multiplicateur pour multiplicande.

Soit, en effet, 4 à multiplier par 3. En décompo-
sant le multiplicande en 4 unités distinctes , et en
écrivant celles-ci trois fois de suite , on a :

$$1 \quad 1 \quad 1 \quad 1$$
$$1 \quad 1 \quad 1 \quad 1$$
$$1 \quad 1 \quad 1 \quad 1$$

Or, ce produit, ou cette somme d'unités, offre en
même temps 3 unités renfermées dans une même
colonne verticale , et cette colonne répétée quatre
fois ; il est donc tout à la fois le résultat de la multiplication de 4 par 3 , et celui de la multiplication de 3 par 4 , et démontre , en général , qu'un
produit contient l'un de ses facteurs autant de fois
que l'autre contient l'unité.

52. Les produits des nombres d'un seul chiffre s'obtiennent par le seul moyen de l'addition ; mais si l'on recueille ces produits , et qu'on les range dans un certain ordre , il en résulte une table qui sert à les retrouver ensuite, quand le défaut d'usage ou de mémoire laisse de l'incertitude sur leurs valeurs.

53. Il y a deux espèces de tables : celle de Pythagore, et celle qu'on nomme vulgairement Livret de Multiplication. Celle de Pythagore est un carré dont deux colonnes, l'une horizontale et l'autre verticale, renferment chacune la suite des nombres naturels , depuis 1 jusqu'à 9, tandis que les autres cases contiennent les produits de ces mêmes nombres.

TABLE DE PYTHAGORE.

1	2	3	4	5	6	7	8	9
2	4	6	8	10	12	14	16	18
3	6	9	12	15	18	21	24	27
4	8	12	16	20	24	28	32	36
5	10	15	20	25	30	35	40	45
6	12	18	24	30	36	42	48	54
7	14	21	28	35	42	49	56	63
8	16	24	32	40	48	56	64	72
9	18	27	36	45	54	63	72	81

Pour se servir de cette table , il faut prendre un des facteurs dans la colonne horizontale , et l'autre dans la colonne verticale ; descendre au-dessous du premier , et avancer à la droite du second , jusqu'au nombre qui correspond à tous deux : ce nombre est le produit cherché. Ainsi , pour multiplier 8 par 9, on prendra le chiffre 8 dans la colonne horizontale, et le chiffre 9 dans la colonne verticale , et le nombre 72 qui leur correspond à la fois est le produit. On aurait pu prendre également le chiffre 8 dans la colonne verticale, et le 9 dans la colonne horizon—tale ; le même nombre 72 aurait toujours répondu à la question.

54. Le livret de multiplication est beaucoup plus simple que la table de Pythagore , en ce que le ré-sultat est à côté de chaque chiffre ; on n'a donc pas besoin de le chercher ; et, par cette raison, cette sorte de table n'exige pas qu'on l'explique. On la continue ordinairement jusqu'à 12, parce que ce nombre est l'un des facteurs qu'on emploie le plus souvent.

LIVRET DE MULTIPLICATION.

1 fois 2 c'est 2		5 fois 2 font 10		9 fois 2 font 18	
1	3	3	5	3	15	9	3	27
1	4	4	5	4	20	9	4	36
1	5	5	5	5	25	9	5	45
1	6	6	5	6	30	9	6	54
1	7	7	5	7	35	9	7	63
1	8	8	5	8	40	9	8	72
1	9	9	5	9	45	9	9	81
1	10	10	5	10	50	9	10	90
1	11	11	5	11	55	9	11	99
1	12	12	5	12	60	9	12	108
2 fois 2 font 4		6 fois 2 font 12		10 fois 2 font 20	
2	3	6	6	3	18	10	3	30
2	4	8	6	4	24	10	4	40
2	5	10	6	5	30	10	5	50
2	6	12	6	6	36	10	6	60
2	7	14	6	7	42	10	7	70
2	8	16	6	8	48	10	8	80
2	9	18	6	9	54	10	9	90
2	10	20	6	10	60	10	10	100
2	11	22	6	11	66	10	11	110
2	12	24	6	12	72	10	12	120
3 fois 2 font 6		7 fois 2 font 14		11 fois 2 font 22	
3	3	9	7	3	21	11	3	33
3	4	12	7	4	28	11	4	44
3	5	15	7	5	35	11	5	55
3	6	18	7	6	42	11	6	66
3	7	21	7	7	49	11	7	77
3	8	24	7	8	56	11	8	88
3	9	27	7	9	63	11	9	99
3	10	30	7	10	70	11	10	110
3	11	33	7	11	77	11	11	121
3	12	36	7	12	84	11	12	132
4 fois 2 font 8		8 fois 2 font 16		12 fois 2 font 24	
4	3	12	8	3	24	12	3	36
4	4	16	8	4	32	12	4	48
4	5	20	8	5	40	12	5	60
4	6	24	8	6	48	12	6	72
4	7	28	8	7	56	12	7	84
4	8	32	8	8	64	12	8	96
4	9	36	8	9	72	12	9	108
4	10	40	8	10	80	12	10	120
4	11	44	8	11	88	12	11	132
4	12	48	8	12	96	12	12	144

55. Avant de traiter des différents cas de la multiplication des nombres entiers, il est encore nécessaire de remarquer :

1° Que le produit étant composé du multiplicande répété un certain nombre de fois, doit être de la même espèce d'unités que celui-ci ; et qu'ainsi en répétant un nombre juste d'unités simples, de dizaines ou de centaines, le produit sera toujours composé d'unités, de dizaines ou de centaines ;

2° Que si le multiplicande est zéro, le produit est zéro, puisque 2 fois, 20 fois, 100 fois zéro font évidemment zéro ;

3° Que si le multiplicateur est zéro, comme il peut être pris pour multiplicande (51), le produit est encore zéro.

56. Iᵉʳ *cas de la Multiplication.* Supposons qu'on ait à multiplier le nombre 437 composé de plusieurs chiffres, par le nombre 6 composé d'un seul. On disposera d'abord l'opération comme on le voit ici, c'est-à-dire qu'on écrira le multiplicateur au-dessous du multiplicande, et qu'on séparera ces deux nombres de leur produit par un trait.

$$437$$
$$6$$
$$\overline{}$$
$$2622$$

On répétera ensuite les unités 7 du multiplicande, 6 fois ; le produit 42 unités renfermant 4 dizaines, on écrira 2 unités seulement, et les 4 dizaines seront retenues pour être jointes au produit suivant. Répétant alors 3 dizaines 6 fois, on aura 18 dizaines, et en y joignant les 4 dizaines retenues, le produit des dizaines sera 22; de celles-ci, on n'écrira que deux dizaines, et on retiendra les 20 autres, en les comptant pour 2 centaines. Enfin, répétant les 4 centaines du multiplicande 6 fois, on trouvera 24 centaines, et en y ajoutant les 2 retenues, on aura 26 centaines que l'on écrira en totalité. Le produit sera donc 2622 unités.

Il est évident que 2622 est le produit de la multiplication de 437 par 6, car on a répété successivement les unités, les dizaines et les centaines du multiplicande, autant de fois que l'indiquait le multiplicateur.

57. IIe *cas de la Multiplication.* Qu'on se propose, en second lieu, de multiplier le nombre 234, composé de plusieurs chiffres, par le nombre 312, aussi composé de plusieurs chiffres; après avoir écrit le multiplicateur et le multiplicande comme il convient:

$$\begin{array}{r} 234 \\ 312 \\ \hline \end{array}$$

1er produit partiel.	468
2e produit partiel.	234
3e produit partiel.	702
Produit total.	73008

on répètera d'abord 234, 2 unités de fois, ou 2 unités 234 fois, ce qui produira 468 unités qu'on écrira sous les deux facteurs. On répètera ensuite 234 une dizaine de fois, ou une dizaine 234 fois, et l'on aura 234 dizaines, qu'il faudra écrire sous les dizaines du produit précédent, en les reculant d'un rang vers la gauche. Enfin, on répétera 234 3 centaines de fois, ou 3 centaines 234 fois ; et le produit étant 702 centaines, et devant être écrit sous les centaines des deux autres, sera reculé d'un second rang vers la gauche. Il ne restera plus qu'à faire la somme de ces produits partiels, pour avoir le produit total 73008.

Ce produit est celui de 234 par 312, car on a répété 234 successivement 2 fois, une dizaine de fois ou 10 fois, et 3 centaines de fois ou 300 fois ; on a donc répété ce nombre 312 fois.

58. En résumant ces deux opérations, on peut énoncer en principe :

1° Que pour multiplier un nombre composé de plusieurs chiffres, par un nombre d'un seul, il faut répéter successivement les unités, les dizaines, les centaines, les mille du multiplicande, autant de fois que l'indique le chiffre du multiplicateur ; on trouvera ainsi successivement des produits d'unités, de dizaines, de centaines et de mille, que l'on écrira les uns à la gauche des autres, avec l'attention de retenir, dans le produit des unités, les dizaines qui peuvent s'y rencontrer ; dans celui des dizaines, les centaines qui peuvent s'y trouver aussi ; et ainsi de suite, pour les autres produits successifs ;

2° Que pour multiplier un nombre de plusieurs chiffres par un autre nombre de plusieurs chiffres, on doit répéter tout le multiplicande autant de fois que l'indiquent les unités du multiplicateur, puis, autant de fois que l'indique le chiffre des dizaines, le chiffre des centaines, des mille, etc., etc., avec l'attention de reculer tous ces produits successifs, d'un rang vers la gauche, par rapport à ceux qui les précèdent immédiatement ; on fait leur somme ensuite, et cette somme est le produit cherché.

59. Il peut arriver que le multiplicande ou le multiplicateur, ou même tous les deux, soient terminés vers la droite par un ou plusieurs zéros ; or, comme la multiplication par ces chiffres sans valeur ne peut pas donner de produit significatif, on se dispensera de les considérer pendant le cours de l'opération, mais on écrira à la droite du produit autant de zéros qu'il s'en trouvait à la droite des deux facteurs ou d'un seul.

Soit proposé de multiplier 8300 par 72 :

$$
\begin{array}{r}
8300 \\
72 \\
\hline
166 \\
584 \\
\hline
597600
\end{array}
$$

le multiplicande ayant à sa droite deux zéros, on les négligera, et on multipliera 83 par 72, ce qui donnera 5976 ; et, comme on a négligé les deux zéros qui sont à la droite du multiplicande, on les placera à la droite du produit qui deviendra alors 597600.

Soit en second lieu 148 à multiplier par 250 :

$$
\begin{array}{r}
148 \\
250 \\
\hline
740 \\
296 \\
\hline
37000
\end{array}
$$

on multipliera simplement 148 par 25, ce qui donnera 3700 ; on écrira un zéro à la droite de ce produit, parce qu'il y en a un au multiplicateur, et le vrai résultat sera 37000.

Supposons enfin qu'on ait 4800 à multiplier par 240.

$$
\begin{array}{r}
4800 \\
240 \\
\hline
192 \\
96 \\
\hline
1152000
\end{array}
$$

on se contentera de multiplier 48 par 24, et on obtiendra 1152 ; mais comme le multiplicande est terminé par deux zéros et le multiplicateur par un troisième, en rétablissant ces trois zéros à la droite du produit, on aura 1152000.

La raison de cette méthode est facile à saisir : car, si on néglige deux zéros à la droite du multiplicande, on répète alors un nombre 100 fois trop petit (21) ; le produit n'est donc que la 100ᵉ partie de ce qu'il devrait être, et l'on doit écrire deux zéros à sa droite pour le rendre 100 fois plus grand. Si on néglige ensuite un zéro à la droite du multiplicateur, on rend ce nombre 10 fois plus petit, et par suite on répète le multiplicande 10 fois moins qu'il ne le faudrait. Le produit est donc encore 10 fois trop petit, et ne peut être ramené à sa valeur qu'autant qu'on écrit un zéro à sa droite.

60. Lorsqu'il y a des zéros placés entre les chiffres du multiplicateur, on peut abréger encore la multiplication en ne la faisant que par des chiffres si-

gnificatifs, avec la simple attention d'écrire chaque produit sous les unités de son espèce ; c'est-à-dire de le reculer d'autant de rangs plus un qu'il y a de zéros avant le chiffre du multiplicateur qui donne ce produit.

Soit 625 à multiplier par 50403 :

$$
\begin{array}{r}
625 \\
50403 \\
\hline
1875 \\
2500 \\
3125 \quad\ \\
\hline
31501875
\end{array}
$$

Après avoir multiplié tout le multiplicande par les unités du multiplicateur, sans faire attention au zéro des dizaines, on multipliera tout le multiplicande par les 4 centaines du multiplicateur, et on écrira ce second produit sous les centaines du premier ; enfin, on répètera tout le multiplicande 5 fois, et on écrira ce troisième produit sous les dizaines de mille : faisant la réunion des produits partiels en un seul, on aura le produit total.

Soit encore 125 à multiplier par 27000403 :

$$
\begin{array}{r}
125 \\
27000403 \\
\hline
375 \\
8750500 \\
250 \quad\ \\
\hline
3375050375
\end{array}
$$

on multipliera tout le multiplicande par 3 unités, puis par 4 centaines, avec l'attention d'écrire ce second produit sous les centaines ; ensuite par 7

millions, en remarquant qu'on peut écrire ce troisième produit à la gauche du second, puisqu'il n'y
a pas de million dans celui-ci ; et enfin, par 2 dizaines de millions, dont on reculera le produit d'un
rang vers la gauche, c'est-à-dire qu'on le placera
sous les dizaines de millions : on fera la somme, et
l'on aura 3375050375 unités.

61. Si l'on commençait la multiplication par la
gauche, au lieu de la commencer par la droite, on
rencontrerait les mêmes inconvénients que dans
l'addition et la soustraction.

Soit 6998 à multiplier par 5 :

$$
\begin{array}{r}
6998 \\
5 \\
\hline
30550 \\
444 \\
\hline
34990
\end{array}
$$

on ferait d'abord le produit de 6 mille par 5, qui
est 30 mille, et l'on écrirait 30 sous les mille ; ensuite on multiplierait 9 centaines par 5, et comme
dans le produit 45 il y a 4 mille, il faudrait les
joindre aux 30 qui précèdent, et par conséquent
mettre 4 à la place de zéro ; le produit des dizaines
donnerait encore 4 centaines à joindre aux 5 que
l'on aurait écrites, ce qui en ferait 9 ; et les 8 unités répétées 5 fois produiraient 40 unités ou 4 dizaines, qu'on ajouterait aux 5 dizaines du produit
précédent. Avant d'arriver au résultat définitif
34990, on aurait donc supprimé et remplacé trois
chiffres.

DIVISION DES NOMBRES ENTIERS.

62. La *Division* a pour objet de chercher combien de fois un nombre appelé *dividende* contient un autre nombre qu'on nomme *diviseur* ; le résultat de l'opération se nomme *quotient*.

63. Puisque le quotient exprime combien de fois le diviseur est contenu dans le dividende, il s'ensuit qu'en répétant le diviseur autant de fois qu'il y a d'unités et de parties d'unités dans le quotient, on reproduira toujours le dividende.

64. La division pourrait se faire en retranchant le diviseur du dividende autant de fois que cela serait possible ; le nombre de fois que la soustraction aurait été faite, serait aussi le nombre de fois que le dividende contiendrait le diviseur. Mais on conçoit que l'opération deviendrait longue dans une infinité de cas, et qu'il est plus simple de chercher combien de fois le diviseur est contenu successivement dans les unités, les dizaines, les centaines, etc., du dividende ; et même, en opérant de cette manière, on sentira bientôt qu'il est plus avantageux de commencer par les unités de la plus forte espèce du dividende, pour passer de là aux unités de l'espèce immédiatement inférieure, et leur joindre le reste qu'on aurait pu trouver sur les précédentes.

Soit, en effet, le nombre 86 à diviser par 2 :

$$
\begin{array}{r|l}
86 & 2 \\
\hline
86 & 43 \\
\hline
00 &
\end{array}
$$

on disposera d'abord l'opération en plaçant le diviseur à la droite du dividende, et en les séparant par un trait vertical ; le quotient s'écrira au-dessous du diviseur, en le distinguant de lui par un trait horizontal. Alors on dira : 6 unités du dividende contiennent 2 unités du diviseur 3 fois, qu'on écrira au quotient ; et, pour s'assurer si le quotient est exact, on répètera le diviseur 2, 3 fois, ce qui donnera 6, qu'on écrira sous les unités du dividende ; on fera ensuite la soustraction, et le reste zéro indiquera que le quotient a été bien pris. On passera ensuite aux dizaines du dividende, et l'on dira : 8 contient 2, 4 fois ; donc 8 dizaines contiennent 2, 4 dizaines de fois, qu'on écrira à la gauche des 3 unités déjà trouvées ; et pour vérifier le quotient, on répètera 2, 4 dizaines de fois, et l'on écrira le produit 8 dizaines sous les dizaines du dividende ; effectuant la soustraction, on trouvera zéro pour reste, ce qui démontrera l'exactitude du quotient des dizaines. Le nombre 43 indique donc que 2 est contenu 43 fois dans 86.

Mais si au lieu de diviser 86 par 2, on divisait 96, en disposant encore l'opération comme il suit :

$$
\begin{array}{c|l}
96 & 2 \\
\hline
10 & \overline{43} \\
 & \,5 \\
\hline
 & 48
\end{array}
$$

et en opérant d'une manière analogue, on dirait : 6 unités contiennent 2 unités 3 fois, sans aucun reste ; puis, 9 contient 2, 4 fois avec 1 de reste ; donc 9 dizaines contiennent 2, 4 dizaines de fois, et il reste une dizaine. On écrirait donc 4 dizaines à la gauche de 3 unités au quotient, et une dizaine sous les dizaines du dividende; après quoi il resterait à trouver combien de fois cette dizaine contient encore le diviseur 2. Alors il faudrait réduire cette dizaine en 10 unités, et l'on dirait : 2 est contenu dans 10 unités, 5 unités de fois, qu'on écrirait sous les 3 unités du quotient, pour les y ajouter ensuite. Le quotient, après cette addition faite, serait 48.

On aurait évité le second quotient d'unités, en cherchant d'abord combien de fois 2 est contenu dans 9 dizaines : on eût trouvé 4 dizaines au quotient et une dizaine de reste; on aurait réduit cette dizaine en 10 unités, et les joignant aux 6 unités du dividende, on aurait eu 16 unités à diviser par 2, au lieu de 6 unités d'abord, et de 10 unités plus tard; le quotient eût été 8 unités, puisque 2 est contenu dans 16, 8 fois, et le résultat de la division ne se serait pas compliqué d'une addition accessoire. Cette méthode est donc préférable à la précédente, et doit être exclusivement employée dans la recherche du quotient.

65. La division des nombres entiers, comme la multiplication, peut offrir deux cas particuliers : la division d'un nombre de plusieurs chiffres, par un nombre d'un seul, et la division d'un nombre de plusieurs chiffres, par un autre nombre de plusieurs chiffres.

Ier *Cas.* — Soit 42768 à diviser par 9 :

$$
\begin{array}{r|l}
42768 & 9 \\
36 & \overline{4752} \\ \hline
67 & \\
63 & \\ \hline
46 & \\
45 & \\ \hline
18 & \\
18 & \\ \hline
00 & \\
\end{array}
$$

puisque 4 ne contient pas 9, le quotient ne peut pas être composé d'un chiffre de l'espèce de 4, c'est-à-dire de dizaine de mille ; on dira donc tout de suite : 9 est contenu dans 42 mille 4 mille fois, et l'on écrira 4 au quotient ; puis on répétera 4 fois 9, on écrira le produit de 36 sous 42, et le retranchant de ce dernier, il restera 6 mille. En écrivant 7 centaines à la droite du reste 6, on fera de ces deux nombres 67 centaines ; alors on cherchera combien de fois 9 est contenu dans 67 centaines, on trouvera 7 centaines pour quotient, on écrira 7 à la droite de 4 au quotient, et en multipliant le diviseur 9 par 7, on vérifiera ce chiffre : le produit 63, écrit sous 67 et retranché de celui-ci, donnera un second reste de 4 centaines. Pour faire de ce reste et des 6 dizaines du dividende un seul nombre de la même espèce que 6, on écrira ce chiffre à la droite de 4 centaines, et comme leur somme 46 contient 9, 5 fois, on écrira 5 à droite du quotient 47 ; on multipliera 9 par 5, on écrira le produit 45 au-dessous de 46, on fera la soustraction, et le troisième reste sera une dizaine. Enfin , on ajoutera à cette dizaine les 8 unités du dividende, on divisera leur somme 18 par 9, et le quotient, 2 unités, complètera le résultat de l'opération : le quotient total sera donc 4752 ; et comme en multipliant 9 par 2, on retrouve 18 , il ne restera aucune partie du dividende.

IIe *Cas.* — Soit 625 à diviser par 25.

$$\begin{array}{r|l} 625 & 25 \\ 50 & \overline{25} \\ \hline 125 & \\ 125 & \\ \hline 000 & \end{array}$$

En prenant assez de chiffres à la gauche du dividende pour contenir le diviseur, on cherchera combien de fois 62 contient 25 , et l'on écrira le quotient 2 à la place qui lui convient ; puis , multipliant 25 par 2, écrivant le produit 50 sous 62 , et le retranchant de 62 lui-même, le reste 12 indiquera que le quotient est bien ; mais ce reste, réduit en unités, donne 120 , et si l'on y joint les 5 unités du dividende, leur somme sera 125 ; or, comme 125 unités contiennent le diviseur 25 , 5 unités de fois, on écrira ce quotient à la droite du premier, on multipliera le diviseur par le quotient 5 , et l'on écrira le produit sous 125 : en faisant la soustraction, le reste zéro qu'on obtiendra fera connaître que le diviseur est contenu 25 fois exactement dans le dividende.

66. Cette manière d'opérer convient dans tous

les cas possibles, mais on peut la rendre plus expéditive en faisant en même temps la multiplication du diviseur par le quotient, et la soustraction de ce produit sur les chiffres employés dans le dividende. On peut faire aussi, par la pensée, l'emprunt d'autant d'unités qu'il est nécessaire pour rendre possibles les soustractions successives ; ces différents emprunts seront des retenues que l'on joindra aux chiffres suivants qui doivent être retranchés, et l'habitude rendra bientôt facile la réunion de ces opérations en une seule.

Supposons qu'on ait 1972 à diviser par 16. Après avoir disposé l'opération,

$$\begin{array}{r|l} 1972 & 16 \\ 37 & \overline{123} \\ 52 & \\ 4 & \end{array}$$

on divisera 19 par 16, et l'on écrira le quotient 1, on multipliera le diviseur par ce quotient, on retranchera le produit 16 de 19, ce qui donnera 3 pour reste. Il faudra réduire ensuite le reste 3 centaines en dizaines, et y joindre les 7 dizaines du dividende ; ces deux opérations seront faites, si l'on abaisse à la droite du reste 3, le chiffre 7 du dividende ; divisant alors 37 par 16, on écrira le quotient à la droite du premier, on multipliera le diviseur par le quotient et on retranchera le produit 32 de 37 ; il restera 5, à la droite duquel on abaissera le chiffre suivant 2 du dividende. En divisant 52 par 16 on aura un troisième quotient 3, qu'on écrira à la droite des deux premiers, et par lequel on multipliera le diviseur : le produit sera 48, qui, retranché de 52, donnera 4 pour reste ; d'où l'on conclura que 16 est contenu 123 fois dans 1972, moins 4, c'est-à-dire dans 1968.

67. S'il arrivait que le dividende et le diviseur fussent terminés vers la droite par un ou plusieurs zéros, on pourrait en supprimer un égal nombre dans l'un et dans l'autre cas, sans rien changer à la valeur du quotient, et sans être obligé de les écrire à la droite du résultat, comme lorsque l'on en a fait abstraction dans les facteurs du produit.

On conçoit, en effet, que si l'on supprime deux zéros, par exemple, à la droite du dividende, on rend celui-ci cent fois plus petit ; alors il contient cent fois moins le diviseur, et le quotient est rendu lui-même cent fois plus petit ; mais en supprimant aussi deux zéros à la droite du diviseur, le diviseur devient cent fois plus petit ; alors il est contenu cent fois plus dans le dividende, et le quotient devient cent fois plus grand, ce quotient est donc rendu d'un côté cent fois plus petit, et de l'autre cent fois plus grand : il n'a donc pas changé de valeur.

Ainsi, pour diviser 3936000 par 1600,

$$\begin{array}{c|c} 39360.. & 16.. \\ \hline 73 & 2460 \\ 96 & \\ 0 & \end{array}$$

on effacera deux zéros à la droite du dividende et les deux qui sont à la droite du diviseur ; l'opération se réduira à diviser 39360 par 16, et le quotient sera 2460.

De même, 496800 à diviser par 18000, est la même chose que 4968 à diviser par 180, ce qui donne 27 pour quotient,

$$\begin{array}{c|c} 4968.. & 180.. \\ 1368 & \overline{27} \\ 108 & \end{array}$$

68. Il pourrait encore arriver que des dividendes partiels ne continssent pas le diviseur ; alors, on écrirait zéro au quotient, et l'on abaisserait le chiffre suivant à la droite de ce dividende ; si celui-ci ne le contenait pas encore, on écrirait un second zéro au quotient, et on abaisserait un autre chiffre ; on continuerait ainsi jusqu'au premier quotient significatif.

Soit, en effet, 4714479 à diviser par 231,

$$\begin{array}{c|c} 4714479 & 231 \\ 944 & \overline{20409} \\ 2079 & \\ 000 & \end{array}$$

Il est clair que 471 contient 231, 2 fois, et qu'ainsi 471 dizaines de mille contiennent 231, 2 dizaines de mille fois ; il faut donc qu'en écrivant 2 au quotient, il se trouve, après l'opération faite, à la gauche des quatre autres chiffres, sans cela il n'exprimerait pas des dizaines de mille. Or, en multipliant le diviseur par 2, en retranchant le produit de 471, et en écrivant à la droite du reste 9, le chiffre suivant 4 du dividende, on forme un dividende partiel 94 qui ne contient pas 231; et comme 94 est de l'espèce des mille, le quotient ne doit point avoir de chiffre significatif de cette espèce, mais un zéro qui en tienne lieu et qui donne au chiffre 2, à gauche, la valeur qu'il doit avoir. En écrivant ensuite les 4 centaines du dividende à la droite du reste 94, on aura 944 centaines à diviser par 231 : le quotient sera 4 centaines, et le reste 20; mais en ajoutant les 7 dizaines du dividende à ce reste, on formera 207 dizaines qui ne contiennent pas 231 une ou plusieurs dizaines de fois; de sorte que le chiffre des dizaines du quotient doit être encore un zéro. Enfin, en joignant les 9 unités du dividende aux 207 dizaines du reste, on aura 2079 unités à diviser par 231, ce qui donne 9 unités pour quotient, sans reste définitif. Le quotient doit donc être 20409, et non pas 249, comme cela serait arrivé en négligeant d'écrire un zéro de mille et un zéro de dizaine d'unités.

En opérant avec la même attention, pour diviser 989024823 par 243,

$$
\begin{array}{r|l}
989024823 & 243 \\
\cline{2-2}
1702 & 4070061 \\
001482 & \\
243 & \\
\end{array}
$$

on trouvera pour quotient 4070061.

NOMBRES CONCRETS.

69. Les nombres qu'on a considérés jusqu'ici ne désignaient aucune espèce d'unité, ils étaient *abstraits*, mais il est plus ordinaire d'opérer sur des nombres *concrets*, dans lesquels il faut considérer

alors la quantité et l'espèce particulière des unités ou parties d'unité.

L'espèce des unités varie comme la nature des quantités auxquelles elle se rapporte ; ainsi , l'unité de longueur doit être différente de l'unité de poids ; elle diffère encore suivant le système de mesures dont on fait usage, et qui, quoiqu'assujetti à des règles fixes, n'est le même ni pour tous les lieux, ni pour tous les temps.

On doit distinguer trois systèmes de mesures : 1° celui dont la *toise* est l'unité fondamentale , et que nous appelons l'ancien système ; 2° celui qui a le *mètre* pour base , et dont toutes les subdivisions sont décimales : on le nomme *système métrique*; 3° celui créé tout récemment, et qui composé d'unités métriques, offre les mêmes divisions que l'ancien système : on pourrait l'appeler *mixte.*

ANCIEN SYSTÈME DES POIDS ET MESURES.

70. On trouve dans ce système des unités de longueur, de surface et de solide ou de volume. Parmi les unités de surface, on distingue des mesures agraires ; et dans les unités de volume, il est des mesures particulières pour évaluer la capacité ; enfin, ce système renferme l'unité de poids, une mesure pour les bois de chauffage , l'unité de temps et l'unité de monnaie.

Unité de longueur.

71. Les unités de longueur sont la toise, la perche,

l'aune et la lieue, suivant la nature de la longueur elle-même.

La toise est de 6 pieds, le pied de 12 pouces, le pouce de 12 lignes, et la ligne de 12 points.

La perche varie comme les lieux où on l'emploie : celle de Langres est de 8 pieds 3 pouces ; la perche des eaux et forêts est de 22 pieds.

L'aune contient 44 ou 30 pouces, suivant qu'elle est aune de Paris ou aune de province. Elle se divise ordinairement en demies; tiers, quarts, sixièmes, huitièmes, douzièmes, seizièmes, vingt-quatrièmes et trente-deuxièmes.

La lieue est de 25 au degré, lorsqu'elle contient 2280 toises, et se nomme lieue terrestre; elle est de 20 au degré, lorsqu'elle se compose de 2850 toises : elle prend alors le nom de lieue marine.

Le mille est une longueur de 1000 toises.

La lieue de poste comprend 2000 toises, et la poste elle-même contient deux de ces dernières lieues ou 4000 toises.

Unité de surface.

72. L'unité principale est la toise carrée, qui se divise en 36 pieds carrés, le pied carré en 144 pouces carrés, le pouce carré en 144 lignes carrées, etc.

Mesures agraires.

73. Les mesures agraires sont le journal, la fauchée, l'ouvrée et l'arpent.

Le journal et la fauchée sont, à Langres, de 360 perches de 8 pieds 3 pouces.

L'ouvrée est le huitième du journal et contient 45 de ces perches.

L'arpent des eaux et forêts est composé de 100 perches carrées de 22 pieds.

Unité de volume.

74. L'unité fondamentale est la toise cube; elle contient 216 pieds cubes, le pied cube 1728 pouces cubes, le pouce cube 1728 lignes cubes, etc.

Unité de capacité.

75. Les unités de capacité sont la pinte, l'émine et le tonneau.

La pinte de Langres contient 72 pouces cubes; 12 pintes font une carte, 2 cartes font un bichet, et 8 bichets forment l'émine.

Le tonneau est composé de 160 pintes, et la feuillette ou le demi-tonneau vaut 80 de ces pintes.

Unité de poids.

76. L'unité de poids est la livre : elle se divise ne 2 marcs, le marc en 8 onces, l'once en 8 gros, le gros en 3 deniers, et le denier en 24 grains, ou le gros en 72 grains.

Mesure des bois de chauffage.

77. La mesure des bois de chauffage est le moule : c'est un cadre de 4 pieds de long sur 4 pieds de haut : 2 moules font une corde; chaque moule se divise en 4 pieds de moule, et le pied de moule en 12 pouces de moule.

Unité de temps.

78. L'unité de temps est le jour qui se décompose en 24 heures, chaque heure en 60 minutes, chaque minute en 60 secondes, etc.

Unité de Monnaie.

79. L'unité de monnaie est la livre tournois : celle-ci est composée de 20 sols, et le sol de 12 deniers.

Cette unité a tiré son nom de la ville de Tours où elle fut fabriquée, pour la première fois, sous le règne de Charles VII. On l'a appelée livre, parce que les 20 pièces de cuivre qui formaient sa valeur, pesaient ensemble 16 onces ou une livre poids ; et le sol a été ainsi nommé, parce que chaque pièce était la paye journalière du soldat.

80. La multiplicité des mesures en usage en France était telle, qu'elles variaient souvent d'un village à un autre ; elles n'ont d'ailleurs aucune base certaine, ne suivent, dans les subdivisions, aucune marche uniforme, et ne rentrent point dans le système décimal par le rapport qu'elles ont entre elles.

TABLES DE QUELQUES MESURES ANCIENNES.

Longueurs.

1 ligne			
1 pouce	12 lignes		
1 pied	12 pouces.	144 lignes	
1 toise	6 pieds	72 pouces	864 lignes.

Surfaces.

1 ligne			
1 pouce carré	144 lig. carrées		
1 pied carré	144 pouc. carrés	20736 lig. carr.	
1 toise carrée	36 pieds carrés	5184 pouc. carr.	746469 l. c.

Solidités ou volumes.

1 ligne cube			
1 pouce cube	1728 lig. cub.		
1 pied cube	1728 pouc. cub.	2985984 l. cub.	
1 toise cube	216 pieds cub.	373248 pouc. c.	644972544

Liquides.

1 chopine			
1 pinte	2 chopines		
1 velte	8 pintes	16 chopines	
1 muid	36 veltes	288 pintes	576 chopines.

Grains.

1 litron			
1 boisseau	16 litrons		
1 setier	12 boisseaux	192 litrons	
1 muid	12 setiers	144 boisseaux	2304 litrons.

Poids.

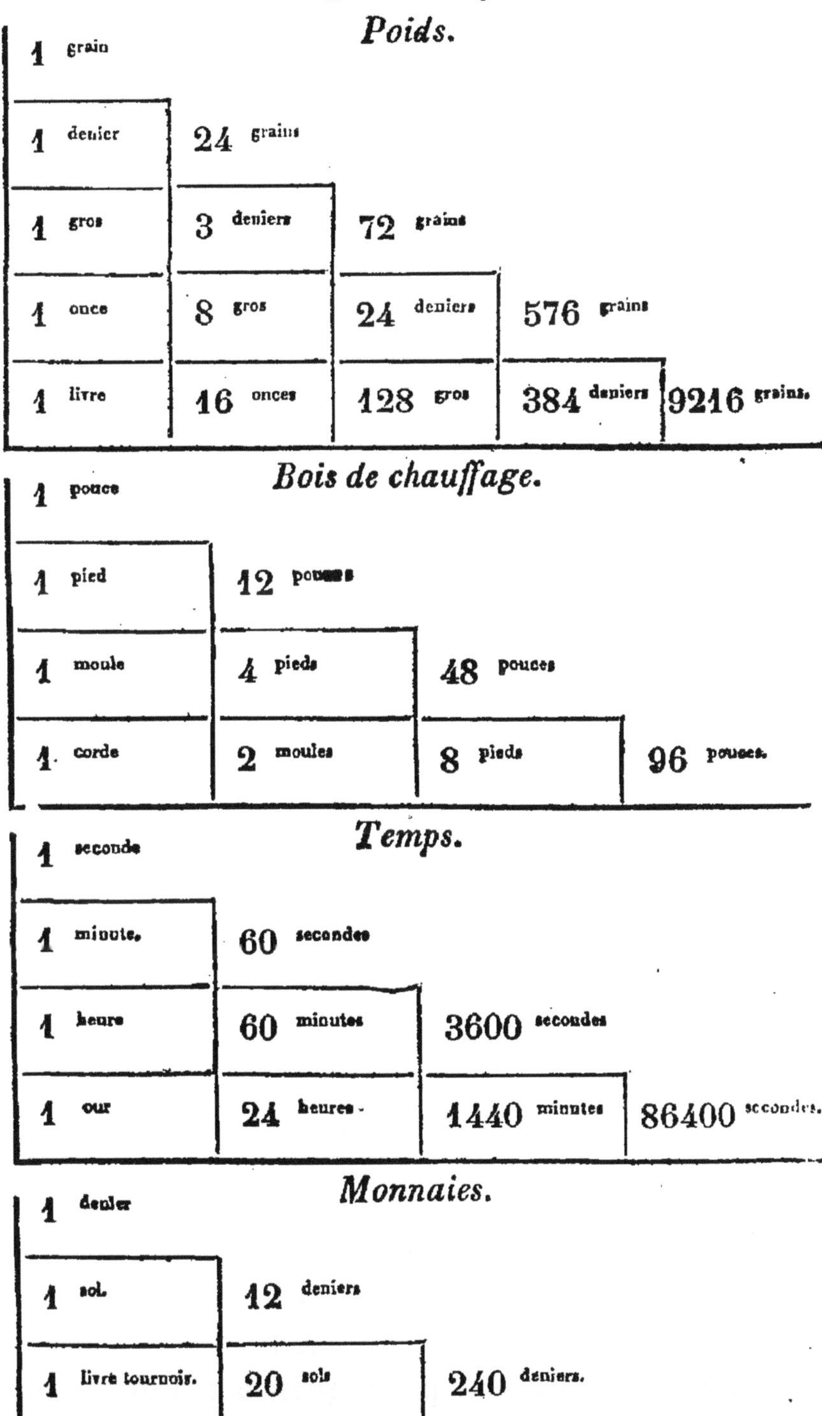

Bois de chauffage.

Temps.

Monnaies.

NOUVEAU SYSTÈME DES POIDS ET MESURES

ou

SYSTÈME MÉTRIQUE.

81. La base de ce nouveau système est une longueur de 3 pieds 11 lignes 296 millièmes de ligne, que l'on nomme mètre, et qui est la *dix millionième* partie de la distance du pôle nord à l'équateur. Elle a été déterminée par suite de mesures prises sur 'arc de méridien qui traverse la France, et peut être vérifiée dans tous les temps, en répétant l'expérience faite, dans l'origine, avec un pendule de la longueur du mètre même.

82. Le *mètre* est particulièrement l'unité de longueur.

83. Le *mètre carré* est l'unité de surface : c'est un carré d'un mètre de long sur un mètre de large.

84. L'unité de volume est le *mètre cube :* c'est un solide de la forme d'un dé à jouer, ayant un mètre de long, un mètre de large, et un mètre de hauteur ou épaisseur.

85. L'unité des mesures agraires est un carré de 10 mètres de long sur 10 mètres de large, ou une surface de 100 mètres carrés : elle se nomme *are*.

86. Le *litre* est l'unité de capacité pour les liquides et les grains ; c'est un cube dont les côtés ont pour longueur la dixième partie du mètre.

87. Le poids de l'eau pure, prise à son maximum

de densité (température à 3 degrés au-dessus de la glace fondante), que renferme un cube dont les côtés sont la centième partie du mètre, se nomme *gramme* et forme l'unité de poids.

88. Le *mètre cube* est l'unité même de la mesure des bois de chauffage, et se nomme *stère*.

89. Une pièce d'argent du poids de 5 *grammes*, et formée de neuf dixièmes d'argent pur et d'un dixième de cuivre, est l'unité de monnaie qu'on nomme *franc*.

Indépendamment de ces unités primitives, le nouveau système en admet de plus grandes qu'on nomme leurs *multiples*, et de plus petites qui en sont les *sous-multiples*; les *multiples* sont toujours composés de 10 fois, 100 fois, 1000 fois et 10000 fois l'unité primitive; les *sous-multiples* sont le *dixième*, le *centième* et le *millième*, de cette unité. Les noms des multiples se forment chacun de l'un des quatre mots DÉCA, HECTO, KILO et MYRIA, auquel on joint le nom de l'unité primitive : ceux des sous-multiples se forment chacun de l'un des trois mots DÉCI, CENTI et MILLI, que l'on termine de même par le nom de l'unité principale. Ainsi, l'on peut représenter le tableau des nouvelles mesures, ainsi qu'il suit :

MESURES DE LONGUEUR.

MÈTRE :   Dix-millionième partie du quart du méridien.

Multiples.

DÉCAMÈTRE	10 mètres.
HECTOMÈTRE	100 mètres.

Kilomètre	1000 mètres.
Myriamètre	10000 mètres.

Sous-multiples.

Décimètre	Dixième partie du mètre.
Centimètre	Centième partie du mètre.
Millimètre	Millième partie du mètre.

MESURES DE SURFACE.

Mètre carré ; Un mètre de long sur un mètre de large. (Les multiples sont peu usités).

Sous-multiples.

Décimètre carré	Cent^e partie du mètre carré.
Centimètre carré	Cent^e partie du décim^e carré.
Millimètre carré	Cent^e partie du centim^e carré.

MESURES DE SOLIDITÉ.

Mètre cube : Un mètre de long, un m^e de large et un m^e de haut (Les multiples sont peu en usage).

Sous-multiples.

Décimètre cube	Millième partie du mètre cube.
Centimètre cube	Millième partie du décim^e cube.
Millimètre cúbe	Millième partie du centim^e cube.

MESURES AGRAIRES.

Are : Dix mètres de long sur dix m^{es} de large ou cent m^{es} carrés.

Multiples.

Décare	10 ares.
Hectare	100 ares
Kilare	1000 ares.
Myriare	10000 ares.

Sous-multiples.

DÉCIARE	Dixième partie de l'are.
CENTIARE	Centième partie de l'are.
MILLIARE	Millième partie de l'are.

MESURES DE PESANTEUR.

GRAMME : Le poids de l'eau pure que contient un centimètre cube.

Multiples.

DÉCAGRAMME	10 grammes.
HECTOGRAMME	100 grammes.
KILOGRAMME	1000 grammes.
MYRIAGRAMME	10000 grammes.

Sous-multiples.

DÉCIGRAMME	Dixième partie du gramme.
CENTIGRAMME	Centième partie du gramme.
MILLIGRAMME	Millième partie du gramme.

MESURES DE CAPACITÉ.

LITRE : Un décimètre cube.

Multiples.

DÉCALITRE	10 litres.
HECTOLITRE	100 litres.
KILOLITRE	1000 litres.
MYRIALITRE	10000 litres.

Sous-multiples.

DÉCILITRE	Dixième partie du litre.
CENTILITRE	Centième partie du litre.
MILLILITRE	Millième partie du litre.

MESURES DES BOIS DE CHAUFFAGE.

STÈRE   Un mètre cube.

(Il n'y a pas de multiples ; on ne se sert du décastère que sur les ports.)

Sous-multiples.

DÉCISTÈRE   Dixième partie du stère.
CENTISTÈRE   Centième partie du stère.
MILLISTÈRE   Millième partie du stère.

UNITÉ DE MONNAIE.

FRANC : Cinq grammes d'argent fin allié d'un dixième de cuivre. (Les multiples de franc sont les pièces de 2, 5 , 10, 20, 40 et 80 francs.)

Sous-multiples.

DÉCIME   Dixième partie du franc.
CENTIME   Centième partie du franc.
MILLIME   Millième partie du franc.

90. En comparant ces nouvelles unités avec les anciennes, on peut s'assurer aisément : 1° que le *double mètre*, qui remplace *la toise* de 6 pieds, la surpasse de 22 lignes ³/₅ ou 22 lignes 592 millièmes ; que le *mètre* est un terme moyen entre l'*aune de Paris*, composée de 44 pouces, et l'*aune de province*, composée de 39 pouces, puisqu'il y a dans le mètre 36 pouces 11 lignes 296 millièmes, ou à peu près 37 pouces ; enfin que le *myriamètre* peut être pris pour l'ancienne poste.

2° Que l'*hectare*, qui remplace toutes les espèces de *journaux* et d'*arpents*, est à peu près égal à 4 *journaux* de 360 toises, ou à deux *arpents* des eaux et forêts; et que l'are vaut 26 toises carrées $^1/_3$.

3° Que le *litre*, composé de 50 pouces cubes 412 millièmes, équivaut à peu près aux $^2/_3$ de la *pinte* de 72 pouces cubes ; que l'*hectolitre* vaut près de 3 *bichets* d'un pied cube chaque, et ne diffère que de 13 litres de la moitié du *tonneau* ou 160 pintes.

4° Que le *kilogramme* est à peu près égal à 2 *livres* anciennes ; le *myriagramme* au poids de 20 livres ; et le *gramme* à 19 grains. Mais la valeur exacte de celui-ci est 18 grains 827 millièmes.

5° Que le *stère*, qui remplace le *moule*, en vaut à peu près les $^3/_4$, ou 29 pieds cubes 173 millièmes.

6° Que le *franc*, surpassant la livre tournois de $^1/_{80}$, par la quantité d'argent qu'il contient, vaut 3 deniers de plus qu'elle.

Les mesures dont nous n'indiquons pas le rapport approximatif, en ont cependant un avec celles qu'elles remplacent dans l'ancien système, rapport qu'il est nécessaire d'établir avec plus de précision dans l'usage ordinaire, et pour lequel il faut consulter les tables de comparaison qui suivent cette théorie.

91. Si on met en usage les mesures que nous venons d'indiquer, le calcul devient, dans tous les cas, purement décimal; cependant, pour qu'il prenne cette forme, il faut que toutes les unités soient écrites, les unes par rapport aux autres, dans l'ordre indiqué par les subdivisions décimales de chacune.

52   TRAITÉ

92. Supposons maintenant qu'on veuille réduire 243 toises 5 pieds 10 pouces en *mètres*, au moyen des tables qu'on a formées ; on prendra, dans la première de ces tables l'expression de 2 toises en *mètres ;* on ajoutera deux zéros à ce chiffre 2, pour le rendre cent fois plus grand ; et au résultat 4, produit de 2 *toises* en *mètres*, on ajoutera également deux zéros, pour rendre ce produit aussi cent fois plus grand ; et l'on aura par conséquent 400 *mètres* pour produit de 200 *toises*. On prendra ensuite l'expression de 40 *toises* qui est toute calculée dans la table, et l'on écrira le produit 80 *mètres* au-dessous des 400. On ajoutera à ces deux sommes l'expression de 3 toises égalent 6 mètres, l'expression de 5 pieds égalent 1 mètre 667 ; enfin, l'expression 10 pouces qui est de $0^m 280$. — L'opération sera ainsi ramenée à la simple addition suivante.

200	toises	»	pieds	»	pouces	égalent	400	m.	»
40		»		»		id.	80		»
3		»		»		«	i d.		»
0		5		»		id.	1		667
0		0		10		id.	0		280
TOTAUX 243		5		10		égalent	487		947

93. Soit à réduire réciproquement 487 mètres 947, en *toises, pieds, pouces,* etc. , se servant de la 2ᵉ table, on prendra l'expression de 4 mètres en *toises,* que l'on considérera pour quatre cents en ajoutant deux zéros :

et l'on aura pour les

400 mètres	» décim.	» centim.	» millim.	200 toises	» pieds	» p.	» l.
80	»	»	»	40	»	»	»
7	»	»	»	3	3	»	»
»	9	»	»	»	2	8	5
»	»	4	»	»	»	1	5
»	»	»	7	»	»	»	2
				243	5	10	»

TABLE PREMIÈRE.

Réduction des toises, pieds , pouces et lignes usuelles en mètres.

Nombres.	TOISES en MÈTRES.		PIEDS en MÈTRES.		POUCES en MÈTRES.		LIGNES en MÈTRES.	
	m.		m.		m.		m.	
1	2	»	0	333	0	028	0	002
2	4	»	0	667	0	056	0	005
3	6	»	1	»	0	083	0	007
4	8	»	1	333	0	111	0	009
5	10	»	1	667	0	139	0	012
6	12	»	2	»	0	167	0	014
7	14	»	2	333	0	194	0	016
8	16	»	2	667	0	222	0	019
9	18	»	3	»	0	250	0	021
10	20	»	3	333	0	280	0	023
11	22	»	3	667	0	308	0	026
12	24	»	4	»	0	336	0	028
13	26	»	4	333	0	361	0	030
14	28	»	4	667	0	389	0	033
15	30	»	5	»	0	417	0	035
16	32	»	5	333	0	444	0	037
17	34	»	5	667	0	472	0	040
18	36	»	6	»	0	500	0	042
19	38	»	6	333	0	530	0	044
20	40	»	6	667	0	560	0	047
30	60	»	10	»	0	830	0	069
40	80	»	13	333	1	110	0	092
50	100	»	16	667	1	390	0	120
60	120	»	20	»	1	670	0	144
70	140	»	23	333	1	940	0	168
80	160	»	26	667	2	220	0	192
90	180	»	30	»	2	500	0	216
100	200	»	33	333	2	800	0	240

TABLE II.

Réduction des mètres en toises, pieds, pouces et lignes usuelles.

Nombres.	MÈTRES en TOISES.				DÉCIMÈTRES en PIEDS.			CENTIMÈT^res. en POUCES.		MILLIM^es en LIGNES.
	t.	p^ds	p^ces	lig.	p^ds	p^ces	lig.	p^ces	lig.	lig.
1	0	3	»	»	0	3	7 24	0	4 32	» 43
2	1	»	»	»	0	7	2 48	0	8 64	» 86
3	1	3	»	»	0	10	9 72	1	» 96	1 29
4	2	»	»	»	1	2	4 96	1	5 28	1 72
5	2	3	»	»	1	6	» 20	1	9 60	2 15
6	3	»	»	»	1	9	7 44	2	1 92	2 58
7	3	3	»	»	2	1	2 68	2	6 24	3 01
8	4	»	»	»	2	4	9 92	2	10 56	3 44
9	4	3	»	»	2	8	5 16	3	2 88	3 87
10	5	»	»	»	3	»	» 40	3	7 20	4 30
11	5	3	»	»	3	3	7 64	3	11 52	4 73
12	6	»	»	»	3	7	2 88	4	3 84	5 16
13	6	3	»	»	3	10	10 12	4	8 16	5 59
14	7	»	»	»	4	2	5 36	5	» 48	6 02
15	7	3	»	»	4	6	» 60	5	4 80	6 45
16	8	»	»	»	4	9	7 84	5	9 12	6 88
17	8	3	»	»	5	1	3 08	6	1 44	7 31
18	9	»	»	»	5	4	10 32	6	5 76	7 74
19	9	3	»	»	5	8	5 56	6	10 08	8 17
20	10	»	»	»	6	»	» 80	7	2 40	8 60
30	15	»	»	»	9	»	1 20	10	9 60	12 90
40	20	»	»	»	12	»	1 60	14	4 90	17 20
50	25	»	»	»	15	»	2 »	18	» »	21 50
60	30	»	»	»	18	»	2 40	21	7 20	25 80
70	35	»	»	»	21	»	2 80	25	2 40	30 10
80	40	»	»	»	24	»	3 20	28	9 60	35 40
90	45	»	»	»	27	»	3 60	32	4 80	40 70
100	50	»	»	»	30	»	4 »	36	» »	45 »

TABLE III.

Réduction des diverses sortes de perches en mètres, et réciproquement.

Nombres.	PERCHES de 8 pieds 3 p^s en MÈTRES.	PERCHES de 18 pieds en MÈTRES.	PERCHES de 20 pieds en MÈTRES.	PERCHES de 22 pieds en MÈTRES.
1	2,679	5,847	6,496	7,146
2	5,359	11,694	12,993	14,292
3	8,039	17,541	19,490	21,439
4	10,719	23,388	25,987	28,585
5	13,399	29,235	32,483	35,732
6	16,079	35,082	38,980	42,878
7	18,759	40,929	45,477	50,025
8	21,439	46,777	51,974	57,171
9	24,119	52,623	58,471	64,318

Nombres.	MÈTRES en PERCHES de 8 pieds 3 p^s.	MÈTRES en PERCHES de 18 pieds.	MÈTRES en PERCHES de 20 pieds.	MÈTRES en PERCHES de 22 pieds.
1	0,373	0,171	0,153	0,139
2	0,746	0,342	0,307	0,279
3	1,119	0,513	0,461	0,419
4	1,492	0,684	0,615	0,559
5	1,865	0,855	0,769	0,699
6	2,238	1,026	0,923	0,839
7	2,612	1,197	1,077	0,979
8	2,985	1,368	1,231	1,119
9	3,358	1,539	1,385	1,259

TABLE IV.

Nombres.	AUNES en MÈTRES.	Fractions d'Aune EN MÈTRES.		Fractions d'Aune EN MÈTRES.		Nombres.	MÈTRES en Aunes.	MÈTRES en Aunes et Fractions.
1	1m20	1/2	0m60	1/3	0.40	1	0ª83	ou 0ª 5/6
2	2.40	1/4	0.30	2/3	0.80	2	1.67	1.2/3
3	3.60	3/4	0.90	1/6	0.20	3	2.50	2.1/2
4	4.80	1/8	0.15	5/6	1 »	4	3.33	3.1/3
5	6 »	3/8	0.45	1/12	0.10	5	4.17	4.1/6
6	7.20	5/8	0.75	5/12	0.50	6	5 »	5 »
7	8.40	7/8	1.05	7/12	0.70	7	5.83	5.5/6
8	9.60	1/16	0.075	11/12	1.10	8	6.67	6.2/3
9	10.80	3/16	0.225	1/24	0.05	9	7.50	7.1/2
10	12 »	5/16	0.375	5/24	0.25	10	8.33	8.1/3
11	13.20	7/16	0.525	7/24	0.35	11	9.17	9.1/6
12	14.40	9/16	0.675	11/24	0.55	12	10 »	10 »
13	15.60	11/16	0.825	13/24	0.65	13	10.83	10.5/6
14	16.80	13/16	0.975	17/24	0.85	14	11.67	11.2/3
15	18 »	15/16	1.125	19/24	0.95	15	12.50	12.1/2
16	19.20	1/32	0.037	21/24	1.05	16	13.33	13.1/3
17	20.40	3/32	0.112			17	14.17	14.1/6
18	21.60	5/32	0.187			18	15 »	15 »
19	22.80	7/32	0.262			19	15.83	15.5/6
20	24 »	9/32	0.337			20	16.67	16.2/3
30	36 »	11/32	0.412			30	25 »	25 »
40	48 »	13/32	0.447			40	33.83	33.5/6
50	60 »	15/32	0.563			50	41.67	41.2/3
60	72 »	17/32	0.637			60	50 »	50 »
70	84 »	19/32	0.712			70	58.33	58.1/3
80	96 »	21/32	0.787			80	66.67	66.2/3
90	108 »	23/32	0.862			90	75 »	75 »
100	120 »	25/32	0.937			100	83.33	83.1/3
200	240 »	27/32	1.012			200	166.67	166.2/3
500	600 »	29/32	1.087			500	416.67	416.2/3
1000	1200 »	31/32	1.162			1000	833.33	833.1/3

The left half of the table carries the spanning heading **RÉDUCTION — Des Aunes usuelles et Fractions EN MÈTRES.** and the right half **RÉDUCTION — Des Mètres en Aunes usuelles et Fractions.**

TABLE V.

Réduction des lieues en kilomètres, et réciproquement.

Nombres.	LIEUES de 2000 toises en KILOMÈTRES.	LIEUES de 25 au degré, ou de 2280 toises 2 pieds EN KILOMÈTRES.	LIEUES de 20 au degré, ou de 2850 t. 2 p. 6 p. EN KILOMÈTRES.
1	3,8980	4,4444	5,5555
2	7,7961	8,8889	11,1111
3	11,6942	13,3333	16,6666
4	15,5922	17,7778	22,2222
5	19,4903	22,2222	27,7778
6	23,3884	26,6667	33,3333
7	27,2865	31,1111	38,8889
8	31,1845	35,5556	44,4445
9	35,0826	40,0000	50,0000

Nombres.	KILOMÈTRES en LIEUES de 2000 toises.	KILOMÈTRES en LIEUES de 25 au degré.	KILOMÈTRES en LIEUES de 20 au degré.
1	0,2565	0,2249	0,1800
2	0,5130	0,4499	0,3600
3	0,7696	0,6749	0,5400
4	1,0261	0,8999	0,7200
5	1,2826	1,1249	0,9000
6	1,5392	1,3499	1,0800
7	1,7957	1,5749	1,2600
8	2,0522	1,7999	1,4400
9	2,3088	2,0249	1,6200

TABLE VI.

Réduction des toises , pieds , pouces et lignes carrés en mètres carrés , et réciproquement.

Nombres.	TOISES carrées EN MÈTRES carrés.		PIEDS carrés EN MÈTRES carrés.		POUCES carrés EN MÈTRES carrés.			LIGNES carrées EN MÈTRES carrées.		
	mètres.	millim.	mètres.	millim.	mét.	mill.	dix-m.	mèt.	mill.	dix-m.
1	4,	000	0,	111	0,000	77		0,000	053	
2	8,	000	0,	222	0,001	55		0,000	107	
3	12,	000	0,	333	0,002	32		0,000	160	
4	16,	000	0,	444	0,003	09		0,000	213	
5	20,	000	0,	555	0,003	86		0,000	267	
6	24,	000	0,	667	0,004	63		0,000	320	
7	28,	000	0,	778	0,005	40		0,000	373	
8	32,	000	0,	889	0,006	17		0,000	427	
9	36,	000	1,	000	0,006	94		0,000	480	

Nombres.	MÈTRES carrés EN TOISES carrées.		MÈTRES carrés EN PIEDS carrés.	MÈTRES carrés EN POUCES carrés.	MÈTRES carrés EN LIGNES carrées.	
	toises.	pieds.	pieds.	pouces.	lignes.	
1	0,	9	9	1,296	'86	624
2	0,	18	18	2,592	373	248
3	0,	27	27	3,888	559	872
4	1,	0	36	5,184	746	496
5	1,	9	45	6,480	933	120
6	1,	18	54	7,776	1,119	744
7	1,	27	63	9,072	1,306	368
8	2,	0	72	10,368	1,492	992
9	2,	9	81	11,664	1,679	616

TABLE VII.

Réduction des journaux en hectares.

Nota. La toise ou perche dont il s'agit est de 8 pieds 3 pouces.

Nombres.	JOURNAUX de 360 toises en HECTARES.	JOURNAUX de 400 toises en HECTARES.	JOURNAUX de 450 toises en HECTARES.
1	0,2585	0,2872	0,3231
2	0,5170	0,5745	0,6463
3	0,7755	0,8618	0,9695
4	1,0340	1,1491	1,2927
5	1,2925	1,4363	1,6159
6	1,5511	1,7236	1,9391
7	1,8096	2,0109	2,2623
8	2,0681	2,2982	2,5855
9	2,3266	2,5855	2,9587

Nombres.	JOURNAUX de 500 toises en HECTARES.	JOURNAUX de 550 toises en HECTARES.	JOURNAUX de 600 toises en HECTARES.
1	0,3590	0,3950	0,4309
2	0,7181	0,7900	0,8618
3	1,0772	1,1850	1,2927
4	1,4363	1,5800	1,7236
5	1,7954	1,9750	2,1545
6	2,1545	2,3700	2,5855
7	2,5136	2,7650	3,0164
8	2,8727	3,1600	3,4473
9	3,2318	3,5550	3,8782

TABLE VIII.

Réduction des hectares en journaux.

Nombres.	HECTARES en JOURNAUX de 360 toises.	HECTARES en JOURNAUX de 400 toises.	HECTARES en JOURNAUX de 450 toises.
1	3,8676	3,4809	3,0941
2	7,7333	6,9618	6,1883
3	11,6030	10,4427	9,2824
4	15,4707	13,9237	12,3766
5	19,3384	17,4046	15,4707
6	23,2061	20,8055	18,5649
7	27,0738	24,3664	21,6590
8	31,9415	27,8474	24,7532
9	34,8092	31,3283	27,8474

Nombres.	HECTARES en JOURNAUX de 500 toises.	HECTARES en JOURNAUX de 550 toises.	HECTARES en JOURNAUX de 600 toises.
1	2,7847	2,5315	2,3206
2	5,5694	5,0631	4,6412
3	8,3342	7,5947	6,9618
4	11,1389	10,1263	9,2824
5	13,9237	12,6579	11,6030
6	16,7084	15,1894	13,9237
7	19,4931	17,7210	16,2443
8	22,2779	20,2526	18,5649
9	25,0626	22,7842	20,8855

TABLE IX.

Réduction des ouvrées, en ares.

Nombres.	OUVRÉES de 35 toises en ARES.	OUVRÉES de 40 toises en ARES.	OUVRÉES de 45 toises en ARES.
1	2,5851	2,8727	3,2318
2	5,1703	5,7455	6,4637
3	7,7555	8,6183	9,6956
4	10,3407	11,4911	12,9275
5	12,9259	14,3639	16,1594
6	15,5111	17,2367	19,3913
7	18,0963	20,1095	22,6232
8	20,6815	22,9823	25,8551
9	23,2667	25,8551	29,0870

Nombres.	OUVRÉES de 50 toises en ARES.	OUVRÉES de 55 toises en ARES.	OUVRÉES de 60 toises en ARES.
1	3,5909	3,9500	4,3091
2	7,1819	7,9001	8,6183
3	10,7729	11,8502	12,9275
4	14,3639	15,8003	17,2367
5	17,9549	19,7504	21,5459
6	21,5459	23,7005	25,8551
7	25,1369	27,6506	30,1643
8	28,7279	31,6007	34,4735
9	32,3189	35,5508	38,7827

TABLE X.

Réduction des ares , en ouvrées.

Nombres.	ARES en OUVRÉES de 35 toises.	ARES en OUVRÉES de 40 toises.	ARES en OUVRÉES de 45 toises.
1	0,3867	0,3480	0,3094
2	0,7735	0,6961	0,6188
3	1,1603	1,0442	0,9282
4	1,5470	1,3923	1,2376
5	1,9338	1,7404	1,5470
6	2,3206	2,0885	1,8564
7	2,7073	2,4366	2,1659
8	3,0941	2,7847	2,4753
9	3,4809	3,1328	2,7847

Nombres.	ARES en OUVRÉES de 50 toises.	ARES en OUVRÉES de 55 toises.	ARES en OUVRÉES de 60 toises.
1	0,2784	0,2531	0,2321
2	0,5569	0,5063	0,4641
3	0,8354	0,7594	0,6961
4	1,1138	1,0126	0,9282
5	1,3923	1,2657	1,1603
6	1,6708	1,5189	1,3923
7	1,9493	1,7721	1,6244
8	2,2277	2,0252	1,8564
9	2,5062	2,2784	2,0885

TABLE XI.

Réduction des arpents en hectares, et réciproquement.

Nombres.	ARPENTS dont la perche est de 18 pieds, EN HECTARES.	ARPENTS dont la perche est de 20 pieds, EN HECTARES.	ARPENTS dont la perche est de 22 pieds, EN HECTARES.
1	0,3418	0,4220	0,5107
2	0,6837	0,8441	1,0214
3	1,0256	1,2662	1,5321
4	1,3675	1,6883	2,0428
5	1,7094	2,1104	2,5535
6	2,0513	2,5324	3,0643
7	2,3932	2,8545	3,5750
8	2,7350	3,3766	4,0857
9	3,0769	3,7987	4,5964

Nombres.	HECTARES EN ARPENTS dont la perche est de 18 pieds.	HECTARES EN ARPENTS dont la perche est de 20 pieds.	HECTARES EN ARPENTS dont la perche est de 22 pieds.
1	2,9249	2,3692	1,9580
2	5,8498	4,7384	3,9160
3	8,7748	7,1076	5,8740
4	11,6997	9,4768	7,8320
5	14,6247	11,8460	9,7901
6	17,5496	14,2152	11,7481
7	20,4746	16,5844	13,7061
8	23,3995	18,9536	15,6641
9	26,3245	21,3228	17,6221

TABLE XII.

Réduction des toises usuelles, pieds, pouces et lignes cubes, en mètres, décimètres et centimètres cubes, et réciproquement.

Nombres.	TOISES cubes EN MÈTRES cubes.		PIEDS cubes EN MÈTRES cubes.		POUCES cubes EN DÉCIMÈTRES cubes.		LIGNES cubes EN CENTIMÈTRES cubes.	
	mètres.	millim.	mètres.	cent.	mètres.	cent.	mètres.	cent.
1	8	000	0	037	0	021	0	012
2	16	000	0	074	0	043	0	025
3	24	000	0	111	0	064	0	037
4	32	000	0	148	0	086	0	050
5	40	000	0	185	0	107	0	062
6	48	000	0	222	0	129	0	074
7	56	000	0	259	0	150	0	087
8	64	000	0	296	0	171	0	099
9	72	000	0	333	0	193	0	112

Nombres.	MÈTRES cubes EN TOISES cubes.		MÈTRES cubes EN PIEDS cubes.	DÉCIMÈTRES cubes EN POUCES cubes.		CENTIMÈT. cubes EN LIGNES cubes.	
	toises.	pieds.	pieds.	pouces.	lignes.	pouces.	lignes.
1		27	27	46	1134	0	81
2		54	54	93	539	0	161
3		81	81	139	1673	0	242
4		108	108	186	1078	0	322
5		135	135	233	484	0	403
6		162	162	279	1617	0	484
7		189	189	326	1023	0	564
8	1	00	216	373	429	0	645
9	1	27	243	419	1562	0	726

TABLE XIII.

*Reduction des solives et des cordes de bois en stères,
et réciproquement.*

Nombres.	SOLIVES (charpente) en STÈRES.	CORDES de bois de 4 pieds EN STÈRES.	CORDES de bois (eaux et forêts) EN STÈRES.	CORDES de bois de 3 pieds EN STÈRES.	CORDES de bois de Charbonnet EN STÈRES.
1	0,10283	4,3875	3,8391	3,2906	2,7422
2	0,20566	8,7750	7,6781	6,5812	5,4843
3	0,30850	13,1626	11,5172	9,8719	8,2265
4	0,41133	17,5501	15,3562	13,1625	10,9687
5	0,51416	21,9376	19,1953	16,4531	13,7109
6	0,61699	26,3251	23,0343	19,7437	16,4531
7	0,71982	30,7126	26,8734	23,0343	19,1953
8	0,82265	35,1001	30,7124	26,3249	21,9374
9	0,92549	39,4877	34,5515	29,6155	24,6796

Nombres.	STÈRES ou mètres cubes en SOLIVES.	STÈRES en cordes de bois de 4 pieds.	STÈRES en cordes de bois de 3 pieds 1/2.	STÈRES en cordes de bois de 3 pieds.	STÈRES en cordes de bois de 2 pieds 1/2.
1	9,7246	0,22792	0,20048	0,30389	0,36467
2	19,4492	0,45584	0,52096	0,60779	0,72935
3	29,1739	0,68376	0,78144	0,91168	1,09402
4	38,8985	0,91168	1,04192	1,21558	1,45869
5	48,6231	1,13960	1,30241	1,51947	1,82337
6	58,3477	1,36752	1,56289	1,82337	2,18804
7	68,0723	1,59544	1,82337	2,12726	2,55271
8	77,7970	1,82335	2,08385	2,43116	2,91739
9	87,5216	2,05127	2,34433	2,73505	3,28206

TABLE XIV.

Réduction des solives en marques et décistères.

Un pouce de solive vaut six chevilles, une ligne de solive vaut une demi-cheville.

SOLIVES.	MARQUES	QUART.	CHEV.	PIEDS.	POUCES.	LIGNES.	DÉCISTÈRES.
1	1	1	57	3	0	0	1,112
2	2	3	39	6	0	0	2,224
3	4	1	21	9	0	0	3,336
4	5	3	03	12	0	0	4,449
5	7	0	60	15	0	0	5,555
6	8	2	42	18	0	0	6,660
7	10	0	24	21	0	0	7,770
8	11	2	06	24	0	0	8,880
9	12	3	63	27	0	0	9,990
10	14	1	45	30	0	0	11,100
11	15	3	27	33	0	0	12,188
12	17	1	09	36	0	0	13,307
13	18	2	66	39	0	0	14,416
14	20	0	48	42	0	0	15,544
15	21	2	30	45	0	0	16,623
16	23	0	12	48	0	0	17,742
17	24	1	69	51	0	0	18,861
18	25	3	51	54	0	0	19,980
19	27	1	33	57	0	0	21,099
20	28	3	15	60	0	0	22,200
21	30	0	72	63	0	0	23,333
22	31	2	54	66	0	0	24,420
23	33	0	36	69	0	0	25,494
24	34	2	18	72	0	0	26,640
25	36	0	00	75	0	0	27,732
26	37	1	57	78	0	0	28,860
27	38	3	39	81	0	0	30,000
28	40	1	21	84	0	0	31,093
29	41	3	10	87	0	0	32,230
30	43	0	60	90	0	0	33,333

3*

TABLE XV.

Réduction des pintes en litres, et réciproquement.

Nombres.	PINTES de Paris, en LITRES.	PINTES de 72 pouces cubes, EN LITRES.	PINTES de 77 pouces cubes, EN LITRES.	PINTES de 96 pouces cubes, EN LITRES.	PINTES de 126 pouces cubes, EN LITRES.
1	0,9313	1,4282	1,5373	1,9043	2,4994
2	1,8626	2,8565	3,0747	3,8086	4,9988
3	2,7940	4,2847	4,6120	5,7129	7,4982
4	3,7253	5,7119	6,1493	7,6172	9,9976
5	4,6566	7,1411	7,6866	9,5215	12,4970
6	5,5879	8,5694	9,2240	11,4258	14,9964
7	6,5192	9,9976	10,7613	13,3301	17,4958
8	7,4506	11,4258	12,2986	15,2344	19,9952
9	8,3819	12,8541	13,8360	17,1387	22,4946

Nombres.	LITRES en PINTES de Paris.	LITRES en PINTES de 72 pouces cubes.	LITRES en PINTES de 77 pouces cubes.	LITRES en PINTES de 96 pouces cubes.	LITRES en PINTES de 126 pouces cubes.
1	1,0737	0,70017	0,65048	0,52513	0,40009
2	2,1475	1,40034	1,30096	1,05025	0,80019
3	3,2212	2,10050	1,95144	1,57538	1,20028
4	4,2950	2,80067	2,60191	2,10050	1,60038
5	5,3687	3,50084	3,25239	2,62563	2,00045
6	6,4424	4,20101	3,90287	3,15076	2,40057
7	7,5162	4,90118	4,55335	3,67588	2,80067
8	8,5889	5,60134	5,20383	4,20201	3,20076
9	9,6637	6,30151	5,85431	4,72613	3,60086

TABLE XVI.

Réduction des muids, setiers, boisseaux, veltes et litrons, en hectolitres et litres, et réciproquement.

Nombres.	MUIDS de vin de Paris, en HECTOLITRES.	SETIERS de blé de Paris, en HECTOLITRES.	BOISSEAUX en LITRES.	VELTES en LITRES.	LITRONS en LITRES.
1	2,682	1,561	13,00	7,45	0,81
2	5,364	3,122	26,01	14,90	1,62
3	8,046	4,683	39,02	22,35	2,43
4	10,728	6,244	52,03	29,80	3,25
5	13,411	7,805	65,04	37,25	4,06
6	16,093	9,366	78,05	44,70	4,87
7	18,775	10,927	91,05	52,15	5,69
8	21,457	12,488	104,06	59,60	6,50
9	24,139	14,049	117,07	67,05	7,31

Nombres.	HECTOL.tres en MUIDS de vin, de Paris.	HECTOL.tres en SETIERS de blé, de Paris.	LITRES en BOISSEAUX.	LITRES en VELTES.	LITRES en LITRONS.
1	0,372	0,640	0,076	0,134	1,23
2	0,745	1,281	0,153	0,268	2,46
3	1,118	1,921	0,230	0,402	3,69
4	1,491	2,562	0,307	0,536	4,91
5	1,864	3,203	0,384	0,671	6,14
6	2,236	3,843	0,461	0,805	7,37
7	2,609	4,484	0,538	0,939	8,60
8	2,982	5,124	0,614	1,073	9,83
9	3,355	5,765	0,691	1,207	11,06

TABLE XVII.

Réduction des quintaux, livres, onces, gros et grains usuels, en poids métriques.

Nombres	QUINTAUX en MYRIAGRAM[s]		LIVRES en KILOGRAM[es].		ONCES en GRAMMES.		GROS en GRAMMES.		GRAINS en GRAMMES.	
	myr.		k.	gr.	gr.		gr.		gr.	
1	5	»	0	500	31	25	3	906	0	542
2	10	»	1	»	62	50	7	813	1	085
3	15	»	1	500	93	75	11	719	1	627
4	20	»	2	»	125	»	15	625	2	170
5	25	»	2	500	156	25	19	531	2	712
6	30	»	3	»	187	50	23	438	3	255
7	35	»	3	500	218	75	27	344	3	797
8	40	»	4	»	250	»	31	250	4	340
9	45	»	4	500	281	25	35	156	4	882
10	50	»	5	»	312	50	39	062	5	425
11	55	»	5	500	343	75	42	968	5	967
12	60	»	6	»	375	»	46	874	6	510
13	65	»	6	500	406	25	50	780	7	052
14	70	»	7	»	437	50	54	686	7	595
15	75	»	7	500	468	75	58	592	8	137
16	80	»	8	»	500	»	62	498	8	680
17	85	»	8	500	531	25	66	404	9	222
18	90	»	9	»	562	50	70	310	9	765
19	95	»	9	500	593	75	74	216	10	307
20	100	»	10	»	625	»	78	122	10	850
30	150	»	15	»	937	50	117	184	16	275
40	200	»	20	»	1250	»	156	244	21	600
50	250	»	25	»	1562	50	195	306	27	125
60	300	»	30	»	1875	»	234	368	32	550
70	350	»	35	»	2187	50	275	434	37	975
80	400	»	40	»	2500	»	312	488	43	200
90	450	»	45	»	2812	50	351	552	48	825
100	500	»	50	»	3125	»	390	620	54	250

TABLE XVIII.

Réduction du poids métrique en quintaux, livres, onces, gros et grains usuels.

Nombres.	MYRIAG.ᵉˢ en QUINTAUX.		KILOG.ᵉˢ en LIVRES.		GRAMMES en ONCES.		GRAMMES en GROS.		GRAMMES en GRAINS.	
	q.		liv.		on.		gr.		gr.	
1	0	20	2	»	0	031	0	256	18	432
2	0	40	4	»	0	062	0	512	36	864
3	0	60	6	»	0	094	0	768	55	296
4	0	80	8	»	0	125	1	024	73	728
5	1	»	10	»	0	156	1	280	92	160
6	1	20	12	»	0	187	1	536	110	592
7	1	40	14	»	0	219	1	792	129	024
8	1	60	16	»	0	250	2	048	147	456
9	1	80	18	»	0	281	2	304	165	888
10	2	»	20	»	0	312	2	560	184	320
11	2	20	22	»	0	344	2	816	202	752
12	2	40	24	»	0	375	3	072	221	184
13	2	60	26	»	0	406	3	328	239	616
14	2	80	28	»	0	437	3	584	258	048
15	3	»	30	»	0	469	3	840	276	480
16	3	20	32	»	0	500	4	096	294	912
17	3	40	34	»	0	531	4	352	313	344
18	3	60	36	»	0	562	4	608	331	776
19	3	80	38	»	0	594	4	864	350	208
20	4	»	40	»	0	625	5	120	368	640
30	6	»	60	»	0	937	7	680	552	960
40	8	»	80	»	1	250	10	240	737	280
50	10	»	100	»	1	562	12	800	921	600
60	12	»	120	»	1	875	15	360	1105	920
70	14	»	140	»	2	187	17	920	1290	240
80	16	»	160	»	2	500	20	480	1474	560
90	18	»	180	»	2	812	23	040	1658	880
100	20	»	200	»	3	125	25	600	1843	200

LOGARITHMES.

94. On appelle *logarithmes*, des nombres en progression par différence, qui correspondent à d'autres nombres en progression par quotient, qu'ils doivent remplacer dans le calcul.

Le *système* de nos logarithmes repose sur les deux progressions suivantes, appropriées au *système* de numération, et dont la première présente les nombres, tandis que la seconde offre leurs logarithmes :

$$Nomb. \div 1 : 10 : 100 : 1000 : 10000 : 100000 : 1000000$$
$$Log. \quad : 0 . 1 . 2 . 3 . 4 . 5 . 6$$

de sorte que zéro est le logarithme de 1, que 1 est celui de 10, 2 celui de 100, etc.

Or, il faut remarquer que le premier terme de la progression étant 1, il n'entre réellement pour rien dans la composition de tous les autres; puisqu'un terme de cette progression est égal au premier, multiplié par le quotient (qui est ici 10), autant de fois facteur qu'il y a de termes avant celui qu'on détermine; et que 1, multiplié par un nombre quelconque, donne ce nombre lui-même pour produit.

De même, le premier terme de la progression par différence étant zéro, tout autre terme se compose de zéro, plus autant de fois la différence qu'il y a de termes avant celui qu'on calcule, ou simplement de cette différence convenablement répétée.

95. D'après ces considérations, on peut démontrer 1° que la somme des logarithmes de deux nombres est le logarithme du produit de ces nombres;

2° que la différence de leurs logarithmes est le logarithme du quotient de ces mêmes nombres ; 3° que le double ou le triple d'un logarithme est le logarithme du carré ou du cube du nombre auquel il appartient ; 4° que la moitié ou le tiers du logarithme d'un nombre est le logarithme de la racine carrée ou de la racine cubique de ce nombre, c'est-à-dire qu'en général l'usage des logarithmes consiste à substituer l'addition à la multiplication, la soustraction à la division, la multiplication à la formation des puissances, et la division à l'extraction des racines.

En effet : 1° si l'on multiplie 10, second terme de la progression par quotient, par 100, troisième terme de la même progression, on trouvera 1000, qui en est le quatrième terme ; et si l'on ajoute 1, second terme de la progression par différence, à 2 troisième terme de la progression par différence, on obtiendra 3, qui est le quatrième terme correspondant à 1000, et, par conséquent, son logarithme. On voit donc qu'en ajoutant 1 et 2 qui sont les logarithmes de 10 et 100, on a pour somme 3, logarithme du produit 1000 de ces deux nombres.

2° Si l'on divise 1000, quatrième terme de la progression par quotient, par 100, son troisième terme, on trouve pour quotient le second terme 10; tandis que, si de 3, quatrième terme de la suite par différence, on retranche 2, troisième terme de celle-ci, le reste sera 1, son second terme ; donc, si du logarithme d'un nombre on retranche celui d'un autre nombre, il reste le logarithme de leur quotient.

3° Si l'on élève au cube le second terme 10 de la première progression, on trouvera son quatrième terme 1000, et si on multiplie le second terme 1 de l'autre progression, par l'exposant 3 de la puissance que l'on veut former, on aura pour produit le quatrième terme 3 de la suite par différence; donc, en multipliant le logarithme d'un nombre par l'exposant d'une puissance, on trouve le logarithme de cette puissance.

4° Enfin, si l'on extrait la racine cubique du quatrième terme 1000 de la première suite, on a le second terme 10 de la même suite; tandis que si l'on divise 3, quatrième terme de l'autre suite, par 3, exposant de la racine que l'on veut extraire, on a pour résultat 1, qui est le second terme de la progression par différence : donc, en divisant le logarithme d'un nombre par l'exposant d'une racine, on trouve le logarithme de cette racine.

96. Ces résultats, d'ailleurs, doivent être tels qu'on vient de le trouver, car en reprenant la multiplication des termes 10 et 100 de la progression par quotient, et l'addition des termes correspondants 1 et 2 de la suite par différence, on peut substituer à 10 et à 100, le quotient 10 une fois facteur, et le quotient 10 deux fois facteur, dont le produit est le quotient 10 trois fois facteur, ou la composition du quatrième terme; on peut substituer de même, à 1 et à 2, la différence 1 répétée 1 fois, et la différence 1 répétée 2 fois, dont la somme est évidemment la différence 1 répétée 3 fois, ou la composition du quatrième terme de la progression par différence. Les deux résultats devaient donc être des termes correspondants, et la somme des logarithmes devait être le logarithme du produit. On pourrait donner le même développement aux trois autres opérations, et en justifier de même les conséquences.

97. On voit, d'après ce qui précède, que les résultats fournis par les logarithmes ne sont eux-mêmes que les logarithmes des nombres qu'on cherche définitivement, et qu'il reste ainsi à découvrir à quel

nombre particulier correspondent les logarithmes qu'on obtient d'abord. Il faut donc construire des tables qui présentent les logarithmes de la série naturelle des nombres, jusqu'à une limite qui en rende l'usage suffisamment étendu. Or, les deux progressions primitives peuvent conduire à la construction de ces tables, car il suffit d'insérer entre 1 et 10 un certain nombre de moyens proportionnels par quotient, et entre les termes correspondants un nombre égal de moyens proportionnels par différence ; en multipliant beaucoup les moyens proportionnels, on en trouvera nécessairement qui seront égaux aux nombres compris entre 1 et 10, ou qui n'en différeront pas sensiblement ; et les moyens proportionnels par différence, correspondant à ceux-ci, en seront les logarithmes. On opérera de la même manière entre 10 et 100, entre 100 et 1000, etc., etc., et l'on formera la suite des logarithmes des nombres entiers jusqu'à 10000, par exemple, au moyen de laquelle on trouvera facilement ensuite les logarithmes de toutes les espèces de nombres.

98. Les tables de *Lalande, Lacaille,* etc. étant assez connues, nous nous contenterons d'en donner simplement une des nombres naturels depuis 1 jusqu'à 300, pour pouvoir indiquer la manière de s'en servir.

TABLE des Logarithmes des nombres naturels depuis 1 jusqu'à 300.

Nomb.	Logarithmes.	Nomb.	Logarithmes.	Nomb.	Logarithmes.	Nomb.	Logarithmes.
1	0.00000	38	1.57978	75	1.87506	112	2.04922
2	0.30103	39	1.59106	76	1.88081	113	2.05308
3	0.47712	40	1.60206	77	1.88649	114	2.05690
4	0.60206	41	1.61278	78	1.89209	115	2.06070
5	0.69897	42	1.62325	79	1.89763	116	2.06446
6	0.77815	43	1.63347	80	1.90309	117	2.06819
7	0.84510	44	1.64345	81	1.90849	118	2.07188
8	0.90309	45	1.65321	82	1.91381	119	2.07555
9	0.95424	46	1.66276	83	1.91908	120	2.07918
10	1.00000	47	1.67210	84	1.92428	121	2.08279
11	1.04139	48	1.68124	85	1.92942	122	2.08636
12	1.07918	49	1.69020	86	1.93450	123	2.08991
13	1.11394	50	1.69897	87	1.93952	124	2.09342
14	1.14613	51	1.70757	88	1.94448	125	2.09691
15	1.17609	52	1.71600	89	1.94939	126	2.10037
16	1.20412	53	1.72428	90	1.95424	127	2.10380
17	1.23045	54	1.73239	91	1.95904	128	2.10721
18	1.25527	55	1.74036	92	1.96379	129	2.11059
19	1.27875	56	1.74819	93	1.96848	130	2.11394
20	1.30103	57	1.75587	94	1.97313	131	2.11727
21	1.32222	58	1.76343	95	1.97772	132	2.12057
22	1.34242	59	1.77085	96	1.98227	133	2.12385
23	1.36173	60	1.77815	97	1.98677	134	2.12710
24	1.38021	61	1.78533	98	1.99123	135	2.13033
25	1.39794	62	1.79239	99	1.99564	136	2.13354
26	1.41497	63	1.79934	100	2.00000	137	2.13672
27	1.43136	64	1.80618	101	2.00432	138	2.13988
28	1.44716	65	1.81291	102	2.00860	139	2.14301
29	1.46240	66	1.81954	103	2.01284	140	2.14613
30	1.47712	67	1.82607	104	2.01703	141	2.14922
31	1.49136	68	1.83251	105	2.02119	142	2.15229
32	1.50515	69	1.83885	106	2.02531	143	2.15534
33	1.51851	70	1.84510	107	2.02938	144	2.15836
34	1.53148	71	1.85126	108	2.03342	145	2.16137
35	1.54407	72	1.85733	109	2.03743	146	2.16435
36	1.55630	73	1.86332	110	2.04139	147	2.16732
37	1.56820	74	1.86923	111	2.04532	148	2.17026

Suite de la table des Logarithmes.

Nomb.	Logarithmes.	Nomb.	Logarithmes.	Nomb.	Logarithmes.	Nomb.	Logarithmes.
149	2.17319	187	2.27184	225	2.35218	263	2.41996
150	2.17609	188	2.27416	226	2.35411	264	2.42160
151	2.17898	189	2.27646	227	2.35603	265	2.42325
152	2.18184	190	2.27875	228	2.35793	266	2.42488
153	2.18469	191	2.28103	229	2.35984	267	2.42651
154	2.18752	192	2.28330	230	2.36173	268	2.42813
155	2.19033	193	2.28556	231	2.36361	269	2.42975
156	2.19312	194	2.28780	232	2.36549	270	2.43136
157	2.19590	195	2.29003	233	2.36736	271	2.43297
158	2.19866	196	2.29226	234	2.36922	272	2.43457
159	2.20140	197	2.29447	235	2.37107	273	2.43616
160	2.20412	198	2.29667	236	2.37291	274	2.43775
161	2.20683	199	2.29885	237	2.37475	275	2.43933
162	2.20952	200	2.30103	238	2.37658	276	2.44091
163	2.21219	201	2.30320	239	2.37840	277	2.44248
164	2.21484	202	2.30535	240	2.38021	278	2.44405
165	2.21748	203	2.30750	241	2.38202	279	2.44560
166	2.22011	204	2.30963	242	2.38382	280	2.44716
167	2.22272	205	2.31175	243	2.38561	281	2.44871
168	2.22531	206	2.31387	244	2.38739	282	2.45025
169	2.22789	207	2.31597	245	2.38917	283	2.45179
170	2.23045	208	2.31806	246	2.39094	284	2.45332
171	2.23300	209	2.32015	247	2.39270	285	2.45484
172	2.23553	210	2.32222	248	2.39445	286	2.45637
173	2.23805	211	2.32428	249	2.39620	287	2.45788
174	2.24055	212	2.32634	250	2.39794	288	2.45939
175	2.24304	213	2.32838	251	2.39967	289	2.46090
176	2.24551	214	2.33041	252	2.40140	290	2.46240
177	2.24797	215	2.33244	253	2.40312	291	2.46389
178	2.25042	216	2.33445	254	2.40483	292	2.46538
179	2.25285	217	2.33646	255	2.40654	293	2.46687
180	2.25527	218	2.33846	256	2.40824	294	2.46835
181	2.25768	219	2.34044	257	2.40993	295	2.46982
182	2.26007	220	2.34242	258	2.41162	296	2.47129
183	2.26245	221	2.34439	259	2.41330	297	2.47276
184	2.26482	222	2.34635	260	2.41497	298	2.47422
185	2.26717	223	2.34830	261	2.41664	299	2.47567
186	2.26951	224	2.35025	262	2.41830	300	2.47712

99. L'examen de ces tables et des progressions primitives peuvent faire conclure : 1° que les logarithmes de tous les nombres, excepté ceux de la suite 1, 10, 100, 1000 ou 10000, etc. , etc. , sont composés d'un certain nombre d'unités entières et de fractions décimales : ces unités entières forment ce qu'on appelle la *caractéristique* du logarithme;

2° Que le nombre des unités de la *caractéristique* d'un logarithme est égal au nombre des chiffres, moins un, qui entrent dans le nombre entier auquel appartient le logarithme.

3° Qu'ajouter 1, 2, 3, ou 4 unités à la caractéristique d'un logarithme, c'est multiplier le nombre auquel appartient ce logarithme, par 10, 100, 1000 ou 10000.

Du reste, l'usage des tables de logarithmes comprend ces deux questions : un nombre quelconque étant donné, trouver son logarithme particulier; et réciproquement, un logarithme étant proposé, trouver le nombre auquel il appartient.

100. PROBLÈME PREMIER. *Un nombre étant donné, trouver son logarithme.*

Ce nombre peut être : 1° *entier;* 2° *fraction;* 3° *fractionnaire.* S'il est *fraction*, il peut être *fraction ordinaire* ou *fraction décimale;* et s'il est *fractionnaire*, il peut encore être nombre *fractionnaire ordinaire* ou nombre *fractionnaire décimal;* 4° enfin ou le nombre entier est *inscrit* dans les tables, ou il en *surpasse* les limites.

1° Si le nombre est *entier* et *inscrit* dans les

tables, il suffira de le chercher dans la colonne des nombres, et son logarithme se trouvera immédiatement à droite, dans la colonne des logarithmes; mais s'il *surpasse* la limite des tables, on opérera comme nous allons l'indiquer, en cherchant le logarithme de 124325. Nous retrancherons d'abord deux chiffres à droite par une virgule, pour que le reste à gauche se trouve inscrit dans les tables de *Lalande*, qui ne vont que jusqu'à 10000, et nous chercherons le logarithme de 1243, qui est 3,09447; mais il ne s'agissait pas du logarithme de 1243, c'était celui de 1243,25 qu'il fallait trouver d'abord. Or, les différences entre les nombres sont proportionnelles aux différences entre les logarithmes; donc, puisque les tables nous apprennent que le logarithme de 1244 surpasse de 35 *cent millièmes* le logarithme de 1243, nous saurons aussi de combien le logarithme de 1243,25 doit surpasser celui de 1243, en faisant la proportion : l'unité est à 0,25 comme 0,00035 est à x (1 : 0,25 :: 0,00035 : x); ce quatrième terme, réduit à cinq décimales, est 0,00009; et, l'ajoutant au logarithme de 1243, nous avons 3,09456 pour le logarithme de 1243,25. Enfin, le nombre donné 1243,25 étant 100 fois plus grand que ce dernier, il faut au logarithme de celui-ci ajouter 2 unités, et l'on aura pour le logarithme demandé 5,09456.

2° Une *fraction ordinaire* n'étant autre chose qu'un quotient, son logarithme doit se trouver en retranchant le dénominateur du logarithme, qui

est ici le diviseur, du logarithme du numérateur,
qui est le dividende; mais comme dans une fraction
proprement dite, le dénominateur surpasse le numérateur, la soustraction n'est possible qu'en
partie, et il reste à chercher la quantité dont le
logarithme du dénominateur surpasse celui du
numérateur; cet excédant doit être affecté du
signe *moins* (—). On trouvera de cette manière
que le logarithme de $^{24}/_{55}$ est — 0,16386; car le logarithme de 24 est 1,38021; celui de 35 est
1,54407; et si de celui-ci on retranche le premier,
et qu'on affecte le reste du signe *moins*, on aura
— 0,16386.

3° Si la fraction proposée était *décimale*, on la
considérerait comme un nombre entier, et on en
chercherait le logarithme comme s'il en existait un
en effet; mais alors on aurait le logarithme d'un
nombre 10, 100 ou 1000 fois plus grand, selon
que cette fraction serait composée de 1, 2 ou 3
chiffres décimaux; il faudrait alors, du logarithme
trouvé, retrancher aussi 1, 2 ou 3 unités; mais
comme la soustraction se trouve encore impossible,
elle se fait en retranchant, au contraire, le logarithme lui-même, d'un nombre composé d'autant
d'unités qu'il y avait de décimales dans la fraction
proposée, et en donnant encore au résultat le signe
— . Ainsi, si l'on demandait le logarithme de 0,425,
on chercherait celui de 425 *unités*, qui est 2,62839;
il faudrait retrancher 3 *unités* de celui-ci, mais la
soustraction étant impossible, on retrancherait,

au contraire, 2,62839 de 3 *unités*, et le résultat serait — 0,37161.

4° S'il s'agit d'un nombre *fractionnaire ordinaire*, on le réduira en une seule fraction ; le numérateur de celle-ci sera plus grand alors que son dénominateur ; la soustraction sera possible : elle se fera dans le sens dans lequel elle doit être faite, et le résultat sera pris aussi dans le sens ordinaire. Ainsi, le logarithme de 16 + $^3/4$ ou de $^{67}/4$ est 1,22401 ; car le logarithme de 67 est 1,82607 ; et si de celui-ci on retranche le logarithme de 4, qui est 0,60206, il reste en effet 1,22401.

5° Lorsqu'il faut trouver le logarithme d'un nombre *fractionnaire décimal*, on considère encore ce nombre comme s'il était entier ; on en cherche alors le logarithme, mais on retranche autant d'unités de la caractéristique de celui-ci, qu'il y avait de décimales dans le nombre proposé. En effet, si l'on demandait le logarithme de 16, 14, et qu'on cherchât le logarithme de 1614 qui est 3,20700, on aurait le logarithme d'un nombre 100 fois trop grand : il faudrait donc en retrancher 2 unités, et le logarithme demandé serait alors 1,20790.

101. PROBLÈME SECOND. — *Un logarithme étant donné, trouver à quel nombre il correspond.*

Il peut arriver quatre cas : ou ce logarithme est *inscrit* dans les tables, ou il en surpasse les limites par sa *caractéristique*, ou il tombe entre deux logarithmes des tables, ou enfin il est *négatif.*

1° S'il est inscrit dans les tables, le nombre qui

est immédiatement à sa gauche est celui qui lui correspond.

2° Si le logarithme donné a une *caractéristique* trop forte, on ôte assez d'unités pour qu'il se trouve inscrit dans les tables ; on cherche à quel nombre correspond le logarithme ainsi préparé, et on écrit, à la droite de ce nombre, autant de zéros que l'on a retranché d'unités à la caractéristique du logarithme donné. Ainsi, le logarithme 5,25527, cherché dans les tables avec 3 unités seulement, correspond à 1800 ; mais il appartient alors à un nombre 100 fois trop petit, et le nombre cherché est 180000.

3° Cherchons à quel nombre correspond le logarithme 3,16384. Ce logarithme tombe dans les tables, entre 3,16376 qui correspondent à 1458, et 3,16406 qui correspondent à 1459 ; le nombre cherché est donc 1458, plus une fraction. Pour trouver celle-ci, on observera que le logarithme de 1459 surpasse de 30 *cent millièmes* celui de 1458, tandis que le logarithme donné ne surpasse le dernier que de 8 *cent millièmes* ; on saura donc aussi de combien le nombre cherché doit surpasser 1458, en faisant la proportion, $0,00030:0,00008::1:x$, ou $30:8::1:x$; le quatrième terme de cette proportion est $^8/_{30}$ ou $^4/_{15}$, et le nombre cherché est alors $1458+^4/_{15}$.

4° Si le logarithme était *négatif*, on le rendrait positif en lui ajoutant 3 ou 4 unités, mais alors il appartiendrait à un nombre *mille* ou *dix mille* fois trop grand, que l'on aurait soin de ramener à sa juste valeur, en séparant autant de chiffres à sa droite par une virgule, que l'on aurait ajouté d'unités au logarithme *négatif.* Ainsi, le logarithme—13629, retranché de 4 unités, devient 386,371 : ce dernier correspond à 7307, et la fraction à laquelle appartient le logarithme *négatif,* est 0,7307.

CONCORDANCE

DES CALENDRIERS RÉPUBLICAIN ET GRÉGORIEN.

Par un décret de l'Assemblée Constituante, il fut résolu que le calendrier grégorien serait remplacé par un calendrier républicain ; que l'année commencerait le 22 septembre 1793 ; qu'elle serait toujours divisée en 12 mois, mais que les mois seraient tous égaux, c'est-à-dire de 30 jours, et que comme ces mois ne composeraient l'année que de 360 jours, au lieu de 365, chaque année commune aurait 5 jours complémentaires, et chaque année bissextile 6 ; que les mois se nommeraient *vendémiaire, brumaire, frimaire, nivôse, pluviôse, ventôse, germinal, floréal, prairial, messidor, thermidor* et *fructidor;* que chacun de ces mois se diviserait en trois parties égales de *dix* jours, que l'on nommerait *décades;* que les jours s'appelleraient *primidi, duodi, tridi, quartidi, quintidi, sextidi, septidi, octidi, nonidi, décadi;* et que ce dernier jour serait férié. Ce système fut aboli par un sénatus-consulte, le 11 nivôse an XIV, époque qui correspond au 1er janvier 1806.

An 2 — 1793.

1 vendémiaire. . 22 sept.
10   id. . . . . . . 1 octob.
20   id. 11   id.
1 brumaire. . . . 22   id.
11   id. . . . . . 1 nov.
21   id. 11   id.
1 frimaire. . . . 21   id.
11   id. . . . . . 1 déc.
21   id. 11   id.
1 nivôse. 21   id.

An 2 — 1794.

12 nivôse. . . . . 1 janv.
22   id. 11   id.
1 pluviôse. . . . 20   id.
13   id. . . . . . 1 fév.
23   id. 11   id.
1 ventôse. 19   id.
11   id. . . . . . 1 mars.
21   id. 11   id.
1 germinal. . . . 21   id.
12   id. . . . . . 1 avril.
22   id. 11   id.
1 floréal. 20   id.
12   id. . . . . . 1 mai.
22   id. 11   id.
1 prairial. . . . 20   id.
13   id. . . . . . 1 juin.
23   id. 11   id.
1 messidor. . . . 19   id.
13   id. . . . . . 1 juillet.
23   id. 11   id.
1 thermidor. . . 19   id.
14   id. . . . . . 1 août.
24   id. 11   id.
1 fructidor. . . . 18   id.
15   id. . . . . . 1 sept.
30   id. 16   id.
5ᵉ jour compl. . 21   id.

An 3 — 1794.

1 vendémiaire . . 22 sept.
10   id. . . . . . . 1 octob.
20   id. 11   id.
1 brumaire. . . . 22   id.

11 brumaire. . . . 1 nov.
21   id. 11   id.
1 frimaire. . . . 21   id.
11   id. . . . . . 1 décem.
21   id. 11   id.
1 nivôse. 21   id.

An 3 — 1795.

12 nivôse. . . . . 1 janv.
22   id. 11   id.
1 pluviôse. . . . 20   id.
13   id. . . . . . 1 février.
23   id. 11   id.
1 ventôse. 19   id.
11   id. . . . . . 1 mars.
21   id. 11   id.
1 germinal. . . . 21   id.
12   id. . . . . . 1 avril.
22   id. 11   id.
1 floréal. 20   id.
12   id. . . . . . 1 mai.
22   id. 11   id.
1 prairial. . . . 20   id.
13   id. . . . . . 1 juin.
23   id. 11   id.
1 messidor. . . . 19   id.
13   id. . . . . . 1 juillet.
23   id. 11   id.
1 thermidor. . . 16   id.
14   id. . . . . . 1 août.
24   id. 11   id.
1 fructidor. . . . 18   id.
15   id. . . . . . 1 sept.
30   id. 19   id.
6ᵉ jour compl. . 22   id.

An 4 — 1795.

1 vendémiaire. . 23 sept.
9   id. . . . . . . 1 octob.
19   id. 11   id.
1 brumaire. . . . 23   id.
10   id. . . . . . 1 nov.
20   id. 11   id.
1 frimaire. . . . 22   id.
10   id. . . . . . 1 déc.
20   id. 11   id.
1 nivôse. 22   id.

An 4 — 1796.

11 nivôse. . . . . 1 janv.
21 id. . . . . . 11 id.
1 pluviôse. . . . 21 id.
12 id. . . . . . 1 février.
22 id. . . . . . 11 id.
1 ventôse. . . . . 20 id.
11 id. . . . . . 1 mars.
21 id. . . . . . 11 id.
1 germinal. . . . 21 id.
12 id. . . . . . 1 avril.
22 id. . . . . . 11 id.
1 floréal. . . . . 20 id.
12 id. . . . . . 1 mai.
22 id. . . . . . 11 id.
1 prairial. . . . . 20 id.
13 id. . . . . . 1 juin.
23 id. . . . . . 11 id.
1 messidor. . . . 19 id.
13 id. . . . . . 1 juillet.
23 id. . . . . . 11 id.
1 thermidor. . . 19 id.
14 id. . . . . . 1 août.
24 id. . . . . . 11 id.
1 fructidor. . . . 18 id.
15 id. . . . . . 1 sept.
25 id. . . . . . 11 id.
5ᵉ jour compl. . . 21 id.

An 5 — 1796.

1 vendémiaire. . 22 sept.
10 id. . . . . . 1 octob.
20 id. . . . . . 11 id.
1 brumaire. . . . 22 id.
11 id. . . . . . 1 nov.
21 id. . . . . . 11 id.
1 frimaire. . . . 21 id.
11 id. . . . . . 1 déc.
21 id. . . . . . 11 id.
1 nivôse. . . . . 21 id.

An 5. — 1797.

12 nivôse. . . . . 1 janv.
22 id. . . . . 11 id.
1 pluviôse. . . . 20 id.

13 pluviôse. . . . 1 février.
23 id. . . . . . 11 id.
1 ventôse. . . . . 19 id.
11 id. . . . . . 1 mars.
21 id. . . . . . 11 id.
1 germinal. . . . 21 id.
12 id. . . . . . 1 avril.
22 id. . . . . . 11 id.
1 floréal. . . . . 20 id.
12 id. . . . . . 1 mai.
22 id. . . . . . 11 id.
1 prairial. . . . . 20 id.
13 id. . . . . . 1 juin.
23 id. . . . . . 11 id.
1 messidor. . . . 19 id.
13 id. . . . . . 1 juillet.
23 id. . . . . . 11 id.
1 thermidor. . . 19 id.
14 id. . . . . . 1 août.
24 id. . . . . . 11 id.
1 fructidor. . . . 18 id.
15 id. . . . . . 1 sept.
25 id. . . . . . 11 id.
5ᵉ jour compl. . . 21 id.

An 6 — 1797.

1 vendémiaire. . 22 sept.
10 id. . . . . . 1 octob.
20 id. . . . . . 11 id.
1 brumaire. . . . 22 id.
11 id. . . . . . 1 nov.
21 id. . . . . . 11 id.
1 frimaire. . . . 21 id.
11 id. . . . . . 1 déc.
21 id. . . . . . 11 id.
1 nivôse. . . . . 21 id.

An 6 — 1798.

12 nivôse. . . . . 1 janv.
22 id. . . . . . 11 id.
1 pluviôse. . . . 20 id.
13 id. . . . . . 1 février
23 id. . . . . . 11 id.
1 ventôse. . . . . 19 id.
11 id. . . . . . 1 mars.
21 id. . . . . . 11 id.

1 germinal.... 21 mars.	22 floréal..... 11 mai.
12 id...... 1 avril.	1 prairial..... 20 id.
22 id....... 11 id.	13 id...... 1 juin.
1 floréal.... 20 id.	23 id..... 11 id.
12 id...... 1 mai.	1 messidor.... 19 id.
22 id...... 11 id.	13 id...... 1 juillet.
1 prairial.... 20 id.	23 id...... 11 id.
13 id....... 1 juin.	1 thermidor... 19 id.
23 id...... 11 id.	14 id...... 1 août.
1 messidor.... 19 id.	24 id...... 11 id.
13 id...... 1 juillet.	1 fructidor.... 18 id.
23 id..... 11 id.	15 id...... 1 sept.
1 thermidor... 19 id.	25 id...... 11 id.
14 id...... 1 août.	5e jour compl... 22 id.
24 id...... 11 id.	**An 8 — 1799.**
1 fructidor.... 18 id.	1 vendémiaire.. 23 sept.
15 id...... 1 sept.	9 id...... 1 octob.
25 id...... 11 id.	19 id...... 11 id.
5e jour compl... 21 id.	1 brumaire.... 23 id.
An 7 — 1798.	10 id...... 1 nov.
1 vendémiaire.. 22 sept.	20 id....... 11 id.
10 id...... 1 octob.	1 frimaire.... 22 id.
20 id...... 11 id.	10 id...... 1 déc.
1 brumaire.... 22 id.	20 id...... 11 id.
11 id....... 1 nov.	1 nivôse..... 22 id.
21 id...... 11 id.	**An 8 — 1800.**
1 frimaire... 21 id.	11 nivôse..... 1 janv.
11 id...... 1 déc.	21 id...... 11 id.
21 id...... 11 id.	1 pluviôse.... 21 id.
1 nivôse..... 21 id.	12 id...... 1 février.
An 7 — 1799.	22 id...... 11 id.
12 nivôse..... 1 janv.	1 ventôse..... 20 id.
22 id...... 11 id.	10 id...... 1 mars.
1 pluviôse.... 20 id.	20 id...... 11 id.
13 id....... 1 février.	1 germinal.... 22 id.
23 id...... 11 id.	11 id...... 1 avril.
1 ventôse.... 19 id.	21 id...... 11 id.
11 id....... 1 mars.	1 floréal..... 21 id.
21 id....... 11 id.	11 id...... 1 mai.
1 germinal.... 21 id.	21 id...... 11 id.
12 id....... 1 avril.	1 prairial..... 21 id.
22 id...... 11 id.	12 id...... 1 juin.
1 floréal..... 20 id.	22 id....... 11 id.
12 id....... 1 mai.	1 messidor..... 20 id.

12 messidor.... 1 juillet.
22 id....... 11 id.
1 thermidor... 20 id.
13 id...... 1 août.
23 id...... 11 id.
1 fructidor.... 19 id.
14 id...... 1 sept.
24 id...... 11 id.
5ᵉ jour compl... 22 id.

An 9 — 1800.

1 vendémiaire.. 23 sept.
9 id...... 1 octob.
19 id...... 11 id.
1 brumaire.... 23 id.
10 id...... 1 nov.
20 id...... 11 id.
1 frimaire.... 22 id.
10 id...... 1 déc.
20 id...... 11 id.
1 nivôse..... 22 id.

An 9 — 1801.

11 nivôse..... 1 janv.
21 id...... 11 id.
1 pluviôse.... 21 id.
12 id...... 1 février.
22 id...... 11 id.
1 ventôse..... 20 id.
10 id...... 1 mars.
20 id...... 11 id.
1 germinal.... 22 id.
11 id...... 1 avril.
21 id...... 11 id.
1 floréal..... 21 id.
11 id...... 1 mai.
21 id...... 11 id.
1 prairial..... 21 id.
12 id...... 1 juin.
22 id...... 11 id.
1 messidor.... 20 id.
12 id...... 1 juillet.
22 id...... 11 id.
1 thermidor... 20 id.
13 id...... 1 août.
23 id...... 11 id.

1 fructidor..... 19 août.
14 id....... 1 sept.
24 id...... 11 id.
5ᵉ jour compl... 22 id.

An 10 — 1801.

1 vendémiaire.. 23 sept.
9 id...... 1 octob.
19 id...... 11 id.
1 brumaire.... 23 id.
10 id...... 1 nov.
20 id...... 11 id.
1 frimaire.... 22 id.
10 id...... 1 déc.
20 id...... 11 id.
1 nivôse..... 22 id.

An 10 — 1802.

11 nivôse..... 1 janv.
22 id...... 11 id.
2 pluviôse.... 21 id.
11 id...... 1 février.
21 id...... 11 id.
1 ventôse.... 20 id.
10 id...... 1 mars.
20 id...... 11 id.
1 germinal.... 22 id.
11 id...... 1 avril.
21 id...... 11 id.
1 floréal..... 21 id.
11 id...... 1 mai.
21 id...... 11 id.
1 prairial..... 21 id.
12 id...... 1 juin.
22 id...... 11 id.
1 messidor.... 20 id.
12 id...... 1 juillet.
22 id...... 11 id.
1 thermidor... 20 id.
11 id...... 1 août.
23 id...... 11 id.
1 fructidor.... 19 id.
14 id...... 1 sept.
24 id...... 11 id.
5ᵉ jour compl... 22 id.

An 11 — 1802.

1	vendémiaire. .	23 sept.
9	id.	1 octob.
16	id.	11 id.
1	brumaire. . . .	23 id.
10	id.	1 nov.
20	id.	11 id.
1	frimaire	22 id.
10	id.	1 déc.
20	id.	11 id.
1	nivôse.	22 id.

An 11 — 1803.

11	nivôse.	1 janv.
21	id.	11 id.
1	pluviôse	21 id.
12	id.	1 février.
22	id.	11 id.
1	ventôse.. . . .	20 id.
10	id.	1 mars.
20	id.	11 id.
1	germinal. . . .	22 id.
11	id.	1 avril.
21	id.	11 id.
1	floréal.	21 id.
11	id.	1 mai.
21	id.	11 id.
1	prairial.	21 id.
12	id.	1 juin.
22	id.	11 id.
1	messidor. . . .	20 id.
12	id.	1 juillet.
22	id.	11 id.
1	thermidor. . .	20 id.
13	id.	1 août.
23	id.	11 id.
1	fructidor. . . .	19 id.
14	id.	1 sept.
24	id.	11 id.
5ᵉ	jour compl.. .	23 id.

An 12 — 1803.

1	vendémiaire. .	24 sept.
8	id.	1 octob.
18	id.	11 id.

1	brumaire. . . .	24 octob.
9	id.	1 nov.
19	id.	11 id.
1	frimaire. . . .	23 id.
9	id.	1 déc.
19	id.	11 id.
1	nivôse.	23 id.

An 12. — 1804.

10	nivôse.	1 janv.
20	id.	11 id.
1	pluviôse. . . .	22 id.
11	id.	1 février.
21	id.	11 id.
1	ventôse.. . . .	21 id.
10	id.	1 mars.
20	id.	11 id.
1	germinal. . . .	22 id.
11	id.	1 avril.
21	id.	11 id.
1	floréal.	21 id.
11	id.	1 mai.
21	id.	11 id.
1	prairial.	21 id.
12	id.	1 juin.
22	id.	11 id.
1	messidor. . . .	20 id.
12	id.	1 juillet.
22	id.	11 id.
1	thermidor. . .	20 id.
13	id.	1 août.
23	id.	11 id.
1	fructidor. . . .	19 id.
14	id.	1 sept.
24	id.	11 id.
5ᵉ	jour compl.. .	22 id.

An 13 — 1804.

1	vendémiaire. .	23 sept.
9	id.	1 octob.
19	id.	11 id.
1	brumaire. . . .	23 id.
10	id.	1 nov.
20	id.	11 id.
1	frimaire. . . .	22 id.
10	id.	1 déc.

20 frimaire. . . . 11 déc.			22 messidor. . . . 11 juillet.		
1 nivôse. . . . . 22 id.			1 thermidor.. . . 20 id.		

An 13 — 1805.

11 nivôse. . . . . 1 janv.	15 id. . . . . . . 1 août.
21 id. . . . . . 11 id.	23 id. . . . . . . 11 id.
1 pluviôse. . . . 21 id.	1 fructidor. . . . 19 id.
12 id. . . . . . 1 février.	14 id. . . . . . . 1 sept.
22 id. . . . . . 11 id.	24 id. . . . . . . 11 id.
1 ventôse.. . . . 20 id.	5° jour compl. . . 22 id.

An 14 — 1805.

10 id. . . . . . 1 mars.	1 vendémiaire. . 23 sept.
20 id. . . . . . 11 id.	9 id. . . . . . . 1 octob.
1 germinal. . . . 22 id.	19 id. . . . . . 11 id.
11 id. . . . . . 1 avril.	1 brumaire.. . . 23 id.
21 id. . . . . . 11 id.	10 id. . . . . . 1 nov.
1 floréal. . . . . 21 id.	20 id. . . . . . 11 id.
11 id. . . . . . 1 mai.	1 frimaire. . . . 22 id.
21 id. . . . . . 11 id.	10 id. . . . . . 1 déc.
1 prairial. . . . . 21 id.	20 id. . . . . . 11 id.
12 id. . . . . . 1 juin.	1 nivôse. . . . . 22 id.
22 id. . . . . . 11 id.	11 id. . . . . . 1 janv.
1 messidor. . . . 20 id.	
12 id. . . . . . , 1 juillet.	

1806.

A dater du 1ᵉʳ janvier 1806, le·Calendrier grégorien reprit son cours comme par le passé.

TENUE DES LIVRES

A PARTIES SIMPLES

ET A PARTIES DOUBLES.

PREMIÈRE PARTIE. — INTRODUCTION.

BROUILLON, JOURNAL ET GRAND - LIVRE,

A PARTIES SIMPLES.

DES LIVRES DE COMMERCE.

Le but que les négociants se proposent par les livres qu'ils tiennent, est de reconnaître ce qui leur est dû, ce qu'ils doivent, et, en résultat, quelle est la position et la situation de leur commerce.

Les livres dont on se sert ordinairement dans le commerce, varient dans la forme et dans le nombre, suivant la nature et l'étendue du commerce.

Le principal de tous les livres est le journal : il est la base et le fondement de tous ceux qu'on peut ou qu'on veut y ajouter. On le divise quelquefois en plusieurs journaux partiels.

Aux termes de la loi (Code de com., art. 8), tout commerçant est tenu d'avoir un livre-journal qui présente, jour par jour, ses dettes actives et passives, les opérations de son commerce, ses négociations, acceptations et endossements d'effets, et généralement tout ce qu'il reçoit et paie, à quelque titre que ce soit, et qui énonce, mois par mois, les sommes employées à la dépense de sa maison.

Art. 9. Il est tenu de faire, tous les ans, sous seing privé, un inventaire de ses effets mobiliers et immobiliers, et de ses dettes actives et passives, et de les copier, année par année, sur un registre spécial à ce destiné.

Art. 10. Le livre-journal et le livre des inventaires seront paraphés, visés et enregistrés, une fois par année.

Pour réunir ensuite en un seul point de vue tout ce qui est épars et comme disséminé dans ce livre ou dans ces livres, concernant la même personne avec qui l'on a eu affaire, on fait un autre livre qui est l'extrait des précédents, qu'on appelle grand-livre.

Enfin, pour avoir des éclaircissements plus précis sur différents objets, on en emploie plusieurs autres moins essentiels, plus ou moins utiles, qu'on appelle livres auxiliaires.

Pour les tenir avec ordre et clarté, il faut des principes et des règles que nous indiquerons brièvement, et néanmoins avec toute la précision possible. Il sera suppléé, par des observations, aux articles, tant au journal qu'au grand-livre, aux lacunes que pourra présenter le petit traité de théorie que nous allons donner.

Il y a plusieurs méthodes pour tenir les livres.

Nous présentons celles qui sont le plus généralement suivies dans le commerce , dont l'une est connue sous le nom de *parties simples*, l'autre sous le nom de *parties doubles*.

Nous introduirons dans cette dernière plusieurs comptes essentiels, dont on doit regretter l'absence dans les différents ouvrages qui ont paru jusqu'ici, tels que *comptes avec des correspondants à l'étranger, et en monnaie étrangère, comme Londres, Amsterdam, Hambourg, Francfort, Vienne, Cadix.*

Des comptes avec calculs d'escompte à la méthode dite rétrograde, qui offrent l'avantage de pouvoir connaître constamment la position d'un correspondant, tant en principal qu'en intérêts, et de pouvoir toujours tenir les comptes prêts, sans qu'il soit nécessaire de connaître l'époque à laquelle on voudrait les arrêter.

L'échéance commune , différentes sortes de comptes en participation et de consignation.

Compte courant avec intérêts et escompte à échelle, présentant la situation journalière entre deux correspondants, etc.

TENUE DES LIVRES A PARTIES SIMPLES.

La loi ne s'explique pas sur le mode de tenir les livres, d'où l'on pourrait vouloir tirer la conséquence qu'il est loisible au négociant d'adopter tel mode que bon lui semble; mais en examinant l'article 8 du Code de commerce, on trouvera que des livres tenus à parties simples ne rempliraient pas toutes les conditions que cet article prescrit.

Pour un marchand ou négociant qui est seul, n'ayant de comptes à rendre à qui que ce soit, dont les affaires sont dans un état prospère, et qui n'a d'ailleurs pas à craindre d'être obligé de produire ses livres en justice, la tenue de livres en parties simples peut paraître suffisante. Il peut, en observant beaucoup d'ordre dans ses écritures, éviter les erreurs, omissions, faux et doubles emplois qui se glissent volontiers dans ce mode. Il peut d'époque en époque, par un inventaire en règle, examiner son actif et son passif, ses débiteurs et ses créditeurs ; et ce résultat étant tout ce qu'il lui importe de connaître, il peut envisager ce mode comme suffisant.

Mais il peut s'être glissé des erreurs dans ses écritures, dont il ne soupçonne pas même l'existence, et qu'il peut être fort difficile de découvrir. Presque tous les marchands et négociants connaissent cet inconvénient ; comment donc se fait-il qu'il y en ait encore aujourd'hui tant qui préfèrent les parties simples aux parties doubles ?

La raison en est que la première de ces manières est infiniment plus facile à saisir que la seconde, qu'elle exige peu, et pour ainsi dire aucune étude, et qu'elle donne d'ailleurs beaucoup moins d'occupation.

Nous croyons conséquemment ne pas devoir nous dispenser d'enseigner ici la partie simple, d'autant plus qu'elle exige peu de développement.

JANVIER 1838.

— Du 2. —

Reçu aujourd'hui, d'envoi de ROSSIGNON et fils, à Rheims, suivant leur facture du dix décembre dernier, payable à 6 mois en ma remise en papier sur Paris ou Lyon, à 1 mois.

APE 1.   1 ballot contenant 6 p. drap 3/4.

SAVOIR :

N° 1. — 30	aunes	gris foncé.	
» 2. — 25	»	noisette.	
» 3. — 28 3/4	»	vert d'oie.	
» 4. — 29 1/4	»	olive.	
» 5. — 20	»	blanc.	
» 6. — 30	»	boue de Paris.....................	2445 »

163 aunes à 15 fr.

— Du 4. —

Reçu d'envoi de DESJARDINS fils, à Amiens, suivant sa facture du 8 décembre dernier, payable en ses dispositions sur moi, à 4 mois.

DF. N° 1.   1 ballot contenant :

N° 1. 15 aunes aurore ⎫
    18 » vert ⎬ velours d'Utrecht.
    30 » bleu ⎭

63 aunes à 6 fr................... 378 ⎫

N° 1. 15 aunes violet ⎫
    20 » vert ⎪
    18 » cramoisi ⎬ velours sur soie.   ⎬ 1374 »
    30 » noir ⎭

83 aunes à 12 fr.................. 996 ⎭

— Du 6. —

Vendu à LOUIS CHRÉTIEN de c/v, payable dans 3 mois.

    1 pièce drap d'été noisette.
    25 aunes à 18 fr................................ 450 »

— Dudit. —

Payé à Lerminia, ébéniste, sur mémoire acquitté. | 200 »

On voit par le peu d'exemples ci-dessus, que le brouillard n'exige point de rédaction. Il suffit d'expliquer l'opération en termes clairs, et d'en indiquer les circonstances essentielles.

LE JOURNAL.

Les écritures, dans les parties simples, sont relatives uniquement à celui qui agit avec nous.

Celui qui agit avec nous, reçoit ou donne :

Celui qui reçoit s'appelle *Débiteur ;*

Celui qui donne s'appelle *Créditeur :*

de là, cette formule dans le journal : Débiteur un tel, ou un tel Doit..... Créditeur un tel, ou un tel Avoir ; on peut aussi, au lieu d'écrire les mots de Débiteur et de Créditeur en toutes lettres, se borner à désigner le Débiteur par un D et le Créditeur par un C.

Chaque article du Journal doit contenir toutes les circonstances essentielles de l'action, et surtout les conditions de payement ; il est inutile d'entrer ici en d'ultérieurs détails à ce sujet : la simple inspection du Journal suffira pour y suppléer.

LE GRAND-LIVRE.

Ce livre est destiné à présenter, sous un même point de vue, tous les articles du Journal relatifs à un même sujet, en réunissant d'un côté ceux dont il est Débiteur, et de l'autre ceux dont il est Créditeur.

Tous les articles du Journal se rapportent au Grand-Livre. On indique au Journal, en marge, le folio du Grand-Livre où l'article se trouve rapporté, et l'on indique également au Grand-Livre, dans la colonne placée devant les sommes, la page du Journal d'où l'article est tiré. De quelque étendue que puissse être un article du Journal, il ne doit jamais donner lieu qu'à une ligne au Grand-Livre, où l'on se borne à énoncer simplement les circonstances les plus essentielles de l'action.

Nous croyons également pouvoir nous dispenser d'explications ultérieures à cet égard, la simple inspection du Grand-Livre donnant une idée suffisante de sa destination.

REMARQUES.

La loi dit bien que le Journal doit contenir, jour par jour, toutes les opérations du commerçant ; mais comme elle ne dit pas positivement qu'il doit contenir tous les détails, les commerçants sont généralement dans l'usage, surtont quand ces détails sont longs, de renvoyer aux livres auxillaires, comme Brouillards ou livres de factures pour ce qui regarde les marchandises, et au contrôle de rencontre pour les papiers de valeur ; et c'est cet usage que nous conseillons aux élèves de suivre, et que nous suivrons nous-mêmes, tant pour les parties simples que pour les parties doubles.

Argent comptant reçu ou donné.

Comme on n'envisage, dans les parties simples, que des débiteurs ou des créditeurs, les opérations qui se font au comptant, et qui conséquemment ne donnent lieu ni à *Crédit* ni à *Débit*, ne devraient point trouver place dans le Journal. Elles peuvent être consignées dans la Caisse, livre auxiliaire. Néanmoins, nous conseillons de passer écriture au Journal de certaines opérations faites au comptant, ou autres dont on veut conserver le souvenir, en indiquant que c'est pour note ou mémoire seulement.

1

JANVIER 1840.

—————— Du 2. ——————

Recevoir des marchandises à terme.

1	CRÉDITEURS ROSSIGNON et fils, à Rheims, pour montant de leur envoi du 10 décembre dernier, reçu ce jour, payable à six mois en papier sur Paris, à courts jours, de R. et F. N° 1, un ballot contenant 6 p. drap d'été.　　　　Brouillon f° 1	2445	»

—————— Du 4. ——————

1	CRÉDITEURS ANDRÉ père et fils, à Rheims, pour montant de leur envoi du 12 décembre dernier, à 4 mois, en papier sur Paris ou Lyon A P. et F. 1 ballot contenant 12 p. drap d'été.　　　　Brouillon f° 1	5000	»

—————— Du 6. ——————

1	CRÉDITEUR DESJARDINS fils, à Amiens, son envoi suivant facture du 11 décembre dernier, payable à 3 mois, en ses dispositions sur moi avec 3 % d'escompte, de D. F. N° 1 un ballot contenant velours sur soie, velours sur coton, et velours d'Utrecht.　　　　Brouillon f° 2	2600	»

—————— Du 10. ——————

1	CRÉDITEURS les suivants, pour leurs envois. ESPERNON fils, à Lille, sa facture à 30 pièces toile, à 3 mois du 15 décembre, ou mes remises en papier sur Paris ou Lyon à 3 mois.　　　　Brouillon f° 3	4800	»
1	GODINOT père, à Carcassonne, son envoi du 10 décembre, payable comptant sous 4 % d'escompte, de 15 pièces de draps divers.　Brouillon f° 3	3000	»
2	LAURIER et comp., à Elbeuf, leur facture du 15 décembre dernier, payable à 4 mois en papier à 2 mois. L. et C. N° 1 un ballot contenant 30 pièces drap divers.	6000	»

JANVIER 1840.   2

———— Du 14. ————

CRÉDITEURS les suivants, leurs envois comme suit :

2 | LEBRUN et comp., à Lyon, leur facture du 10 cou-
rant, payable comptant avec 4 °/₀ d'escompte.
L. B. C. N° 1 un caisson sous toile cirée, contenant
20 douzaines gilets de soie à 72 fr. Brouillon f° 4 | 1440 | »

LEGENDRE aîné, à Troyes, sa facture du 10 cour.,
payable à 6 mois à
2 | L. N° 1 une caisse cont. 30 douzaines gilets en co-
ton à 24 fr. la douzaine.   Brouillon f° 4 | 720 | »

2 | FINOT frères, à Louviers, leur facture du 1ᵉʳ cou-
rant, payable à 6 mois en mes remises sur Paris,
Lyon ou le Nord, à courts jours.
F. F. N° 1 un ballot contenant 30 pièces draps
divers.   Brouillon f° 5 | 9000 | »

———— Du 18. ————

Vendre des marchandises à terme.

2 | DÉBITEUR LOUIS CHRÉTIEN de c/v: pour vente à lui
faite de 1 p. drap noisette N° 2 R. et F. 25 aunes
à 30 fr., payable dans un mois. | 750 | »

———— Du 20. ————

DÉBITEURS les suivants pour ventes à eux faites.

3 | JACQUES DOMMARTIN, à Épinal, mon envoi, paya-
ble à 3 mois de
6 pièces de drap.   Brouillon f° 5 | 1280 | »

3 | VEUVE ROUGE, à St.-Dié, choisit elle-même à 3
mois de terme, 10 pièces drap divers, et 10 dou-
zaines gilets.   Brouillon f° 6 | 2600 | »

3 | Dˡˡᵉ LOUISE BONHEUR, à Neuf-Brisac, choisit elle-
même, payable dans le mois,
5 pièces draps divers, et
6 douzaines gilets de soie.   Brouillon f° 7. | 1400 | »

———— Du 14. ————   7*

3   JANVIER 1840.

——— Du 21. ———

Régler des factures.   Acceptation.

1 | LES SUIVANTS   DOIVENT
DESJARDINS fils, à Amiens, mon acceptation de sa traite
   au 10 avril prochain.. 2522 } 2600 | »
   escompte sur sa facture de 2600 fr. à 3 °/₀.......... 78)

2 | LEBRUN et Comp., à Lyon, pour acquit de leur traite
   ordre Coubugon.. 1382 40 } 1440 | »
escompte à 4 °/₀ sur leur facture de 1440 fr..... 57 60)

1 | GODINOT et Comp. à Carcassonne, pour acquit de leur
   traite ordre Montgolfier frères....................... 2880 } 3000 | »
   escompte sur leur facture de 3000 fr. à 4 °/₀...... 120)

——— Du 22. ———

Faire remise à un Banquier

3 | C. G. OPPERMANN à Paris   DOIT
   mes remises suivantes :

		Nombres.	Echéance commune.		
600 sur Perrot,	à Paris, 6 fév.	9000			
800 — Legrand frères,	id. 19 id.	22400			
1000 — L. Bourdon,	id. 10 id.	19000			
2400		50400	12 fév.	2400	»

——— Du 31. ———

Recevoir des remises d'un Banquier.

3 | C. G. OPPERMANN à Paris
   ses remises suivantes sur cette ville.

		Nombres.	Echéance commune.		
500 sur Haussmann frères, échue.........					
1200 — François Legendre.	15 févr.	16800			
800 — Daniel Leroi.	20 id.	15200			
900 — P. Hammerer.	25 id.	21600			
1000 — Grégoire Ramia.	28 id.	27000			
4400		80600	18 févr.	4400	»

POUR NOTE.

Mes dépenses personnelles pour le mois ont été de................. 300 | »

Ainsi que nous l'avons dit, la loi prescrit de porter au journal,
chaque mois une fois, la dépense personnelle.

FÉVRIER 1840.

2

———— Du 2. ————

Pour note.

Vendu au comptant à J. Leseigneur de c/v.

1 pièce drap d'Elbeuf bleu foncé, mesurant 20 mètres, à 15 fr....................................	300	
1 pièce drap d'été R. F. gris foncé, mesurant 24 mètres, à 10 fr....................................	240	992 »
4 douzaines gilets en soie L. C., à 80 fr.............	320	
12 autres, velours sur soie verte, à 11 fr...........	132	

———— Du 3. ————

Quand un de mes correspondants fait remise à un autre de mes correspondants pour mon compte.

1 DOIT ESPERNON fils, à Lille,
pour remise à lui faite pour m/c, par C. G. Oppermann, de Paris, de fr. 4800 valeur au 15 mars proch. | 4800 »

———— Dudit. ————

3 AVOIR C. G. OPPERMANN, sa remise ci-dessus. | 4800 »

———— Du 5. ————

Quand j'obtiens un rabais.

2 D. LAURIER et comp., à Elbeuf,
pour rabais consenti suivant leur lettre du 1 courant sur leur envoi du 15 décembre dernier. | 42 »

———— Du 8. ————

Quand j'accorde un rabais.

3 C. JACQUES DOMMARTIN, à Epinal,
pour rabais à lui accordé sur ma facture du 20 janvier dernier. | 17 »

———— Du 12. ————

Recevoir un payement à compte.

C. LOUISE BONHEUR à Neuf-Brisac,
reçu comptant à compte sur ma facture du 20 janvier dernier. | 350 »

1	DOIV.	ROSSIGNON ET FILS			
1840. Janv.					

	DOIV.	ANDRÉ PÈRE ET FILS			

	DOIT	DESJARDINS FILS			
1840. Janv.	21	Pour acceptation de sa traite au 10 avril.	3	2600	»

	DOIT	ESPERNON FILS			
1840. Févr.	3	Pour remise à lui faite	4	4800	»

	DOIT	GODINOT PÈRE			
1840. Janv.	21	Pour acquit de traite et pour escompte.	3	3000	»

A RHEIMS. AVOIR. 1

1840.						
Janv.	2	Pour leur envoi payable à 6 mois, en papier sur Paris.		1	2445	»

A RHEIMS. AVOIR.

1840.						
Janv.	4	Pour leur envoi payable à 4 mois, en papier sur Paris.		1	5000	»

A AMIENS. AVOIR.

1840.						
Janv.	6	Pour son envoi payable à 3 mois, à 3 °/. d'escompte.		1	2600	»

A LILLE. AVOIR.

1840.						
Janv.	10	Pour son envoi payable à 3 mois, en papier sur Paris.		1	4800	»

A CARCASSONNE. AVOIR.

1840.						
Janv.	10	Pour son envoi payable comptant.		1	3000	»

2 DOIV.   LAURIER et Comp.

1840.					
Janv.	5	Pour rabais consenti.	4	40	»

DOIV.   LEBRUN et Comp.

1840.					
Janv.	21	Pour acquit de leur traite et pour escompte.	3	1440	»

DOIT   LEGENDRE AÎNÉ

DOIV.   FINOT FRÈRES

DOIT   LOUIS CHRÉTIEN

1840.					
Janv.	18	Pour vente à lui faite, payable dans 1 mois.	2	750	»

A ELBEUF. **AVOIR.** 2

1840.					
Janv.	10	Pour son envoi payable à 4 mois.	1	6000	»

A LYON. **AVOIR.**

1840.					
Janv.	14	Pour son envoi payable comptant.	2	1440	»

A TROYES. **AVOIR.**

1840.					
Janv.	14	Pour leur facture payable à 6 mois.	2	720	»

A LOUVIERS. **AVOIR.**

1840.					
Janv.	14	Pour leur facture payable à 6 mois.	2	9000	»

DE CETTE VILLE. **AVOIR.**

3   **DOIT**   **J. DOMMARTIN**

1840.					
Janv.	20	Pour mon envoi payable à 3 mois.	2	1280	»

DOIT   **V· ROUGE**

1840.					
Janv.	20	Pour vente à elle faite, payable à 3 mois.	2	2600	»

DOIT   **LOUISE BONHEUR**

1840.					
Janv.	20	Pour vente à elle faite, payable dans le mois.	2	1400	»

DOIT   **C. G. OPPERMANN**

1840.					
Janv.	22	Pour mes 4 remises.	3	2400	»

A ÉPINAL. AVOIR. 3

1840.					
Févr.	8	Pour rabais à lui accordé.	4	17	»

A SAINT-DIÉ. AVOIR.

A NEUF-BRISAC. AVOIR.

1840.					
Févr.	12	Reçu à compte de ma facture.	4	350	»

A PARIS. AVOIR.

1840.					
Janv.	31	Ses 5 remises.	3	4400	»
Févr.	3	Pour sa remise à Espernon.	4	4800	»

JOURNAL ET GRAND-LIVRE A PARTIES DOUBLES.

Rapport des Monnaies des principales places de commerce étrangères, avec celles de France.

JOURNAL EN PARTIES DOUBLES.

La méthode des parties doubles considère toujours et ensemble les sujets ou les personnes qui concourent à une action. Des deux personnes qui concourent à une opération, l'une donne (*c'est le Créditeur*), l'autre reçoit (*c'est le Débiteur*).

Le commerce est représenté sur les livres par les objets qui font la matière des opérations de ce commerce, et par les résultats de ces opérations. Chacun des comptes qui représentent le commerce, peut être envisagé comme un individu comptable. On débite, par exemple, le Compte de caisse de toutes les sommes qui se versent en caisse ; on le crédite de toutes celles qui en sortent. On débite le Compte des marchandises de tout ce qu'elles ont coûté ; on le crédite de toutes les ventes, soit qu'elles aient eu lieu contre argent comptant ou contre effets, à terme, par échange, etc. Il résulte de cette manière d'opérer, qu'au Grand-Livre, où tous les articles du Journal sont rapportés (*et doivent, autant que possible, l'être tous les jours*), la totalité du Doit et la totalité de l'Avoir doivent être égales entre elles, et que tous ces articles étant puisés dans le Journal, chacun de ces deux totaux doit être égal au total du Journal. Cette concordance, si elle existe, fournit la preuve de l'exactitude dans les écritures, et la preuve qu'il ne s'y est glissé ni erreurs, ni omissions, ni faux, ni doubles emplois ; et c'est surtout en ceci que consiste le grand avantage des parties doubles sur les parties simples. Si cette désirable concordance n'existe point, il faut que le teneur de livres tâche de la découvrir. Un des meilleurs moyens pour parvenir à la découverte de semblables erreurs, consiste dans le pointage, opération pour laquelle il convient d'être deux : l'un qui tient le Journal, appelle le folio du Grand-Livre et la somme ; l'autre, qui tient le Grand-Livre, vérifie si l'article porté au Journal est fidèlement rapporté.

Nous croyons pouvoir nous dispenser d'ultérieures explications sur ce sujet ; les exemples aussi nombreux que variés du Journal, et les fréquentes remarques qui accompagnent les articles, ne laisseront rien à désirer pour leur intelligence.

Remarques sur certains articles de Profits et Pertes.

Nous n'avons pas voulu imiter certains auteurs, ni certains teneurs de livres, qui multiplient en certains cas, à l'infini, comme sans nécessité, et contrairement aux vrais principes, les articles de Profits et pertes. Par exemple, quand on paie comptant le montant d'une facture en retenant un escompte, ils regardent cet escompte comme un bénéfice réalisé, et ils en créditent le compte de Profits et pertes. Mais ce bénéfice peut n'être qu'illusoire : il se peut qu'un peu plus tard l'acheteur soit obligé de vendre cette même marchandise à perte. Et quand le vendeur accorde un escompte sur une facture qu'on lui paie comptant, ils envisagent cet escompte comme une perte, et ils en débitent le compte de Profits et pertes. Mais est-il donc bien vrai que le vendeur ait, en pareils cas, perdu sur sa marchandise ; et s'il a perdu, sa perte sera-t-elle égale à l'escompte ?

JANVIER 1840.

———— Du 1er. ————

OBSERVATION.

Ce premier article est destiné à constater l'actif du négociant à qui sont les livres, au moment où il s'établit. Le compte Capital doit être crédité do cet actif, et les comptes desquels il se compose, doivent être débités, chacun de la somme qui lui compète.

DIVERS A–COMPTE CAPITAL.

1   Ladite somme formant mon actif, suivant détails contenus en l'Inventaire clos en date d'hier 51 décembre 1837;

SAVOIR :

2   Compte de caisse, somme que j'y verse . . . . 20000 »

16   Effets à recevoir F. 17512 50 pour ceux que j'ai au portefeuille ;

SAVOIR :

N°	F.												
1	1200	»	......	...	......	sur G. Oppermann..	Paris..........	fin cour.		3/4	1191	»	
2	1560	»	......	...	......	sur C. Beaujour.....	Lille..........	6 février.	1	0/0	1544	40	
3	850	»	......	...	......	sur Veuve Sartori...	Rouffac......	15 cour.		1/4	847	88	
4	780	70	......	...	......	sur J. Lefèvre........	cette ville ...	8 idem.		1/8	779	72	
5	2032	62	80	10	Lst..	sur C. Lloyd........	Londres.....	fin mars.	25	1/4	2032	62	17512 50
6	3384	»	1800	»	M...	sur P. Vandyke	Hambourg..	fin févr.	1	88	3384	»	
7	1106	»	70	»	P....	sur Fern. Cortez.....	Cadix........	15 mars.	15	80	1106	»	
8	1500	»	1500	»	Fr..	sur Bernoully........	Bâle..........	fin mars.	1	0/0	1485	60	
9	2112	97	980	30	Fl...	sur G. Platzmann ...	Francfort...	10 idem.	1	3/4	2081	28	
10	3060	»	1200	»	......	sur Fries et comp...	Vienne......	1 mars.	2	55	3060	»	

17586 29   17512 50

EXPLICATION DES COURS DE CHANGE.

Le papier sur l'intérieur de la France est susceptible de perdre, comme on le voit aux effets N°ˢ 1 à 4 ci-dessus, 3/4, 1 °/₀, 1/4 °/₀, plus ou moins. Cette perte se détermine ordinairement par le temps que les effets ont à courir, par l'abondance ou la rareté du papier, par les places plus ou moins commerçantes, par l'importance des sommes, par les événements politiques, etc. ; les mêmes circonstances influent sur le cours du papier sur l'étranger.

Londres. . . . . La France donne à l'Angleterre 25,25 plus ou moins pour 1 L st.

Hambourg . . . . . Elle donne à Hambourg 188 fr. plus ou moins pour 100 marcs.

Cadix . . . . Elle donne à l'Espagne 15,80 plus ou moins.

Bâle. . . . . On peut tirer sur Bâle en francs de France, le papier perd 1 °/₀.

Francfort s/m . . . La France donne 2,155 pour 1 florin, le papier perd 1 5/4.

Vienne . . . . La France donne 2,55 plus ou moins pour 1 florin pied de 20.

À reporter   37512 50

JANVIER 1840.   2

—— Du 1er. ——

		Report et continuation d'autre part.	37512	50
3	**MARCHANDISES GÉNÉRALES.**			
	16 tonneaux Garance F. F. f.			
	pesant ensemble net 7840 kil. à 120 f......º/₀ 9408 »			
	1000 kil. Couperose à 70 fr...................º/₀ 700 »			
	200 kil. Indigo Guatimala à 22 fr............º/₀ 4400 »			
	25 kil. Bleu de Prusse à 6 fr................... 150 »			
	12 Sacs Farine fine à 28 fr................... 336 »			
	50 kil. Noix de Galle à 2 fr................... 100 »	24034	»
	300 kil. Colle forte de Cologne à 2 80......... 740 »			
	1000 kil. Coton filé chaîne N° 52/54, à 4 30... 4300 »			
	1000 kil. coton filé trame N° 40/44, à 3 90... 3900 »			
5	**IMMEUBLE**, ma maison, sise en cette ville, rue des Bons-Enfants, N° 7, avec dépendances, destinée à être le siége de mon établissement, estimée	40000	»
4	**MEUBLES ET USTENSILES**, 15000 fr. compris dans l'inventaire, clos en date d'hier, estimés	15000	»

DÉBITEURS.

suivant leurs comptes arrêtés au Grand-Livre, à la date d'hier 31 décembre 1837.

f°   SAVOIR :

f°					
7	C. G. OPPERMANN, banquier à Paris..............	30000	»		
6	LOUIS GERMAIN, banquier à Nancy..............	3500	»		
6	CLAUDE LORRAIN, à Lunéville....................	3000	»		
10	FRANÇOIS WILHELM, à Marseille.................	4500	»		
8	FERNAND PIZARRO, à Cadix, 140 pistoles à 15 80.....................................	2212	»	53746	20
9	GOLL PLATZMANN, à Francfort, 2220 florins à 215 1/2.....................................	4774	»		
9	AGASIZ ROUGEMONT et Comp. à Londres, 160 liv. st. à 25 25...........................	4040	»		
9	GUILLAUME VANDERPORTEN, Hambourg, 915 marcs, 188 º/₀............................	1720	20		
	TOTAL DE L'ACTIF...			170292	70

JANVIER 1840.

———————— Du 1er. ————————

| | | *Report* | 170292 | 70 |

REMARQUE.

Le présent article est destiné à constater le passif du négociant à qui sont les livres au moment où il s'établit. Le compte capital est débité de ce passif ; et comme il se compose en totalité d'engagements récemment contractés, le compte des effets à payer en est crédité.

$\frac{1}{5}$ Cte CAPITAL A EFFETS à payer ou ENGAGEMENTS de commerce.

SAVOIR :

	int.	capital.

Nº 1. Mon billet à Léopoldine Montgolfier, ma sœur, remboursable dans 6 mois, int. à 1/2 %.   180.   6000 »

Nº 2. Mon billet en faveur de Clémentine, ma sœur, aux mêmes conditions.   180.   6000 »

Nº 3. Mon acceptation à une traite de Gaillard frères, de Lyon, fin courant.   5000 »

Nº 4. Mon billet, faveur Dormance, rentier, fin fév. prochain, intérêt convenu.   40   4000 »

Nº 5. Mon acceptation à une traite d'Immer frères, de Marseille, fin courant.   5000 »

Nº 6. Mon billet en faveur de dame Charlotte Silver, de Londres, actuellement ici, à 6 mois.   60.   2540 »

| | | 24540 | » |

Total du passif : 460. 24540 »

———————— Du 1er. ————————

2   DIVERS A COMPTE DE CAISSE F. 860.

1   DÉPENSES DE COMMERCE : payé à Labaute, pour registres de commerce et fournitures de bureau, sur mémoire acquité.

| | | | 300 | » |

1   DÉPENSES PERSONNELLES : remis à mon épouse pour les dépenses présumées du mois courant.

| | | | 360 | » |

2   MENUS FRAIS : remis à mon apprenti Louis Bonnefoi, pour les menues dépenses présumées du mois courant.

| | | | 200 | » |

| | | *A reporter* | 195692 | 70 |

JANVIER 1840.   4

——————————— Du 2. ———————————

Report | 195692 | 70

5 / 2   IMMEUBLES A CAISSE, 4000 fr.
     Payé à Lesterling, entrepreneur de bâtiments,
pour construction de 3 salles de tissage, suivant
accord.   4000 »

——————————— Dudit. ———————————

4 / 2   MEUBLES ET USTENSILES A CAISSE, 15250 fr.
     Payé à Verdun pour 250 métiers de tissage
neufs, garnis de leurs harnais, à 55 fr. p. 13750
     Payé à François Hablau, pour 50 mé-   15250 »
tiers de rencontre à 30 fr. pièce.   1500

——————————— Du 5. ———————————

13 / 13   J. REVEL ET COMP., à Strasbourg, Cte de consign.
A EUX-MÊMES, *compte courant* fr. 7800.
     Reçu de leur envoi, à vendre pour leur compte
12 tonneaux garance FF., pesant ensemble net
6000 kilo, portés provisoirement en leur facture
à 130 fr. les 100 kilo.   Brouillon f° 1.   7800 »

——————————— Dudit. ———————————

13 / 2   LES MÊMES, Cte. de cons. A CAISSE.
     Payé pour frais de transport du susdit envoi.   258 »

——————————— Du 7. ———————————

15 / 2   FRAIS DE FABRICATION A CAISSE.
     Payé pour fabrication, pendant cette semai
ne, de 100 pièces calicot, 30 pièces siamoises et
36 douzaines mouchoirs s/ bordereau du contre-
maître.   1180 »

——————————— Du 8. ———————————

8 / 4   CAISSE A MARCHANDISES GÉN. f. 251.
     Pour vente au comptant faite à René Lenoie
de c/v., de 10 p. calicot écru, ensemble 296 7/8
aun., à 17 sols.   251 »

——————————— Dudit. ———————————

2 / 16   CAISSE A EFFETS à recevoir, 780 f. 70.
     Pour encaissement de l'effet N° 4, sur J. Le-
fèvre.   760 70

A Reporter... | 225212 | 40
8

JANVIER 1840.

—— Du 10. ——

| | | | Report | 225212 | 40 |

7 / 16 G. Oppermann, à Paris, à effets a recev.
Ma remise à l'encaissement (sans frais);
        savoir :
N° 1. 1200 fr. sur lui-même, fin courant.   **1200 »**

—— Du 11. ——

2 / 13 Caisse a J. Revel et comp.
   Cte de consig.
     Pour vente au comptant faite à Hartmann, teinturier de cette ville, d'un tonneau garance FF, pesant net 500 kilo. à 150 fr.   **750 »**

—— Du 12. ——

11 / 2 Lt Nicolas, à Amiens, Cte de consig.
A compte de caisse Fr. 1792,96 pour frais de transport de 160 barils huile d'œillette, pesant
     16136 kil. à 11 %...................... 1774 96
     Dépôt à la douane...................... 4 50
     Poids publics.......................... 4 50
     Rebattage, crocheteurs................. 9 »
                          1792 96

—— Dudit. ——

14 / 3 Le même à marchandises générales.
   fr. 61.
     Pour un quintal de ma propre huile, pour remplage.   **61 »**

—— Dudit. ——

3 Divers à marchandises générales.
   fr. 4812.
     Pour expédition à eux faite pour leur compte à 3 mois.

15 Jacques Racine, à Orléans.
   JR. 1 ballot contenant
   24 p. siam. mesurant 760 mètres, à 1 fr. 50.   **1140 »**

7 Immer frères, à Marseille, pour expédition à eux faite pour leur compte, à 3 mois, de 2 ballots calicot écru S/4 contenant IF, n° 12. 120 p. mes. 4320 mètres.   **3672 »**

                         A reporter   233925 36

JANVIER 1840. 6

———— Du 12. ————

	Report	233828	30
14	L⁴ Nicolas, à Amiens, Cte de cons.			
15	A lui-même, Cte c. fr. 19200.			
	Son envoi à vendre pour s/c à la commission de 2 % de 160 barils d'huile d'œillette à 120 fr.			
	Brouillon f° 2.	19200	»

———— Du 14. ————

| 15 | Frais de fabrication a caisse. | | | |
| 2 | Payé pour frais de fabrication de calicots, siamoises et mouchoirs, pendant la semaine. | 1500 | » |

———— Du 15. ————

12	Harthmann père et fils, a Munster.			
13	A. J. Revel et Comp., Cte de cons.			
	Pour expédition à eux faite par leur propre voiture, terme de 3 mois, en papier sur Paris à 1 mois de			
	6 tonneaux garance FF, pesant ensemble, suivant facture, net 2850 kilogrammes à 145 fr.	4132	50

———— Du 16. ————

| 2 | Caisse a effets a recevoir, 850 fr. | | | |
| 16 | Pour encaissement de l'effet n° 3, sur veuve Satory, à Rouffac. | 850 | » |

———— Du 18. ————

	Caisse a divers, fr. 2370, pour ventes au comptant.			
2	A Louis-Nicolas d'Amiens, Cte de cons.			
14	Vendu à Hyacinthe Belin de Neuf-Brisac, 12 barils d'huile d'œillette à 140 fr. 1680			
13	A J. Revel et Comp., Cte de cons.	2370	»
	Vendu pour comptant à Lebrun, teinturier, 1 tonneau garance FF, net 460 kilog. à 150 %. 690			

———— Du 20. ————

2	Caisse a marchandises générales.			
3	Pour vente au comptant et en détail pendant ces 20 jours, suivant détail au livre de la vente journalière.	2480	»
	A reporter	264360	86

8

—————— Du 21. ——————

	Report	267360	80
17 / 6	SELLIER FILS, A NANCY, aux suivants : LOUIS GERMAIN, A NANCY, pour payement pour m/c...	1700	»
6	CLAUDE LORRAIN, A LUNÉVILLE, pour *id*.............	1000	»

—————— Du 21. ——————

15 / 2	FRAIS DE FABRICATION A CAISSE, 1600 fr. Payé pour frais de fabrication de calicot, siamoise et mouchoirs, pendant cette semaine.	1600	»

—————— Du 22. ——————

2 / 3	CAISSE A MARCHANDISES GÉNÉRALES. Vendu à Madame Bonheur de c/v, au comptant sous 3 % d'escompte, 100 douz. mouchoirs à 12 fr................................ 1200 fr. Escompte à 3%.......................... 36 » Reçu le montant en............................	1164	»

—————— Dudit. ——————

3 / 2	MARCHANDISES GÉNÉRALES A CAISSE. Acheté de Paul Gournuy de c/v, au comptant : 4200 k. bois de campêche, coupe d'Espagne, à 48 fr. %.................. 576 fr. 1200 » bois jaune en bûches, à 50 fr. % 600 » 200 » colle forte de Cologne, à 216 fr.... 432 » 1608 fr. Payé sous déduction de 64 fr. 32 c. d'escompte convenu.................... 64 f 32 c.	1543	68

—————— Du 25. ——————

2 / 14	CAISSE A. L. NICOLAS, Cte de consig. Pour vente au comptant à Louis Steiner de Ribeauvillé, de vingt barils huile d'œillette, à 138 fr................................ 2760 f. » c. Escompte à 87 fr. .... 82 f. 80 c.	2677	20
	A reporter	274045	71

JANVIER 1840.   8

———————————— Du 26. ————————————

			Report	274015	74
2	CAISSE A MARCHANDISES GÉNÉRALES.				
3	Pour vente au comptant faite à Ph. Varquin de c/v, de 60 pièces siamoise, mesurant 2100 mètres, à 80 cent. le mètre.......... 1680 f.				
	Payé sous escompte 3 °/............... 50 f. 40 c.			1629	60

———————————— Du 28. ————————————

15	LOUIS NICOLAS d'Amiens c/c.				
16	EFFETS A RECEVOIR, fr. 1560.				
	Ma remise N° 2, avec lettre du 28 janv. sur Beauséjour, à Lille, au 6 cour.			1500	»

———————————— Du 31. ————————————

2	DIVERS A CAISSE, F. 7800.				
5	EFFETS A PAYER.				
	Pour acquit de deux acceptations échues ce jour, savoir :				
	N° 3. Mon acceptation d'une traite de Gaillard frères :			3000	»
	N° 5. Madite d'une traite d'Immer frères.			9000	»
15	FRAIS DE FABR. A CAISSE, F. 1800.				
	Payé pour frais de fabrication du 21 courant à ce jour.			1800	»

REMARQUE.

Bien que ces frais se portent naturellement en caisse toutes les fois que la dépense a lieu, on peut, pour ne pas multiplier sans nécessité les écritures au journal et au grand-livre, les réunir en un article unique à la fin du mois.

———————————— Du 31. ————————————

2	CAISSE A MARCHAND. GÉN., F. 4000.				
3	Pour vente au comptant du 21 au 31 courant. (V. vente en détail.)			4000	»

REMARQUE.

On peut également, pour ne pas multiplier sans nécessité les écritures au journal et au grand-livre, réunir, à la fin de chaque mois, toute la vente en détail, en un article unique.

			A reporter	289035	34

———————— Du 1er. ————————

	Report	269035	34
16/7	EFFETS à recevoir à G. OPPERMANN à Paris, ses remises ci-après sur c/v, à l'encaissement *(sans frais).*		

Échéance commune.

N°. 11 600 f. sur C. Lammermann, au 15 cour. 9000	
12 800 » sur G. Grandhomme, au 28 id. 22400	
13 1000 » sur Louis Bourdon, au 29 id. 19000	
———	———
2400 »	50400 21 février.

            2400 »

———————— Dudit. ————————

2	DIVERS A COMPTE DE CAISSE 620 fr.		
1	DÉPENSES de commerce, remis à BONTEMS, pour celles présumées du mois......................	250	»
1	DÉPENSES personnelles, remis à mon épouse pour celles présumées du mois......................	250	»
2	MENUS frais, remis à BONNEFOI pour ceux présumés du mois......................	120	»

———————— Du 2. ————————

16/7	EFFETS à recevoir à G. OPPERMANN à Paris, ses remises suivantes sur c/v, à l'encaissement *(sans frais).*

SAVOIR :   Nombres.   Échéance commune.

N. 14 500 f. sur Haussmann frères, échus jours	
15 1200 » sur François Legrand, au 16 c. ✕ 4 16800	
16 800 » sur Daniel Leroi, au 19 cour. ✕ 9 15200	
17 900 » sur Ph. Hammerer, au 21 c. ✕ 4 21600	
18 1000 » sur Grégoire Ramier, au 29 c. ✕ 27 27000	
———	———
4400	80600 18 fév.

            4400 »

———————— Dudit. ————————

16	DIVERS à effets à recevoir f. 6522 62.		
9	GUILLAUME VANVERPORTEN, à Hambourg, f. 3384 pour valeur que j'attribue provisoirement à la remise que je lui fais ce jour, de la traite N° 6 de 1800 marcs sur Vandyke, à Hambourg, fin courant, produisant au cours de 188 pour 100 m/ci......................	3384	»
8	FERNAND PIZZARO à Cadix fr. 1106. pour valeur que j'attribue provisoirement à la remise que je lui fais ce jour de la traite.		

	A reporter	299839	34

	Report	299839	34
	N° 7 : sur Fernand Cortez, à Cadix, de 70 pistoles,		
	au 15 mars, au cours de 15 80.	1106	
9	AGASIZ ROUGEMONT et Cᵉ à Londres :		
	Ma remise N° 5 sur C. LLOYD, à Londres, de		
	L 80 10, fin mars, portée provisoirement à 25 1/4.	2032	62
	——— Du 2. ———		
2	CAISSE à Effets à recevoir F. 500 :		
16	Pour encaissement du mandat N° 14 sur Hauss-		
	mann frères.	500	»
	——— Dudit. ———		
16	EFFETS à recevoir à DIVERS F. 3800.		
6	LOUIS GERMAIN à Nancy N° 19 sa remise sur LEBOEUF		
	frères à Lyon fin courant.	2000	»
6	CLAUDE LORRAIN sa remise N° 20 sur FRANÇOIS LE-		
	MERCIER à Marseille fin courant.	1800	»
	——— Dudit. ———		
2	CAISSE à DIVERS F. 6565 60.		
13	J. REVEL et Cᵉ c.ᵗᵉ de consignation :		
	Pour vente au compt., sous 4 % d'escompte,		
	faite à Zimmermann frères, des 4 derniers ton-		
	neaux garance,		
	Pes. ensemble brut k. 2190 à 150 %......... 3285 00		
	Escompte à 4 %............................. 131 40	3153	60
	Brouillon f° 2		
14	A LOUIS NICOLAS cᵗᵉ de consignation :		
	Pour vente faite au comptant à PIERRE LE-		
	NORMAN, de 20 barils d'huile d'œillette, à 139 fr.		
	2730 00		
	Escompte à 3 %............................. 83 40	2696	60
	Brouillon f° 3		
3	A MARCHANDISES GÉNÉRALES F. 715 40 :		
	Vendu au comptant à FRÉDÉRIC EXLÉ, de cette		
	ville, 25 pièces calicot blanchi 3/4. 75 portées me-		
	surant ensemble 730 aunes à 1 f.......... 730 00		
	Escompte à 2 %............................. 14 60	715	40
	Brouill. (f° 4. *A reporter*	315943	56

——————— Du 4. ———————

| | | Report | 313843 | 58 |

16 / 2 — EFFETS A RECEVOIR à Cte de Caisse F. 7096 15.
Acheté, par l'entremise du courtier Epstein, les effets ci-après;

SAVOIR :

N^{os}
24 1580 s. Perregaux et Ce, à Paris, fin fév.   5/4 1563
22 2400 s. Marteau et Loyn à Rouen 15 mars 4 1/4 2370
25 2000 s. Bossuet fils à Meaux,   20 id. 4 1/2 1970
24 1200 s. Hammerer et fils à Strasb. 10 id. 4   1188
——————
7180

| | | | 7096 | 15 |

——————— Du 5. ———————

13 / 16 — J. REVEL et Ce, à Strasbourg, à EFFETS à recevoir mes remises suivantes :

N° 24 sur Hammerer fils à Strasbourg 10 mars.................... 1200

» 21 sur Perregaux et Ce à Paris, fin courant........................... 1580

| | | | 2780 | » |

——————— Du 6. ———————

17 / 5 — SELLIER Fils, à Nancy, à EFFETS à payer :
Mon acceptation à sa traite, Louis, fin avril, N° 8.

| | | | 2400 | » |

——————— Du 7. ———————

15 — LOUIS NICOLAS, à Amiens, à DIVERS pour mes remises,

SAVOIR :

EFFETS A RECEVOIR,
16 — N° 22 : sur Marteau et Loyn, à Rouen, 15 mars.................... 2400
sur Bossuet, à Meaux, 20 id.............. 2000
5 — EFFETS A PAYER :
Mon billet à s/v à 1 mois........................ 600

| | | | 5000 | » |

——————— Du 8. ———————

13 — J. REVEL et Ce compte de consignation à DIVERS F. 668 10, tant pour frais et commission que pour bénéfice à la vente.

| | | A reporter | 331119 | 74 |

	REMARQUE.					Report	331119	71
	La vente s'est élevée (v. GL. f° 18) à.....	......	...	8726	10			
	La facture étant de........................	7800	...	......	...			
	Les frais de transport étant de	258	...	......	...			
	A quoi y ajoutant,							
1	A Dépenses de commerce							
	pour magasinage, 20 ports de lettres							
	6 fr.; cercles, crocheture, 5 fr......	51	...	......	...			
4	Commission à 2 % sur la vente il y a lieu							
	à créditer.............................	188	88	......	...	}	668	10
13	J. Revel et comp. C° C. p. bénéfice.....	448	22	......	...			
	Somme égale.....	8726	10					

———————————— Du 10. ————————————

2	Caisse a Divers F. 4646 50.			
3	Marchandises générales :			
	Pour vente faite à Pierre Rivé de c/v au comptant sans escompte; Savoir :			
	25 Douzaines mouchoirs à 12 fr.............. 300			
	30 Pièces calicot blanchi 3/4, 75 portées, brouill. f° 4, mesurant ensemble 1000 aunes à 1 fr............ 1000	}	1300	»
14	Louis Nicolas, d'Amiens, Cte de consign. :			
	Pour vente faite à J. Hertzog, de 25 b. huile d'œillette, à 138 f............. 3450 »			
	escompte à 3 %................ 103 50		3346	50

Brouillon f° 4

———————————— Du 15. ————————————

3	Marchandises générales F. 700.			
6	A Louis Steiner de Ribeauvillé, son envoi de 25 sacs farine fine à 28 fr.		700	»

———————————— Du 17. ————————————

16	Divers a effets à recevoir 6972 fr. 97 c.			
2	Caisse pour encaissement de l'effet N° 15 sur Legrand................................. 1200		1800	»
	Idem pour l'effet N° 11 sur Laemmermann. 600			
10	Fries et comp., à Vienne, ma remise N° 10, de 1200 fl. sur eux-mêmes au 1er mars à 2,55		3060	»
9	Goll Platzmann, à Francfort s/M.			
	Ma remise sur lui-même, N° 9, au 10 mars, à 1 3/4.		2112	97
	A reporter		344107	28

FÉVRIER 1840.

——————— Du 20. ———————

		Report	344107	28
16 / **8**	EFFETS A RECEVOIR :			
	A RATISBONNE frères, leurs remises à l'encaissement, valeur 10 jours après l'échéance, commission à 1/2 %;			
	SAVOIR :			
	N° 25. Traite sur KESTNER frères, à Thann au.................... 20—2000			
	— 26 Traite sur JOSEPH REY, à Dannemarie.................... id.—1800	3800	»

——————— Dudit. ———————

2 / **16**	CAISSE A EFFETS A RECEVOIR :			
	Pour encaissement de l'effet N° 13 sur Bourdeau................ f. 1000			
	Pour *idem* de l'effet N° 16 sur LEROI... f. 800	1800	»

——————— Du 22. ———————

15 / **7**	LOUIS NICOLAS, à Amiens, c/c. à G. OPPERMANN, ma traite à son ordre sur ce dernier, au 15 mars prochain.	2703	50

——————— Dudit. ———————

16 / **12**	LES SUIVANTS A EFFETS A RECEVOIR :			
	KESTNER frères, à Thann, ma remise sur eux-mêmes au 24 courant.	2000	»
12	J. REY, à Dannemarie, ma remise sur lui-même, N° 26, au 24 courant.	1800	»

——————— Du 25. ———————

2 / **16**	CAISSE A EFFETS A RECEVOIR F. 900 :			
	Pour encaissement de l'effet N° 17 sur HAMMERER.	900	»

——————— Du 28. ———————

2 / **3**	CAISSE A DIVERS F. 6200.			
	MARCHANDISES GÉNÉRALES :			
	Pour produit de la vente au comptant pendant ce mois (vente au comptant).	4400	»

		A reporter	361510	78

FÉVRIER 1840.   14

			Report	361510	78

16 À ÉFFETS A RECEVOIR :
    Pour encaissement de l'effet N° 12, sur Grand-
    homme.. 800) 1800 »
    Pour *idem* de l'effet N° 18, sur Ramico.... 1000)

——————— Du 28. ———————

16 / 8 EFFETS à recevoir à FRÈRES RATISBONNE :
    Leur remise à l'encaissement, valeur à 5 jours
    après rentrée et 1/3 de commission.
N° 27 : sur Pierre Leroux, à Neuf-Brisac, au
31 mars.   1500 »
                                               364810 78

MARS 1838.

——————— Du 1er. ———————

2 DIVERS A COMPTE DE CAISSE F. 6513 :
    Remis aux suivants pour les dépenses présu-
    mées du mois ;

                    SAVOIR :

1 DÉPENSES DE COMMERCE.   180 »
1 DÉPENSES PERSONNELLES :
    Remis à mon épouse.   225 »
2 MENUS FRAIS :
    Remis à Louis Bonnefoi.   108 »
15 FRAIS DE FABRICATION :
    Pour ceux de février.   6000 »

——————— Dudit. ———————

5 / 2 ENGAGEMENTS DE COMMERCE A CAISSE :
    Pour acquit de mon billet, ordre Dormance,
de 4000 fr. avec 40 fr. d'intérêt. N° 4.   4040 »

——————— Dudit. ———————

2 / 16 CAISSE A EFFETS À RECEVOIR F. 3568 50 :
    Négocié à Charles Lebon l'effet N° 30, de
3600 à 7/8.   3568 50
                                  A reporter 378932 28

		Report	378932	28
16 / 17	EFFETS A RECEVOIR A SELLIER FILS : Reçu pour s/c de G. Benjamin, de c/v. N° 44, sur Ribeauvillé.		2400	»

——————— Du 1er. ———————

16 / 2 — EFFETS A RECEVOIR A CAISSE :

Acheté par l'entremise de l'agent de change
Carlin, les effets ci-après;

SAVOIR :

N° 28	3157	90	1500	fl.	Sur Hope et C. à Amsterdam, fin c. à 57 D.	3157	90
N° 29	1800	»	»		Sur Gérardin, à Beauvais, au 25 et à 1 °/₀.	1781	»
N° 30	3600	»	»		Sur Martin fils, à Elbeuf, au 15 a. à 17/8 °/₀.	3532	50
	8557	90					

Total reporté : 8472 40

——————— Du 6. ———————

2 — CAISSE A DIVERS F. 4179 30 :

12 — KESTNER FRÈRES, à Thann, reçu comptant.......... 2000 »

12 — J. REY, à Dannemarie, reçu comptant............... 1800 »

3 — MARCHANDISES GÉNÉRALES :
Pour vente au comptant, faite à Maréchal,
de c/v de
50 pièces calicot écru, mesurant ensemble
650 mètres à 60 c............................ 390 »
escompte à 3°/₀.............................. 10 70   379 30

——————— Du 7. ———————

6 / 2 — LOUIS STEINER, à Ribeauvillé.
A COMPTE DE CAISSE F. 700 :
Pour acquit de sa facture du 15 février dernier.   700 »

——————— Dudit. ———————

16 — DIVERS A EFFETS A RECEVOIR F. 4957 90 :
Pour remises à eux faites.

		A reporter	394686	98

		Report	394683	98
9	PIERRE VANDERNOOT, à Amsterdam : L'effet ci-dessus N° 28, sur Hope et compagnie, au cours provenant de 57.		3157	90
7	C. G. OPPERMANN, de l'effet ci-dessus N° 29.		1800	»

———————— Du 7. ————————

7 / 2	C. G. OPPERMANN, A CAISSE F. 800 : Pour acquit de son mandat à Baumann frères.		800	»

———————— Dudit. ————————

REMARQUE.

J'ai acheté du gouvernement grand-ducal de Bade, en participation avec Nory de Marckolsheim et V. Bruckmann, du Vieux-Brisach; chacun intéressé pour 1/4, moi-même pour moitié; 3 îles boisées dans le Rhin; moyennant la somme de 40,000 fr. payables à bref délai sans intérêt;

SAVOIR :

L'Ile des Faisans............................. 20000
L'Ile des Sangliers........................... 10000
L'Ile des Chevreuils.......................... 10000

Ce qui donne lieu aux écritures suivantes :

11	DIVERS au gouvernement grand-ducal de Bade.. 40000			
11	LES ILES DU RHIN, pour ma moitié............. 20000			
11	NORY FRANÇOIS, à Marckolsheim : Pour son quart dans l'acquisition......... 10000	40000		»
10	VALENTIN BRUCKMANN, à V. Brisach : Pour son quart dans l'acquisition......... 10000			

		À reporter	440441	88

17   MARS 1840.

———————— Du 7. ————————

		Report	410441	88
11/16	ILES DU RHIN A CAISSE, 250 fr. :			
	Payé pour passation du contrat, frais de voyage et de séjour avec MM. Nory et Bruckmann.		250	»

———————— Du 7. ————————

16/7	EFFETS A recevoir à IMMER FRÈRES :			
	Leur remise N° 34 sur Rothschild et Comp., de Francfort, fin cour., de 3600 fl. à 2155 et 1 1/4 % de perte.		6381	20

———————— Dudit. ————————

11/16	DOIT le gouvernement grand-ducal à Effets à recevoir :			
	Ma remise ci-dessus sur Francf. à 2155.		6465	»

———————— Dudit. ————————

DIVERS A DIVERS.

7	IMMER FRÈRES, à Marseille.
	Ma remise de l'effet N° 20 sur Marseille.................... 1800
	Id. pour payement à eux fait pour mon compte, par Franç. Wilhelm, de leur ville 4500
	6300

7	GAILLARD FRÈRES, à Lyon :
	Pour remise que je leur fais de l'effet N° 19, sur Lebœuf frères, de leur ville.... 2000

3	MARCHANDISES GÉNÉRALES :
	Payé à P. Racine, pour 30 k. bleu de Prusse................................ 180

16/7	EFFETS A RECEVOIR les remises suivantes de G. Oppermann, à l'encaissement à 1/3 %.
	N° 31 : Mandat sur Bernard, à Ribeauvillé...................... 1200
	Au 10 courant, val. an 13.
	N° 32 : Mandat sur Rouge, à Kaysersberg............................. 1500
	2700
	Au 15 courant, val. an 18. 11180

	A reporter	453541	08

MARS 1840.   18

	Suite et report 11180		453541	08
8	N° 33 : Remise des frères Ratisbonne sur J. Wilz, à Guebwiller, au 18 courant, valeur au 23............................ 2000			
		13180		
16	A EFFETS A RECEVOIR :			
	Pour remise faite à Immer frères.......... 1800		3800	»
	Pour remise faite à Gaillard frères.......... 2000			
10	A FRANÇOIS WILHELM, son paiement pour mon compte à Immer frères.		4500	»
14	A CAISSE, pour achat de 30 k. bleu de Prusse.		180	»
7	A C. G. OPPERMANN, ses deux remises ci-dessus.		2700	»
8	A FRÈRES RATISBONNE, leur remise ci-dessus.		2000	»
15 / 3	——— **Du 8.** ———			
	J. RACINE, à marchandises générales :			
	Mon envoi de 75 douzaines mouchoirs, à 12 fr. à 3 mois.		900	»
	——— Du 10. ———			
	DIVERS à DIVERS F. 21050 :			
3	MARCHANDISES GÉNÉRALES, à HARTMANN et Fils :			
12	Leur envoi payable à 3 mois, de 2000 k. coton filé chaîne, N° 32/34, à 4 30............ 8600			
	2000 k. coton filé trame, N° 42/44, à 3 90... 7800			
		16400		
7	GAILLARD Frères, à Lyon, m/c mon envoi pour la vente pour m/c, à la commission de 2%, de 100 pièces calicot, 100 douzaines mouchoirs, et 25 pièces siamoise............ 4650			
	Brouillon f° 9.	21050		
	A reporter		407621	08

		Report	467621	08

12	A HARTMANN et Fils :		
	Leur envoi de 4000 k. coton comme dessus.		
	Brouillon f° 8.	16400	»
8	A MARCHANDISES GÉNÉRALES :		
	Pour l'envoi ci-dessus, fait à Gaillard frères,		
	pour m/c.	4650	»

———— Du 11. ————

5 / 14	ENGAGEMENTS DE COMMERCE		
	A CAISSE : Pour acquit de m/b, à Nicolas, N° 7.	600	»

———— Dudit. ————

11 / 16	LE GOUVERNEMENT GRAND-DUCAL DE BADE		
	A EFFETS A RECEVOIR : Ma remise N° 8, sur Ber-		
	nouilly, à Bâle, fin courant.	1500	»

———— Du 12. ————

11 / 9	GOUVERNEMENT GRAND-DUCAL DE BADE		
	A GOLL PLATZMANN, de Francfort s/M :		
	Ma traite de 2200 fl. à 2155................ 3741 »		
9	A VANDERNOOT, à Amsterdam :	7955	30
	Ma traite de 1500 fl. à 56 D. : 3214 30		

———— Du 14. ————

16 / 14	EFFETS A RECEVOIR à C¹° de Caisse, 4173 91.		
	Acheté de Florentin de c/v.		
	N° 87 : Traite sur Ph. Reyynas, à Anvers, fl. 2000,		
	à 57 1/2.	4173	91

		A reporter	502900	29

MARS 1838.   20

──────── Du 14. ────────

| | | Report | 502900 | 29 |

DIVERS A DIVERS F. 27424 53 :

| 14 | Caisse pour versement de Valentin Bruckmann.. | 5000 | » |
| | Pour id. de François Nory..................... | 5000 | » |

16   EFFETS A RECEVOIR :

Acheté de Léonard, de c/v.
N° 35 : 4800 Fl. sur Henri Cattoir, à Francfort
      s/M.
— 56 : 2000 Fl. sur G. Lots, à Wisbaden, fin
      avril.

| 3800 Fl. à 2155.................. | 8189 | » | |
| escompte à 4 7/8 %............... | 153 37 | 8035 | 53 |

11   GOUVERNEMENT GRAND DUCAL :

| Remis les effets ci-dessus N°ˢ 35 et 36 au pair· | 8189 | » |

6   LOUIS STEINER, à Ribeauvillé F. 1200 :

| Ma remise N° 31 sur Bernard.................... | 1200 | » |

| | | 27424 | 53 | |

| 10 | A VALENTIN BRUCKMANN : | 5000 | » |
| | Son versement comme dessus. | | |

| 11 | A FRANÇOIS NORY : son dit. | 5000 | » |

| 14 | A CAISSE : pour achat des deux effets N°ˢ 35 et 36. | 8035 | 53 |

16   A EFFETS A RECEVOIR :

| Pour les deux remises ci-dessus, faites au gouvernement grand-ducal........................ 8189 | 9389 | » |
| Pour celle faite à L. Steiner..................... 1200 | | |

──────── Du 18. ────────

| 14 | DIVERS A LOUIS NICOLAS : compte de consign. | | |

12   CAISSE : pour ventes au comptant faites à Lenor-
mand de c/v. de

25 barils huile à fr. 138.................. 3450	5931	»
Schwartz de c/v. de		
18 barils huile à fr. 138.................. 2484		

| 12 | HYACINTHE BELIN, 40 barils huile à 138. | 5520 | » |

| | A reporter. | 541778 | 82 |
| | | 9 | |

MARS 1840.

——————— Du 18. ———————

		Report	541778	82
14 / 16	CAISSE A EFFETS A RECEVOIR pour encaissement des effets N°s 32, 33.		3500	»

——————— Du 20. ———————

LOUIS NICOLAS, compte de consignation.
    Pour frais à 160 barils huile.

14 / 1	A DÉPENSES DE COMMERCE, pour magasinage. 100		
	ports de lettres.................. 8	125	»
	poids publics.................: 10		
	crocheteurs, rabattage........ 7		
4	COMMISSIONS : celle due sur la vente s'élevant à 21853 à 2 %.	437	»
15	A LUI-MÊME c/c, bénéfice à la vente.	238	34

——————— Dudit. ———————

11 / 14	ILES DU RHIN A COMPTE DE CAISSE :		
	Payé pour façon de 100 cordes de bois à 2 50... 250	500	»
	Payé pour celle de 1900 fagots à 2 50....... 250		

——————— Du 22. ———————

15	LOUIS NICOLAS, à Amiens, à divers.		
9	A GUILLAUME VAN VERPORTEN, de Hambourg :		
	Pour remise que lui fait celui-ci de la somme dont il est débité pour valeur de 915 m. à 188 %. 1720 20		
3	A PROFITS ET PERTES :		
	9. 15 Lesdits 915 marcs décomptés par Van Verporten, au cours de 189 %.. 9 15	1729	35

		A reporter	548308	51

MARS 1840.

		Report	548308	51
7	A G. OPPERMANN : ma lettre de crédit sur lui, fin courant.		4234	96
16	A EFFETS A RECEVOIR : Ma remise N° 37 sur Phil. RUYTERS, à Anvers, de fl. 2000 à 57 den. pour 3 f.		4210	53
	——— Du 24. ———			
13 11	COMPTE DE DIVERS, à Iles du Rhin. Pour ventes faites aux suivants : JACQUES DARMULLER, de Neuf-Brisac, 100 cordes bois diverses essences à prendre dans l'île des Faisans, à .... 45 4500 1000 fagots des Faisans, à 30 3000		7500	»
	——— Du 28. ———			
8 5	FRÈRES RATISBONNE A ENGAGEMENTS : Mon acceptation à leur traite, ordre BONNA-VENTURE, fin avril, N° 9.		3000	»
	——— Du 31. ———			
14	DIVERS A CAISSE : Pour diverses dépenses présumées en avril, SAVOIR :			
1	DÉPENSES DE COMMERCE.		300	»
1	DÉPENSES PERSONNELLES.		350	»
2	MENUS FRAIS.		120	»
15	FRAIS DE FABRICATION payés.		6500	»
	——— Dudit. ———			
14 3	CAISSE A MARCHANDISES GÉNÉRALES : Pour vente au comptant et au détail pendant ce mois.		7000	»
			581524	»

AVRIL 1838.

——— Du 1er. ———

12 16	HYACINTHE BELIN A EFFETS A RECEVOIR : Ma Remise de l'effet N° 27 sur LEROUX, à Neuf-Brisac.		1500	»
	A reporter		583024	»

———————— Du 2. ————————

| | | Report | 583024 | » |

| 13/11 | COMPTE DE DIVERS à Iles du Rhin :
Pour vente faite aux suivants, à prendre sur place :
LERMINIER et CONSORTS,
200 cordes de bois à 40 fr............... 8000
3000 fagots à 30 fr. %................... 900
20 arbres bois de travail............... 1000 | | 9900 | » |

———————— Dudit. ————————

| 14/12 | CAISSE A HYACINTHE BELIN :
Son versement. | | 1500 | » |
| 6 | A LOUIS STEINER, de Ribeauvillé :
Son versement. | | 1200 | » |

———————— Du 3. ————————

| 11/14 | ILES DU RHIN A CAISSE F. 1180 :
Payé pour façon de 400 cordes bois à 2 50........ 1000
Id. de 6000 fagots à 2 50 %................. 150
Pour abattage de 40 arbres bois de travail.......... 30 | | 1180 | » |

———————— Du 5. ————————

| 14/13 | CAISSE à Compte de Divers, 7500.
J. DURMULLER : son versement. | | 7500 | » |

———————— Du 7. ————————

| 7 | C. G. OPPERMANN A DIVERS :
Acquit de son mandat Ferazino, valeur du jour.............................. 1000 »
Pour remise faite pour m/c par Van Verporten, valeur au 30 juin............... 1729 35
Pour autre par le même, valeur au 10 mai.............................. 3402 »
Pour remise à lui faite de ma traite sur J. Racine, à Orléans, valeur au 20 courant............................ 1140 »
———————
7271 35 | | | |

| | | A reporter | 604304 | » |

AVRIL 1840. 24

	Report	604304	»
14	A caisse, acquit du mandat Oppermann.	1000	»
9	A Van-Verporten, les 2 remises ci-dessus.	5131	35
15	A J. Racine, ma traite ci-dessus à Oppermann.	1140	»
	———— Du 9. ————		
15 / 3	J. Racine, à Orléans, à Marchandises générales : Mon envoi de mouchoirs, siamoise et calicot, en papier à 3 mois. Brouillon f° 10	4800	»
	———— Du 15. ————		
7 / 3	Gaillard frères, à Lyon, à Divers. A marchandises générales : Mon envoi de mouchoirs, siamoise et calicot, en consignation, à la commission de 2 %. Brouillon f° 11	8000	»
3	A profits et pertes, pour mieux-value du produit de la vente de mon envoi du 10 mars, suivant leur compte de vente.	200	»
	———— Dudit. ————		
7 / 4	Divers a Gaillard frères, de Lyon : Commission de 2 % sur la vente de mon envoi du 10 mars dernier, qui s'est élevé à 4850 fr.	97	»
12	Hartmann frères, à Munster : Je leur remets la remise que me font Gaillard frères, de leur traite sur Perrier frères, à Paris, fin courant.	6753	»
	———— Dudit. ————		
12 / 3	Hartmann et fils, à Profits et Pertes : Pour bonification sur la remise ci-dessus [à 1 %, et pour donner à ladite traite une valeur du 10 juin, jour d'échéance de leur facture de 16400 fr.	67	53
	A reporter.	631492	88

———————— Du 16. ————————

	Report	631492	88
14 / 8	**Caisse a Fernand Pizarro**, de Cadix :		
	Sa remise sur Julien frères de cette ville, encaissée.	2219	»
	———————— Dudit. ————————		
8 / 3	**Fernand Pizarro, a profits et pertes** :		
	Pour mieux-value de 140 pistoles dont son compte est débité au cours de 15 80, la susdite remise étant faite à celui de 15 85.	7	»
	———————— Du 18. ————————		
10 / 3	**Fries et Comp.**, à Vienne, **a profits et pertes** :		
	Pour mieux-value de ma susdite remise de 1200 fl. décomptée au cours de 2 60, et primitivement cotée à 2 55.	60	»
	———————— Dudit. ————————		
10	**Divers a Fries et Comp.**, à Vienne :		
4	**Commissions** : celle de 1/3 °/₀ sur ma remise N° 10 de 1200 fl., ayant produit au cours de 2 60 3120 fr.................................. 10 40		
16	**Effets a recevoir** : Leur remise N° 39 sur Ouvrard, à Paris, fin mai.................................. 3109 60	3120	»
	———————— Du 20. ————————		
14	**Divers a compte de caisse F. 7258 28** :		
	Acheté les remises ci-après, et fait remise aux suivants :		
17	**Sellier fils**, à Nancy, traite sur Sohngen fils, à Liège, fin mai, de fl. 1500 à 56 deniers.	2314	28
	A reporter	639213	16

AVRIL 1840.   26

		Suite et report	639213	16
10	FRIES et COMP., à Vienne, traite de Blech, Fries et comp., de Mulhouse, fin mai, 1200 fl. sur Berger fils, à 2 55.	3060	»
8	FERNAND PIZARRO, à Cadix, traite de Paul Blech, de Mulhouse, de 120 pistoles, fin mai, sur Vasgo de Gama, à Séville, à 15 70.	1884	»

———— Du 24. ————

COMPTE DE DIVERS, à Iles du Rhin :
    Pour ventes faites aux suivants, à prendre sur place :
JEAN CLAUDE et CONSORTS,
    200 cordes de bois à f. 40...................... 8000
HARTMEYER DE COLMAR,
    10 arbres bois de construction................ 1000

| 13 / 11 | | 9000 | » |

———— Du 30. ————

CAISSE A DIVERS :

| 14 | A MARCHANDISES GÉNÉRALES : pour vente en détail. | 6000 | » |
| 3 / 13 | A COMPTE DE DIVERS : reçu de Lerminier et consorts. | 9900 | » |

———— Dudit. ————

ENGAGEMENTS DE COMMERCE.
A CAISSE F. 5400 :

| 5 / 14 | Pour acquit d'une traite de Sellier fils. | 2400 | » |
| | Pour acquit d'une traite de frères Ratisbonne. | 3000 | » |

———— Dudit. ————

14	DIVERS A COMPTE DE CAISSE F. 7650.		
1	DÉPENSES DE COMMERCE : pour celles présumées de mai.	250	»
1	DÉPENSES PERSONNELLES : pour celles présumées de mai.	280	»
2	MENUS FRAIS : pour ceux présumés en mai.	120	»
15	FRAIS DE FABRICATION.	7000	»
	A reporter	682107	16

27   MAI 1840.

———— Du 1er. ————

			Report.	682107	16
3 / 15	**PROFITS ET PERTES** à **JACQUES RACINE** : Pour rabais convenu et accordé sur mon envoi du 9 avril dernier.			24	»

———— Dudit. ————

9 / 3	**VAN-VERPORTEN**, à Hambourg, à **PROFITS ET PERTES** : Pour mieux-value de mes 2 remises de 915 et 1800 m.			27	15

———— Dudit. ————

16 / 8	**EFFETS A RECEVOIR** à **FRÈRES RATISBONNE** : Leurs remises suivantes à l'encaissement à 1/3 °/₀. N^{os} Nombres.				

40	600 f. sur ROBERT, à Ribeauvillé, 1er mai.				
41	800 » LUSIGNAN, à Guebwiller 20 mai. 16000				
42	1000 » LECLUE, à Kaysersberg 25 mai. 25000				
43	1200 » FLORENTIN, à Neuf-Brisac 31			3600	»
	» mai 37200				
	Échéance commune au 22 mai. 78200				

———— Du 3. ————

16	**DIVERS** à **EFFETS A RECEVOIR** F. 1800.				
6	Louis STEINER, la remise ci-dessus, N° 40 . . , . . .			600	»
12	HYACINTHE BELIN, celle ci-dessus, sur Florentin.			1200	»

———— Du 5. ————

13 / 11	**COMPTE DE DIVERS** à **ILES DU RHIN** : CLÉMENT CHAMPION, pour vente de plusieurs tas d'éclelles et bois de déchet.			100	»

———— Dudit. ————

9 / 3	**VANDERNOOT**, à Amsterdam, à **PROFITS ET PERTES** : Pour mieux-value de ma remise de 1500 fl.			56	40
			A reporter	687714	71

MAI 1840.

28

——— Du 8. ———

		Report	687714	71
5	DIVERS à ENGAGEMENTS de COMMERCE.			
8	Frères RATISBONNE, mon acceptation à leur traite, ordre Lévy, au 15 courant.		2000	»
17	SELLIER FILS, madite à sa traite, au 18 courant, sur Fabert.		2400	»

——— Du 11. ———

14	COMPTE de CAISSE à DIVERS :			
11	A François Nory, son versement.		2000	»
10	A Valentin Bruckmann, sondit.		2000	»

——— Du 15. ———

14	DIVERS à COMPTE de CAISSE.			
13	J. REVEL et Comp., compte de consignation, pour acquit de leur mandat, ordre Legros.		800	»
3	MARCHANDISES GÉNÉRALES. Acquitté le mémoire de Jérôme pour plusieurs objets de drogues jusqu'à ce jour.		820	»
5	ENGAGEMENTS de COMMERCE, pour acquit d'une traite de frères Ratisbonne, ordre Lévy, N° 11.		2000	»

——— Du 18. ———

| 10 14 | LA BANQUE de c/v à COMPTE de CAISSE : Pour dépôt que je fais à ladite banque et qui se réduit à F. 6000, l'agio en banque étant actuellement à 3 %. | | 6180 | » |

——— Du 20. ———

	DIVERS à COMPTE de CAISSE 4950.			
4	COMPTE de VOYAGE 800 fr. pour somme que je remets aujourd'hui à M. Letourneur, mon commis, à son départ............ 800	800	800	»
1	DÉPENSES de COMMERCE 800 fr. pour somme que je remets à M. Bontems, mon teneur de livres, pour six mois d'appointements à ce jour..... 800 Patente pour l'année courante............... 450		1250	»
		A reporter	707964	71

29 MAI 1840.

Du 20.

		Report	707964	71
1	DÉPENSES PERSONNELLES			
	Pour les contributions de l'année courante.		500	»
5	ENGAGEMENTS DE COMMERCE à CAISSE.			
	Pour acquit d'une traite de Sellier fils, N° 21.		2400	»

Dudit.

6	FOIRE DE *(tel endroit)* à MARCHANDISES GÉNÉRALES :			
3	Pour celles que j'expédie ce jour à mon ami Lefranc pour ladite foire, où M. Letourneur, mon commis, qui part ce jour, en soignera la vente.		30000	»

Dudit.

16	EFFETS A RECEVOIR à SELLIER FILS, à Nancy :			
17	N° 45 : sa remise en un mandat sur Lebœuf de c/v, au 24 courant.		600	»

Dudit.

8	FRÈRES RATISBONNE A DIVERS F. 842 :			
16	A EFFETS A RECEVOIR :			
	Pour retour de leur remise N° 41, sur Guebwiller, avec protêt.		800	»
1	DÉPENSES DE COMMERCE :			
	Pour frais de protêt au susdit effet avec amende.		42	»

Dudit.

7	C. G. OPPERMANN à EFFETS A RECEVOIR :			
16	Pour remise à lui faite de la traite N° 39 sur Ouvrard, à Paris, fin courant.		3109	60

Dudit.

6	LOUIS STEINER à EFFETS A RECEVOIR :			
16	Pour remise à lui faite de l'effet N° 44, sur Ribeauvillé.		2400	»
		A reporter	747816	31

MAI 1840. 30

———————— Du 24. ————————

| | | *Report* | 747816 | 31 |

14/16 COMPTE DE CAISSE à EFFETS A RECEVOIR :
Pour encaissement de l'effet N° 45, sur Le-
bœuf de c/v. — 600 »

———————— Dudit. ————————

3/3 MARCHANDISES GÉNÉRALES.
A MARCHANDISES GÉNÉRALES : Pour échange fait
avec M. de Poinsignon de c/v. de 10 c. coton
filé, valeur 2000 fr. qu'il me remet contre 22
pièces siamoise que je lui remets en échange. — 2000 »

———————— Du 28. ————————

7/4 C. G. OPPERMANN A L. NICOLAS, compte à 1/3.
Pour mon 1/3 dans l'envol que ledit Nicolas
fait à Oppermann, qui demeure chargé d'en
soigner la vente en participation entre lui, Nicolas et moi, valeur de ce jour. — 4000 »

———————— Dudit. ————————

4/7 LOUIS NICOLAS, compte en participation par 1/3.
A C. G. OPPERMANN :
Pour remise que lui fait ce dernier pour mon
compte et pour mon tiers de son envoi, valeur
du 24 courant. — 4000 »

———————— Du 29. ————————

14/6 COMPTE DE CAISSE A LOUIS STEINER :
Son versement. — 3000 »

NOTE. Si sur ces versements on ne déduit pas les frais
de recouvrement, c'est qu'ils sont payés par la petite caisse.
(Menus frais.)

———————— Du 31. ————————

14 DIVERS A COMPTE DE CAISSE F. 7645 :
Pour divers déboursés à faire dans le mois de
juin.

| | | *A reporter* | 761416 | 31 |

31   MAI 1840.

———— Du 31. ————

		Report	761416	31
	SAVOIR :			
1	Dépenses de commerce.		250	»
1	Dépenses personnelles.		260	»
2	Menus frais.		75	»
15	Frais de fabrication : pour ceux du mois courant.		7060	»

———— Dudit. ————

14	Caisse à marchandises générales F. 1600 :			
3	Pour vente au comptant et au détail, pendant ce mois. (V. vente en détail.)		1600	»

———— Dudit. ————

8	Guillaume Bontems a Sellier fils F. 900.			
17	Pour pareille somme que ce dernier me bonifie pour son compte.		900	

JUIN 1840.

———— Du 1ᵉʳ. ————

17	Sellier fils à Gaillard frères, à Lyon, F. 4000 :			
2	Pour remise que je lui fais d'une traite reçue de ces derniers ;			
	SAVOIR :			
	F. 4000 sur Simon frères, à Metz, au 15 courant.		4000	»

———— Du 4. ————

8	Guillaume Bontems, de cette ville, à G. Oppermann :			
7	Ma traite sur ce dernier au 30 courant.		2885	50

———— Dudit. ————

10	La banque de cette ville :			
8	A G. Bontems, qui m'assigne sur la banque au 15 courant.			
	F. 2801 45, faisant en courant.		2885	50
		A reporter	781332	31

JUIN 1840.   32

———————————————— Du 5. ————————————————

| | | *Report* | 781332 | 31 |

5
6 COMPTE DE VOYAGE à FOIRE DE...
       Pour sommes qu'a reçues mon voyageur, pour
       ventes au comptant faites en dite foire.
                              Brouillon f° 13. | 14000 | » |

———————————————— Du 6. ————————————————

6
5 LA FOIRE DE... à COMPTE DE VOYAGE.
       Pour les frais de route de mon voyageur, frais
       de transport des marchandises, magasinage et
       autres, suivant détails donnés par le voyageur. | 1500 | » |

———————————————— Dudit. ————————————————

6
7 DIVERS à LA FOIRE DE...
7   Pour ventes à eux faites par nos voyageurs Im-
          mer frères, à 3 mois. | 10000 | » |
          Gaillard frères, à 4 mois. | 10000 | » |

———————————————— Dudit. ————————————————

3 FOIRE DE.... à PROFITS ET PERTES.
          Pour bénéfice et excédant de la vente sur les
          prix de l'envoi et tous les frais. | 2500 | » |

———————————————— Dudit. ————————————————

14
16 CAISSE à EFFETS A RECEVOIR.
          Pour encaissement de l'effet N° 42, sur Kaysers-
          berg. | 1000 | » |

———————————————— Dudit. ————————————————

14
3 CAISSE à PROFITS ET PERTES, 30 fr.
          Prêté ma signature à Pierre Lesterling de
          c/v., en endossant un de ses billets de 6000 fr. fin
          juillet, à 1/2 %. | 30 | » |

———————————————— Dudit. ————————————————

3 DIVERS à MARCHANDISES GÉNÉRALES F. 1520.
6 LOUIS GERMAIN, à Nancy, mon envoi de 60 dou-
          zaines mouchoirs à 12 fr., à 4 mois. | 720 | » |
6 CLAUDE LORRAIN, à Lunéville, mon envoi de 50
          pièces siamoise, à 4 mois. Brouillon. f° 14. | 800 | » |

| | | *A reporter* | 821882 | 31 |

33   JUIN 1840.

━━━━━━━━━━ Du 6. ━━━━━━━━━

	Report	821882	31
5	DIVERS à COMPTE DE VOYAGE F. 13300 :		
	Pour valeurs remises par mon voyageur à son retour de la foire de*.		
	SAVOIR :		
16	EFFETS A RECEVOIR, ceux ci-après :		
	N° 46. 1500 fl. sur Vandermuller et fils, à Vienne, fin courant, à 2 fr. 68 c.............. 3900 »		
	— 47. 1000 m. sur Flambert et comp., à Lubeck, au 8 juillet, à 186............ 1860 »		
	— 48. 1000 fr. sur Ebermeyer, à Hanau, 15 juillet, à 2155 à 1/2 % de perte... 2122 68	9275	68
	— 49. 800 fr. sur Bechou, à Belfort, fin courant, à 1/4 %.................... 796 »		
	— 50. 600 fr. sur Lessing, à Wesserling, 15 cour., à 1/2 %.................... 597 »		
14	COMPTE DE CAISSE reçu en espèces.	4024	32
	━━━━━━━ Du 8. ━━━━━━━		
16	DIVERS à EFFETS A RECEVOIR, pour mes remises suivantes :		
10	FRIES et COMP., à Vienne, celle ci-dessus, N° 46, fl. 1500.	3900	»
9	GUILLAUME VANVERPÖRTEN, à Hambourg, l'effet N° 47.	1860	»
9	GOLL PLATZMANN, l'effet N° 48, de fl. 1000 à 1/2 %..	2144	35
12	J. REY, à Dannemarie, l'effet N° 49.	800	»
12	KESTNER FRÈRES, à Thann, l'effet N° 50.	600	»
	━━━━━━━ Du 10. ━━━━━━━		
12	HARTMANN et FILS, à Munster.		
14	A COMPTE DE CAISSE :		
	Mon versement à leur caisse de c/v pour solde.	5446	97
	A reporter	849933	63

JUIN 1840.   34

———————— Du 18. ————————

| | | Report | 840933 | 63 |

14 / 12 — CAISSE à HYACINTHE BELIN, à Neuf-Brisac :
  Reçu pour solde de ma facture du 18 mars. — 5520 »

———————— Dudit. ————————

8 / 5 — FRÈRES RATISBONNE, à ENGAGEMENTS DE COMMERCE :
  Mon acceptation à leur traite sur Laurent, au
  10 juillet. — 2350 »

———————— Dudit. ————————

11 / 9 — LE GOUVERNEMENT GRAND DUCAL DE BADE à AGASIZ
  ROUGEMONT et COMP., de Londres :
  Ma traite sur ces derniers, fin courant, de 240
  L. st. 10 à 2530. — 6246 50

———————— Du 19. ————————

ARTICLE COMPLIQUÉ.

C. G. Oppermann m'adresse une traite de 4200 fr.
sur Samuel Maturin de c/v, au 30 courant; le
tiré me paie en son assignation sur la banque,
aussi fin cour., en f. 4077 67 de banque.

16 / 7 — EFFETS A RECEVOIR à C. G. OPPERMANN :
  Sa remise N° 51 sur Samuel Maturin de c/v,
  30 courant. — 4200 »

———————— Du 20. ————————

10 / 16 — LA BANQUE à EFFETS A RECEVOIR F. 4077 67 :
  Pour pareille somme argent de banque que
  Maturin m'assigne sur elle au 30 courant, don-
  nant en argent courant. — 4200 »

———————— Du 24. ————————

11 — ILES DU RHIN à DIVERS, 20000.

10 — VALENTIN BRUCKMANN : pour son 1/4............ 10000 } 20000 »

11 — FRANÇOIS NORY : pour le sien..................... 10000 }

| | | A reporter | 892450 | 13 |

35

JUIN 1840.

—— Du 23. ——

	Report	892450	13
7 — 4	C. G. OPPERMANN à LOUIS NICOLAS, compte à 1/3, Pour mon tiers dans le bénéfice fait sur les articles qu'il a vendus de compte à tiers entre eux et moi.	250	»

—— Du 28. ——

11	DIVERS à ILES DU RHIN, F. 15000.		
14	COMPTE DE CAISSE F. 7000 : Pour vente au comptant faite aujourd'hui dans les Iles.	7000	»
18	COMPTE DE DIVERS : Pour vente à Paulin et cons.	6000	»
11	FRANÇOIS NORY prend à son compte le reste du bois façonné pour	2000	»

—— Dudit. ——

8 — 10.	LOUIS BONTEMS de c/v, à la BANQUE F. 11655 : Pour pareille somme que je lui assigne sur ladite banque, fin courant, donnant en argent courant.	1200	»

—— Dudit. ——

8 — 3	GUILLAUME BONTEMS de c/v, à MARCHANDISES GÉNÉRALES : Pour vente à lui faite, à 3 mois, de siamoises, calicots, mouchoirs. Brouillon f° 14.	2000	»

—— Dudit. ——

13 — 94	J. REVEL et COMP. à CAISSE F. 5000 : Mon envoi d'espèces par la diligence.	5000	»

—— Dudit. ——

14	CAISSE à DIVERS :		
10	VALENTIN BRUCKMANN : son versement.	3000	»
11	FRANÇOIS NORY : son versement.	3000	»
	A reporter	921900	13

JUIN 1840. 36

— Du 29. —

| | | Report | 921900 | 13 |

3/5   PROFITS ET PERTES à ENGAGEMENTS DE COMMERCE :
    Pour intérêt de mes billets ;

SAVOIR :

A Dormance... 40
A Léopoldine Monlgolfier, ma sœur............ 180
A Clémentine Montgolfier, ma sœur............ 180   460   ʀ
A Dᵐˡˢ Charlotte Silver................................. 60

—————— Dudit. ——————

8/10   RATISBONNE FRÈRES à LA BANQUE F. 2472 :
    Mon assignation sur cette dernière de 2400 Bᵉ
au 15 juillet.   2472   ʏ

—————— Dudit. ——————

DIVERS à DIVERS F. 9504 50.

8   FRÈRES RATISBONNE F. 3000 Bᵒ donnant à 3 % d'a-
gio 3090 pour somme que je leur assigne sur la
banque, valeur au 28 juillet.................... 3090   »

14   CAISSE : reçu de Charles Roland, pour 6
mois de pension et de logement............. 500   »

7   C. G. OPPERMANN : pour remise que lui fait
pour mon compte J. Racine, valeur au
25 juin.. 900   »

7   Une remise d'Immer frères, à Marseille, au
15 juillet, ordre F. Bertier, de 5000 fr.... 5000   »

3   PROFITS ET PERTES : pour perte à ma traite
sur C. G. Oppermann, à 1/2 % de perte. 14 50

             9504 50

| | | *A reporter* | 924832 | 13 |

		Report	924832	13
10	A LA BANQUE :		
	Pour ma susdite assignation, ordre frères Ratisbonne.	3000	»
1	A DÉPENSES PERSONNELLES :		
	Pour autant qu'a payé Charles Roland comme dessus.	500	»
15	A JACQUES RACINE :		
	Pour remise faite pour m/c à C. G. Oppermann.	900	»
7	A IMMER FRÈRES, à Marseille :		
	Leur remise d'autre part adressée à C. G. Oppermann.	5000	»
7	A C. G. OPPERMANN :		
	Pour escompte d'une traite de 2900 fr. fournie sur lui le 4 courant à Bontems, sous escompte de 1/2 °/₀ de ma perte.	14	50
	——— Du 29. ———		
11	LES ILES DU RHIN aux suivants F. 24570 :		
10	A VALENTIN BRUCKMANN : pour son 1/4 de bénéfice.	6142	50
11	A NORY : pour son 1/4 de bénéfice.	6142	50
4	PROFITS ET PERTES : pour ma moitié.	12285	»
	——— Du 30. ———		
1/2	DÉPENSES DE COMMERCE à MENUS FRAIS : pour balance dudit compte.	818	»
	——— Dudit. ———		
3	MARCHANDISES GÉNÉRALES à DIVERS F. 43540 :		
1	DÉPENSES DE COMMERCE : pour balance de ce compte.	3400	»
15	FRAIS DE FABRICATION : pour balance de ce compte.	40140	»
	A reporter	1003264	63

JUIN 1840.   38

——————————— Du 30. ———————————

| | | *Report* | 1003264 | 63 |

5 / 14 ENGAGEMENTS DE COMMERCE à CAISSE F. 420.

Payé pour intérêts échus ce jour à mes billets renouvelés pour six mois ;

SAVOIR :

A Léopoldine Montgolfier, ma sœur............. 180
A Clémentine Montgolfier, ma sœur............. 180   420   »
A Mlle Charlotte Silver............................. 60

POUR NOTE.   420

Faisant avec les 40 fr. déjà payés, ci............. 40

La somme qui figure au grand livre, f° 3, de. 460

——————— Dudit. ———————

2 / 14 MENUS FRAIS à COMPTE DE CAISSE F. 75 :

Remis à la petite caisse pour les menus frais présumés du mois de juillet, ci.......................   75   »

——————— Dudit. ———————

7 / 8 IMMER FRÈRES à FERNAND PIZARRO, de Cadix :

Somme dont ce dernier leur fait remise d'après mes ordres et pour mon compte.   1106   13

——————— Dudit. ———————

11 / 9 LE GOUVERNEMENT GRAND DUCAL DE BADE à GOLL PLATZMANN, à Francfort s/M.

Ma traite sur ce dernier au 15 juillet prochain, de fl. 980 30, donnant un cours de 2155.   2112   97

| | | *A reporter* | 1006978 | 73 |

10*

39   JUIN 1840.
——————————————— Du 30. ———————————————

| | | Report | 1006978 | 73 |

14
10 COMPTE DE CAISSE à FRIES et COMP., à Vienne :
     Leur remise sur Victor Salomon de c/v, en-
     caissée. — 3060 »

——————————— Dudit. ———————————

14 CAISSE à DIVERS : leurs versements F. 12800.
                    SAVOIR :
12 A KESTNER FRÈRES, à Thann. — 600 »
12 A J. REY, à Dannemarie. — 800 »
12 Á H. BELIN, à Neuf-Brisac. — 2400 »
13 A COMPTE DE DIVERS. J. CLAUDE et COMP. — 9000 »

——————————— Dudit. ———————————

14 DIVERS à COMPTE DE CAISSE F. 26265 64 :
     Pour mes payements à eux faits, comme suit :

                    SAVOIR :
10 VALENTIN BRUCKMANN. — 6142 50
11 FRANÇOIS NORY. — 4142 50
15 FRAIS DE FABRICATION : ceux du mois courant. — 7500 »
16 EFFETS A RECEVOIR F. 8480 64 :
     Pour ceux ci-après achetés par l'entremise du
     courtier Carlin ;
                    SAVOIR :
     Nº 52. 1200 F. sur Monneron frères, 15 août, Paris,
              à 1 %..................... 1188 »
     » 53. 1000   sur Veller et Cubuyon, 15 août,
              Lyon, à 1 %............... 990 »
     » 54. 1050   sur J. B. Bigot, 20 juillet,
              Lille, à 1 %............... 1039 50
     » 55. 1600   sur Léopoldo Fraucesco, fin juil.
              Marseille, à 1 1/4........... 1580 »   8480 »
     » 56. 1724   pour 800 fl. pied de 24 sur Rots-
              child et Comp., fin juillet,
              Francfort, à 1/2............ 1698 14
     » 57. 2000   sur Fush Bauler, fin juillet,
              Bâle, 3/4 %................. 1985 »

| | | *A reporter* | 1049194 | 37 |

JUIN 1840.   40

—————————— Du 30. ——————————

		Report	1049104	37

LA BANQUE A PROFITS ET PERTES F. 60 5 :

10 / 3 — Pour intérêts des sommes dont elle est débitrice, suivant détails au grand-livre, f° 4.

DÉCOMPTE.

—

DOIT

Sommes. Argent de banque.		Echéances.	Jours.	Intér.		Sommes. Argent courant.		Echéances.	Jours.	Intér.	
F.	C.			F.	C.	F.	C.			F.	C.
6000	»	18 mai..........	43	35	62	6180	»	18 mai..........	43	36	90
2801	45	15 juin	15	5	83	2885	50	15 juin..........	15	6	»
4797	67	30 juin	10	»	»	4020	»				
12879	12			41	45	13265	50			42	90

RÉSULTAT.

	A. banco.		A. cour.	
Ainsi la banque doit pour intérêts comme dessus.	41	45	42	90
à quoi ajouter pour escompte, banco 2400 : courant 2472, du 30 juin au 15 juillet.........	5	»	5	15
Banco 3000 ; courant 3090, du 30 juin au 28 juillet.	11	67	12	»
	58	12	60	5

			60	50

—————————— Dudit. ——————————

4	DIVERS A PROFITS ET PERTES F. 22572 47.		
3	MARCHANDISES GÉNÉRALES : pour bénéfice.	20444	62
4	COMMISSIONS : pour *idem.*	518	48
7	C. G. OPPERMANN, à Paris : pour intérêts.	770	35
17	SELLIER FILS, à Nancy : pour *idem.*	77	67
16	EFFETS A RECEVOIR : pour bénéfice.	511	35
4	LOUIS NICOLAS, à Amiens : compte à 1/3 pour bénéfice.	250	»

		A reporter	1071736	89

JUIN 1840.

—— Du 50. ——

		Report 1071736	89
4	PROFITS ET PERTES à DIVERS F. 27835 25.		
1	A DÉPENSES PERSONNELLES : Pour solde de ce compte.......................	1725	»
5	A ENGAGEMENTS DE COMMERCE : Pour intérêts payés.......................	460	»
4	A MEUBLES ET USTENSILES : Pour dépréciation pour cause d'usée..............	1200	»
8	A FRÈRES RATISBONNE : Pour intérêts.......................	89	99
13	A COMPTE DE DIVERS, CHAMPION : Pour solde, ce débiteur étant devenu insolvable.......................	100	»
1	A COMPTE DE CAPITAL : Pour somme gagnée dans mon commerce, pendant ces 6 mois.......................	34261	26
	TOTAL..........	1109573	14

GRAND-LIVRE

A PARTIES DOUBLES.

1   **DOIT**   **COMPTE DE**

1840.						
Janv.	1	A Divers.	3	»	24540	»
		A BALANCE de SORTIE.			180013	96
					204553	96

DOIVENT   **DÉPENSES**

1840.						
Janv.	1	A compte de Caisse.	3	2	300	»
Févr.	1	au même.	9	2	250	»
Mars.	1	au même.	14	2	180	»
»	31	au même.	22	14	300	»
Avril.	30	au même.	26	14	250	»
Mai.	31	au même.	31	14	250	»
»	20	au même.	28	14	1250	»
Juin.	30	Menus frais, pour Balance du compte.	37	2	2780 818	» »
					3598	»

DOIVENT   **DÉPENSES**

1840.						
Janv.	1	A compte de caisse.	3	2	360	»
Févr.	1	compte de caisse.	9	2	250	»
Mars.	1	compte de caisse.	14	2	225	»
»	31	compte de caisse.	22	14	350	»
Avril.	30	compe de caisse.	26	14	280	»
Mai.	20	au même.	29	14	500	»
»	31	au même, pour le mois de juin.	31	14	266	»
					2225	»

CAPITAL. AVOIR. 1

1840.						
Janv.	1	Par Divers.	1	»	170292	70
Juin.	30	Profits et Pertes, pour béné-fice pendant 6 mois.	41	4	34261	26
					204553	96

DE COMMERCE AVOIR.

1840.						
Févr.	8	Par J. Revel et Comp. Compte de consignation.	12	13	31	»
Mars.	20	L. Nicolas, compte de consig.	24	14	125	»
Mai.	20	Frères Ratisbonne.	29	8	42	»
Juin.	30	Marchandises générales pour balance.	37	3	3400	»
					3598	»
					3598	»

PERSONNELLES AVOIR.

1840.						
Juin.	29	Par caisse, reçu de C. Roland, pour 6 mois de pension.	36	14	500	»
	30	Profits et pertes, pour balance.	41	3	1725	»
					2225	»
					2225	»

2   DOIVENT   MENUS

1840.						
Janv.	1	A compte de caisse.	3	2	200	»
Févr.	1	compte de caisse.	9	2	120	»
Mars.	1	compte de caisse.	14	2	108	»
	31	compte de caisse.	22	14	120	»
Avril.	30	compte de caisse.	26	14	120	»
Mai.	31	compte de caisse.	31	14	75	»
Juin.	30	au même pour Juillet.	38	14	75	»
					818	»

DOIT   COMPTE.

1840.						
Janv.	1	A compte Capital.	1	1	20000	»
	8	Marchandises générales.	4	3	251	»
	8	Effets à recevoir.	4	16	780	70
	11	J. Revel et Comp., Compte de consignation.	5	13	750	»
	16	Effets à recevoir.	6	16	850	»
	18	Divers.	6	»	2370	»
	20	Marchandises générales.	6	3	2480	»
	22	Marchandises générales.	7	3	1164	»
	25	L. Nicolas, Compte de consignation.	7	14	2677	20
	26	Marchandises générales.	8	3	1629	60
	31	Marchandises générales.	8	3	4000	»
					36952	50
Févr.	2	A Effets à recevoir, encaissement Haussmann.	10	16	500	»
	2	Divers.	10	»	6565	60
	10	Divers.	12	»	4646	50
	17	Effets à recevoir pour encaissement des effets n° 15 et 11.	12	16	1800	»
	20	Effets à recevoir pour encaissement des effets n° 13 et 16.	13	16	1800	»
	25	Effets à recevoir pour encaissement de l'effet n° 17.	13	16	900	»
	28	Divers.	13	»	6200	»
					59364	60
Mars.	1	A Effets à recevoir.	14	16	3568	50
	6	Divers.	15	»	4179	30
					67112	40

FRAIS   **AVOIR.**   **2**

1840.						
Juin.	30	Par dépenses de commerce.	37	1	818	»
					818	»

DE CAISSE   **AVOIR**

1840.						
Janv.	1	Par Divers, pr diverses dépenses.	3		860	»
	3	Immeubles pr construction.	4	5	4000	»
	»	Meubles et ustensiles, pr 300 métiers.	4	4	15250	»
	5	Revel et Comp., Cte de cons.	4	13	258	»
	7	Frais de fabrication.	4	15	1180	»
	12	L. Nicolas, Cte de cons.	5	14	1792	96
	14	Frais de fabrication.	6	15	1500	»
	21	*Idem.*	7	15	1600	»
	22	Marchandises générales.	7	3	1543	68
	31	Divers.	8	»	7800	»
					35784	64
Févr.	1	3 Débiteurs	9	»	620	»

REMARQUE.

Pour ne pas multiplier les écritures sans nécessité, on réunira à la fin du mois les diverses dépenses comme : frais de fabrication, dépenses personnelles, etc., en un article unique, renvoyant pour les détails aux livres auxiliaires.

Nota. Les susdites dépenses portées au 1er mars.

	4	Par Effets à recevoir, achat de 4 effets.	11	16	7096	»
					43500	64
Mars.	1	Par Divers, pour diverses dépenses en février.	14	»	6513	»
	1	Engagements de commerce.	14	5	4040	»
	»	Effets à recevoir.	15	16	8472	40
	7	Louis Steiner.	15	6	700	»
	»	C. G. Oppermann.	16	7	800	»
		Transporté au fo 14.			64026	04

3   DOIVENT   MARCHANDISES

1840.						
Janv.	1	A compte capital.	2	1	24034	»
	22	compte de caisse.	7	2	1543	68
Févr.	15	Louis Steiner.	12	6	700	»
Mars.	7	compte de caisse.	17	14	180	»
	10	Hartmann et fils.	18	12	16400	»
Mai.	15	compte de caisse.	28	14	820	»
	24	Marchandises gén. p' échange.	30	3	2000	»
Juin.	30	Dépenses de commerce, pour balance.	37	1	3400	»
		Frais de fabrication du 1ᵉʳ Janv. à ce jour.	37	15	40140	»
					89217	68
		A PROFITS et PERTES pour bénéfice pendant 6 mois.	40	4	20444	62
					109662	30

REMARQUE.

Outre les marchandises en magasin nous en possédons dans plusieurs entrepôts.

					109662	30

DOIVENT   PROFITS ET

1840.						
Mai.	1	A Jacques Racine, à Orléans.	27	15	24	»
Juin.	29	C. G. Oppermann, banq. à Paris	37	7	14	50
	30	Dépenses personnelles.	41	4	1725	»
	29	Engagements de commerce.	36	5	460	»
		A reporter			2223	50

GÉNÉRALES   AVOIR.   3

1840.						
Janv.	8	Par compte de caisse.	4	2	251	»
	12	L' Nicolas, à Amiens, °/₀.	5	14	61	»
	12	J. Racine, à Orléans.	5	15	1140	»
	»	Immer frères, à Marseille.	5	7	3672	»
	20	compte de caisse.	6	2	2480	»
	22	compte de caisse.	7	2	1164	»
	26	compte de caisse.	8	2	1629	60
	31	compte de caisse.	8	2	4000	»
Févr.	2	compte de caisse.	10	2	715	40
	10	compte de caisse.	12	2	1300	»
	28	compte de caisse.	13	2	4400	»
Mars.	6	compte de caisse.	15	2	379	30
	8	Jacques Racine.	18	15	900	»
	10	Gaillard frères.	19	7	4650	»
	31	compte de caisse.	22	14	7000	»
					33742	30
Avril.	9	Jacques Racine.	24	15	4800	»
	15	Gaillard frères.	24	7	8000	»
	30	compte de caisse.	26	14	6000	»
Mai.	20	Foire de ***.	29	6	30000	»
	24	Marchand. gén. pʳ échange.	30	3	2000	»
	31	compte de caisse.	31	14	1600	»
Juin.	6	Divers.	32	»	1520	»
	28	Guillaume Bontems.	35	8	2000	»
		Par BALANCE DE SORTIE, marchandises en magasin.			89662	30
					20000	»
					109662	30

PERTES   AVOIR.

1840.						
Mars.	22	Par Louis Nicolas.	21	15	9	15
Avril.	15	Hartmann et fils.	24	12	67	53
	15	Gaillard frères.	24	7	200	»
	16	Fernand Pizarro, à Cadix.	25	8	7	»
	18	Fries et Comp., à Vienne.	25	10	60	»
Mai.	1	Van-Verporten, à Hambourg.	27	9	27	15
	5	Vandernoot, à Amsterdam.	27	9	56	40
Juin.	6	Foire de ***.	32	6	2500	»
	6	Compte de caisse.	32	14	30	»
		A reporter			2957	23

4   DOIVENT   PROFITS ET

1840.						
		Report			2223	50
Juin.	30	Par compte de meubles et usten-siles.	41	4	1200	»
	»	Frères Ratisbonne, pour inté-rêts.	41	8	89	99
	»	compte de divers. Champion, insolvable.	41	13	100	»
					3613	49
	»	A compte capital : pour bénéfice pendant les 6 mois.	41	1	34261	26
					37874	75

DOIVENT   COMMISSIONS

1840.						
Avril.	15	A Gaillard frères, à Lyon.	24	7	97	»
	18	Fries et Comp., à Vienne.	25	10	10	40
Juin.	30	compte de profits et pertes.	40	4	518	48
					625	88

DOIVENT   MEUBLES ET

1840.						
Janv.	1	A compte de capital.	2	1	15000	»
	3	caisse, achat de métiers.	4	2	15250	»
					30250	»

DOIT   LOUIS NICOLAS

COMPTE A TIERS ENTRE LUI,

1840.						
Mai.	28	A C. G. Oppermann.	30	7	4000	»
Juin.	30	compte de profits et pertes	40	4	250	»
					4250	»

PERTES — **AVOIR.** 4

1840.		*Report*			2957	23
Juin.	29	Par Iles du Rhin, pour bénéfice.	37	11	12285	»
	30	commissions.	40	4	518	48
		C. G. Oppermann, p⁰ intérêts.	40	7	770	35
		Sellier fils, pour dits.	40	17	77	67
		la banque, pour dits.	40	10	60	5
		effets à recevoir.	40	16	511	35
		marchandises générales, pour bénéfice.	40	3	20444	62
		Louis Nicolas, Cte à 1/3.	40	4	250	»
					37874	75

AVOIR.

1840.						
Févr.	8	Par J. Revel et Comp. Cte de cons.	12	13	188	88
Mars.	20	L⁰ Nicolas, Cte de consign.	21	14	437	»
					625	88

USTENSILES.   **AVOIR.**

1840.						
Juin.	30	Par profits et pertes, pour détérioration.	41	4	1200	»
		balance de sortie.	»	»	29050	»
					30250	»

A AMIENS   **AVOIR.**
OPPERMANN ET MOI.

1840.						
Mai.	28	Par C. G. Oppermann.	30	7	4000	»
Juin.	25	C. G. Oppermann, p⁰ 1/3 de bénéfice.	35	7	250	»
					4250	»

5   DOIT   COMPTE

1840.							
Janv.	1	A compte de capital.		2	1	40000	»
	3	compte de caisse.		4	2	4000	»
						44000	»

DOIT   COMPTE DE

1840.							
Mai.	20	A compte de caisse : compté au voyageur à son départ.		28	14	800	»
Juin.	5	la Foire de..... pour ventes au comptant.		32	6	14000	»
						14800	»

DOIV.   EFFETS A PAYER OU

1840.							
Janv.	31	N° 3. A compte de caisse, Gaillard.		8	7	3000	»
		5. » Ledit, Immer frères.		8	7	3000	»
Mars.	1	4. » Le même, Dormance.		14	2	4040	»
	11	» Le même, M/B., ordre L. Nicolas.		19	14	600	»
Avril.	30	8. » Le même, mon acceptation à Sellier.		26	17	2400	»
		9. » Le même, madite, ordre Ratisbonne.		26	8	3000	»
Mai.	15	11. » Le même, mon acceptation desdits.		28	8	2000	»
	20	10. » Le même, mon acceptation Sellier.		29	14	2400	»
Juin.	30	» Le même, p' intérêts.		38	14	420	»
						20860	»
		» Balance de Sortie.		»	»	16890	»
						37750	»

D'IMMEUBLES.   AVOIR.   5

1840.							
			»	»			
Juin.	30	Par balance de sortie.				44000	»
						44000	»

VOYAGE.   AVOIR.

1840.							
Juin.	6	Pour la foire de.... pour frais de route, etc.	32	6		1500	»
		Effets à recevoir, effets remis pour le voyage.	33	16		9275	68
		Compte de caisse, somme remise par le même.	33	14		4024	32
						14800	»

ENGAG. DE COMMERCE.   AVOIR.

			F°.	F°.	Intér.	Principal.	
1840.							
Janv.		Par compte capital :					
		N° 1 mon billet o. L. Montgolfier	3	1	180	6000	»
		2 mondit or. C. Montgolfier	3	1	180	6000	»
		3 mon accept. traite Gaillard	3	1		3000	»
		4 M/B o. Dormance, fin févr.	3	1	40	4000	»
		5 accept. d'une traite d'Immer frères.	3	1		3000	»
		6 M/B ordre Charlotte Silver à 6 mois.	3	1	60	2540	»
					460	24540	»
Févr.	7	7 Par Louis Nicolas c/c.	11	15		600	»
	»	8 Sellier fils, ord. Louis.	11	17		2400	»
Mars.	28	9 Frères Ratisbonne.	22	8		3000	»
Mai.	8	10 Sellier fils, ord. Fabert	28	17		2400	»
	»	11 Frères Ratisbonne.	28	8		2000	»
Juin.	18	Frères Ratisbonne.	34	8		2350	»
	30	Profits et pertes, intér.	36	3		460	»
						37750	»

11

6   DOIT   FOIRE DE

1840.						
Mai.	20	A Marchandises générales.	29	3	30000	»
Juin.	6	Compte de voyage.	32	5	1500	»
		Profits et pertes.	32	3	2500	
					34000	»

DOIT   LOUIS GERMAIN

1840.						
Janv.	1	A Compte de capital.	2	1	3500	»
Juin.	6	Marchandises générales.	32	3	720	»
					4220	»

DOIT   CLAUDE LORRAIN

1840.						
Janv.	1	A Compte de capital.	2	1	3000	»
Juin.	6	Marchandises générales.	32	3	800	»
					3800	»

DOIT   LOUIS STEINER

1840.						
Mars.	7	A Compte de caisse.	15	2	700	»
	14	Effets à recevoir.	20	16	1200	»
Mai.	3	Aux mêmes.	27	16	600	»
	20	Aux mêmes.	29	16	2400	»
					4900	»

AVOIR.   6

1840.						
Juin.	5	Par Compte de voyage, pour ventes.	32	5	14000	»
	6	Immer frères.	32	7	10000	»
	»	Gaillard frères.	32	7	10000	»
					34000	»

A NANCY.   AVOIR.

1840.						
Janv.	21	Par Sellier fils, payement fait pour m/c.	7	17	1700	»
Févr.	2	Effets à recevoir.	10	16	2000	»
		Balance de sortie.			520	»
					4220	»

A LUNÉVILLE.   AVOIR.

1840.						
Janv.	21	Par Sellier fils, payement fait pour m/c.	7	17	1000	»
Févr.	2	Effets à recevoir.	10	16	1800	»
Juin.	»	Balance de sortie.			1000	»
					3800	

A RIBEAUVILLÉ.   AVOIR.

1840.						
Févr.	15	Marchandises générales.	12	3	700	»
Avril.	2	Compte de caisse.	23	14	1200	»
Mai.	29	Le même, son versement.	30	14	3000	»
					4900	»

7   DOIVENT   ¡MMER FRÈRES

1840.			f°	f°		
Mars.	7	A effets à recevoir, ma remise sur Mars....................	17	16	1800	»
	7	A François Wilhelm, payement pour mon compte	17	10	4500	»
		A marchandises générales, mon envoi au 12 Janvier...........	5	3	3672	»
					9972	»
Juin.	6	A foire de***.......................	32	6	10000	»
	30	A Fernand Pizarro, de Cadix.....	38	8	1106	13
					21078	13

DOIV.   GAILLARD FRÈRES

1840.			f°	f°		
Mars.	7	A effets à recevoir, remise sur Lebœuf.....................	17	16	2000	»
	10	A marchandises générales en consignation....................	18	3	4650	»
Avril.	15	A profits et pertes, bénéfice sur l'envoi du 10 mars...........	24	3	200	»
					6850	»
		A marchandises générales, mon envoi en consignation.........	24	3	8000	»
Juin.	6	A la foire de***, remis en consignation.....................	32	6	10000	»
					24850	»

DOIT   C. G. OPPERMANN.

1840.		Capitaux.			f°	f°	Échéance.	Jours.	Nombres.
Janvier	1	30000	»	A compte de capital.	2	1	1er Janv.		
	10	1200	»	effets à recevoir.	5	16	31 id.	31	372
Mars.	7	800	»	compte de caisse.	16	2	7 Mars.	66	528
	»	1800	»	effets à recevoir.	16	16	25 Mars.	84	1512
Avril.	7	1000	»	compte de caisse.	23	11	7 Avril.	97	970
	»	1729	55	Van-Verporten.	23	9	30 Juin.	181	3130
	»	5402	»	Au même.	23	9	10 Mars.	69	2374
	»	1140	»	A J. Racine.	23	15	20 Mars.	79	901
Mai.	20	3109	60	effets à recevoir.	29	16	31 Mai.	151	4695
	28	4000	»	L. Nicolas, Cte à 1/3.	30	1	24 Mai.	144	5760
Juin.	29	900	»	Jacques Racine.	36	15	25 Juin.	176	1584
	»	5000	»	Immer frères.	36	7	13 Juill.	196	9800
	30	770	35	PP. intér. à 46221 nomb.	40	1	30 Juin.	181	46221
	25	250	»	A L. Nicolas, Cte à 1/3.	35	1			
		153109	30						77120

A MARSEILLE.   AVOIR.   7

1840.						
Mars.	9	Par Effets à recevoir, remise sur				
		Rotschild.....................	17	16	6384	20
Juin.	29	Oppermann........	36	7	5000	»
	30	Balance de sortie..............	..	...	9693	93
					21078	13

A LYON.   AVOIR.

1840.						
Mars.	15	Par Commissions, celle de 2 °/.,				
		sur mon envoi de 4556...	24	4	97	»
		Hartmann et fils, leur remise.	24	...	6753	»
					6850	»
Juin.	1	Sellier fils, de Nancy, pour				
		une traite sur Metz.........	31	17	4000	»
	30	Balance de sortie.............	...	...	14000	»
					24850	»
					24850	»

A PARIS.   AVOIR.

1840.		Capitaux.			l°	l°	Échéance.	Jours.	Nombres.
Février	1	2400	»	Par Effets à recevoir.	9	16	21 Févr.	52	1248
	2	4400	»	les mêmes.	9	16	18 id.	49	2156
Mars.	7	1200	»	les mêmes.	17	16	15 Mars.	72	864
	»	1500	»	les mêmes.	17	16	18 Mars.	77	1155
	22	1234	96	Lonis Nicolas.	22	15	51 Mars.	90	5811
Février	22	2703	50	le même.	13	15	15 Mars.	74	2000
Mai.	28	4000	»	le même, Cte à 1/3.	30	4	28 Mai.	148	5920
Juin.	4	2885	50	Guillaume Bontems.	31	8	30 Juin.	181	5022
	19	4200	»	Effets à recevoir.	54	16	30 Juin.	181	7602
	29	14	30	Profits et pertes.	57	5			
				Balance des capitaux					
				26542 49, donnant					18042
		27362	84	balance de sortie.					
		54101	30						

8   DOIVENT   GUILLAUME LOUIS

1840.							
Mai.	31	A Sellier fils.	31	17	900	»
Juin.	4	C. G. Oppermann.	31	7	2885	50
	28	la banque.	35	10	1200	»
		Marchandises générales.	35	3	2000	»
					6985	50

DOIV.   FRÈRES RATISBONNE

Leur Compte c^t et d'intérêts à 5 % l'an

1840.		Capitaux.			f	f	Échéance.	Jours.	Nombres.
Mars.	28	5000	»	A engagements de commerce.	22	5	30 Avril.	120	5600
Mai.	8	2000	»	Aux mêmes, leur mandat à Levy.	28	5	15 Mai.	135	2700
	20	842	»	A divers.	29	»	20 Mai.	140	1178
Juin.	18	2350	»	A engagements de commerce.	34	5	10 Juillet	191	4488
	29	5090	»	A la banque.	36	10	28 Juillet	209	6458
	»	2472	»	A la même.	36	10	15 Juillet	196	4846
		15754	»						
		15754	»						23270

REMARQUE.

On a pris pour point de départ pour les calculs d'intérêts le 1er Janvier. On
pourrait prendre pour époque ou point de départ, un autre jour quelconque,
pourvu que ce jour fût antérieur à toute autre échéance, ou qu'il fût lui-même
le jour de la plus ancienne échéance.

DOIT   FERNAND PIZARRO

1840.		Pistoles.					
Janv.	1	140	A Compte de capital.	2	1	2212	»
Févr.	2	70	A Effets à recevoir.	9	16	1106	»
Avril.	16		A Profits et Pertes.	25	3	7	»
	20	120	A Compte de caisse.	26	14	1884	»
						5209	»

ET F. BONTEMS de c/r.   AVOIR.   8

1840.		Arg. de B.					
Juin.	4	2801	45	Par la banque.	31	10	2885	50
	30			Par balance de sortie.			4100	»
							6985	50
							6985	50

A STRASBOURG.   AVOIR.

calculés à la méthode dite *rétrograde*.

1840.		Capitaux.			f°	f°	Échéance.	Jours.	Nombres.
Févr.	20	5800	»	Par Effets à recevoir.	13	16	2 Mars.	61	2318
	28	1500	»	les mêmes.	14	16	3 Avril.	93	1935
Mars.	7	2000	»	les mêmes.	18	16	23 Avril.	113	2260
Mai.	1	3600	»	les mêmes.	27	16	22 Mai.	142	5112
				Balance des capitaux 2854 donnant					
				p^r 181 jours, calculés du 1er janvier au 30 juin.			30 Juin.	181	5166
		10900	»						
Juin.	30	89	99	Par Profits et pertes pour intérêts, ci.	41	4			6479
				Divisés par 72.					
		2764	1	Par balance de sortie.					
		13754	»						23270

On a retranché deux figures du produit de chaque multiplication, au moyen de quoi les 6479 nombres à l'Avoir de FR. n'ont été divisés que par 72 au lieu de 7200.

A CADIX.   AVOIR.

1840.						
Avril.	16	Par Caisse.	25	14	2219	»
Juin.	30	Par Immer frères.	38	7	1406	13
		Par balance de sortie.			1884	»
					5209	13

1840.		flor.	x.					
Janv.	1	2220	»	A Compte de capital.	2	1	4774	»
Févr.	17	980	30	Effets à recevoir.	12	16	2112	97
Juin.	8	1000	»	Effets à recevoir.	33	16	2144	35
							9031	32

DOIV.   AGASIZ ROUGEMONT

1840.		liv. st.	s.					
Janv.	1	160	»	A Compte de capital.	2	1	4040	»
Févr.	2	80	10	Effets à recevoir.	10	16	2032	62
				Balance de sortie.	»	»	173	88
							6246	50

DOIT   G. VAN-VERPORTEN

1840.								
Janv.	1	915	»	A Compte capital.	2	1	1720	20
Févr.	2	1800	»	Effets à recevoir.	9	16	3384	»
Mai.	1	»	»	Profits et Pertes.	27	3	27	15
Juin.	8	1000	»	Effets à recevoir.	33	16	1860	»
							6991	35

DOIT   PIERRE VARDERNOOT

1840.		flor.	d.					
Mars.	7	1500	»	A Effets à recevoir.	16	16	3157	90
Mai.	5	»	»	Profits et Pertes.	27	3	56	40
							3214	30

A FRANCFORT.   AVOIR.   9

1840.								
Mars.	12	2200	»	Par Gouv. Grand Ducal.	19	11	4741	»
Juin.	30	980	30	Le même.	38	11	2112	97
				Balance de sortie.	»	»	2177	35
							9031	32

ET C⁰ A LONDRES.   AVOIR.

1840.								
Juin.	18	140	10	Par Gouv. de Bade.	34	11	6246	50

A HAMBOURG.   AVOIR.

1840.		marcs.	sch					
Mars.	22			Par L. Nicolas, C. cour.	21	15	1720	20
Avril.	7			C. G. Oppermann pour remise faite pour m/c.	24	7	5131	35
Juin.	30			Balance de sortie.	»	»	139	80
							6991	35

A AMSTERDAM.   AVOIR.

1840.								
Mars.	12	150	»	Par Gouv. Grand Ducal.	19	11	3214	30
							3214	30

10   **DOIT**   **LA BANQUE**

1840.		Argent de Banque					LA BANQUE	
Mai.	18	6000	»	A Cte de caisse p^r dépôt.	28	14	6180	»
Juin.	4	2801	45	Guillaume L. Bontems, au 15 courant.	31	8	2885	50
	20	4077	67	Effets à recev. fin cour.	34	16	4200	»
		12879	12					
	30	58	12	Profits et Pertes pour intérêts.	40	4	60	05
							13325	55

DOIV.   FRIES ET Ce

1840.		florins.	x^e				LA BANQUE	
Févr.	17	1200	»	A Effets à recevoir.	12	16	3060	»
		»		Profits et Pertes.	25	3	60	»
Avril.	18	»		Compte de caisse.	26	14	3060	»
	20	1200	»	Effets à recevoir.	33	16	3900	»
Juin.	8	1500	»				10080	»

DOIT   F. WILHELM

1840.							LA BANQUE	
Janv.	1			A Compte de capital.	2	1	4500	»

DOIT   V. BRUCKMANN AU

1840.							LA BANQUE	
Mars.	7			Au Gouvernem. grand-ducal.	16	11	10000	»
Juin.	30			Compte de caisse.	39	14	6142	50
				Balance de sortie.			10000	»
							2,142	50

DE FRANCE, intérêts à 5 %. AVOIR. 10

1840.		Argent de banque.					
Juin.	28	1165	5	Par Guillaume Bontems, 30 Juin.	35	8	1200 »
	29	2400	»	Frères Ratisbonne, 15 Juillet.	36	8	2472 »
	29	3000	»	Frères Ratisbonne, 28 Juillet.	36	8	3090 »
				Balance de sortie.		8	6563 55
							13325 55

A VIENNE. AVOIR.

1840.					
Avril.	18	Par Divers.	25	»	3120 »
Juin.	30	Compte de caisse.	39	14	3060 »
		Balance de sortie.	»	»	3900
					10080 »

A MARSEILLE. AVOIR.

1840.					
Mars.	7	Par Immer frères.	17	7	4500 »

VIEUX-BRISACH. AVOIR

1840.					
Mars.	14	Par Compte de caisse, son versement.	20	14	5000 »
Mai.	11	Le même, son dit.	28	14	2000 »
Juin.	28	Le même, son dit.	35	14	3000 »
					10000 »
	24	Iles du Rhin, pour son quart.	34	11	10000 »
	29	Les mêmes.	37	11	6142 50
					26142 50

11 DOIT LE GOUVERNEMENT GRAND

1840.						
Mars.	7	A Effets à recevoir 3000 florins.	17	16	6465	»
	12	Vandernoot à Amsterdam, 1500 fl	19	9	3214	30
	»	Goll Platzmann à Francf., 2200 fl.	19	9	4741	»
	12	Effets à recevoir. n/ sur Bâle.	19	16	1500	»
	14	Dits, 1800 fl. sur Francfort, 2000 Wiesbade.	20	16	8189	»
Juin.	18	Agasiz Rougemont L 240 10.	34	9	6246	50
	30	Goll Platzmann.	38	9	2112	97
	»	Balance de sortie.			7531	23
					40000	»

DOIV. ILES DU

1840.						
Mars.	7	Au Gouvernement Grand-ducal.	16	11	20000	»
	7	A Compte de caisse pour frais.	17	14	250	»
	20	Au même pour façonnage.	21	14	500	»
Avril.	3	même pour dit.	23	14	1180	»
Juin.	24	A François Nory pour son 1/4.	34	11	10000	»
	»	Valentin Bruckmann p' le sien.	34	10	10000	»
	29	Divers.	37	»	24570	»
					66500	»

DOIT FRANÇOIS NORY

1840.						
Mars.	7	Au Gouv. Grand-ducal son 1/4.	16	16	10000	»
Juin.	28	Iles du Rhin.	35	»	2000	»
	30	Compte de caisse.	39	14	4142	50
	»	Balance de sortie.	»	»	10000	»
					26142	50

BADE. AVOIR. 11

1840. Mars.	7	Par Divers.	16	»	40000	»
					40000	»

RHIN. AVOIR.

1840. Mars.	24	Par Compte de divers.	22	13	7500	»
Avril.	2	Le même.	23	13	9900	»
	24	Le même.	26	13	9000	»
Mai.	5	Le même.	27	13	100	»
Juin.	28	3 Débiteurs.	35	»	15000	»
		Balance de sortie.	36	»	25000	»
					66500	»

A MARCKOLSHEIM. AVOIR.

1840. Mars.	14	Par Compte de caisse.	20	14	5000	»
Mai.	11	Le même.	28	14	2000	»
Juin.	28	Le même.	35	14	3000	»
					10000	»
	24	Iles du Rhin pour son quart.	34	11	10000	»
	29	Les mêmes.	37	11	6142	50
					26142	50

12   DOIV.   HARTMANN ET FILS,

1840.						
Janv.	15	A Louis J. Revel et Comp.	6	13	4132	50
Avril.	15	Gaillard frères.	24	7	6753	»
	»	Profits et pertes.	24	3	67	53
Juin.	10	Compte de caisse.	33	14	5446	97
					16400	»

DOIV.   KESTNER Frères

1840.						
Févr.	22	A Effets à recevoir.	13	16	2000	»
Juin.	8	*idem.*	33	16	600	»
					2600	»

DOIT   JOSEPH REY.

1840.						
Févr.	22	A Effets à recevoir.	13	16	1800	»
Juin.	8	*idem.*	33	16	800	»
					2600	»

DOIT   HYACINTHE BELIN

1840.						
Mars.	18	A L. Nicolas, march. en consig.	20	14	5520	»
Avril.	1	Effets à rec. ma remise s/Leroux.	22	16	1500	»
Mai.	3	aux mêmes, remise N° 43, sur				
		Florentin.	27	16	1200	»
		A BALANCE DE SORTIE.			1200	»
					9420	»

AVOIR. 12

A MUNSTER.

1840.						
Mars.	10	Par Marchandises générales.	18	3	16400	»
					16400	»

A THANN. AVOIR.

1840.						
Mars.	6	Par Caisse.	15	2	2000	»
Juin.	30	la même.	39	14	600	»
					2600	»

A DANNEMARIE. AVOIR.

1840.						
Mars.	6	Par Caisse.	15	2	1800	»
Juin.	30	la même.	39	14	800	»
					2600	»

A NEUF-BRISACH. AVOIR.

1840.						
Avril.	2	Par Compte de caisse, son versem.	23	14	1500	»
Juin.	18	Caisse, son dit.	34	14	5520	»
	30	la même, son dit.	39	14	2400	»
					9420	»

13   DOIT   COMPTE DE

1840.							
Mars.	24	A Iles du Rhin,	J. Durmuller.	22	11	7500	»
Avril.	2	aux mêmes.	Lerminier et Consorts.	23	11	9900	»
	24	aux mêmes.	J. Claude et Consorts.	26	11	8000	»
	»	aux mêmes.	Hartmeyer.	26	11	1000	»
Mai.	5	aux mêmes.	Champion.	27	11	100	»
Juin.	28	aux mêmes.	Paul et Comp.	35	11	6000	r
						32500	»

DOIV.   J. REVEL ET COMP.

1840.							
Janv.	5	A eux-mêmes c/c.		4	13	7800	»
	»	Caisse.		4	2	258	»
Févr.	8	Dép. de commerce.		12	1	31	»
	»	Commissions.		12	4	188	88
	8	Eux-mêmes c/c.		12	13	448	22
						8726	10

DOIV.   J. REVEL ET COMP.

1840.							
Févr.	5	A Effets à recevoir.		11	16	2780	»
Mai.	15	Compte de caisse.		28	14	800	»
Juin.	28	Caisse.		35	14	5000	»
						8580	»

DIVERS.   AVOIR.   13

1840.						
Avril.	5	Par Cte de caisse, J. Durmuller.	23	14	7500	»
	30	le même, Lerminier et Cons.	26	14	9900	»
Juin.	30	Profits et pertes, Champion, insolvable.	41	4	100	»
	»	Caisse, Jean Claude et Consorts, et Hartmeyer.	39	14	9000	»
	»	Balance de sortie.	»	»	6000	»
					32500	»

A STRASB. COMPTE DE CONS. AVOIR.

1840.						
Janv.	11	Par caisse.	5	2	750	»
	15	Hartmann père et fils.	6	12	4132	50
	18	Caisse.	6	2	690	»
Févr.	2	Caisse.	10	2	3153	60
					8726	10

A STRASB. COMPTE COUR.   AVOIR.

1840.						
Janv.	5	Par eux-mêmes, compte de cons.	4	13	7800	»
Févr.	8	Eux-mêmes, cons. pr bénéf.	12	13	448	22
	»	Balance de sortie.	»	»	331	78
					8580	»

14   DOIT   COMPTE DE

1840.					67112	40
Mars.	14	A Valentin Bruckmann.	20	10	5000	»
	»	François Nory.	20	11	5000	»
	18	L. Nicolas, compte de consig.	20	14	5934	»
	18	Effets à recevoir.	21	16	3500	»
	31	Marchandises.	22	3	7000	»
					93546	40
Avril.	2	A Hyacinthe Belin.	23	12	1500	»
	»	L. Steiner.	23	6	1200	»
	5	Compte de divers.	23	13	7500	»
	16	Fernand Pizarro.	25	8	2219	»
	30	Marchandises.	26	3	6000	»
		Compte de divers.	26	13	9900	»
					121865	40
Mai.	11	A François Nory, son versement.	28	11	2000	»
	»	Valentin Bruckmann, sondit.	28	10	2000	»
	24	Effets à recevoir.	30	16	600	»
	29	Louis Steiner.	30	6	3000	»
	31	Marchandises générales.	31	3	1600	»
					131065	40
Juin.	6	A Effets à recevoir, encaissement de l'effet n° 42.	32	16	1000	»
	»	Prof. et pert., agir sur 400 nap.	32	3	30	»
	»	Compte de voyage.	33	5	4024	32
	18	Hyacinthe Belin.	34	12	5520	»
	26	Divers Nory et Bruckmann.	34	»	6000	
	28	Iles du Rhin, pour ventes au c.	35	11	7000	»
	29	Dépenses personnelles.	37	1	500	»
	30	Fries et comp., à Vienne.	39	10	3060	»
	»	Divers.	39	»	12800	»
					170999	72

DOIT   Louis Nicolas, a Amiens.

1840.						
Janv.	12	A lui-même, compte courant.	6	15	19200	»
	»	Caisse pour frais.	5	2	1792	96
	»	Marchandises générales.	5	3	61	»
Mars.	20	Dépenses de commerce.	21	1	125	»
	»	Commission.	21	4	437	»
	»	Lui-même compte courant.	21	15	238	34
					21854	30

CAISSE.						AVOIR.	14
1840.			*Report du f° 2*			64026	4
Mars.	7	Par Iles du Rhin		17	11	250	»
	»	Marchandises		17	3	180	»
	11	Engagements de commerce		19	5	600	»
	14	Effets à recevoir.		19	16	4173	91
	»	Les mêmes.		20	16	8035	53
	20	Iles du Rhin.		21	11	500	»
	31	Divers.		22	»	7270	»
						85035	48
Avril.	3	Par Iles du Rhin.		23	11	1180	»
	7	C. G. Oppermann, son mandat à Ferazino.		23	7	1000	»
	20	Divers.		25	»	7258	28
	30	Engagements de commerce.		26	5	5400	»
	»	Divers.		26	»	7650	»
						107523	76
Mai.	15	Par J. Revel et comp.		28	13	800	»
	»	Marchandises.		28	3	820	»
	»	Engagements de commerce.		28	5	2000	»
	18	La banque de c/v.		28	10	6180	»
	20	Divers.		28	»	4950	»
	31	Divers.		30	»	7645	»
						129918	76
Juin.	10	Par Hartmann et fils.		33	12	5446	97
	28	J. Revel et comp.		35	13	5000	»
	30	Engagements de commerce.		38	5	420	»
	»	Menus frais pour juillet.		38	2	75	»
	»	Divers.		39	»	26265	64
						167126	37
	»	Par balance de sortie, solde en caisse.		»	2	3873	35
		Compte de Cons. AVOIR.				170999	72
1840.							
Janv.	18	Par caisse p^r 12 barils, à Belin.		6	2	1680	»
	25	caisse p^r 20 barils, à Steiner.		7	2	2677	20
Févr.	2	caisse p^r 20 b., à Lenormand.		10	2	2696	60
	10	caisse p^r 25 barils, à Hertzog.		12	2	3346	50
Mars.	18	Belin p^r 40 barils, à 3 mois.		20	12	5520	»
	»	caisse p^r 20 b., à Lenormand.		20	14	3450	»
	»	caisse p^r 18 b., à Schwartz.		20	14	2485	»
		160 barils.				21855	30

15   DOIT   LOUIS NICOLAS

1840.						
Janv.	28	A Effets à recevoir.	8	16	1560	»
Févr.	7	Effets à recevoir et à payer.	11	16	5000	»
				5		
	22	C. G. Oppermann.	13	7	2703	50
Mars.	22	Guillaume Vanverporten.	21	9	1720	20
	»	Profits et pertes.	21	3	9	15
	»	Effets à recevoir 2000 fl. à 57.	22	16	4210	53
	»	C. G. Oppermann.	22	7	4234	96
					19438	34

DOIVENT   FRAIS DE

1840.						
Janv.	31	A caisse, le 7, f. 1180; le 14, f. 1500.	46	»	»	»
		le 21, f. 1600; le 31, f. 1800.	78	2	6080	»
Mars.	1	même, pour ceux de Février.	14	2	6000	»
	31	même, pour ceux de Mars.	22	14	6500	»
Avril.	30	même, pour ceux d'Avril.	26	14	7000	»
Mai.	31	même, pour ceux de Mai.	31	14	7060	»
Juin.	30	même, pour ceux de Juin.	39	14	7500	»
					40140	»

DOIT   JACQUES

1840.						
Janv.	12	A Marchandises générales.	5	3	1140	»
Mars.	8	aux mêmes.	18	3	900	»
Avril.	9	Marchandises générales.	24	3	4800	»
					6840	»

A AMIENS, Compte courant. AVOIR. 15

1840.					
Janv.	12	Par lui-même, compte de cons.	6	14	19200	»
Mars.	20	lui-même, pour bénéfice.	21	14	238	34
					19438	34
					19438	34

FABRICATION. AVOIR.

1840.					
Juin.	30	Par Marchandises générales, pour balance.	37	3	40140	»
					40140	»

RACINE, a Orléans. AVOIR.

1840					
Avril.	7	Par C. G. Oppermann, pour remise faite pour m/c.	24	7	1140	»
Mai.	1	Profits et Pertes.	27	3	24	»
Juin.	29	C. G. Oppermann.	36	7	900	»
	30	Balance de sortie.			4776	»
					6840	»

DOIVENT · **EFFETS A**

1840	j	Valeur nominale	c	Monnaies étrangères	c		Prix pr.		Prix pr.	c
Jan.	1	1200							1191	
		1560							1544	40
		850							847	88
		780	70						779	72
		2052	62	L. 1480	10	à compte de capital.	1	1	2052	62
		5384		M. 1800					5384	
		1106		Pist. 70					1106	
		1500							1485	60
		2122	97	Fl. 980	30				2084	28
		5060		1200					5060	
		17586	29						17512	50
Fév.	1	600				à C. G. Oppermann.	9	7	600	
		800							800	
		1000							1000	
	2	500							500	
		1200							1200	
		800				au même.	9	7	800	
		900							900	
		1000							1000	
		2000				à Louis Germain.	10	6	2000	
		1800				à Claude Lorrain.	10	6	1800	
		28186	29						28112	50
	4	1580				à compte de caisse.	11	2	1568	
		2400							2370	
		2000							1970	
		1200							1188	
	20	2000							2000	
		1800				à frères Ratisbonne.	15	8	1800	
	28	1500				aux mêmes.	14	8	1500	
Mars	1	3157	90	4500		à compte de caisse.	15	2	3157	90
		1800							1782	
		3600							3552	50
		2400				à Sellier fils.	15	17	2400	
	7	6384	20	5000 fl.		à Immer frères.	17	7	6384	20
		4700				à Oppermann et Ratisbonne.	18	»	4700	
	14	8189		3800 fl.		à caisse.	20	14	8055	53
		4173	91	2000 f.		à la même.	20	14	4175	91
Avril	18	5409	60			à Fries et Cᵉ.	25	10	5109	60
Mai.	1	3600				à frères Ratisbonne.	27	8	3600	
	20	600				à Sellier.	29	17	600	
Juin	6	3900		4500 f.		à compte de voyage.	33	5	3900	
		1860		4000 M.		idem.			1860	
		2155		4000 f.		idem.			2122	6
		800				idem.			796	
		600				idem.			597	
	19	4200				à Oppermann.	34	7	4200	
									95459	82
						à compte de caisse.	39	14	8480	64
	30	8480	64			à profits et pertes.	40	4	511	35
A		104576	54						B. 104451	84

REMARQUE. Les deux colonnes A font connaître l'exactitude de l'entrée et de la sortie des papiers de valeur, sans égard aux bénéfices qu'ils ont produits, ni aux pertes auxquelles ils peuvent avoir donné lieu.

RECEVOIR						AVOIR. 16
1840		Valeur nominale.				Employé pr.
Jan.	8	780 70	Par compte de caisse.	4 2	780 70
	10	1200	C. G. Oppermann.	5 7	1200
	16	850	caisse.	6 2	850
	28	1560	C. G. Oppermann, je dis L. Nicolas.	8 15	1560
Fév.	2	6522 62	divers.	9	6522 62
	2	500	caisse.	10 2	500
	5	2780	J. Revel et Ce.	11 15	2780
	7	4400	Louis Nicolas.	11 15	4400
	17	1800	caisse.	12 2	1800
		2112 97	Goll Platzmann à Francfort.	12 9	2112 97
		5060	Fries et Ce à Vienne.	12 10	5060
	20	1800	caisse.	15 2	1800
	22	4700	trois débiteurs.	15	4700
	28	1800	caisse.	14 2	1800
		33866 29			33866 29
Mars	4	3600	La même négociation.	14 2	3568 50
		37866 29			37434 79
	7	4957 90	deux débiteurs.	15 2	4957 90
	7	2000	Gaillard frères.	17 7	2000
	7	1800	Immer frères.	17 7	1800
		6584 20	3000 fl. gouvernement de Bade.	17 7	6465
	11	1500	le même.	19 11	1500
	14	8189	le même.	20 11	8189
	14	1200	L. Steiner.	20 6	1200
	18	3500	caisse.	21 14	3500
	22	4175 91	Louis Nicolas.	22 15	4210 53
Avril	1	1500	Hyacinthe Belin.	22 12	1500
Mai.	3	1800	deux débiteurs.	27	1800
	20	800	Ratisbonne.	29 8	800
		3109 60	C. G. Oppermann.	29 7	3109 60
		2400	L. Steiner.	29 6	2400
	21	600	compte de caisse.	30 14	600
Juin	6	1000	caisse.	32 14	1000
	8	3900	Fries et Ce.	33 10	3900
		1860	Guillaume Van-Verporten.	33 9	1860
		2155	Goll Platzmann.	33 9	2144 35
		800	Jos. Rey.	33 12	800
		600	Kestner frères.	33 12	600
	20	4200	la Banque.	34 10	4200
		95895 90			95971 47
		8480 64	balance de sortie.		8480 64
			Pour les effets existant en portefeuille.		
A		104376 54		B.	104451 84

REMARQUE. Les deux colonnes B sont égales entre elles parce qu'on a ajouté au *doit* la différence entre ce que les effets ont coûté (différence de 511 35) et ce qu'ils ont produit; elles font connaître que les opérations de cette nature ont donné un bénéfice de 511 35, outre celui qu'e produit plusieurs effets en monnaies étrangères et a qui été porté au *débit* des correspondan

COMPTE D'INTÉRÊTS A ÉCHELLE A CINQ POUR CENT.

SELLIER FILS, BANQUIER A NANCY.

DOIT

1838.		SOMMES.		f°	f°	
Janv.	21	1700	»	7	6	A Louis Germain.
»	»	1000	»	7	6	C. Lorrain.
Févr.	6	2400	»	11	16	Effets à recevoir.
Avril.	20	2314	28	25	14	Compte de caisse.
Mai.	8	2400	»	28	5	Effets à payer.
Juin.	1	4000	»	31	7	Gaillard frères.
»	30	77	67	40	4	Profits et pert. intér.
		13891	95			

DÉCOMPTE DES INTÉRÊTS.

ÉCHÉANCE.		DÉCOMPTE DES INTÉRÊTS.	DOIT. F.	C.	AVOIR. F.	C.
Janv.	21	D 1700				
		D 1000 Intérêts de 2700 du 21.				
»	21	C 2700 Janvier au 1er Mars.	14	62		
		2400				
Avril.	20	D 300 Intérêts à 300 fr. du 1er Mars au 20 Avril.	2	12		
Avril.	20	D 2400				
		2700				
Mai.	31	D 2314 28 Valeur au 20 Avril, intérêts				
		5014 28 au 24 Mai.	23	68		
Juin.	15	C 600 »				
		4414 28 Valeur au 24 Mai, intér. 31	4	29		
Juin.	30	C 2400 »				
		6814 28 Valeur du 31 Mai.				
		C 900 »				
		5914 28 Intér. du 31 Mai au 15 Juin	12	31		
		D 4000 »				
		9914 28 Intér. du 15 Juin au 30 Juin.	20	65		
			77	67		

AVOIR.

1838.		ÉCHÉANCE.					SOMMES.	
Mars.	1	Mars.	1	Par Effets à recevoir.	15	16	2400	»
Mai.	20	Mai.	24	les mêmes,	15	16	600	»
Mai.	31	Mai.	31	G. Bontems.		5	900	»
Juin.	30			Par Balance de sortie.			9991	95
							13891	95

RÉPERTOIRE DU GRAND-LIVRE.

Agasiz Rougemont, à Londres	8
Banque de France	10
Belin	12
Bontems	8
Bruckmann	10
Caisse	2 14
Capital	1
Commissions	4
Dép. de commerce	1
Dép. personnelles	1
Divers (comptes de)	13
Effets à recevoir	16
Engagements de commerce	5
Foire de	6
Fries et compagnie, à Vienne	10
Frais de fabrication	15
Gaillard frères, à Lyon	7
Germain, à Nancy	6
Goll Platzmann, à Francfort	9
Gouvernement de Bade	11
Hartmann	12
Immeubles	5
Immer	7
Iles du Rhin	11
Kestner frères, à Thann	12
Lorrain, à Lunéville	6
March. générales	3
Menus frais	2
Meubles et ustensiles	4
Nicolas, compte de consignation	14
Nicolas, compte courant	15
Nicolas, compte à tiers	4
Nory	11
Oppermann	7
Profits et pertes	34
Pizarro, à Cadix	8
Racine, à Orléans	15
Revel	13
Ratisbonne	8
Rey	12
Steiner	6
Sellier fils	17
Vandernoot, à Amsterdam	9
Voyage (compte de)	5
Van-Verporten, à Hambourg	9
Wilhelm	10

Rapport des Monnaies étrangères avec celles de France.

	fr.	c.
Allemagne, Wurtemberg, Bade, Darmstadt, Hesse, Francfort.		
La rixdale vaut 1 1/2 fl. ou 90 x	3	20
Le fl. v. 60 kreutzers	2	155
27 x 1/2 font 1 livre tournois		
11 x font 8 sous		
28 x valent	1	»
L'écu de Brabant	5	70
L'écu de 6 livres de France	5	80
Le louis d'or de France, 11 florins		
Hambourg, Bremen, Lubeck.		
1 schilling Lübisch	»	10
1 marc	1	60
1 rixdaler	5	80
1 stetdaler	3	60
1 ducat	11	60
1 livre flœmisch	13	50
Angleterre.		
1 farthing	»	2 1/2
1 half-penny ou pence	»	5
1 pence	»	10
1 groat	»	40
1 schilling	1	25
1 couronne, crown de 5 schillings	6	16
1 guinée 21 schillings	26	47
Amsterdam.		
1 groat	»	5
1 stüver	»	10
1 scalin	»	60
1 gulden	1	65
1 rixdale	5	20
1 ducat	11	70
Autriche, Bohème, Hongrie.		
1 florin, pieds de 20	2	60
1 batzen	»	19
1 grosch	»	16
1 rixdaler	4	20
1 ducat de l'empereur	11	86
1 ducat de Hongrie	11	90
1/2 souverain	17	58
1 p.e d'1 fl. d'or de Bade	10	52
1 écu de 6 livres d'Autriche	5	20

	fr.	c.
Espagne.		
La pistole	15	35
Piastre aux 2 globes	5	45
La pistole d'or de 40 réaux	19	60
La piastre	3	90
Le réal	»	50
Le maravédis	»	3
Suisse.		
L'écu de 4 francs équivaut à l'écu de 6 liv. de France	5	80
Le franc vaut 10 batzs	1	15
1 batz	»	
La pièce d'or de 16 fr. équivaut à un louis d'or de France	23	55
Berlin.		
Le Frédéric d'or	20	80
La rixdale de 30 gros ou de 24 bons gros silbergrosch	3	71
Le florin	2	75
Le denier	»	1 1/4
Portugal.		
Portugaise de 6400 reiss	45	27
Creusade neuve de 480 reiss	2	94
Naples et Sicile.		
Décuple de 30 ducats	129	90
1 ducat de 10 carolini	4	25
Russie.		
1 rouble de 100 copeks, avant 1763	4	61
Impériale de 10 roubles, 1755 à 1763	52	38
Idem de 10 roubles, depuis 1763	41	29
1 rouble depuis 1763 jusqu'à 1807	4	»
Suède.		
Le ducat	11	70
États Romains.		
1 écu de 10 paouls ou 100 bayoques	5	40
Bavière, Augsbourg.		
1 florin, pied de 20	2	60
1 carolin d'or	25	66

NOTIONS

D'ARPENTAGE ET DE TOISÉ.

DÉFINITIONS.

1. Une *ligne* est l'étendue en longueur : on la nomme *droite*, quand elle est le plus court chemin de l'une de ces extrémités à l'autre, comme AB (fig. 1ʳᵉ) ; c'est une ligne *brisée*, lorsqu'elle est composée de plusieurs lignes droites, comme ACDGB ; c'est une ligne *courbe*, quand elle n'est ni droite ni composée de lignes droites, comme AHB.

2. Une ligne est *perpendiculaire* sur une autre lorsqu'elle ne penche pas plus à droite qu'à gauche de celle-ci : telle est la droite AB par rapport à CD (fig 2).

3. Deux droites sont *parallèles* entre elles quand elles ne peuvent se rencontrer, à quelque distance qu'on les prolonge l'une et l'autre ; elles sont donc partout également éloignées, comme AB et CD (fig. 3).

4. Un angle est l'écartement de deux lignes droites qui ont un point commun ; ce point en est le *sommet*, et les deux droites en sont les *côtés*. Ainsi, les deux lignes AB et AC (fig. 4) font un angle entre elles, qu'on désigne par CAB, c'est-à-dire par les trois lettres qui sont aux extrémités de ces côtés,

mais en plaçant toutefois celle du sommet A au milieu des deux autres.

5. L'angle est droit, lorsqu'un de ses côtés est
perpendiculaire à l'autre; tel est l'angle DEG (fig. 5).
Il est *aigu*, quand il offre un écartement moindre
que celui de l'angle droit, comme CAB (fig. 4).
L'angle est *obtus*, quand l'écartement de ses côtés
est plus grand que celui des côtés d'un angle droit,
comme GHK (fig. 6). L'angle droit ne varie pas dans
son ouverture, mais les angles aigus et obtus
peuvent être plus ou moins aigus, plus ou moins
obtus.

6. Une *surface* est une étendue en longueur et
largeur, abstraction faite de toute épaisseur. Une
surface plane est celle qu'on a dressée au moyen
d'une ligne droite qu'on a appliquée sur elle en tous
sens, et avec laquelle on la fait joindre exactement.
C'est sur une surface plane ou un *plan* qu'on mène
les lignes perpendiculaires et parallèles, qu'on fait
un angle, une *figure quelconque*.

7. Le *triangle* (fig. 7) est la surface plane terminée par les trois lignes droites AB, AC et BC; sa base
est l'un quelconque de ses côtés, BC par exemple;
sa hauteur est la perpendiculaire AD abaissée sur
cette base du sommet de l'angle opposé A. Les trois
côtés du *triangle* font entre eux les trois angles BAC,
ABC et ACB.

Un triangle est *rectangle* quand il a un angle droit,
comme DFG (fig. 8) triangle dans lequel DF est perpendiculaire sur FG.

8. Le *carré* (fig. 9) est une surface plane termi-

née par quatre lignes droites égales et perpendiculaires les unes aux autres. On ne distingue point sa base AB de sa hauteur AD , parce qu'elles sont égales entre elles; on appelle l'une ou l'autre le *côté* du carré.

9. Le *rectangle* ou carré long (fig. 10) a ses quatre côtés perpendiculaires entre eux ; mais il en a deux plus longs, FG et KH, et deux plus courts, FK et GH.

L'un des côtés, FG par exemple , étant la base du rectangle, le côté contigu FK est la hauteur de la figure.

10. Le *parallélogramme* (fig. 11) a ses côtés parallèles deux à deux ; en prenant NO pour base, la hauteur est la perpendiculaire LP abaissée du côté opposé.

11. Le *trapèze* (fig. 12) n'a que deux côtés parallèles QR et ST ; les deux autres QS et RT ne le sont pas. On prend les côtés parallèles pour *bases*, et la hauteur XY est la perpendiculaire menée de l'un à l'autre.

12. En général on nomme *quadrilatère*, une figure à quatre côtés ; *pentagone*, celle qui en a cinq ; *hexagone*, la figure qui en a six ; et *polygone*, celle qui en a un nombre quelconque.

13. Le *cercle* (fig. 13) est la surface plane terminée par une ligne courbe dont tous les points sont à égale distance d'un point intérieur o, qu'on appelle *centre*; cette ligne courbe est la *circonférence* du cercle.

Le *rayon* du cercle est la ligne droite OA menée

du centre à l'un des points de la circonférence ; le
diamètre ou double rayon BC, est celle qui se termine de part et d'autre à la même circonférence, et
passe par le centre du cercle. Un *arc* est une por-
tion de circonférence, comme BDA ; la *corde* de
cet arc est la droite AB qui en joint les extrémités.

14. Un *solide* est l'étendue en longueur, largeur
et épaisseur, c'est-à-dire l'étendue proprement
dite, car elle réunit toujours ces trois dimensions, et ce n'est qu'en faisant abstraction d'une ou
deux d'entre elles qu'on a une *surface* ou une *ligne*.

15. Le *cube* (fig. 14) est le solide compris sous
six carrés égaux ; sa longueur, sa largeur et son
épaisseur sont égales entre elles; chacune se nomme
le côté du cube.

16. Le *parallélipipède rectangle* (fig. 15) est le
solide dont toutes les faces sont des rectangles. On
nomme *solive* le parallélipipède rectangle dont les
deux bouts sont des carrés égaux. La *solive ancienne*
a 6 pouces d'équarissage sur 2 toises de long, et contient 3 pieds cubes; la *nouvelle* est la dixième partie
du mètre cube ou le *décistère*.

TRACÉ ET MESURE DES LIGNES.

17. La *règle* est l'instrument dont on se sert pour
tracer une ligne droite de peu d'étendue; mais avant
d'en faire usage, on doit vérifier si la tranche
de cette règle offre, en effet, une ligne droite. Or,
on sait que cette sorte de ligne est le plus court
chemin de l'une de ses extrémités à l'autre ; on

sait aussi qu'il n'y a qu'un plus court chemin entre deux points; il faut donc qu'en traçant avec le même côté d'une règle, une ligne en dessus et une autre en dessous, après avoir retourné l'instrument, ces deux lignes ayant leurs extrémités communes, se confondent d'ailleurs dans toute leur longueur.

18. Pour tracer une ligne droite de plusieurs toises d'étendue, on fixe les extrémités d'un cordeau aux points par où la droite doit passer; on tend ce cordeau, après l'avoir frotté de craie, de pierre rouge ou noire, et le pinçant dans son milieu pour l'élever au-dessus de sa première position, on le laisse retomber sur la surface qui lui est inférieure et sur laquelle il dépose des parcelles de la matière dont on l'a frotté, parcelles qui se trouvent rangées en ligne droite, comme le cordeau lui-même.

19. Quand il s'agit d'une ligne de plusieurs centaines de toises ou de mètres, comme il en faut souvent dans l'arpentage, on plante des piquets ou *jalons* entre les deux extrémités de cette ligne, de manière qu'en se plaçant à l'une de ces extrémités, et les alignant tous avec l'autre extrémité, on les voit se confondre dans une même direction. On peut se servir d'une lunette à deux verres, montée sur un pied à charnière, pour faire poser chaque piquet; mais avec un peu d'habitude et quand la portée n'est pas trop grande, la vue simple suffit.

20. Les lignes droites qu'on mène ne sont pas toujours indépendantes d'autres lignes : il arrive souvent qu'elles doivent leur être perpendiculaires ou parallèles. Nous allons faire connaître les mé-

thodes les plus simples pour réussir dans le tracé de ces lignes.

1° Soit une perpendiculaire à élever sur le milieu de la ligne droite AB (fig. 16).

On placera une pointe de compas en A, et avec une ouverture plutôt grande que petite FG, on tracera de l'autre pointe les deux arcs CD et FM; on portera le compas en B, et avec la même ouverture on décrira les deux autres arcs HK et LG qui couperont les premiers en O et en P; on mènera une ligne droite par ces deux points, et ce sera la perpendiculaire demandée. Il est clair, en effet, que le point O est à égale distance de A et de B ; que le point P est aussi à égale distance de ces mêmes extrémités, et qu'ainsi la droite OP ne penche ni du côté A ni du côté B; donc, comme tous les autres points de la droite OP sont aussi à égale distance de A et de B, le point R se trouve être le milieu de AB.

2° Soit une perpendiculaire à élever au point C, sur la ligne AB (fig. 17).

On fera du point C un milieu en portant la même ouverture de compas de C en D, et de C en F, et l'on ramènera la question à élever une perpendiculaire sur le milieu de DF; alors on construira comme dans le cas précédent.

3° Soit une perpendiculaire à élever à l'extrémité b, sur la ligne ab. (fig. 18.)

On prolongera ab vers d, on portera à droite et à gauche de b deux ouvertures de compas égales entre elles, bc et bd, et la question reviendra encore à élever une perpendiculaire sur le milieu de cd.

4° Soit une perpendiculaire à abaisser du point c, sur la droite ab. (fig. 19.)

On mettra une pointe de compas en c, et de l'autre on décrira l'arc df qui coupera la ligne ab en deux points ; on rapportera la pointe de compas en d pour tracer l'arc gh, et en f pour tracer l'arc kl ; on mènera une ligne droite du point o, où ces arcs se coupent, au point donné c, et cette ligne sera perpendiculaire sur le milieu de df ; elle sera donc perpendiculaire sur ab, et abaissée du point c.

21. On se sert aussi de l'*équerre* pour mener des perpendiculaires, parce qu'en effet l'un de ses côtés est perpendiculaire sur l'autre quand l'instrument est bien fait, mais il faut encore ici vérifier l'instrument avant de s'en servir. Pour cela, on trace une ligne droite mn (fig. 20) ; sur cette ligne on pose l'équerre comme on voit le triangle dbf, et l'on mène une ligne le long du côté bd ; on retourne l'équerre et on la place comme est le triangle abc ; on mène encore une ligne le long du côté ab, qui est le même que le côté bd, dans la position précédente : si ces deux lignes se confondent, elles sont l'une et l'autre perpendiculaires sur mn, et l'équerre est exacte ; si elles sont diffé-

rentes et qu'elles s'écartent comme AB et DB, l'équerre est mauvaise et doit être rétrécie vers B.

22. L'équerre est d'un usage très commode pour mener une suite de perpendiculaires sur une même droite, par exemple aux points A, B, C, D, sur la droite XY (fig. 21); on place, en effet, un côté de l'angle droit de l'équerre contre la ligne donnée, comme on voit AM sur XY; on applique ensuite une règle le long de ce côté, et appuyant sur cette règle, on fait glisser l'équerre jusqu'à ce que le même côté F corresponde aux points A, B, C, D, marqués sur la droite; à chaque position successive, on trace une ligne le long de ce côté AF de l'équerre : il en résulte les droites AF, BG, CH et DK, toutes perpendiculaires à XY.

23. La même disposition et le même instrument peuvent servir à mener une parallèle à une ligne droite par un point donné, par exemple à la droite AB, et par le point K. (fig. 22.)

En plaçant l'équerre contre AB, comme est le triangle CFD, on appliquera encore une règle GH, le long du côté CF de l'équerre, et on fera glisser celle-ci contre la règle, jusqu'au point K; alors, en traçant une ligne le long du côté KL de l'équerre, cette ligne sera parallèle à AB. Il est clair, en effet, que l'équerre ne changeant point de forme d'une position à l'autre, l'angle HKL est le même que l'angle FCD, la ligne GH est inclinée sur KL comme sur CD, et par suite KL et CD n'ont point d'inclinaison entre elles : donc elles sont parallèles.

24. Enfin, quand il s'agit de connaître la lon-

gueur d'une perpendiculaire abaissée du point c (fig. 23), sur la ligne AB, mais sans tracer cette perpendiculaire, il suffit de mettre une pointe de compas en c, et d'ouvrir l'instrument assez juste pour qu'en traçant avec l'autre pointe un *arc* DGF, cet arc ne fasse que toucher la droite AB; l'ouverture de compas est alors la plus courte distance du point c à la ligne AB, et, par conséquent, la longueur de la perpendiculaire abaissée de l'un à l'autre.

25. On mesure une petite ligne droite avec un *pied* ou un *double décimètre;* une plus longue, avec une *toise* ou un *mètre;* les grandes, avec une *chaîne.* La *chaîne métrique* est une longueur de 10 mètres, formée de 50 chaînons de 2 décimètres chaque, réunis par des anneaux qui font partie de la longueur de ces chaînons. La *chaîne ancienne* est composée d'un certain nombre de perches de telle ou telle longueur, suivant le pays et l'usage auquel on destine la chaîne. Il convient, par exemple, de la former de 4 perches de 8 pieds 3 pouces (quand il s'agit de cette perche), pour qu'elle ait une longueur de 33 pieds, analogue à celle de la chaîne métrique, et de la diviser en dixièmes pour éviter dans les calculs les pieds et les pouces; chaque dixième est alors de 10 pouces à un dixième de pouce près, ce qui permet toujours d'évaluer toutes les parties de la chaîne exactement en pouces et en pieds. Du reste, quelle que soit l'espèce de chaîne qu'on emploie, on se sert en même temps de dix piquets de fer, qu'on plante successive-

13.

ment à l'endroit où finit la chaîne, et qui servent à reporter celle-ci au bout de la longueur qu'elle occupait, et à lui faire parcourir toute la ligne; chaque dizaine de piquets représente une longueur de 100 mètres ou de 40 perches, suivant l'espèce de chaîne.

26. La circonférence du cercle, ou ses différents arcs, se décrivent avec un compas, mais leur mesure s'exprime de différentes manières. La circonférence entière équivaut à trois fois son diamètre, plus un septième de ce diamètre, de sorte qu'en mesurant celui-ci en pieds ou en mètres, on a facilement aussi en pieds ou en mètres la circonférence elle même. Dans d'autres circonstances, on suppose la circonférence divisée en 360 parties égales qu'on nomme *degrés*; chaque degré est divisé en 60 *minutes* ou parties égales de degré; alors on exprime la grandeur d'un arc quelconque par le nombre de degrés et minutes qu'il renferme, et qu'on évalue au moyen du *graphomètre*, de la *boussole* ou du *rapporteur*.

27. Dans une opération d'arpentage, quelque simple qu'elle soit, il est rare qu'on puisse mesurer sur le terrain toutes les lignes dont on a besoin pour calculer la surface de la figure ou de la pièce qu'on arpente; dès lors il faut tracer sur le papier une figure plus petite, mais absolument semblable, dans laquelle on pourra mesurer au compas les longueurs qui seront nécessaires. Cette figure, plus petite et semblable, se nomme le

plan du terrain, et l'instrument dont on se sert pour la faire régulièrement plus petite, est une *échelle*. (fig. 24.)

Cette *échelle* est un long rectangle ABCD, d'une lar-geur quelconque, mais dont la longueur est ordinai-rement d'un nombre juste de pouces ou de décimè-tres : par exemple de deux de ces derniers. La lon-gueur est divisée en dix parties égales, et la première de celles-ci en dix autres ; la largeur est encore divi-sée en dix parties égales, que l'on joint d'un bout à l'autre par des lignes droites.

Quant au premier dixième de l'échelle, on mène obliquement du haut en bas des lignes qui joignent la première division du bas avec la seconde du haut, la seconde du bas avec la troisième du haut, et ainsi de suite. Si l'on veut que l'échelle représente en petit *mille toises* ou *mille mètres*, chacun de ses di-xièmes en représentera cent ; chaque dixième du premier dixième en vaudra dix, et les intervalles successifs entre la ligne FG et la ligne FH, en expri-meront 1, 2, 3, 4, 5, 6, 7, 8, 9 et 10. Dans cette supposition , 2 décimètres représenteront 1000 mètres, ou 10 décimètres en feront 5000 ; c'est-à-dire qu'un mètre sur le papier exprimera une longueur de cinq mille mètres sur le terrain : on dit alors que le plan est à l'échelle de un à cinq mille.

Maintenant, s'agit-il de prendre sur l'échelle une longueur de 254 mètres , on placera une pointe de compas en M, vis-à-vis 200 et vis-à-vis 4, et l'autre au point O, en face de 50 et de 4 : l'ouver-ture de compas sera de 254 mètres de l'échelle.

Réciproquement, en portant une ouverture de compas sur l'échelle, de manière qu'une des pointes soit sur l'une des perpendiculaires qui correspondent à 0, 100, 200, etc., et que l'autre soit au point où l'une des obliques du premier cadre coupe une des longues droites horizontales; le nombre de mètres que représente cette ouverture doit être exprimé par les trois nombres qui correspondent aux deux pointes de compas; ainsi, l'une de ses pointes étant en p, et l'autre en r, la longueur est 327.

MESURES DES FIGURES RÉGULIÈRES.

28. La mesure la plus ordinaire des surfaces consiste dans l'expression en toises carrées ou mètres carrés, en journaux ou en hectares, de l'étendue de ces surfaces; ainsi l'*unité*, ou le terme de comparaison, est toujours primitivement un carré.

29. Pour mesurer le *rectangle* abcd (fig. 25), on pourra supposer la toise carrée ou le mètre carré représenté par m, et l'on portera le côté fg de celui-ci sur la base cd du rectangle et sur sa hauteur ac, autant de fois qu'il sera possible; par les points de division de la base, on mènera des parallèles à la hauteur, et par les points de la hauteur des parallèles à la base : cette construction décomposera le rectangle en carrés tous égaux au carré m, c'est-à-dire en toises ou en mètres carrés; il ne s'agira donc plus que d'en

déterminer le nombre. Or, on observera qu'à la première partie de la hauteur CA correspond une suite de 6 carrés, c'est-à-dire d'autant de carrés qu'il y a de parties dans la base CD; qu'à la seconde division de la hauteur correspondent aussi 6 autres carrés rangés en ligne droite; et qu'à la troisième division aboutissent encore 6 carrés, comme les précédents, ce qui fait 3 fois 6 carrés, ou 3 fois autant de carrés qu'il y a de toises ou de mètres dans la base CD; et comme le nombre 3 exprime combien il y a de toises ou de mètres dans la hauteur AC, il s'en suit que le nombre des carrés contenus dans le rectangle, est égal au produit qu'on obtient en multipliant le nombre des toises ou mètres de la base, par le nombre des toises ou mètres de la hauteur; et en termes généraux, *la mesure du rectangle est égale au produit de sa base par sa hauteur.*

30. Tout *carré* peut être considéré comme un rectangle, puisqu'en effet ses quatre angles sont droits; mais alors il suffit de mesurer un côté pour les connaître tous : dès lors, la *mesure du carré est le produit d'un des deux côtés par lui-même.*

31. Le *parallélogramme* FGKH (fig. 26) est équivalent au rectangle FKLM; car on voit qu'ils ont la partie commune FKHL , et que les parties excédantes FGL, KHM, sont des triangles égaux : mais le rectangle a pour mesure sa base GM multipliée par sa hauteur FL ; donc le parallélogramme a pour mesure aussi le produit des mêmes dimen-

sions, c'est-à-dire encore sa *base multipliée par sa hauteur*.

32. En coupant le *parallélogramme* NGPQ (fig. 27) par la ligne NP, les deux triangles NPQ et NOP sont égaux; et chacun d'eux est la moitié du parallélogramme; or, celui-ci a pour mesure sa base PQ multipliée par sa hauteur NR; donc le triangle NPQ doit avoir pour mesure PQ multiplié par la moitié de NR. La *mesure d'un triangle est donc égale au produit de sa base par la moitié de sa hauteur* RN.

33. Le *trapèze* STUV (fig. 28) est équivalent au parallélogramme SVYZ comme ayant la partie commune STXZV, et les parties excédantes TXY, XZU égales entre elles; mais le parallélogramme a pour mesure sa base VZ ou IX multipliée par sa hauteur MN; donc le trapèze a pour mesure aussi sa base ou sa *largeur moyenne* IX *multipliée par sa hauteur*.

On peut remarquer encore que cette *base moyenne* IX du trapèze est la moitié des deux bases réunies VU et ST; et qu'ainsi, *la mesure du trapèze est égale à la demi-somme de ces deux bases, multipliée par sa hauteur.*

34. Un *cercle* peut être décomposé en triangles, comme on voit (fig. 29); les bases sont de petites portions de la circonférence, comme AB, et la hauteur de chacun est le rayon OR; or, tout triangle a pour mesure sa base multipliée par la moitié de sa hauteur, donc ces triangles réunis ont pour mesure la somme de leurs bases ou la circon-

férence entière multipliée par la moitié du rayon ; c'est-à-dire que la *mesure du cercle est le produit de sa circonférence par la moitié de son rayon*. La circonférence vaut d'ailleurs 3 fois le diamètre plus $1/7$, ou 6 fois le rayon plus $2/7$ du rayon.

35. En appliquant déjà ces principes à des exemples particuliers, on pourra supposer :

1° Que dans le rectangle ABCD (fig. 25), la base CD soit de 216 toises $1/2$, et la hauteur AC de 24 toises ; en multipliant 216 $1/2$ par 24, on trouvera 5196, et la surface de ce rectangle sera 5196 toises carrées.

2° Que la base GH du parallélogramme (fig. 26) soit de 125 mètres 2 décimètres, et sa hauteur FL de 16 mètres 4 décimètres, on multipliera encore 125,2 par 16,4, et l'on trouvera 2053,28 ; la mesure du parallélogramme sera donc 2053 mètres carrés 28 centimètres, ou à peu près $1/4$; et comme les centaines de mètres carrés sont des *ares*, et les mètres carrés des *centiares* cette mesure est de 20 ares 53 centiares $1/4$.

3° Que la base PQ du triangle NPQ (fig. 27) soit de 20 pieds 3 pouces, et la hauteur NR de 5 pieds 4 pouces, on réduira 20 pieds 3 pouces en 243 pouces, et 5 pieds 4 pouces en 64 pouces ; on prendra la moitié de la hauteur 64 pouces, et multipliant 243 par 32, on aura 7776 pouces carrés, ou 54 pieds carrés en divisant par 144.

4° Que la base VU du trapèze (fig. 28) soit de 12 perches 2 dixièmes, l'autre base ST de six perches 6 dixièmes, et la hauteur MN de 72 perches 5 dixièmes, on fera d'abord la somme des bases 12,2 et 6,6, et prenant la moitié de cette somme, on aura 9,4 ; on multipliera cette base moyenne par 72,5, et le produit sera 681,50 ; la mesure du trapèze sera dès-lors de 681 perches $1/2$; et si le journal est de 360 perches, et la perche de 8 pieds 3 pouces, la surface de cette figure sera composée de 1 journal 321 perches $1/2$.

5° Que le rayon AO du cercle (fig. 29) soit de 3 pieds 4 pouces 6 lignes, alors on réduira ce nombre en 486 lignes, on le doublera pour faire le diamè-tre, puis on répétera ce diamètre 3 fois $1/7$ pour faire la circonférence qu'on trouvera de 3055 lignes ; enfin, on multipliera celle-ci par la moitié 243 du rayon 486, et l'on aura 742365 lignes carrées, ou 35 pieds carrés, 115 pouces carrés, 45 lignes car-rées.

MESURE DES FIGURES IRRÉGULIÈRES.

36. En réduisant la pratique de l'arpentage à des méthodes simples et faciles, on peut ramener toutes les opérations aux exemples que nous allons propo-ser et résoudre, et substituer à tous les instruments ceux dont nous ferons connaître la construction et l'usage.

37. Soit d'abord à mesurer la figure ABCD (fig. 30) qui représente une pièce de terre courbe et d'une largeur inégale.

On mesurera la largeur CD de l'une de ses extré-mités, et se plaçant ensuite au milieu F de cette

largeur, on mesurera 10 toises de la longueur ; arrivé au point H, on mesurera de nouveau la largeur
PO, puis on reviendra au point H, et l'on avancera
de 10 toises encore sur la longueur; au point K, on
prendra une troisième largeur, et l'on continuera
ainsi tout le long de la figure, de 10 toises en 10
toises, jusqu'à l'autre extrémité qui pourra se trouver un peu plus ou un peu moins éloignée. La pièce
ABCD sera décomposée de cette manière en une suite
de trapèzes, dont les bases seront les largeurs successives, et les hauteurs de 10 toises chaque; on
fera donc la somme de deux largeurs consécutives,
on en prendra la moitié et l'on multipliera celle-ci
par 10; on ajoutera les produits obtenus de la sorte
pour chaque trapèze, et l'on aura la mesure de la
figure entière; ou, ce qui est préférable, on ne
prendra pas la moitié de deux largeurs avant de
multiplier par 10; on multipliera leur somme tout
entière, mais on prendra la moitié de tous les produits réunis.

Supposons les largeurs CD = 12 toises.

$$PO = 11$$
$$QR = 11$$
$$ST = 10$$
$$UV = 9$$
$$XY = 9$$
$$AB = 8$$

les longueurs FH, HK, KL, LM, MN, chacune de 10
toises, et la dernière NG de 12 :

la somme de cd et po est 23, et le produit par 10 est 230
— de po et qr est 22, et le produit — 220
— de qr et st est 21, et le produit — 210
— de st et uv est 19, et le produit — 190
— de uv et xy est 18, et le produit — 180
— de xy et ab est 17, et le produit par 12 est 204
la somme des produits est.................. 1234
la moitié de cette somme est................ 617

La surface de la pièce abcd est donc de 617 toises carrées, ou 1 journal de 257 toises, en supposant le journal de 360 toises.

38. Soit à mesurer maintenant le polygone irrégulier (fig. 31), d'une largeur d'ailleurs peu considérable.

On mesurera en ligne droite, de l'extrémité a à l'extrémité b, avec l'attention de s'arrêter en face de chaque angle h, g, f, i, etc., à droite et à gauche, et de tenir note de la distance à laquelle on se trouve alors du point de départ a. La chaîne étant tendue vis-à-vis h, par exemple, on posera la toise ou le double mètre au point m; on tournera cette perche vers h, et l'on verra si elle ne semble point pencher plutôt vers a que vers b, ou réciproquement; si elle ne penche d'aucun côté, elle sera bien, et dans cette direction on mesurera la perpendiculaire mh; on mesurera de même les perpendiculaires ng, of, pi, etc.

On conçoit que si la perche, tournée vers un angle et posée contre la chaîne, ne paraissait pas perpendiculaire à celle-ci, il faudrait avancer un peu du côté de A ou de B pour obtenir ce résultat, et attendre jusqu'ici pour compter la distance à laquelle on se trouve de A; il convient aussi de tracer sur le papier, mais grossièrement, la forme de la pièce qu'on arpente et les lignes qu'on mesure. De la sorte, le polygone est décomposé en trapèzes dans son milieu, et en triangles à ses extrémités, qu'on évaluera facilement comme nous allons le faire.

Supposons les distances MA = 34 mètres.

$$NA = 40$$
$$OA = 43$$
$$PA = 60$$
$$QA = 68$$
$$RA = 72$$
$$SA = 110$$
$$TA = 115$$
$$BA = 122$$

En retranchant chacune de ces distances de celle qui vient immédiatement après, on aura d'abord les longueurs successives AM = 34 mètres.

$$MN = 6$$
$$NO = 3$$
$$OP = 17$$
$$PQ = 8$$
$$QR = 4$$
$$RS = 38$$
$$ST = 5$$
$$TB = 7$$

Ces longueurs sont les hauteurs particulières des triangles et des trapèzes qui sont des deux côtés de

AB ; leurs bases sont les perpendiculaires élevées aux points M, N, O, P, etc.

Or, supposons HM = 6 mètres.

$$NG = 4$$
$$OF = 3$$
$$PI = 7$$
$$KQ = 5$$
$$RD = 6$$
$$SC = 4$$
$$TL = 7$$

En considérant d'abord les triangles et les trapèzes qui sont à gauche de AB, on multipliera la base de chaque triangle par sa hauteur, et la somme des bases de chaque trapèze par la sienne, et l'on aura le double de leur mesure, dont on prendra la moitié quand on aura fait la somme de tous les produits. On fera de même pour les triangles et les trapèzes à droite de AB; on aura donc successivement :

pour le triangle ANG, GN multiplié par

AN, ou 4×40 . . . . $= 160$

pour le trapèze GNOF, la somme de GN et

OF multipliée par NO, ou 7×3 . . . $= 21$

pour le trapèze FORD, la somme de OF et

DR, multipliée par OR, ou 9×29 . . $= 261$

pour le trapèze DRCS, la somme de DR et

CS multipliée par RS, ou 10×38 . . $= 380$

pour le triangle CSB, CS multiplié par SB,

ou 4×12 . . . . $= 48$

Produits à transporter. .   870

Report. . . .   870

pour le triangle AMH, MH multiplié par

AM, ou 6×34 . . . . $= 204$

pour le trapèze MHPI, la somme de MH et

PI multipliée par MP, ou 13×26. . . $= 338$

pour le trapèze PQIK, la somme de PI et

QK multipliée par PQ, ou 12×8. . . $= 96$

pour le trapèze QPKL, la somme de QK et

TL multipliée par QT, ou 12×49 . . $= 588$

pour le triangle TLB, TL multiplié par

TB, ou 7×7. . . . . $= 49$

La somme des produits est . . 2145

La demi-somme 1072, 5

La surface du polygone est donc de 1072 mètres carrés $^1/_2$, ou de 10 ares 72 centiares, en négligeant le demi-mètre carré.

39. Soit à mesurer le polygone ABCDEFGHKL (fig. 32), trop étendu en tous sens pour être susceptible d'une décomposition exacte, au moyen d'une seule ligne sur laquelle on abaisse des perpendiculaires.

Il faut ici que la décomposition se fasse en triangles dans toutes les parties de la figure, c'est-à-dire qu'on mesure les diagonales AC, AK, KC, KG, KE, CE, GE, et les hauteurs BS, AR, LI, TE, HY, GX, DU, FV, de chacun des triangles. Mais pour mesurer exactement ces hauteurs, on doit s'arrêter, en parcourant la base d'un triangle, en face du sommet de ce triangle, et mettre à ce point un objet quelconque qu'on puisse retrouver plus tard ; car en y revenant avec la chaîne , après qu'on aura achevé de mesurer la base, on pourra mesurer la perpendiculaire qui s'y termine , avec la même précision qu'on a déterminé la longueur de la base elle-même. Ainsi , en mesurant la diagonale KC, on marquera par des piquets le point R vis-à-vis A, et le point T en face de E, de manière que les lignes RA et TE ne semblent pencher ni vers K ni vers C; puis, après avoir trouvé la longueur de KC, on reviendra prendre celle de RA et celle de TE qui sont les hauteurs des triangles AKC et KCE. De même, en mesurant AK, on plantera un piquet en I, au pied de la perpendiculaire IL, et l'on retournera mesurer cette perpendiculaire après qu'on aura mesuré la base AK. Sur KG, on marquera le point Y; sur KE, le point X ; sur GE, le point V; sur CE, le point U; sur AC, le point S; et l'on mesurera à la chaîne HY , GX, FV, DU, BS, immédiatement après KG, KE, GE, CE ; après quoi on dressera les calculs comme il suit , et en supposant

les diagonales $AK = 64^{mèt.}$, les hauteurs $LI = 12^m$

—	$AC = 72$	—	$BS = 30$
—	$KC = 108$	—	$AR = 44$
—	$CE = 120$	—	$ET = 82$
—	$KE = 125$	—	$DU = 46$
—	$EG = 40$	—	$GX = 60$
—	$KG = 115$	—	$FV = 20$
		—	$HY = 45$

le triangle $\quad AKL = AK \times LI = 64 \times 12 = 768$

— $\qquad\quad ABC = AC \times BS = 72 \times 30 = 2160$

le triangle   ACK=KC$\times$AR=108$\times$44=4752

—   KCE=KC$\times$ET=108$\times$82=8856

—   CDE=CE$\times$DU=120$\times$46=5520

—   KGE=KE$\times$GX=125$\times$60=7500

—   EFG=EG$\times$FV= 40$\times$20= 800

—   KGH=KG$\times$HY=115$\times$45=5175

La somme des produits est.. 35531

La demi-somme est.......... 17765,5

la surface du polygone est donc 1 hectare 77 ares 65 centiares et demi.

On prend encore dans ce cas, comme dans les précédents, la moitié de la somme des produits, parce qu'on a multiplié la base de chaque triangle par la hauteur tout entière, et non par sa moitié, et qu'on a dès lors le double de la mesure des triangles, ou le double de celle de la figure qui les renferme tous.

40. Cette dernière circonstance se complique de celle qui la précède, quand les côtés du polygone offrent des lignes sinueuses comme AMB (fig. 33); alors on traite d'abord les triangles comme cela vient d'être fait, puis on calcule les trapèzes et les petits triangles qui reposent sur les lignes de construction, d'après le mode exposé (38), et l'on réunit le tout pour avoir la mesure de la ligne totale.

41. La méthode qu'on vient de proposer pour trouver la mesure d'une figure d'une étendue et d'une forme quelconque, est expéditive et sûre, elle a l'avantage de conduire au résultat qu'on cherche, sur le terrain même où l'on opère, et sans exiger

d'opération de bureau. Elle ne suppose d'ailleurs qu'une seule précaution particulière, c'est de marquer le point qui doit servir de pied à la hauteur de chaque triangle, de manière que la longueur qu'on mesurera ensuite, de ce point au sommet du triangle, soit bien réellement perpendiculaire, ou qu'elle ne penche d'aucun côté de la base. Cette sorte de perfection est plus facile à atteindre qu'on ne le pense peut-être; si, cependant, on craignait de ne pas l'obtenir assez sûrement, ou s'il se présentait des difficultés fondées sur la nature du terrain, il faudrait mesurer tous les côtés de la figure, c'est-à-dire AB, BC, CD, DE, EF, FG, GH, HK, KL, LA, et se servir de l'échelle décrite (27) pour tracer sur le papier un plan exact de la figure ABCDEFGHKL. Ce plan étant exécuté, on mesurerait au compas et l'on porterait sur l'échelle les longueurs des perpendiculaires ou les hauteurs des triangles, et l'on aurait, de cette manière, les dimensions de tous ces triangles, comme si on les avait mesurés immédiatement sur le terrain.

Or, pour construire ce plan ou cette figure semblable au terrain, on tracera donc avant tout une échelle convenable, d'après les principes énoncés, ou l'on fera choix de celle qui peut être utile parmi les échelles qu'on voit gravées sur des règles ou des équerres en cuivre. Ensuite, se mettant sous les yeux le brouillon qu'on a fait sur le terrain, et qui en offre une figure grossière, on tracera la droite CK, par exemple, sur une feuille de papier tendue et propre à recevoir le plan; on prendra sur l'échelle autant de mètres ou de toises qu'on a trouvé de mètres ou de toises en mesurant à la chaîne la diagonale cʀ, et l'on portera l'ouverture de compas sur la ligne au crayon qui représentera dès lors cette diagonale. On prendra de même la longueur cᴇ sur l'échelle, et plaçant une pointe de compas en c, on tracera avec l'autre un arc indéfini ᴍɴ; on mesurera encore ʀᴇ au compas, et en plaçant la pointe fixe en ʀ, on décrira, avec cette seconde ouverture, un autre arc ᴘǫ qui coupera le précédent en un point ᴇ, lequel représentera pareil point du terrain. Après avoir construit de la sorte ce triangle ʀcᴇ, on construira le triangle ᴀʀc sur le côté ʀc; le triangle ᴀʀʟ sur ᴀʀ, lé triangle ᴀcʙ sur ᴀc, le triangle cᴅᴇ sur cᴇ, le triangle ʀᴇɢ sur ʀᴇ; le triangle ᴇꜰɢ, sur ᴇɢ; et le triangle ʀɢʜ, sur ʀɢ : le plan sera terminé et on pourra en trouver la surface.

Pour y parvenir, on arrêtera pour base de chaque triangle le plus grand des trois côtés, on placera une pointe de compas au sommet de l'angle opposé du même triangle, on ouvrira l'instrument de manière à mesurer la plus courte distance de ce point à la base (24), et l'on portera cette ouverture sur l'échelle; on connaîtra, par ce moyen, le nombre de mètres ou de toises de la hauteur de ce triangle. La même opération étant faite pour tous les triangles, on exécutera les calculs comme dans l'exemple précédent.

<table>
<tr><td colspan="2">Diagonales
mesurées sur le terrain :</td><td colspan="2">Hauteurs
mesurées sur le plan :</td></tr>
<tr><td>—AK=</td><td>64$^{\text{mèt.}}$</td><td>—LI=</td><td>12^{mèt}</td></tr>
<tr><td>—AC=</td><td>72</td><td>—BS=</td><td>30</td></tr>
<tr><td>—KC=</td><td>108</td><td>—AR=</td><td>44</td></tr>
<tr><td>—CE=</td><td>120</td><td>—ET=</td><td>82</td></tr>
<tr><td>—KE=</td><td>125</td><td>—DU=</td><td>46</td></tr>
<tr><td>—EG=</td><td>40</td><td>—GX=</td><td>60</td></tr>
<tr><td>—KG=</td><td>115</td><td>—FV=</td><td>20</td></tr>
<tr><td></td><td></td><td>—HY=</td><td>45</td></tr>
</table>

triangle	AKL=AK × LI =	64 × 12 =	768
—	ABC=AC × BS =	72 × 30 =	2160
—	ACK=KC × AR =	108 × 44 =	4752
—	KCE=KC × ET =	108 × 82 =	8856
—	CDE=EC × DU =	120 × 46 =	5520
—	KGE=KE × GX =	125 × 60 =	7500
—	EFG=EG × FV =	40 × 20 =	800
—	KGH=KG × HY =	115 × 45 =	5175

La somme des produits est............... 35531

La demi-somme est......................... 17765,5

La surface du polygone est donc 1 hectare 77 ares 65 centiares et demi.

42. Soit enfin à mesurer le polygone ABCDEFG (fig. 34), à travers lequel on ne peut passer avec une chaîne, et qu'on ne peut décomposer sur le terain ni en triangles, ni en trapèzes.

Il faut alors mesurer tous les côtés et tous les angles de cette figure, pour faire sur le papier des angles égaux et des côtés proportionnellement plus petits, ou construire le *plan* du terrain.

Or, la mesure d'un angle repose sur ce principe : que si l'on décrit un arc entre ses côtés, et de son sommet comme centre, cet arc sera la mesure de l'ouverture de l'angle ou de l'écartement de ses côtés, et que d'ailleurs la grandeur d'un arc consiste dans le nombre de *degrés* et parties de *degrés* qu'il contient (26). L'instrument le plus simple pour évaluer ces *degrés* est la *boussole*, dans laquelle une aiguille aimantée et mobile sur un pivôt se dirige constamment vers le nord, tandis qu'une règle creuse ou *alidade*, située sur le côté de la boîte, et à travers laquelle on peut observer un point de la figure, permet de diriger la boîte elle-même du côté de ce point; un cercle divisé en *degrés* et *demi-degrés*, et placé au-dessous de l'aiguille aimantée, donne l'ouverture de l'angle que forme le côté de la figure le long duquel on dirige l'*alidade*, avec la ligne constante *nord-sud* marquée par l'aiguille en repos.

Cela posé, on fixera le pied de la boussole au point A, et après avoir fait mettre un jalon ou piquet en B, on dirigera l'alidade et la boîte de ce côté, jusqu'à ce que le piquet se montre au-dessus d'une pointe qui s'élève à l'extrémité de l'espèce de lunette qu'offre le vide de la règle; on laissera l'aiguille s'arrêter d'elle-même, et on trouvera qu'elle se fixe entre le 274e et le 275e degrés du cercle inférieur, et à peu près au milieu de l'intervalle; on remarquera encore que le zéro ou le 360e degré est inscrit au-dessus d'une ligne qui, passant par le centre de la boussole, aurait la même direction que l'alidade. L'arc de 274 degrés $1/2$ commence donc à droite de AB, et finit à gauche de l'aiguille : ainsi l'on figurera cet arc et la position de l'aiguille sur le croquis de l'opération, comme on le voit dans la figure 34. De là, on passera au point B, et l'on fera mettre le jalon en c; on dirigera l'alidade sur c, et l'aiguille s'arrêtera en face de 221 degrés 1/2 à peu près; ce sera encore ici la valeur d'un arc qui, commençant à la droite de BC, finit à gauche de l'aiguille : on en prendra note comme dans la figure. On opérera de même à chaque sommet d'angle, avec l'attention d'éloigner chaque fois de la boussole tout instrument ou objet de fer, et de tenir la boîte horizontalement, à l'aide du mouvement du *genou* qui est adapté au-dessus de la *douille;* on figurera toujours exactement chaque angle mesuré, comme on l'a représenté complètement ici.

Quant aux côtés, on les mesurera à la chaîne, en passant de A en B, de B en c, etc.; et si les lignes AB, BC, etc., passent en dehors de quelques points du polygone, on élèvera des perpendiculaires en face de chacun de ces points, comme il est indiqué (fig. 31 et 32); après quoi il ne s'agira plus que de tracer sur le papier une figure semblable à celle que présente le terrain.

Cette figure semblable, et beaucoup plus petite que celle qu'elle doit représenter, sera composée de lignes et d'angles comme celle-ci; les lignes se feront avec l'échelle (fig. 24), et comme on l'a prescrit (27); mais c'est avec un *rapporteur* qu'on fera des angles égaux à ceux qu'on a mesurés avec *la boussole.* Ce *rapporteur* n'est autre chose qu'un demi-cercle de cuivre ou de corne, divisé en 180 degrés, et quelquefois en demi-degrés; son centre est marqué par une petite échancrure ou un point enfoncé, et son diamètre est une ligne parallèle au bord de l'instrument.

On tracera d'abord sur le papier une longue ligne droite destinée à représenter la direction нк de l'aiguille aimantée, au point a; cette ligne sera tournée à peu près du côté où l'on veut que le nord du plan soit situé sur la feuille; on prendra un point quelconque de cette ligne pour le point a du terrain, et l'on fera à ce point un angle égal à celui нав; mais comme le nombre de degrés de ce dernier est ce qui manque à 274 $^1/_2$ pour faire 360, on retranchera le premier nombre du second, et le reste 85 $^1/_2$ sera la valeur de l'angle нав; on mettra donc le centre du *rapporteur* au point choisi pour a, on fera joindre le diamètre avec la ligne ан; et comptant, à partir de cette ligne, 85 degrés $^1/_2$ sur la demi-circonférence de l'instrument, on marquera, avec une aiguille ou une pointe de compas, un point sur le papier, contre ce 85e degré $^1/_2$. On mènera une ligne droite de ce point à celui a; on portera sur cette ligne, et depuis a, autant de mètres de l'échelle qu'on a trouvé de mètres de la chaîne, en mesurant de a en в, et l'on déterminera, de cette manière, la position du point в sur le papier. A ce point on mènera une parallèle à la ligne nord-sud нк, c'est-à-dire qu'on appliquera un côté de l'équerre sur нк, et une règle contre l'autre côté; qu'on fera glisser l'équerre le long de la règle, jusqu'au point в qu'on vient de déterminer, et qu'on tracera, au crayon, une ligne le long du côté qui était appliqué auparavant sur HK : cette parallèle sera la droite avec laquelle on fera au *rapporteur* un angle de 138 degrés ¹/₂, ce qui manque à 221 degrés ¹/₂ pour valoir 360 degrés ; la ligne nouvelle qui en résultera sera le côté BC, quand on aura porté sur elle autant de mètres de l'échelle que BC avait de mètres sur le terrain. Au point C du papier, on mènera une seconde parallèle à HK ; on fera, à gauche de cette parallèle, un angle de 173 degrés ¹/₂, et l'on aura la direction de CD, puis sa longueur, au moyen de l'échelle. Au point D, et successivement à tous les autres, on conduira des parallèles à HK, on fera des angles égaux à ceux mesurés à la *boussole* et dans le même sens, on donnera à chaque ligne la longueur en petit qu'elle avait en grand sur le terrain ; et si l'opération est bien faite, la longueur et la direction de la dernière droite la terminera et la fera passer au point de départ A.

Le plan étant fait, on pourra le décomposer à volonté en triangles avec la règle et le crayon, mesurer la base et la hauteur de chaque triangle avec le compas et l'échelle, et faire le calcul comme on l'a établi pour le polygone (fig. 32).

Il est nécessaire de remarquer que, si l'on voulait indiquer sur le plan le côté nord du terrain, il ne faudrait pas s'en tenir à la ligne HK, mais en mener une autre inclinée à droite de 22 degrés ¹/₄ du *rapporteur*, et prendre le haut de celle-ci pour le véritable nord, parce que l'aiguille de la *boussole* décline à gauche ou à l'ouest, en ce moment, de 22 degrés ¹/₄ à peu près.

TOISÉ ET SOLIVAGE.

43. Les circonstances les plus ordinaires du toisé des surfaces, consistent dans la mesure d'un plafond, d'un plancher, d'une face de muraille, d'un pan de boiserie ; or, toutes les figures qu'on rencontre alors sont des rectangles ou peuvent être décomposées en rectangles ; il suffit donc de mesurer la base ou la longueur de chacune, sa hauteur ou sa largeur, et de multiplier entre elles ces deux dimensions. Ainsi, un exemple de cette sorte de multiplication indiquera suffisamment la marche qu'on doit suivre en général.

Supposons une longueur de 60 pieds 4 pouces, sur une largeur de 8 pieds 6 pouces.

60 pi.	4 po.	724 po.		
8	6	102		
——	——	——		
480 pi. c.		1448		
2	96 po. c.	724		
		——		
30	0	73848 po.		144
0	24	184		——
512 pi. c.	120 po. c.	408		512 pi. c.
		120 po. c.		

En multipliant ces deux nombres l'un par l'autre on répètera d'abord 8 fois 60, et cela produira 480 ; mais comme cette opération particulière suppose qu'on évalue un rectangle de 60 pieds de base sur 8 pieds de hauteur, le produit doit être compté pour 480 pieds carrés (29). On multipliera ensuite 4 pouces ou le tiers d'un pied par 8 pieds ; or 1 pied multiplié par 8 donnerait 8 pieds carrés, donc, un tiers de pied multiplié par 8 pieds doit produire le tiers de huit pieds carrés ; ce tiers est 2 pour 6, il reste 2 pieds carrés qui valent 288 pouces carrés, dont le tiers est 96. On a déjà le produit de 60 pieds 4 pouces par 8 pieds; il faut chercher celui de 60 pieds 4 pouces par 6 pouces. En comptant 6 pouces comme $1/2$ pied, on a d'abord 60 pieds à multiplier par $1/2$ pied, ce qui donne 60 demies ou 30 pieds carrés; puis 4 pouces à multiplier par 6 pouces, dont le produit est 24 pouces carrés. Il ne reste plus qu'à faire la somme de ces produits partiels, et l'on trouve, après l'addition faite, 512 pieds carrés, 120 pouces carrés ou 512 pieds carrés $5/6$.

On pourrait aussi réduire 60 pieds 4 pouces en 724 pouces, et 8 pieds 6 pouces en 102 pouces, et multiplier 724 par 102; on trouverait d'abord 73848 pouces carrés; mais en les divisant par 144, le quotient serait 512 pieds carrés, et le reste 120 pouces carrés : on aurait donc le même résultat.

44. S'il s'agissait de la maçonnerie d'un puits, on se la représenterait comme développée en une muraille droite, dont la longueur serait la circonférence du puits, et dont la hauteur serait la profondeur de ce puits. Alors on évaluerait la circonférence en triplant le diamètre et en ajoutant à ce triple le septième du même diamètre ; on multiplierait ce résultat par la profondeur, et l'on aurait la surface du revêtement.

Si le diamètre est de 3 pieds, la circonférence est de 9 pieds 5 pouces à peu près ; et si la profondeur est de 80 pieds, la surface de la maçonnerie est de 753 pieds carrés, 48 pouces carrés, ou de 20 toises carrées, 33 pieds carrés $1/3$.

45. La maçonnerie d'un bassin circulaire présenterait un revêtement semblable à celui d'un puits,

et un fond plat qui serait un cercle ; alors on mesurerait ce cercle en multipliant la circonférence évaluée comme il vient d'être dit, par la moitié du rayon ou le quart du diamètre ; on calculerait d'ailleurs le revêtement perpendiculaire, en multipliant cette même circonférence par la profondeur du bassin, et, ajoutant ces deux résultats, on aurait la mesure de la maçonnerie entière.

Si le diamètre du bassin est de 20 pieds et sa profondeur de 6, on trouvera la circonférence de 62 pieds 10 pouces à peu près ; le cercle ou fond, de 8 toises carrées, 26 pieds carrés, 24 pouces carrés ; le revêtement du contour, de 10 toises carrées, 17 pieds carrés ; et le fond ajouté à ce revêtement, de 19 toises carrées, 7 pieds carrés $^1/_6$.

46. Le toisé des solides donne le nombre de mètres cubes ou de toises cubes que ces solides présenteraient s'il était possible de les décomposer en parties toutes égales au mètre ou à la toise cube.

Cette décomposition s'exécuterait facilement sur le parallélipipède rectangle (fig. 15). Il faudrait pour cela marquer sur la longueur, sur la largeur et la hauteur du solide, des longueurs successives d'une toise ou d'un mètre chaque, et couper alors le solide perpendiculairement à ses faces, d'abord par les points de division de la longueur, puis par ceux de la largeur, et enfin par les points de la hauteur : tous les petits solides qu'on obtiendrait de la sorte, seraient des toises cubes ou des mètres cubes (fig. 14), et leur nombre serait précisément égal au produit des trois nombres de mètres ou de toises que contiennent la longueur, la largeur et l'épaisseur du solide entier. On trouverait, par exemple, 480 mètres cubes, si la longueur était de 20 mètres, la largeur de 6, et l'épaisseur de 4; et ce nombre est égal à 20 multiplié par 6, et ensuite par 4.

47. Quand il s'agit du toisé des bois, on distingue le cas où ces bois sont *équarris*, et celui où ils sont *ronds*. Dans le premier cas, chaque pièce offre un parallélipipède rectangle dont la base est un carré, et dont la hauteur est la longueur même de la pièce; ainsi, en multipliant le côté du carré ou de l'épaisseur de la pièce équarrie par ce même côté, et ensuite par la longueur, on a le nombre de stères et parties décimales du stère que renferme le solide.

Lorsque le bois est rond, on mesure le tour de l'arbre avec un cordeau, et dans le milieu de sa longueur, on ôte de ce tour le *cinquième* de sa valeur, et l'on prend le quart du reste pour connaître l'équarrissage à vives arêtes que l'arbre peut produire ; ou l'on en ôte le *sixième* seulement, et l'on prend le quart du reste pour en déduire l'équarrissage le moins parfait qu'on en peut tirer ; alors on fait le carré du nombre qui exprime l'équarrissage au *cinquième* ou au *sixième réduit*, et l'on multiplie ce carré par la longueur de l'arbre : le résultat est le nombre qui exprime sa solidité.

48. Dans nos précédentes éditions, nous avions donné des Comptes faits sur le solivage du bois ; mais vu la loi du 4 juillet 1837, que nous donnons ci-après , et dont l'exécution est de rigueur à partir du 1er janvier 1840 , nous avons substitué à l'ancien système , trois Tarifs ou Barêmes , pour le cubage des bois d'après le système métrique.

Loi du 4 Juillet 1837.

ART. 1er. Le décret du 12 février 1812, concernant les poids et mesures, est et demeure abrogé.

ART. 2. Néanmoins l'usage des instruments de pesage et de mesurage, confectionnés en exécution des art. 2 et 3 du décret précité, sera permis jusqu'au 1er janvier 1840.

ART. 3. A partir du 1er janvier 1840, tous poids et mesures autres que les poids et mesures établis par les lois des 18 germinal an 3, et 19 frimaire an 8, constitutives du système métrique décimal, seront interdits, sous les peines portées par l'article 479 du Code pénal.

ART. 4. Ceux qui auront des poids et mesures autres que les poids et mesures ci-dessus reconnus dans leurs magasins, boutiques, ateliers ou maisons de commerce, ou dans les halles, foires ou marchés, seront punis comme ceux qui les emploieront, conformément à l'article 479 du Code pénal.

ART. 5. A compter de la même époque, toutes dénominations de poids et mesures, autres que celles portées dans le tableau annexé à la présente loi (*voir* ledit tableau, pag. 46 et suivantes), et établies par la loi du 18 germinal an 3, sont interdites dans les actes publics, ainsi que dans les affiches et annonces. Elles seront également interdites dans les actes sous seing privé, les registres de commerce et autres écritures privées produites en justice.

Les officiers publics contrevenants seront passibles d'une amende de vingt francs, qui sera recouvrée sur contrainte, comme en matière d'enregistrement.

L'amende sera de dix francs pour les autres

contrevenants : elle sera perçue pour chaque acte ou écriture sous signature privée; quant aux registres de commerce, ils ne donneront lieu qu'à une seule amende pour chaque contestation dans laquelle ils seront produits.

Art. 6. Il est défendu aux juges et arbitres de rendre aucun jugement ou décision en faveur des particuliers sur des actes, registres ou écrits dans lesquels les dénominations interdites par l'article précédent auraient été insérées, avant que les amendes, encourues aux termes dudit article, aient été payées.

Art. 7. Les vérificateurs des poids et mesures constateront les contraventions prévues par les articles et règlements concernant le système métrique des poids et mesures.

Ils pourront procéder à la saisie des instruments de pesage et de mesurage dont l'usage est interdit par lesdites lois et règlements.

Leurs procès-verbaux feront foi en justice jusqu'à preuve contraire.

Les vérificateurs prêteront serment devant le tribunal d'arrondissement.

Art. 8. Une ordonnance royale réglera la manière dont s'effectuera la vérification des poids et mesures.

La présente loi, discutée, délibérée et adoptée par la Chambre des Pairs et par celle des Députés, et sanctionnée par nous, cejourd'hui, sera exécutée comme loi de l'état.

Le premier de nos Barêmes, pour le cubage des bois, est applicable aux bois méplats ou bordages; le second aux bois équarris, et le troisième aux bois ronds; dans l'un et dans l'autre de ces Tarifs, nous avons pris pour unité le stère, et pour les dimensions des bois, nous avons commencé par cinq centimètres d'épaisseur, en augmentant successivement d'un centimètre, jusqu'à 15 centimètres seulement. Quant aux largeurs, nous avons commencé à 6 centimètres, et nous avons été jusqu'à soixante, pour les bois méplats ou bordages.

De 16 centimètres, dans le Tarif des bois équarris, nous avons été de deux centimètres en deux centimètres, jusqu'à un mètre, pour les épaisseurs; et jusqu'à un mètre 22 centimètres pour les largeurs, en conservant toujours à ces dernières une marge de 24 centimètres pour chaque épaisseur.

Dans le Tarif des bois ronds, nous avons commencé à 2 centimètres de diamètre, et nous avons été jusqu'à un mètre 68 centimètres, de deux centimètres en deux centimètres.

Quant aux longueurs, pour les trois tarifs, nous avons commencé par 10 centimètres, et de dix centimètres en dix centimètres, jusqu'à un mètre; et de 1 mètre jusqu'à 9 mètres.

Avec ces longueurs, il sera facile de trouver toutes celles qu'on pourra désirer.

1er EXEMPLE.

Soit une pièce de bois de 11 centimètres d'épaisseur sur 32 centimètres de large, et de 3 mètres 70 centimètres de longueur : voyez dans le tableau n° 26, à la colonne des longueurs, 3 mètres ; suivez la ligne jusqu'à la colonne des largeurs de 0^{m}32 centimètres, et vous trouverez pour résultat correspondant 0 stère 106 millistères. Voyez ensuite dans la colonne des longueurs 0^{m}70 c. ; suivez également la ligne jusqu'à la colonne de 0^m32 c., où vous aurez encore pour produit correspondant 0 stère 025 millistères, ce qui donnera ensemble : 0 stère 131 millistères, ou 1 décistère 31 millistères.

Longueurs... Largeur 0^m32 c.

$$3 \text{ mètres donnent} \ldots \quad 0^{st}106^{mill.}$$
$$0 \qquad 70 \quad » \qquad \ldots \; 0 \; 025$$
$$\text{Ensemble}\ldots\; 0^{st}131^{mill}$$

2me EXEMPLE.

Je suppose une pièce de bois de 36 centimètres d'épaisseur sur 42 cent. de largeur, et de 17 mètres 30 c. de longueur.

Je vais au tableau n° 65., à la colonne des longueurs, à 1^m, et à celle des largeurs qui correspond à 0^m42 c. ; je trouve $0^m151^{mill.}$, résultat qui devient dix fois plus grand en avançant la virgule d'un rang vers la droite, ce qui donne :

$$\text{pour 10 mètres}\ldots\ldots \quad 1^{st}510^{mill.}$$
$$7 \qquad » \qquad \ldots\ldots \; 1 \; 058$$
$$0 \qquad » \qquad 30 \text{ c}\ldots \; 0 \; 045$$
$$2^{st}613^{mill}$$

3me EXEMPLE.

Pour avoir le cubage d'un arbre de 98 centim. de diamètre sur 45 mètres de longueur, nous allons au tableau n° 139. Nous prenons dans la colonne de 0^m98 c. de diamètre, le produit de 4 mètres de longueur qui est de 3 stères 017 mill., et en rendant ce produit dix fois plus grand par l'avancement de la virgule, on aura :

$$\text{pour 40 mètres de long}\ldots \quad 30^{st}170^{mill.}$$
$$5 \qquad » \qquad » \qquad \ldots \; 3 \; 771$$
$$\text{Ensemble}\ldots\; 33^{st}941^{mill.}$$

TARIF DU CUBAGE

DES BOIS MÉPLATS.

N° 1. — 0ᵐ05 ÉPAISSEUR.

Longueurs	LARGEURS.					
	0ᵐ06	0ᵐ08	0ᵐ10	0ᵐ12	0ᵐ14	0ᵐ16
0ᵐ 10ᶜ	0ˢᵗ 000	0ˢᵗ 000	0ˢᵗ 001	0ˢᵗ 001	0ˢᵗ 001	0ˢᵗ 001
0 20	0 001	0 001	0 001	0 001	0 001	0 002
0 30	0 001	0 001	0 002	0 002	0 002	0 002
0 40	0 001	0 002	0 002	0 002	0 003	0 003
0 50	0 002	0 002	0 003	0 003	0 004	0 004
0 60	0 002	0 002	0 003	0 004	0 004	0 005
0 70	0 002	0 003	0 004	0 004	0 005	0 006
0 80	0 002	0 003	0 004	0 005	0 006	0 006
0 90	0 003	0 004	0 005	0 005	0 006	0 007
1 »	0 003	0 004	0 005	0 006	0 007	0 008
2 »	0 006	0 008	0 010	0 012	0 014	0 016
3 »	0 009	0 012	0 015	0 018	0 021	0 024
4 »	0 012	0 016	0 020	0 024	0 028	0 032
5 »	0 015	0 020	0 025	0 030	0 035	0 040
6 »	0 018	0 024	0 030	0 036	0 042	0 048
7 »	0 021	0 028	0 035	0 042	0 049	0 056
8 »	0 024	0 032	0 040	0 048	0 056	0 064
9 »	0 027	0 036	0 045	0 054	0 063	0 072

N° 2. — 0ᵐ05 ÉPAISSEUR.

Longueurs	LARGEURS.					
	0ᵐ18	0ᵐ20	0ᵐ22	0ᵐ24	0ᵐ26	0ᵐ28
0ᵐ 10ᶜ	0ˢᵗ 001	0ˢᵗ 001	0ˢᵗ 001	0ˢᵗ 001	0ˢᵗ 001	0ˢᵗ 001
0 20	0 002	0 002	0 002	0 002	0 003	0 003
0 30	0 003	0 003	0 003	0 004	0 004	0 004
0 40	0 004	0 004	0 004	0 005	0 005	0 006
0 50	0 005	0 005	0 006	0 006	0 007	0 007
0 60	0 005	0 006	0 007	0 007	0 008	0 008
0 70	0 006	0 007	0 008	0 008	0 009	0 010
0 80	0 007	0 008	0 009	0 010	0 010	0 011
0 90	0 008	0 009	0 010	0 011	0 012	0 013
1 »	0 009	0 010	0 011	0 012	0 013	0 014
2 »	0 018	0 020	0 022	0 024	0 026	0 028
3 »	0 027	0 030	0 033	0 036	0 039	0 042
4 »	0 036	0 040	0 044	0 048	0 052	0 056
5 »	0 045	0 050	0 055	0 060	0 065	0 070
6 »	0 054	0 060	0 066	0 072	0 078	0 084
7 »	0 063	0 070	0 077	0 084	0 091	0 098
8 »	0 072	0 080	0 088	0 096	0 104	0 112
9 »	0 081	0 090	0 099	0 108	0 117	0 126

N° 3. — 0ᵐ05 ÉPAISSEUR.

Longueurs	LARGEURS.					
	0ᵐ30	0ᵐ32	0ᵐ34	0ᵐ36	0ᵐ38	0ᵐ40
0ᵐ 10ᶜ	0ˢᵗ 002	0ˢᵗ 002	0ˢᵗ 002	0ˢᵗ 002	0ˢᵗ 002	0ˢᵗ 002
0 20	0 003	0 003	0 003	0 004	0 004	0 004
0 30	0 005	0 005	0 005	0 005	0 006	0 006
0 40	0 006	0 006	0 007	0 007	0 008	0 008
0 50	0 008	0 008	0 009	0 009	0 010	0 010
0 60	0 009	0 010	0 010	0 011	0 011	0 012
0 70	0 011	0 011	0 012	0 013	0 013	0 014
0 80	0 012	0 013	0 014	0 014	0 015	0 016
0 90	0 014	0 014	0 015	0 016	0 017	0 018
1 »	0 015	0 016	0 017	0 018	0 019	0 020
2 »	0 030	0 032	0 034	0 036	0 038	0 040
3 »	0 045	0 048	0 051	0 054	0 057	0 060
4 »	0 060	0 064	0 068	0 072	0 076	0 080
5 »	0 075	0 080	0 085	0 090	0 095	0 100
6 »	0 090	0 096	0 102	0 108	0 114	0 120
7 »	0 105	0 112	0 119	[illegible]	0 133	0 140
8 »	0 120	0 128	0 136	[illegible]	0 152	0 160
9 »	0 135	0 144	0 153	[illegible]	0 171	0 180

N° 4. — 0ᵐ05 ÉPAISSEUR.

Longueurs	LARGEURS.					
	0ᵐ42	0ᵐ44	0ᵐ46	0ᵐ48	0ᵐ50	0ᵐ52
0ᵐ 10ᶜ	0ˢᵗ 002	0ˢᵗ 002	0ˢᵗ 002	0ˢᵗ 002	0ˢᵗ 003	0ˢᵗ 003
0 20	0 004	0 004	0 005	0 005	0 005	0 005
0 30	0 006	0 007	0 007	0 007	0 008	0 008
0 40	0 008	0 009	0 009	0 010	0 010	0 010
0 50	0 011	0 011	0 012	0 012	0 013	0 013
0 60	0 013	0 013	0 014	0 014	0 015	0 016
0 70	0 015	0 015	0 016	0 017	0 018	0 018
0 80	0 017	0 018	0 018	0 019	0 020	0 021
0 90	0 019	0 020	0 021	0 022	0 023	0 023
1 »	0 021	0 022	0 023	0 024	0 025	0 026
2 »	0 042	0 044	0 046	0 048	0 050	0 052
3 »	0 063	0 066	0 069	0 072	0 075	0 078
4 »	0 084	0 088	0 092	0 096	0 100	0 104
5 »	0 105	0 110	0 115	0 120	0 125	0 130
6 »	0 126	0 132	0 138	0 144	0 150	0 156
7 »	0 147	0 154	0 161	0 168	0 175	0 182
8 »	0 168	0 176	0 184	0 192	0 200	0 208
9 »	0 189	0 198	0 207	0 216	0 225	0 234

N° 5. — 0^m06 ÉPAISSEUR.

Longueurs	LARGEURS.					
	0^m06	0^m08	0^m10	0^m12	0^m14	0^m16
0^m 10^c	0st 000	0st 000	0st 001	0st 001	0st 001	0st 001
0 20	0 001	0 001	0 001	0 001	0 002	0 002
0 30	0 001	0 001	0 002	0 002	0 003	0 003
0 40	0 001	0 002	0 002	0 003	0 003	0 004
0 50	0 002	0 002	0 003	0 004	0 004	0 005
0 60	0 002	0 003	0 004	0 004	0 005	0 006
0 70	0 003	0 003	0 004	0 005	0 006	0 007
0 80	0 003	0 004	0 005	0 006	0 007	0 008
0 90	0 003	0 004	0 005	0 006	0 008	0 009
1 »	0 004	0 005	0 006	0 007	0 008	0 010
2 »	0 007	0 010	0 012	0 014	0 017	0 019
3 »	0 011	0 014	0 018	0 022	0 025	0 029
4 »	0 014	0 019	0 024	0 029	0 034	0 038
5 »	0 018	0 024	0 030	0 036	0 042	0 048
6 »	0 022	0 029	0 036	0 043	0 050	0 058
7 »	0 025	0 034	0 042	0 050	0 059	0 067
8 »	0 029	[illegible]	0 048	0 058	0 067	0 077
9 »	0 032	[illegible]	0 054	0 065	0 076	0 086

N° 6. — 0^m06 ÉPAISSEUR.

Longueurs	LARGEURS.					
	0^m18	0^m20	0^m22	0^m24	0^m26	0^m28
0^m 10^c	0st 001	0st 001	0st 001	0st 001	0st 002	0st 002
0 20	0 002	0 002	0 003	0 003	0 003	0 003
0 30	0 003	0 004	0 004	0 004	0 005	0 005
0 40	0 004	0 005	0 005	0 006	0 006	0 007
0 50	0 005	0 006	0 007	0 007	0 008	0 008
0 60	0 006	0 007	0 008	0 009	0 009	0 010
0 70	0 008	0 008	0 009	0 010	0 011	0 012
0 80	0 009	0 010	0 011	0 012	0 012	0 013
0 90	0 010	0 011	0 012	0 013	0 014	0 015
1 »	0 011	0 012	0 013	0 014	0 016	0 017
2 »	0 022	0 024	0 026	0 029	0 031	0 034
3 »	0 032	0 036	0 040	0 043	0 047	0 050
4 »	0 043	0 048	0 053	0 058	0 062	0 067
5 »	0 054	0 060	0 066	0 072	0 078	0 084
6 »	0 065	0 072	0 079	0 086	0 094	0 101
7 »	0 076	0 084	0 092	0 101	0 109	0 118
8 »	0 086	0 096	0 106	0 115	0 125	0 134
9 »	0 097	0 108	0 119	0 130	0 140	0 151

N° 7. — 0ᵐ06 ÉPAISSEUR.

| Longueurs | LARGEURS. | | | | | |
	0ᵐ30	0ᵐ32	0ᵐ34	0ᵐ36	0ᵐ38	0ᵐ40
0ᵐ 10ᶜ	0ˢᵗ 002	0ˢᵗ 002	0ˢᵗ 002	0ˢᵗ 002	0ˢᵗ 002	0ˢᵗ 002
0 20	0 004	0 004	0 004	0 004	0 005	0 005
0 30	0 005	0 006	0 006	0 006	0 007	0 007
0 40	0 007	0 008	0 008	0 009	0 009	0 010
0 50	0 009	0 010	0 010	0 011	0 011	0 012
0 60	0 011	0 012	0 012	0 013	0 014	0 014
0 70	0 013	0 013	0 014	0 015	0 016	0 017
0 80	0 014	0 015	0 016	0 017	0 018	0 019
0 90	0 016	0 017	0 018	0 019	0 021	0 022
1 »	0 018	0 019	0 020	0 022	0 023	0 024
2 »	0 036	0 038	0 041	0 043	0 046	0 048
3 »	0 054	0 058	0 061	0 065	0 068	0 072
4 »	0 072	0 077	0 082	0 086	0 091	0 096
5 »	0 090	0 096	0 102	0 108	0 114	0 120
6 »	0 108	0 115	0 122	0 130	0 137	0 144
7 »	0 126	0 134	0 143	0 151	0 160	0 168
8 »	0 144	0 154	0 163	0 173	0 182	0 192
9 »	0 162	0 173	0 184	0 194	0 205	0 216

N° 8. — 0ᵐ06 ÉPAISSEUR.

| Longueurs | LARGEURS. | | | | | |
	0ᵐ42	0ᵐ44	0ᵐ46	0ᵐ48	0ᵐ50	0ᵐ52
0ᵐ 10ᶜ	0ˢᵗ 002	0ˢᵗ 002	0ˢᵗ 002	0ˢᵗ 002	0ˢᵗ 003	0ˢᵗ 003
0 20	0 005	0 005	0 006	0 006	0 006	0 006
0 30	0 008	0 008	0 008	0 009	0 009	0 009
0 40	0 010	0 011	0 011	0 012	0 012	0 012
0 50	0 013	0 013	0 014	0 014	0 015	0 016
0 60	0 015	0 016	0 017	0 017	0 018	0 019
0 70	0 018	0 018	0 019	0 020	0 021	0 022
0 80	0 020	0 021	0 022	0 023	0 024	0 025
0 90	0 023	0 024	0 025	0 026	0 027	0 028
1 »	0 025	0 026	0 028	0 029	0 030	0 031
2 »	0 050	0 053	0 055	0 058	0 060	0 062
3 »	0 076	0 079	0 083	0 086	0 090	0 094
4 »	0 101	0 106	0 110	0 115	0 120	0 125
5 »	0 126	0 132	0 138	0 144	0 150	0 156
6 »	0 151	0 158	0 166	0 173	0 180	0 187
7 »	0 176	0 185	0 193	0 202	0 210	0 218
8 »	0 202	0 211	0 224	0 230	0 240	0 250
9 »	0 227	0 238	0 248	0 259	0 270	0 281

N° 9. — 0ᵐ07 ÉPAISSEUR.

Longueurs	LARGEURS.					
	0ᵐ06	0ᵐ08	0ᵐ10	0ᵐ12	0ᵐ14	0ᵐ16
0ᵐ10ᶜ	0ˢᵗ 000	0ˢᵗ 001	0ˢᵗ 001	0ˢᵗ 001	0ˢᵗ 001	0ˢᵗ 001
0 20	0 001	0 001	0 001	0 002	0 002	0 002
0 30	0 001	0 002	0 002	0 003	0 003	0 003
0 40	0 002	0 002	0 003	0 003	0 004	0 004
0 50	0 002	0 003	0 004	0 004	0 005	0 006
0 60	0 003	0 003	0 004	0 005	0 006	0 007
0 70	0 003	0 004	0 005	0 006	0 007	0 008
0 80	0 003	0 004	0 006	0 007	0 008	0 009
0 90	0 004	0 005	0 006	0 008	0 009	0 010
1 »	0 004	0 006	0 007	0 008	0 010	0 011
2 »	0 008	0 011	0 014	0 017	0 020	0 022
3 »	0 013	0 017	0 021	0 025	0 029	0 034
4 »	0 017	0 022	0 028	0 034	0 039	0 045
5 »	0 021	0 028	0 035	0 042	0 049	0 056
6 »	0 025	0 034	0 042	0 050	0 059	0 067
7 »	0 029	0 039	0 049	0 059	0 069	0 078
8 »	0 034	0 045	0 056	0 067	0 078	0 090
9 »	0 038	0 050	0 063	0 076	0 088	0 101

N° 10. — 0ᵐ07 ÉPAISSEUR.

Longueurs	LARGEURS.					
	0ᵐ18	0ᵐ20	0ᵐ22	0ᵐ24	0ᵐ26	0ᵐ28
0ᵐ10ᶜ	0ˢᵗ 001	0ˢᵗ 001	0ˢᵗ 002	0ˢᵗ 002	0ˢᵗ 002	0ˢᵗ 002
0 20	0 003	0 003	0 003	0 003	0 004	0 004
0 30	0 004	0 004	0 005	0 005	0 005	0 006
0 40	0 005	0 006	0 006	0 007	0 007	0 008
0 50	0 006	0 007	0 008	0 008	0 009	0 010
0 60	0 008	0 008	0 009	0 010	0 011	0 012
0 70	0 009	0 010	0 011	0 012	0 013	0 014
0 80	0 010	0 011	0 012	0 013	0 015	0 016
0 90	0 011	0 013	0 014	0 015	0 016	0 018
1 »	0 013	0 014	0 015	0 017	0 018	0 020
2 »	0 025	0 028	0 031	0 034	0 036	0 039
3 »	0 036	0 042	0 046	0 050	0 055	0 059
4 »	0 050	0 056	0 062	0 067	0 073	0 078
5 »	0 063	0 070	0 077	0 084	0 091	0 098
6 »	0 076	0 084	0 092	0 101	0 109	0 118
7 »	0 088	0 098	0 108	0 118	0 127	0 137
8 »	0 101	0 112	0 123	0 134	0 146	0 157
9 »	0 113	0 126	0 139	0 154	0 164	0 176

N° 11. 0ᵐ07 ÉPAISSEUR.

Longueurs	LARGEURS					
	0ᵐ30	0ᵐ32	0ᵐ34	0ᵐ36	0ᵐ38	0ᵐ40
0ᵐ 10ᶜ	0ˢᵗ 002	0ˢᵗ 002	0ˢᵗ 002	0ˢᵗ 003	0ˢᵗ 003	0ˢᵗ 003
0 20	0 004	0 004	0 005	0 005	0 005	0 006
0 30	0 006	0 007	0 007	0 008	0 008	0 008
0 40	0 008	0 009	0 010	0 010	0 011	0 011
0 50	0 011	0 011	0 012	0 013	0 013	0 014
0 60	0 013	0 013	0 014	0 015	0 016	0 017
0 70	0 015	0 016	0 017	0 018	0 019	0 020
0 80	0 017	0 018	0 019	0 020	0 021	0 022
0 90	0 019	0 020	0 021	0 023	0 024	0 025
1 »	0 021	0 022	0 024	0 025	0 027	0 028
2 »	0 042	0 045	0 048	0 050	0 053	0 056
3 »	0 063	0 067	0 071	0 076	0 080	0 084
4 »	0 084	0 090	0 095	0 101	0 106	0 112
5 »	0 105	0 112	0 119	0 126	0 133	0 140
6 »	0 126	0 134	0 143	0 151	0 160	0 168
7 »	0 147	0 157	0 167	0 176	0 186	0 196
8 »	0 168	0 179	0 190	0 202	0 213	0 224
9 »	0 189	0 202	0 214	0 227	0 239	0 252

N° 12. 0ᵐ07 ÉPAISSEUR.

Longueurs	LARGEURS					
	0ᵐ42	0ᵐ44	0ᵐ46	0ᵐ48	0ᵐ50	0ᵐ52
0ᵐ 10ᶜ	0ˢᵗ 003	0ˢᵗ 003	0ˢᵗ 003	0ˢᵗ 003	0ˢᵗ 004	0ˢᵗ 004
0 20	0 006	0 006	0 006	0 007	0 007	0 007
0 30	0 009	0 009	0 010	0 010	0 011	0 011
0 40	0 012	0 012	0 013	0 013	0 014	0 015
0 50	0 015	0 015	0 016	0 017	0 018	0 018
0 60	0 018	0 018	0 019	0 020	0 021	0 022
0 70	0 021	0 022	0 023	0 024	0 025	0 025
0 80	0 024	0 025	0 026	0 027	0 028	0 029
0 90	0 026	0 028	0 029	0 030	0 032	0 033
1 »	0 029	0 031	0 032	0 034	0 035	0 036
2 »	0 059	0 062	0 064	0 067	0 070	0 073
3 »	0 088	0 092	0 097	0 101	0 105	0 109
4 »	0 118	0 123	0 129	0 134	0 140	0 146
5 »	0 147	0 154	0 161	0 168	0 175	0 182
6 »	0 176	0 185	0 193	0 202	0 210	0 218
7 »	0 206	0 216	0 225	0 235	0 245	0 255
8 »	0 235	0 246	0 258	0 269	0 280	0 291
9 »	0 265	0 277	0 290	0 302	0 315	0 328

N° 13.   0ᵐ08 ÉPAISSEUR.

Longueurs	LARGEURS.					
	0ᵐ08	0ᵐ10	0ᵐ12	0ᵐ14	0ᵐ16	0ᵐ18
0ᵐ 10ᶜ	0ˢᵗ 001	0ˢᵗ 001	0ˢᵗ 001	0ˢᵗ 001	0ˢᵗ 001	0ˢᵗ 001
0 20	0 001	0 002	0 002	0 002	0 003	0 003
0 30	0 002	0 002	0 003	0 003	0 004	0 004
0 40	0 003	0 003	0 004	0 004	0 005	0 006
0 50	0 003	0 004	0 005	0 006	0 006	0 007
0 60	0 004	0 005	0 006	0 007	0 008	0 009
0 70	0 004	0 006	0 007	0 008	0 009	0 010
0 80	0 005	0 006	0 008	0 009	0 010	0 012
0 90	0 006	0 007	0 009	0 010	0 012	0 013
1 »	0 006	0 008	0 010	0 011	0 013	0 014
2 »	0 013	0 016	0 019	0 022	0 026	0 029
3 »	0 019	0 024	0 029	0 034	0 038	0 043
4 »	0 026	0 032	0 038	0 045	0 051	0 058
5 »	0 032	0 040	0 048	0 056	0 064	0 072
6 »	0 038	0 048	0 058	0 067	0 077	0 086
7 »	0 045	0 056	0 067	0 078	0 090	0 101
8 »	0 051	0 064	0 077	0 090	0 102	0 115
9 »	0 058	0 072	0 086	0 101	0 115	0 130

N° 14.   0ᵐ08 ÉPAISSEUR.

Longueurs	LARGEURS.					
	0ᵐ20	0ᵐ22	0ᵐ24	0ᵐ26	0ᵐ28	0ᵐ30
0ᵐ 10ᶜ	0ˢᵗ 002	0ˢᵗ 002	0ˢᵗ 002	0ˢᵗ 002	0ˢᵗ 002	0ˢᵗ 002
0 20	0 003	0 004	0 004	0 004	0 004	0 005
0 30	0 005	0 005	0 006	0 006	0 007	0 007
0 40	0 006	0 007	0 008	0 008	0 009	0 010
0 50	0 008	0 009	0 010	0 010	0 011	0 012
0 60	0 010	0 011	0 012	0 012	0 013	0 014
0 70	0 011	0 012	0 013	0 015	0 016	0 017
0 80	0 013	0 014	0 015	0 017	0 118	0 019
0 90	0 014	0 016	0 017	0 019	0 020	0 022
1 »	0 016	0 018	0 019	0 021	0 022	0 024
2 »	0 032	0 035	0 038	0 042	0 044	0 048
3 »	0 048	0 053	0 058	0 062	0 067	0 072
4 »	0 064	0 070	0 077	0 083	0 090	0 096
5 »	0 080	0 088	0 096	0 104	0 112	0 120
6 »	0 096	0 106	0 115	0 125	0 134	0 144
7 »	0 112	0 123	0 134	0 146	0 157	0 168
8 »	0 128	0 141	0 154	0 166	0 179	0 192
9 »	0 144	0 158	0 173	0 187	0 202	0 216

N° 15.   0ᵐ08 ÉPAISSEUR.

Longueurs	LARGEURS					
	0ᵐ32	0ᵐ34	0ᵐ36	0ᵐ38	0ᵐ40	0ᵐ42
0ᵐ 10ᶜ	0ˢᵗ 003	0ˢᵗ 003	0ˢᵗ 003	0ˢᵗ 003	0ˢᵗ 003	0ˢᵗ 003
0 20	0 005	0 005	0 006	0 006	0 006	0 007
0 30	0 008	0 008	0 009	0 009	0 010	0 010
0 40	0 010	0 011	0 012	0 012	0 013	0 013
0 50	0 013	0 014	0 014	0 015	0 016	0 017
0 60	0 015	0 016	0 017	0 018	0 019	0 020
0 70	0 018	0 019	0 020	0 021	0 022	0 024
0 80	0 020	0 022	0 023	0 024	0 026	0 027
0 90	0 023	0 024	0 026	0 027	0 029	0 030
1 »	0 026	0 027	0 029	0 030	0 032	0 034
2 »	0 051	0 054	0 058	0 061	0 064	0 067
3 »	0 077	0 082	0 086	0 091	0 096	0 101
4 »	0 102	0 109	0 115	0 122	0 128	0 134
5 »	0 128	0 136	0 144	0 152	0 160	0 168
6 »	0 154	0 163	0 173	0 182	0 192	0 202
7 »	0 179	0 190	0 202	0 213	0 224	0 235
8 »	0 205	0 218	0 230	0 243	0 256	0 269
9 »	0 230	0 245	0 259	0 274	0 288	0 302

N° 16.   0ᵐ08 ÉPAISSEUR.

Longueurs	LARGEURS					
	0ᵐ44	0ᵐ46	0ᵐ48	0ᵐ50	0ᵐ52	0ᵐ54
0ᵐ 10ᶜ	0ˢᵗ 004	0ˢᵗ 004	0ˢᵗ 004	0ˢᵗ 004	0ˢᵗ 004	0ˢᵗ 004
0 20	0 007	0 007	0 008	0 008	0 008	0 009
0 30	0 011	0 011	0 012	0 012	0 012	0 013
0 40	0 014	0 015	0 015	0 016	0 017	0 017
0 50	0 018	0 018	0 019	0 020	0 021	0 022
0 60	0 021	0 022	0 023	0 024	0 025	0 026
0 70	0 025	0 026	0 027	0 028	0 029	0 030
0 80	0 028	0 029	0 031	0 032	0 033	0 035
0 90	0 032	0 033	0 035	0 036	0 037	0 039
1 »	0 035	0 037	0 038	0 040	0 042	0 043
2 »	0 070	0 074	0 077	0 080	0 083	0 086
3 »	0 106	0 110	0 115	0 120	0 125	0 130
4 »	0 141	0 147	0 154	0 160	0 166	0 173
5 »	0 176	0 184	0 192	0 200	0 208	0 216
6 »	0 211	0 221	0 230	0 240	0 250	0 259
7 »	0 246	0 258	0 269	0 280	0 291	0 302
8 »	0 282	0 294	0 307	0 320	0 333	0 346
9 »	0 317	0 331	0 346	0 360	0 374	0 389

N° 17.   0ᵐ09 ÉPAISSEUR.

Longueurs	LARGEURS.					
	0ᵐ08	0ᵐ10	0ᵐ12	0ᵐ14	0ᵐ16	0ᵐ18
0ᵐ10ᶜ	0ˢᵗ001	0ˢᵗ001	0ˢᵗ001	0ˢᵗ001	0ˢᵗ001	0ˢᵗ002
0 20	0 001	0 002	0 002	0 003	0 003	0 003
0 30	0 002	0 003	0 004	0 004	0 004	0 005
0 40	0 003	0 004	0 004	0 005	0 006	0 006
0 50	0 004	0 005	0 005	0 006	0 007	0 008
0 60	0 004	0 005	0 006	0 008	0 009	0 010
0 70	0 005	0 006	0 008	0 009	0 010	0 011
0 80	0 006	0 007	0 009	0 010	0 012	0 013
0 90	0 006	0 008	0 010	0 011	0 013	0 015
1 »	0 007	0 009	0 011	0 013	0 014	0 016
2 »	0 014	0 018	0 022	0 025	0 029	0 032
3 »	0 022	0 027	0 032	0 038	0 043	0 049
4 »	0 029	0 036	0 043	0 050	0 058	0 065
5 »	0 036	0 045	0 054	0 063	0 072	0 081
6 »	0 043	0 054	0 065	0 076	0 086	0 097
7 »	0 050	0 063	0 076	0 088	0 101	0 113
8 »	0 058	0 072	0 086	0 101	0 115	0 130
9 »	0 065	0 081	0 097	0 113	0 130	0 146

N° 18.   0ᵐ09 ÉPAISSEUR.

Longueurs	LARGEURS.					
	0ᵐ20	0ᵐ22	0ᵐ24	0ᵐ26	0ᵐ28	0ᵐ30
0ᵐ10ᶜ	0ˢᵗ002	0ˢᵗ002	0ˢᵗ002	0ˢᵗ002	0ˢᵗ003	0ˢᵗ003
0 20	0 004	0 004	0 004	0 005	0 005	0 005
0 30	0 005	0 006	0 006	0 007	0 008	0 008
0 40	0 007	0 008	0 009	0 009	0 010	0 011
0 50	0 009	0 010	0 011	0 012	0 013	0 014
0 60	0 011	0 012	0 013	0 014	0 015	0 016
0 70	0 013	0 014	0 015	0 016	0 018	0 019
0 80	0 014	0 016	0 017	0 019	0 020	0 022
0 90	0 016	0 018	0 019	0 021	0 023	0 024
1 »	0 018	0 020	0 022	0 023	0 025	0 027
2 »	0 036	0 040	0 043	0 047	0 050	0 054
3 »	0 054	0 059	0 065	0 070	0 076	0 081
4 »	0 072	0 079	0 086	0 094	0 101	0 108
5 »	0 090	0 099	0 108	0 117	0 126	0 135
6 »	0 108	0 119	0 130	0 140	0 151	0 162
7 »	0 126	0 139	0 151	0 164	0 176	0 189
8 »	0 144	0 158	0 173	0 187	0 202	0 216
9 »	0 162	0 178	0 194	0 211	0 227	0 243

N° 19. 0ᵐ09 ÉPAISSEUR.

Longueurs	LARGEURS.					
	0ᵐ32	0ᵐ34	0ᵐ36	0ᵐ38	0ᵐ40	0ᵐ42
0ᵐ 10ᶜ	0ˢᵗ 003	0ˢᵗ 003	0ˢᵗ 003	0ˢᵗ 003	0ˢᵗ 004	0ˢᵗ 004
0 20	0 006	0 006	0 006	0 007	0 007	0 008
0 30	0 009	0 009	0 010	0 010	0 011	0 011
0 40	0 012	0 012	0 013	0 014	0 014	0 015
0 50	0 014	0 015	0 016	0 017	0 018	0 019
0 60	0 017	0 018	0 019	0 021	0 022	0 023
0 70	0 020	0 021	0 023	0 024	0 025	0 026
0 80	0 023	0 024	0 026	0 027	0 029	0 030
0 90	0 026	0 028	0 029	0 031	0 032	0 034
1 »	0 029	0 031	0 032	0 034	0 036	0 038
2 »	0 058	0 061	0 065	0 068	0 072	0 076
3 »	0 086	0 092	0 097	0 103	0 108	0 113
4 »	0 115	0 122	0 130	0 137	0 144	0 151
5 »	0 144	0 153	0 162	0 171	0 180	0 189
6 »	0 173	0 184	0 194	0 205	0 216	0 227
7 »	0 202	0 214	0 227	0 239	0 252	0 265
8 »	0 230	0 255	0 259	0 274	0 288	0 302
9 »	0 259	0 275	0 292	0 308	0 324	0 340

N° 20. 0ᵐ09 ÉPAISSEUR.

Longueurs	LARGEURS.					
	0ᵐ44	0ᵐ46	0ᵐ48	0ᵐ50	0ᵐ52	0ᵐ54
0ᵐ 10ᶜ	0ˢᵗ 004	0ˢᵗ 004	0ˢᵗ 004	0ˢᵗ 005	0ˢᵗ 005	0ˢᵗ 005
0 20	0 008	0 008	0 009	0 009	0 009	0 010
0 30	0 012	0 012	0 013	0 014	0 014	0 015
0 40	0 016	0 017	0 017	0 018	0 019	0 019
0 50	0 020	0 021	0 022	0 023	0 023	0 024
0 60	0 024	0 025	0 026	0 027	0 028	0 029
0 70	0 028	0 029	0 030	0 032	0 033	0 034
0 80	0 032	0 033	0 035	0 036	0 037	0 039
0 90	0 036	0 037	0 039	0 041	0 042	0 044
1 »	0 040	0 041	0 043	0 045	0 047	0 049
2 »	0 079	0 083	0 086	0 090	0 094	0 097
3 »	0 119	0 124	0 130	0 135	0 140	0 146
4 »	0 158	0 166	0 173	0 180	0 187	0 194
5 »	0 198	0 207	0 216	0 225	0 234	0 243
6 »	0 238	0 248	0 259	0 270	0 281	0 292
7 »	0 277	0 290	0 302	0 315	0 328	0 340
8 »	0 317	0 334	0 346	0 360	0 374	0 389
9 »	0 356	0 373	0 389	0 405	0 421	0 437

N° 21.   0ᵐ10 ÉPAISSEUR.

Longueurs	LARGEURS.					
	0ᵐ10	0ᵐ12	0ᵐ14	0ᵐ16	0ᵐ18	0ᵐ20
0ᵐ 10ᶜ	0ˢᵗ 001	0ˢᵗ 001	0ˢᵗ 001	0ˢᵗ 002	0ˢᵗ 002	0ˢᵗ 002
0 20	0 002	0 002	0 003	0 003	0 004	0 004
0 30	0 003	0 004	0 004	0 005	0 005	0 006
0 40	0 004	0 005	0 006	0 006	0 007	0 008
0 50	0 005	0 006	0 007	0 008	0 009	0 010
0 60	0 006	0 007	0 008	0 010	0 011	0 012
0 70	0 007	0 008	0 010	0 011	0 013	0 014
0 80	0 008	0 010	0 011	0 013	0 014	0 016
0 90	0 009	0 011	0 013	0 014	0 016	0 018
1 »	0 010	0 012	0 014	0 016	0 018	0 020
2 »	0 020	0 024	0 028	0 032	0 036	0 040
3 »	0 030	0 036	0 042	0 048	0 054	0 060
4 »	0 040	0 048	0 056	0 064	0 072	0 080
5 »	0 050	0 060	0 070	0 080	0 090	0 100
6 »	0 060	0 072	0 084	0 096	0 108	0 120
7 »	0 070	0 084	0 098	0 112	0 126	0 140
8 »	0 080	0 096	0 112	0 128	0 144	0 160
9 »	0 090	0 108	0 126	0 144	0 162	0 180

N° 22.   0ᵐ10 ÉPAISSEUR.

Longueurs	LARGEURS.					
	0ᵐ22	0ᵐ24	0ᵐ26	0ᵐ28	0ᵐ30	0ᵐ32
0ᵐ 10ᶜ	0ˢᵗ 002	0ˢᵗ 002	0ˢᵗ 003	0ˢᵗ 003	0ˢᵗ 003	0ˢᵗ 003
0 20	0 004	0 005	0 005	0 006	0 006	0 006
0 30	0 007	0 007	0 008	0 008	0 009	0 010
0 40	0 009	0 010	0 010	0 011	0 012	0 013
0 50	0 011	0 012	0 013	0 014	0 015	0 016
0 60	0 013	0 014	0 016	0 017	0 118	0 019
0 70	0 015	0 017	0 018	0 020	0 021	0 022
0 80	0 018	0 019	0 021	0 022	0 024	0 026
0 90	0 020	0 022	0 023	0 025	0 027	0 029
1 »	0 022	0 024	0 026	0 028	0 030	0 032
2 »	0 044	0 048	0 052	0 056	0 060	0 064
3 »	0 066	0 072	0 078	0 084	0 090	0 096
4 »	0 088	0 096	0 104	0 112	0 120	0 128
5 »	0 110	0 120	0 130	0 140	0 150	0 160
6 »	0 132	0 144	0 156	0 168	0 180	0 192
7 »	0 154	0 168	0 182	0 196	0 210	0 224
8 »	0 176	0 192	0 208	0 224	0 240	0 256
9 »	0 198	0 216	0 234	0 252	0 270	0 288

N° 23.   0ᵐ10 ÉPAISSEUR.

Longueurs	LARGEURS.					
	0ᵐ34	0ᵐ36	0ᵐ38	0ᵐ40	0ᵐ42	0ᵐ44
0ᵐ 10ᶜ	0ˢᵗ 003	0ˢᵗ 004	0ˢᵗ 004	0ˢᵗ 004	0ˢᵗ 004	0ˢᵗ 004
0 20	0 007	0 007	0 008	0 008	0 008	0 009
0 30	0 010	0 011	0 011	0 012	0 013	0 013
0 40	0 014	0 014	0 015	0 016	0 017	0 018
0 50	0 017	0 018	0 019	0 020	0 021	0 022
0 60	0 020	0 022	0 023	0 024	0 025	0 026
0 70	0 024	0 025	0 027	0 028	0 029	0 031
0 80	0 027	0 029	0 030	0 032	0 034	0 035
0 90	0 031	0 032	0 034	0 036	0 038	0 040
1 »	0 034	0 036	0 038	0 040	0 042	0 044
2 »	0 068	0 072	0 076	0 080	0 084	0 088
3 »	0 102	0 108	0 114	0 120	0 126	0 132
4 »	0 136	0 144	0 152	0 160	0 168	0 176
5 »	0 170	0 180	0 190	0 200	0 210	0 220
6 »	0 204	0 216	0 228	0 240	0 252	0 264
7 »	0 238	0 252	0 266	0 280	0 294	0 308
8 »	0 272	0 288	0 304	0 320	0 336	0 352
9 »	0 306	0 324	0 342	0 360	0 378	0 396

N° 24.   0ᵐ10 ÉPAISSEUR.

Longueurs	LARGEURS.					
	0ᵐ46	0ᵐ48	0ᵐ50	0ᵐ52	0ᵐ54	0ᵐ56
0ᵐ 10ᶜ	0ˢᵗ 005	0ˢᵗ 005	0ˢᵗ 005	0ˢᵗ 005	0ˢᵗ 005	0ˢᵗ 006
0 20	0 009	0 010	0 010	0 010	0 011	0 011
0 30	0 014	0 014	0 015	0 016	0 016	0 017
0 40	0 018	0 019	0 020	0 021	0 022	0 022
0 50	0 023	0 024	0 025	0 026	0 027	0 028
0 60	0 028	0 029	0 030	0 031	0 032	0 034
0 70	0 032	0 034	0 035	0 036	0 038	0 039
0 80	0 037	0 038	0 040	0 042	0 043	0 045
0 90	0 044	0 043	0 045	0 047	0 049	0 050
1 »	0 046	0 048	0 050	0 052	0 054	0 056
2 »	0 092	0 096	0 100	0 104	0 108	0 112
3 »	0 138	0 144	0 150	0 156	0 162	0 168
4 »	0 184	0 192	0 200	0 208	0 216	0 224
5 »	0 230	0 240	0 250	0 260	0 270	0 280
6 »	0 276	0 288	0 300	0 312	0 324	0 336
7 »	0 322	0 336	0 350	0 364	0 378	0 392
8 »	0 368	0 384	0 400	0 416	0 432	0 448
9 »	0 414	0 432	0 450	0 468	0 486	0 504

N° 25.   0ᵐ11 ÉPAISSEUR.

Longueurs	LARGEURS					
	0ᵐ10	0ᵐ12	0ᵐ14	0ᵐ16	0ᵐ18	0ᵐ20
0ᵐ 10ᶜ	0ˢᵗ001	0ˢᵗ001	0ˢᵗ002	0ˢᵗ002	0ˢᵗ002	0ˢᵗ002
0 20	0 002	0 003	0 003	0 004	0 004	0 004
0 30	0 003	0 004	0 005	0 005	0 006	0 007
0 40	0 004	0 005	0 006	0 007	0 008	0 009
0 50	0 006	0 007	0 008	0 009	0 010	0 011
0 60	0 007	0 008	0 009	0 011	0 012	0 013
0 70	0 008	0 009	0 011	0 012	0 014	0 015
0 80	0 009	0 011	0 012	0 014	0 016	0 018
0 90	0 010	0 012	0 014	0 016	0 018	0 020
1 »	0 011	0 013	0 015	0 018	0 020	0 022
2 »	0 022	0 026	0 031	0 035	0 040	0 044
3 »	0 033	0 040	0 046	0 053	0 059	0 066
4 »	0 044	0 053	0 062	0 070	0 079	0 088
5 »	0 055	0 066	0 077	0 088	0 099	0 110
6 »	0 066	0 079	0 092	0 106	0 119	0 132
7 »	0 077	0 092	0 108	0 123	0 139	0 154
8 »	0 088	0 106	0 123	0 141	0 158	0 176
9 »	0 099	0 119	0 139	0 158	0 178	0 198

N° 26.   0ᵐ11 ÉPAISSEUR.

Longueurs	LARGEURS					
	0ᵐ22	0ᵐ24	0ᵐ26	0ᵐ28	0ᵐ30	0ᵐ32
0ᵐ 10ᶜ	0ˢᵗ002	0ˢᵗ003	0ˢᵗ003	0ˢᵗ003	0ˢᵗ003	0ˢᵗ004
0 20	0 005	0 005	0 006	0 006	0 007	0 007
0 30	0 007	0 008	0 009	0 009	0 010	0 011
0 40	0 010	0 011	0 011	0 012	0 013	0 014
0 50	0 012	0 013	0 014	0 015	0 017	0 018
0 60	0 015	0 016	0 017	0 018	0 020	0 021
0 70	0 017	0 018	0 020	0 022	0 023	0 025
0 80	0 019	0 021	0 023	0 025	0 026	0 028
0 90	0 022	0 024	0 026	0 028	0 030	0 032
1 »	0 024	0 026	0 029	0 031	0 033	0 035
2 »	0 048	0 053	0 057	0 062	0 066	0 070
3 »	0 073	0 079	0 086	0 092	0 099	0 106
4 »	0 097	0 106	0 114	0 123	0 132	0 141
5 »	0 121	0 132	0 143	0 154	0 165	0 176
6 »	0 145	0 158	0 172	0 185	0 198	0 211
7 »	0 169	0 185	0 200	0 216	0 231	0 246
8 »	0 194	0 211	0 229	0 246	0 264	0 282
9 »	0 218	0 238	0 257	0 277	0 297	0 317

N° 27.   **0ᵐ11 ÉPAISSEUR.**

Longueurs	LARGEURS.					
	0ᵐ34	0ᵐ36	0ᵐ38	0ᵐ40	0ᵐ42	0ᵐ44
0ᵐ 10ᶜ	0ˢᵗ 004	0ˢᵗ 004	0ˢᵗ 004	0ˢᵗ 004	0ˢᵗ 005	0ˢᵗ 005
0 20	0 007	0 008	0 008	0 009	0 009	0 010
0 30	0 011	0 012	0 013	0 013	0 014	0 015
0 40	0 015	0 016	0 017	0 018	0 018	0 019
0 50	0 019	0 020	0 021	0 022	0 023	0 024
0 60	0 022	0 024	0 025	0 026	0 028	0 029
0 70	0 026	0 028	0 029	0 031	0 032	0 034
0 80	0 030	0 032	0 033	0 035	0 037	0 039
0 90	0 034	0 036	0 038	0 040	0 042	0 044
1 »	0 037	0 040	0 042	0 044	0 046	0 048
2 »	0 075	0 079	0 084	0 088	0 092	0 097
3 »	0 112	0 119	0 125	0 132	0 139	0 145
4 »	0 150	0 158	0 167	0 176	0 185	0 194
5 »	0 187	0 198	0 209	0 220	0 231	0 242
6 »	0 224	0 238	0 251	0 264	0 277	0 290
7 »	0 262	0 277	0 293	0 308	0 323	0 339
8 »	0 299	0 317	0 334	0 352	0 370	0 387
9 »	0 337	0 356	0 376	0 396	0 416	0 436

N° 28.   **0ᵐ11 ÉPAISSEUR.**

Longueurs	LARGEURS.					
	0ᵐ46	0ᵐ48	0ᵐ50	0ᵐ52	0ᵐ54	0ᵐ56
0ᵐ 10ᶜ	0ˢᵗ 005	0ˢᵗ 005	0ˢᵗ 006	0ˢᵗ 006	0ˢᵗ 006	0ˢᵗ 006
0 20	0 010	0 011	0 011	0 011	0 012	0 012
0 30	0 015	0 016	0 017	0 017	0 018	0 018
0 40	0 020	0 021	0 022	0 023	0 024	0 025
0 50	0 025	0 026	0 028	0 029	0 030	0 031
0 60	0 030	0 032	0 033	0 034	0 036	0 037
0 70	0 035	0 037	0 039	0 040	0 042	0 043
0 80	0 040	0 042	0 044	0 046	0 048	0 049
0 90	0 046	0 048	0 050	0 051	0 053	0 055
1 »	0 051	0 053	0 055	0 057	0 059	0 062
2 »	0 101	0 106	0 110	0 114	0 119	0 123
3 »	0 152	0 158	0 165	0 172	0 178	0 185
4 »	0 202	0 211	0 220	0 229	0 238	0 246
5 »	0 253	0 264	0 275	0 286	0 297	0 308
6 »	0 304	0 317	0 330	0 343	0 356	0 370
7 »	0 354	0 370	0 385	0 400	0 416	0 431
8 »	0 405	0 422	0 440	0 458	0 475	0 493
9 »	0 455	0 475	0 495	0 515	0 535	0 554

N° 29. — 0ᵐ12 ÉPAISSEUR.

Longueurs	LARGEURS.					
	0ᵐ12	0ᵐ14	0ᵐ16	0ᵐ18	0ᵐ20	0ᵐ22
0ᵐ 10ᶜ	0ˢᵗ 001	0ˢᵗ 002	0ˢᵗ 002	0ˢᵗ 002	0ˢᵗ 002	0ˢᵗ 003
0 20	0 003	0 003	0 004	0 004	0 005	0 005
0 30	0 004	0 005	0 006	0 006	0 007	0 008
0 40	0 006	0 007	0 008	0 009	0 010	0 011
0 50	0 007	0 008	0 010	0 011	0 012	0 013
0 60	0 009	0 010	0 012	0 013	0 014	0 016
0 70	0 010	0 012	0 013	0 015	0 017	0 018
0 80	0 012	0 013	0 015	0 017	0 019	0 021
0 90	0 013	0 015	0 017	0 019	0 022	0 024
1 »	0 014	0 017	0 019	0 022	0 024	0 026
2 »	0 029	0 034	0 038	0 043	0 048	0 053
3 »	0 043	0 050	0 058	0 065	0 072	0 079
4 »	0 058	0 067	0 077	0 086	0 096	0 106
5 »	0 072	0 084	0 096	0 108	0 120	0 132
6 »	0 086	0 101	0 115	0 130	0 144	0 158
7 »	0 101	0 118	0 134	0 151	0 168	0 185
8 »	0 115	0 134	0 154	0 173	0 192	0 211
9 »	0 130	0 151	0 173	0 194	0 216	0 238

N° 30. — 0ᵐ12 ÉPAISSEUR.

Longueurs	LARGEURS.					
	0ᵐ24	0ᵐ26	0ᵐ28	0ᵐ30	0ᵐ32	0ᵐ34
0ᵐ 10ᶜ	0ˢᵗ 003	0ˢᵗ 003	0ˢᵗ 003	0ˢᵗ 004	0ˢᵗ 004	0ˢᵗ 004
0 20	0 006	0 006	0 007	0 007	0 008	0 008
0 30	0 009	0 009	0 010	0 011	0 012	0 012
0 40	0 012	0 012	0 013	0 014	0 015	0 016
0 50	0 014	0 016	0 017	0 018	0 019	0 020
0 60	0 017	0 019	0 020	0 022	0 023	0 024
0 70	0 020	0 022	0 024	0 025	0 027	0 029
0 80	0 023	0 025	0 027	0 029	0 031	0 033
0 90	0 026	0 028	0 030	0 032	0 035	0 037
1 »	0 029	0 031	0 034	0 036	0 038	0 041
2 »	0 058	0 062	0 067	0 072	0 077	0 082
3 »	0 086	0 094	0 101	0 108	0 115	0 122
4 »	0 115	0 125	0 134	0 144	0 154	0 163
5 »	0 144	0 156	0 168	0 180	0 192	0 204
6 »	0 173	0 187	0 202	0 216	0 230	0 245
7 »	0 202	0 218	0 235	0 252	0 269	0 286
8 »	0 230	0 250	0 269	0 288	0 307	0 326
9 »	0 259	0 284	0 302	0 324	0 346	0 367

N° 31.   0ᵐ12 ÉPAISSEUR.

Longueurs	LARGEURS.					
	0ᵐ36	0ᵐ38	0ᵐ40	0ᵐ42	0ᵐ44	0ᵐ46
0ᵐ 10ᶜ	0ˢᵗ 004	0ˢᵗ 005	0ˢᵗ 005	0ˢᵗ 005	0ˢᵗ 005	0ˢᵗ 006
0 20	0 009	0 009	0 010	0 010	0 011	0 011
0 30	0 013	0 014	0 014	0 015	0 016	0 017
0 40	0 017	0 018	0 019	0 020	0 021	0 022
0 50	0 022	0 023	0 024	0 025	0 026	0 028
0 60	0 026	0 027	0 029	0 030	0 032	0 033
0 70	0 030	0 032	0 034	0 035	0 037	0 039
0 80	0 035	0 036	0 038	0 040	0 042	0 044
0 90	0 039	0 041	0 043	0 045	0 048	0 050
1 »	0 043	0 046	0 048	0 050	0 053	0 055
2 »	0 086	0 091	0 096	0 101	0 106	0 110
3 »	0 130	0 137	0 144	0 151	0 158	0 166
4 »	0 173	0 182	0 192	0 202	0 211	0 221
5 »	0 216	0 228	0 240	0 252	0 264	0 276
6 »	0 259	0 274	0 288	0 302	0 317	0 331
7 »	0 302	0 319	0 336	0 353	0 370	0 386
8 »	0 346	0 365	0 384	0 403	0 422	0 442
9 »	0 389	0 410	0 432	0 454	0 475	0 497

N° 32.   0ᵐ12 ÉPAISSEUR.

Longueurs	LARGEURS.					
	0ᵐ48	0ᵐ50	0ᵐ52	0ᵐ54	0ᵐ56	0ᵐ58
0ᵐ 10ᶜ	0ˢᵗ 006	0ˢᵗ 006	0ˢᵗ 006	0ˢᵗ 006	0ˢᵗ 007	0ˢᵗ 007
0 20	0 012	0 012	0 012	0 013	0 013	0 014
0 30	0 017	0 018	0 019	0 019	0 020	0 021
0 40	0 023	0 024	0 025	0 026	0 027	0 028
0 50	0 029	0 030	0 031	0 032	0 034	0 035
0 60	0 035	0 036	0 037	0 039	0 040	0 042
0 70	0 040	0 042	0 044	0 045	0 047	0 049
0 80	0 046	0 048	0 050	0 052	0 054	0 056
0 90	0 052	0 054	0 056	0 058	0 060	0 063
1 »	0 058	0 060	0 062	0 065	0 067	0 070
2 »	0 115	0 120	0 125	0 130	0 134	0 139
3 »	0 173	0 180	0 187	0 194	0 202	0 209
4 »	0 230	0 240	0 250	0 259	0 269	0 278
5 »	0 288	0 300	0 312	0 324	0 336	0 348
6 »	0 346	0 360	0 374	0 389	0 403	0 418
7 »	0 403	0 420	0 437	0 454	0 470	0 487
8 »	0 461	0 480	0 499	0 518	0 538	0 557
9 »	0 518	0 540	0 562	0 583	0 605	0 626

N° 33.   0^{m}13 ÉPAISSEUR.

Longueurs	LARGEURS.					
	0^{m}12	0^{m}14	0^{m}16	0^{m}18	0^{m}20	0^{m}22
0^m 10^c	0st 002	0st 002	0st 002	0st 002	0st 003	0st 003
0 20	0 003	0 004	0 004	0 005	0 005	0 006
0 30	0 005	0 006	0 007	0 008	0 008	0 009
0 40	0 006	0 007	0 008	0 009	0 010	0 011
0 50	0 008	0 009	0 010	0 012	0 013	0 014
0 60	0 009	0 011	0 012	0 014	0 016	0 017
0 70	0 011	0 013	0 015	0 016	0 018	0 020
0 80	0 012	0 015	0 017	0 019	0 021	0 023
0 90	0 014	0 016	0 019	0 021	0 023	0 026
1 »	0 016	0 018	0 021	0 023	0 026	0 029
2 »	0 031	0 036	0 042	0 047	0 052	0 057
3 »	0 047	0 055	0 062	0 070	0 078	0 086
4 »	0 062	0 073	0 083	0 094	0 104	0 114
5 »	0 078	0 091	0 104	0 117	0 130	0 143
6 »	0 094	0 109	0 125	0 140	0 156	0 172
7 »	0 109	0 127	0 146	0 164	0 182	0 200
8 »	0 125	0 146	0 166	0 187	0 208	0 229
9 »	0 140	0 164	0 187	0 211	0 234	0 257

N° 34.   0^{m}13 ÉPAISSEUR.

Longueurs	LARGEURS.					
	0^{m}24	0^{m}26	0^{m}28	0^{m}30	0^{m}32	0^{m}34
0^m 10^c	0st 003	0st 003	0st 004	0st 004	0st 004	0st 004
0 20	0 006	0 007	0 007	0 008	0 008	0 009
0 30	0 010	0 011	0 012	0 013	0 013	0 014
0 40	0 012	0 014	0 015	0 016	0 017	0 018
0 50	0 016	0 017	0 018	0 020	0 021	0 022
0 60	0 019	0 020	0 022	0 023	0 025	0 027
0 70	0 022	0 024	0 025	0 027	0 029	0 031
0 80	0 025	0 027	0 029	0 031	0 033	0 035
0 90	0 028	0 030	0 033	0 035	0 037	0 040
1 »	0 031	0 034	0 036	0 039	0 042	0 044
2 »	0 062	0 068	0 073	0 078	0 083	0 088
3 »	0 094	0 101	0 109	0 117	0 125	0 133
4 »	0 125	0 135	0 146	0 156	0 166	0 177
5 »	0 156	0 169	0 182	0 195	0 208	0 221
6 »	0 187	0 203	0 218	0 234	0 250	0 265
7 »	0 218	0 237	0 255	0 273	0 291	0 309
8 »	0 250	0 270	0 291	0 312	0 333	0 354
9 »	0 281	0 304	0 328	0 351	0 374	0 398

N° 35. — 0ᵐ13 ÉPAISSEUR.

LARGEURS.

Longueurs	0ᵐ36	0ᵐ38	0ᵐ40	0ᵐ42	0ᵐ44	0ᵐ46
0ᵐ10c	0ˢᵗ 005	0ˢᵗ 005	0ˢᵗ 005	0ˢᵗ 005	0ˢᵗ 006	0ˢᵗ 006
0 20	0 009	0 010	0 010	0 011	0 011	0 012
0 30	0 014	0 015	0 016	0 016	0 017	0 018
0 40	0 019	0 020	0 021	0 022	0 023	0 024
0 50	0 023	0 025	0 026	0 027	0 029	0 030
0 60	0 028	0 030	0 031	0 033	0 034	0 036
0 70	0 033	0 035	0 036	0 038	0 040	0 042
0 80	0 037	0 040	0 042	0 044	0 046	0 048
0 90	0 042	0 044	0 047	0 049	0 051	0 054
1 »	0 047	0 049	0 052	0 055	0 057	0 060
2 »	0 094	0 099	0 104	0 109	0 114	0 120
3 »	0 140	0 148	0 156	0 164	0 172	0 179
4 »	0 187	0 198	0 208	0 218	0 229	0 239
5 »	0 234	0 247	0 260	0 273	0 286	0 299
6 »	0 281	0 296	0 312	0 328	0 343	0 359
7 »	0 328	0 346	0 364	0 382	0 400	0 419
8 »	0 374	0 395	0 416	0 437	0 458	0 478
9 »	0 421	0 445	0 468	0 491	0 515	0 538

N° 36. — 0ᵐ13 ÉPAISSEUR.

LARGEURS.

Longueurs	0ᵐ48	0ᵐ50	0ᵐ52	0ᵐ54	0ᵐ56	0ᵐ58
0ᵐ10c	0ˢᵗ 006	0ˢᵗ 007	0ˢᵗ 007	0ˢᵗ 007	0ˢᵗ 007	0ˢᵗ 008
0 20	0 012	0 013	0 014	0 014	0 015	0 015
0 30	0 019	0 020	0 020	0 021	0 022	0 023
0 40	0 025	0 026	0 027	0 028	0 029	0 030
0 50	0 031	0 033	0 034	0 035	0 036	0 038
0 60	0 037	0 039	0 041	0 042	0 044	0 045
0 70	0 044	0 046	0 047	0 049	0 051	0 053
0 80	0 050	0 052	0 054	0 056	0 058	0 060
0 90	0 056	0 059	0 061	0 063	0 066	0 068
1 »	0 062	0 065	0 068	0 070	0 073	0 075
2 »	0 125	0 130	0 135	0 140	0 146	0 151
3 »	0 187	0 195	0 203	0 211	0 218	0 226
4 »	0 250	0 260	0 270	0 281	0 291	0 302
5 »	0 312	0 325	0 338	0 351	0 364	0 377
6 »	0 374	0 390	0 406	0 421	0 437	0 452
7 »	0 437	0 455	0 473	0 491	0 510	0 528
8 »	0 499	0 520	0 541	0 562	0 582	0 603
9 »	0 562	0 585	0 608	0 632	0 655	0 679

N° 37. 0^m14 ÉPAISSEUR.

Longueurs	LARGEURS.					
	0^m14	0^m16	0^m18	0^m20	0^m22	0^m24
$0^m 10^c$	$0^{st} 002$	$0^{st} 002$	$0^{st} 003$	$0^{st} 003$	$0^{st} 003$	$0^{st} 003$
0 20	0 004	0 004	0 005	0 006	0 006	0 007
0 30	0 006	0 007	0 008	0 008	0 009	0 010
0 40	0 008	0 009	0 010	0 011	0 012	0 013
0 50	0 010	0 011	0 013	0 014	0 015	0 017
0 60	0 012	0 013	0 015	0 017	0 018	0 020
0 70	0 014	0 016	0 018	0 020	0 022	0 024
0 80	0 016	0 018	0 020	0 022	0 025	0 027
0 90	0 018	0 020	0 023	0 025	0 028	0 030
1 »	0 020	0 022	0 025	0 028	0 031	0 034
2 »	0 039	0 045	0 050	0 056	0 062	0 067
3 »	0 059	0 067	0 076	0 084	0 092	0 101
4 »	0 078	0 090	0 101	0 112	0 123	0 134
5 »	0 098	0 112	0 126	0 140	0 154	0 168
6 »	0 118	0 134	0 151	0 168	0 185	0 202
7 »	0 137	0 157	0 176	0 196	0 216	0 235
8 »	0 157	0 179	0 202	0 224	0 246	0 269
9 »	0 176	0 202	0 227	0 252	0 277	0 302

N° 38. 0^m14 ÉPAISSEUR.

Longueurs	LARGEURS.					
	0^m26	0^m28	0^m30	0^m32	0^m34	0^m36
$0^m 10^c$	$0^{st} 004$	$0^{st} 004$	$0^{st} 004$	$0^{st} 004$	$0^{st} 005$	$0^{st} 005$
0 20	0 007	0 008	0 008	0 009	0 010	0 010
0 30	0 011	0 012	0 013	0 013	0 014	0 015
0 40	0 015	0 016	0 017	0 018	0 019	0 020
0 50	0 018	0 020	0 021	0 022	0 024	0 025
0 60	0 022	0 024	0 025	0 027	0 029	0 030
0 70	0 025	0 027	0 029	0 031	0 033	0 035
0 80	0 029	0 031	0 034	0 036	0 038	0 040
0 90	0 033	0 035	0 038	0 040	0 043	0 045
1 »	0 036	0 039	0 042	0 045	0 048	0 050
2 »	0 073	0 078	0 084	0 090	0 095	0 101
3 »	0 109	0 118	0 126	0 134	0 143	0 151
4 »	0 146	0 157	0 168	0 179	0 190	0 202
5 »	0 182	0 196	0 210	0 224	0 238	0 252
6 »	0 218	0 235	0 252	0 269	0 286	0 302
7 »	0 255	0 274	0 294	0 314	0 333	0 353
8 »	0 291	0 314	0 336	0 358	0 381	0 403
9 »	0 328	0 353	0 378	0 403	0 428	0 454

N° 39. 0ᵐ14 ÉPAISSEUR.

Longueurs	LARGEURS.					
	0ᵐ38	0ᵐ40	0ᵐ42	0ᵐ44	0ᵐ46	0ᵐ48
0ᵐ 10ᶜ	0ˢᵗ 005	0ˢᵗ 006	0ˢᵗ 006	0ˢᵗ 006	0ˢᵗ 006	0ˢᵗ 007
0 20	0 011	0 011	0 012	0 012	0 013	0 013
0 30	0 016	0 017	0 018	0 018	0 019	0 020
0 40	0 021	0 022	0 024	0 025	0 026	0 027
0 50	0 027	0 028	0 029	0 031	0 032	0 034
0 60	0 032	0 034	0 035	0 037	0 039	0 040
0 70	0 037	0 039	0 041	0 043	0 045	0 047
0 80	0 043	0 045	0 047	0 049	0 052	0 054
0 90	0 048	0 050	0 053	0 055	0 058	0 060
1 »	0 053	0 056	0 059	0 062	0 064	0 067
2 »	0 106	0 112	0 118	0 123	0 129	0 134
3 »	0 160	0 168	0 176	0 185	0 193	0 202
4 »	0 213	0 224	0 235	0 246	0 258	0 269
5 »	0 266	0 280	0 294	0 308	0 322	0 336
6 »	0 319	0 336	0 353	0 390	0 386	0 403
7 »	0 372	0 392	0 412	0 431	0 451	0 470
8 »	0 426	0 448	0 470	0 493	0 511	0 538
9 »	0 479	0 504	0 529	0 554	0 580	0 605

N° 40. 0ᵐ14 ÉPAISSEUR.

Longueurs	LARGEURS.					
	0ᵐ50	0ᵐ52	0ᵐ54	0ᵐ56	0ᵐ58	0ᵐ60
0ᵐ 10ᶜ	0ˢᵗ 007	0ˢᵗ 007	0ˢᵗ 008	0ˢᵗ 008	0ˢᵗ 008	0ˢᵗ 008
0 20	0 014	0 015	0 015	0 016	0 016	0 017
0 30	0 021	0 022	0 023	0 024	0 024	0 025
0 40	0 028	0 029	0 030	0 031	0 032	0 034
0 50	0 035	0 036	0 038	0 039	0 041	0 042
0 60	0 042	0 044	0 045	0 047	0 049	0 050
0 70	0 049	0 051	0 053	0 055	0 057	0 059
0 80	0 056	0 058	0 060	0 063	0 065	0 067
0 90	0 063	0 066	0 068	0 071	0 073	0 076
1 »	0 070	0 073	0 076	0 078	0 081	0 084
2 »	0 140	0 146	0 151	0 157	0 162	0 168
3 »	0 210	0 218	0 227	0 235	0 244	0 252
4 »	0 280	0 291	0 302	0 314	0 325	0 336
5 »	0 350	0 364	0 378	0 392	0 406	0 420
6 »	0 420	0 437	0 454	0 470	0 487	0 504
7 »	0 490	0 510	0 529	0 549	0 568	0 588
8 »	0 560	0 582	0 605	0 627	0 650	0 672
9 »	0 630	0 655	0 680	0 706	0 731	0 756

N° 41. 0ᵐ15 ÉPAISSEUR.

Longueurs	LARGEURS.					
	0ᵐ14	0ᵐ16	0ᵐ18	0ᵐ20	0ᵐ22	0ᵐ24
0ᵐ 10ᶜ	0ˢᵗ 002	0ˢᵗ 002	0ˢᵗ 003	0ˢᵗ 003	0ˢᵗ 003	0ˢᵗ 004
0 20	0 004	0 005	0 005	0 006	0 007	0 007
0 30	0 006	0 007	0 008	0 009	0 010	0 011
0 40	0 008	0 010	0 011	0 012	0 013	0 014
0 50	0 011	0 012	0 014	0 015	0 017	0 018
0 60	0 013	0 014	0 016	0 018	0 020	0 022
0 70	0 015	0 017	0 019	0 021	0 023	0 025
0 80	0 017	0 019	0 022	0 024	0 026	0 029
0 90	0 019	0 022	0 024	0 027	0 030	0 032
1 »	0 021	0 024	0 027	0 030	0 033	0 036
2 »	0 042	0 048	0 054	0 060	0 066	0 072
3 »	0 063	0 072	0 081	0 090	0 099	0 108
4 »	0 084	0 096	0 108	0 120	0 132	0 144
5 »	0 105	0 120	0 135	0 150	0 165	0 180
6 »	0 126	0 144	0 162	0 180	0 198	0 216
7 »	0 147	0 168	0 189	0 210	0 231	0 252
8 »	0 168	0 192	0 206	0 240	0 264	0 288
9 »	0 189	0 216	0 243	0 270	0 297	0 324

N° 42. 0ᵐ15 ÉPAISSEUR.

Longueurs	LARGEURS.					
	0ᵐ26	0ᵐ28	0ᵐ30	0ᵐ32	0ᵐ34	0ᵐ36
0ᵐ 10ᶜ	0ˢᵗ 004	0ˢᵗ 004	0ˢᵗ 005	0ˢᵗ 005	0ˢᵗ 005	0ˢᵗ 005
0 20	0 008	0 009	0 010	0 010	0 011	0 011
0 30	0 012	0 013	0 014	0 014	0 015	0 016
0 40	0 016	0 017	0 018	0 019	0 020	0 022
0 50	0 020	0 021	0 023	0 024	0 026	0 027
0 60	0 023	0 025	0 027	0 029	0 031	0 032
0 70	0 027	0 029	0 032	0 034	0 036	0 038
0 80	0 031	0 034	0 036	0 038	0 041	0 043
0 90	0 035	0 038	0 041	0 043	0 046	0 049
1 »	0 039	0 042	0 045	0 048	0 051	0 054
2 »	0 078	0 084	0 090	0 096	0 102	0 108
3 »	0 117	0 126	0 135	0 144	0 153	0 162
4 »	0 156	0 168	0 180	0 192	0 204	0 216
5 »	0 195	0 210	0 225	0 240	0 255	0 270
6 »	0 234	0 252	0 270	0 288	0 306	0 324
7 »	0 273	0 294	0 315	0 336	0 359	0 378
8 »	0 312	0 336	0 360	0 384	0 408	0 432
9 »	0 351	0 378	0 405	0 432	0 459	0 486

| N° 43. | 0ᵐ15 ÉPAISSEUR. | | | | | |

LARGEURS.

Longueurs	0ᵐ38	0ᵐ40	0ᵐ42	0ᵐ44	0ᵐ46	0ᵐ48
0ᵐ 10ᶜ	0ˢᵗ 006	0ˢᵗ 006	0ˢᵗ 006	0ˢᵗ 007	0ˢᵗ 007	0ˢᵗ 007
0 20	0 011	0 012	0 013	0 013	0 014	0 014
0 30	0 017	0 018	0 019	0 020	0 021	0 022
0 40	0 023	0 024	0 025	0 026	0 028	0 029
0 50	0 029	0 030	0 032	0 033	0 035	0 036
0 60	0 034	0 036	0 038	0 040	0 041	0 043
0 70	0 040	0 042	0 044	0 046	0 048	0 050
0 80	0 046	0 048	0 050	0 053	0 055	0 058
0 90	0 051	0 054	0 057	0 059	0 062	0 065
1 »	0 057	0 060	0 063	0 066	0 069	0 072
2 »	0 114	0 120	0 126	0 132	0 138	0 144
3 »	0 171	0 180	0 189	0 198	0 207	0 216
4 »	0 228	0 240	0 252	0 264	0 276	0 288
5 »	0 285	0 300	0 315	0 330	0 345	0 360
6 »	0 342	0 360	0 378	0 396	0 414	0 432
7 »	0 399	0 420	0 441	0 462	0 483	0 504
8 »	0 456	0 480	0 504	0 528	0 552	0 576
9 »	0 513	0 540	0 567	0 594	0 621	0 648

| N° 44. | 0ᵐ15 ÉPAISSEUR. | | | | | |

LARGEURS.

Longueurs	0ᵐ50	0ᵐ52	0ᵐ54	0ᵐ56	0ᵐ58	0ᵐ60
0ᵐ 10ᶜ	0ˢᵗ 008	0ˢᵗ 008	0ˢᵗ 008	0ˢᵗ 008	0ˢᵗ 009	0ˢᵗ 009
0 20	0 015	0 016	0 016	0 017	0 017	0 018
0 30	0 023	0 023	0 024	0 025	0 026	0 027
0 40	0 030	0 031	0 032	0 034	0 035	0 036
0 50	0 038	0 039	0 041	0 042	0 044	0 045
0 60	0 045	0 047	0 049	0 050	0 052	0 054
0 70	0 053	0 055	0 057	0 059	0 061	0 063
0 80	0 060	0 062	0 065	0 067	0 070	0 072
0 90	0 068	0 070	0 073	0 076	0 078	0 081
1 »	0 075	0 078	0 081	0 084	0 087	0 090
2 »	0 150	0 156	0 162	0 168	0 174	0 180
3 »	0 225	0 234	0 243	0 252	0 261	0 270
4 »	0 300	0 312	0 324	0 336	0 348	0 360
5 »	0 375	0 390	0 405	0 420	0 435	0 450
6 »	0 450	0 468	0 486	0 504	0 522	0 540
7 »	0 525	0 546	0 567	0 588	0 609	0 630
8 »	0 600	0 624	0 648	0 672	0 696	0 720
9 »	0 675	0 702	0 729	0 756	0 783	0 810

TARIF DU CUBAGE

DES BOIS ÉQUARRIS.

N° 45.   0ᵐ16 ÉPAISSEUR.

Longueurs	LARGEURS.					
	0ᵐ16	0ᵐ18	0ᵐ20	0ᵐ22	0ᵐ24	0ᵐ26
0ᵐ 10ᶜ	0ˢᵗ 003	0ˢᵗ 003	0ˢᵗ 003	0ˢᵗ 004	0ˢᵗ 004	0ˢᵗ 004
0 20	0 005	0 006	0 006	0 007	0 008	0 008
0 30	0 008	0 009	0 010	0 011	0 012	0 012
0 40	0 010	0 012	0 013	0 014	0 015	0 017
0 50	0 013	0 014	0 016	0 018	0 019	0 021
0 60	0 015	0 017	0 019	0 021	0 023	0 025
0 70	0 018	0 020	0 022	0 025	0 027	0 029
0 80	0 020	0 023	0 026	0 028	0 031	0 033
0 90	0 023	0 026	0 029	0 032	0 035	0 037
1 »	0 026	0 029	0 032	0 035	0 038	0 042
2 »	0 051	0 058	0 064	0 070	0 077	0 083
3 »	0 077	0 086	0 096	0 106	0 115	0 125
4 »	0 102	0 115	0 128	0 141	0 154	0 166
5 »	0 128	0 144	0 160	0 176	0 192	0 208
6 »	0 154	0 173	0 192	0 211	0 230	0 250
7 »	0 179	0 202	0 224	0 246	0 269	0 291
8 »	0 205	0 230	0 256	0 282	0 307	0 333
9 »	0 230	0 259	0 288	0 317	0 346	0 374

N° 46.   0ᵐ16 ÉPAISSEUR.

Longueurs	LARGEURS.					
	0ᵐ28	0ᵐ30	0ᵐ32	0ᵐ34	0ᵐ36	0ᵐ38
0ᵐ 10ᶜ	0ˢᵗ 004	0ˢᵗ 005	0ˢᵗ 005	0ˢᵗ 005	0ˢᵗ 006	0ˢᵗ 006
0 20	0 009	0 010	0 010	0 011	0 012	0 012
0 30	0 013	0 014	0 015	0 016	0 017	0 018
0 40	0 018	0 019	0 020	0 022	0 023	0 024
0 50	0 022	0 024	0 026	0 027	0 029	0 030
0 60	0 027	0 029	0 031	0 033	0 035	0 036
0 70	0 031	0 034	0 036	0 038	0 040	0 043
0 80	0 036	0 038	0 041	0 044	0 046	0 049
0 90	0 040	0 043	0 046	0 049	0 052	0 055
1 »	0 045	0 048	0 051	0 054	0 058	0 061
2 »	0 090	0 096	0 102	0 109	0 115	0 122
3 »	0 134	0 144	0 154	0 163	0 173	0 182
4 »	0 179	0 192	0 205	0 218	0 230	0 243
5 »	0 224	0 240	0 256	0 272	0 288	0 304
6 »	0 269	0 288	0 307	0 326	0 346	0 365
7 »	0 314	0 336	0 358	0 381	0 403	0 426
8 »	0 358	0 384	0 410	0 435	0 461	0 486
9 »	0 403	0 432	0 461	0 490	0 518	0 547

N° 47.   0m18 ÉPAISSEUR.

Longueurs	LARGEURS.					
	0m18	0m20	0m22	0m24	0m26	0m28
0m 10c	0st 003	0st 004	0st 004	0st 004	0st 005	0st 005
0 20	0 006	0 007	0 008	0 009	0 009	0 010
0 30	0 010	0 011	0 012	0 013	0 014	0 015
0 40	0 013	0 014	0 016	0 017	0 019	0 020
0 50	0 016	0 018	0 020	0 022	0 023	0 025
0 60	0 019	0 022	0 024	0 026	0 028	0 030
0 70	0 023	0 025	0 028	0 030	0 033	0 035
0 80	0 026	0 029	0 032	0 035	0 037	0 040
0 90	0 029	0 032	0 036	0 039	0 042	0 045
1 »	0 032	0 036	0 040	0 043	0 047	0 050
2 »	0 065	0 072	0 079	0 086	0 094	0 101
3 »	0 097	0 108	0 119	0 130	0 140	0 151
4 »	0 130	0 144	0 158	0 173	0 187	0 202
5 »	0 162	0 180	0 198	0 216	0 234	0 252
6 »	0 194	0 216	0 238	0 259	0 281	0 302
7 »	0 227	0 252	0 277	0 302	0 328	0 353
8 »	0 259	0 288	0 317	0 346	0 374	0 403
9 »	0 292	0 324	0 356	0 389	0 421	0 454

N° 48.   0m18 ÉPAISSEUR.

Longueurs	LARGEURS.					
	0m30	0m32	0m34	0m36	0m38	0m40
0m 10c	0st 005	0st 006	0st 006	0st 006	0st 007	0st 007
0 20	0 011	0 012	0 012	0 013	0 014	0 014
0 30	0 016	0 017	0 018	0 019	0 021	0 022
0 40	0 022	0 023	0 024	0 026	0 027	0 029
0 50	0 027	0 029	0 031	0 032	0 034	0 036
0 60	0 032	0 035	0 037	0 039	0 041	0 043
0 70	0 038	0 040	0 043	0 045	0 048	0 050
0 80	0 043	0 046	0 049	0 052	0 055	0 058
0 90	0 049	0 052	0 055	0 058	0 062	0 065
1 »	0 054	0 058	0 061	0 065	0 068	0 072
2 »	0 108	0 115	0 122	0 130	0 137	0 144
3 »	0 162	0 173	0 184	0 194	0 205	0 216
4 »	0 216	0 230	0 245	0 259	0 274	0 288
5 »	0 270	0 280	0 306	0 324	0 342	0 360
6 »	0 324	0 346	0 367	0 389	0 410	0 432
7 »	0 378	0 403	0 428	0 454	0 479	0 504
8 »	0 432	0 461	0 490	0 518	0 547	0 576
9 »	0 486	0 518	0 551	0 583	0 616	0 648

N° 49.   0ᵐ20 ÉPAISSEUR.

Longueurs	LARGEURS.					
	0ᵐ20	0ᵐ22	0ᵐ24	0ᵐ26	0ᵐ28	0ᵐ30
0ᵐ10ᶜ	0ᵐᶜ004	0ᵐᶜ004	0ᵐᶜ005	0ᵐᶜ005	0ᵐᶜ006	0ᵐᶜ006
0 20	0 008	0 009	0 010	0 010	0 011	0 012
0 30	0 012	0 013	0 014	0 016	0 017	0 018
0 40	0 016	0 018	0 019	0 021	0 022	0 024
0 50	0 020	0 022	0 024	0 026	0 028	0 030
0 60	0 024	0 026	0 029	0 031	0 034	0 036
0 70	0 028	0 031	0 034	0 036	0 039	0 042
0 80	0 032	0 035	0 038	0 042	0 045	0 048
0 90	0 036	0 040	0 043	0 047	0 050	0 054
1 »	0 040	0 044	0 048	0 052	0 056	0 060
2 »	0 080	0 088	0 096	0 104	0 112	0 120
3 »	0 120	0 132	0 144	0 156	0 168	0 180
4 »	0 160	0 176	0 192	0 208	0 224	0 240
5 »	0 200	0 220	0 240	0 260	0 280	0 300
6 »	0 240	0 264	0 288	0 312	0 336	0 360
7 »	0 280	0 308	0 336	0 364	0 392	0 420
8 »	0 320	0 352	0 384	0 416	0 448	0 480
9 »	0 360	0 396	0 432	0 468	0 504	0 540

N° 50.   0ᵐ20 ÉPAISSEUR.

Longueurs	LARGEURS.					
	0ᵐ32	0ᵐ34	0ᵐ36	0ᵐ38	0ᵐ40	0ᵐ42
0ᵐ10ᶜ	0ᵐᶜ006	0ᵐᶜ007	0ᵐᶜ007	0ᵐᶜ008	0ᵐᶜ008	0ᵐᶜ008
0 20	0 013	0 014	0 014	0 015	0 016	0 017
0 30	0 019	0 020	0 022	0 023	0 024	0 025
0 40	0 026	0 027	0 029	0 030	0 032	0 034
0 50	0 032	0 034	0 036	0 038	0 040	0 042
0 60	0 038	0 041	0 043	0 046	0 048	0 050
0 70	0 045	0 048	0 050	0 053	0 056	0 059
0 80	0 051	0 054	0 058	0 061	0 064	0 067
0 90	0 058	0 061	0 065	0 068	0 072	0 076
1 »	0 064	0 068	0 072	0 076	0 080	0 084
2 »	0 128	0 136	0 144	0 152	0 160	0 168
3 »	0 192	0 204	0 216	0 228	0 240	0 252
4 »	0 256	0 272	0 288	0 304	0 320	0 336
5 »	0 320	0 340	0 360	0 380	0 400	0 420
6 »	0 384	0 408	0 432	0 456	0 480	0 504
7 »	0 448	0 476	0 504	0 532	0 560	0 588
8 »	0 512	0 544	0 576	0 608	0 640	0 672
9 »	0 576	0 612	0 648	0 684	0 720	0 756

N° 51. **0ᵐ22 ÉPAISSEUR.**

LARGEURS.

Longueurs	0ᵐ22	0ᵐ24	0ᵐ26	0ᵐ28	0ᵐ30	0ᵐ32
0ᵐ 10ᶜ	0ᶜ 005	0ᶜ 005	0ᶜ 006	0ᶜ 006	0ᶜ 007	0ᶜ 007
0 20	0 010	0 011	0 011	0 012	0 013	0 014
0 30	0 015	0 016	0 017	0 018	0 020	0 021
0 40	0 019	0 021	0 023	0 025	0 026	0 028
0 50	0 024	0 026	0 029	0 031	0 033	0 035
0 60	0 029	0 032	0 034	0 037	0 040	0 042
0 70	0 034	0 037	0 040	0 043	0 046	0 049
0 80	0 039	0 042	0 046	0 049	0 053	0 056
0 90	0 044	0 048	0 051	0 055	0 059	0 063
1 »	0 048	0 053	0 057	0 062	0 066	0 070
2 »	0 097	0 106	0 114	0 123	0 132	0 141
3 »	0 145	0 158	0 172	0 185	0 198	0 211
4 »	0 194	0 211	0 229	0 246	0 264	0 282
5 »	0 242	0 264	0 286	0 308	0 330	0 352
6 »	0 290	0 317	0 343	0 370	0 396	0 422
7 »	0 339	0 370	0 400	0 431	0 462	0 493
8 »	0 387	0 422	0 458	0 493	0 528	0 563
9 »	0 436	0 475	0 515	0 554	0 594	0 634

N° 52. **0ᵐ22 ÉPAISSEUR.**

LARGEURS.

Longueurs	0ᵐ34	0ᵐ36	0ᵐ38	0ᵐ40	0ᵐ42	0ᵐ44
0ᵐ 10	0ᶜ 007	0ᶜ 008	0ᶜ 008	0ᶜ 009	0ᶜ 009	0ᶜ 010
0 20	0 015	0 016	0 017	0 018	0 018	0 019
0 30	0 022	0 024	0 025	0 026	0 028	0 029
0 40	0 030	0 032	0 033	0 035	0 037	0 039
0 50	0 037	0 040	0 042	0 044	0 046	0 048
0 60	0 045	0 048	0 050	0 053	0 055	0 058
0 70	0 052	0 055	0 059	0 062	0 065	0 068
0 80	0 060	0 063	0 067	0 070	0 074	0 077
0 90	0 067	0 071	0 075	0 079	0 083	0 087
1 »	0 075	0 079	0 084	0 088	0 092	0 097
2 »	0 150	0 158	0 167	0 176	0 185	0 194
3 »	0 224	0 238	0 251	0 264	0 277	0 290
4 »	0 299	0 317	0 334	0 352	0 370	0 387
5 »	0 374	0 396	0 418	0 440	0 462	0 484
6 »	0 449	0 475	0 502	0 528	0 554	0 581
7 »	0 524	0 554	0 585	0 616	0 647	0 678
8 »	0 598	0 634	0 669	0 704	0 739	0 774
9 »	0 673	0 713	0 752	0 792	0 832	0 871

N° 53.   0ᵐ24 ÉPAISSEUR.

Longueurs	LARGEURS.					
	0ᵐ24	0ᵐ26	0ᵐ28	0ᵐ30	0ᵐ32	0ᵐ34
0ᵐ 10ᶜ	0ˢᵗ 006	0ˢᵗ 006	0ˢᵗ 007	0ˢᵗ 007	0ˢᵗ 008	0ˢᵗ 008
0 20	0 012	0 012	0 013	0 014	0 015	0 016
0 30	0 017	0 019	0 020	0 022	0 023	0 024
0 40	0 023	0 025	0 027	0 029	0 031	0 033
0 50	0 029	0 031	0 034	0 036	0 038	0 041
0 60	0 035	0 037	0 040	0 043	0 046	0 049
0 70	0 040	0 044	0 047	0 050	0 054	0 057
0 80	0 046	0 050	0 054	0 058	0 061	0 065
0 90	0 052	0 056	0 060	0 065	0 069	0 073
1 »	0 058	0 062	0 067	0 072	0 077	0 082
2 »	0 115	0 125	0 134	0 144	0 154	0 163
3 »	0 173	0 187	0 202	0 216	0 230	0 245
4 »	0 230	0 250	0 269	0 288	0 307	0 326
5 »	0 288	0 312	0 336	0 360	0 384	0 408
6 »	0 346	0 374	0 403	0 432	0 461	0 490
7 »	0 403	0 437	0 470	0 504	0 538	0 571
8 »	0 461	0 499	0 538	0 576	0 614	0 653
9 »	0 518	0 562	0 605	0 648	0 691	0 734

N° 54.   0ᵐ24 ÉPAISSEUR.

Longueurs	LARGEURS.					
	0ᵐ36	0ᵐ38	0ᵐ40	0ᵐ42	0ᵐ44	0ᵐ46
0ᵐ 10ᶜ	0ˢᵗ 009	0ˢᵗ 009	0ˢᵗ 010	0ˢᵗ 010	0ˢᵗ 011	0ˢᵗ 011
0 20	0 017	0 018	0 019	0 020	0 021	0 022
0 30	0 026	0 027	0 029	0 030	0 032	0 033
0 40	0 035	0 036	0 038	0 040	0 042	0 044
0 50	0 043	0 046	0 048	0 050	0 053	0 055
0 60	0 052	0 055	0 058	0 060	0 063	0 066
0 70	0 060	0 064	0 067	0 071	0 074	0 077
0 80	0 069	0 073	0 077	0 081	0 084	0 088
0 90	0 078	0 082	0 086	0 091	0 095	0 099
1 »	0 086	0 091	0 096	0 101	0 106	0 110
2 »	0 173	0 182	0 192	0 202	0 211	0 221
3 »	0 259	0 274	0 288	0 302	0 317	0 331
4 »	0 346	0 365	0 384	0 403	0 422	0 442
5 »	0 432	0 456	0 480	0 504	0 528	0 552
6 »	0 518	0 547	0 576	0 605	0 634	0 662
7 »	0 605	0 638	0 672	0 706	0 739	0 773
8 »	0 691	0 730	0 768	0 806	0 845	0 883
9 »	0 778	0 821	0 864	0 907	0 950	0 994

N° 55 — 0m 26 ÉPAISSEUR.

Longueurs	LARGEURS.					
	0m26	0m28	0m30	0m32	0m34	0m36
0m 10c	0st 007	0st 007	0st 008	0st 008	0st 009	0st 009
0 20	0 014	0 015	0 016	0 017	0 018	0 019
0 30	0 020	0 022	0 023	0 025	0 027	0 028
0 40	0 027	0 029	0 031	0 033	0 035	0 037
0 50	0 034	0 036	0 039	0 042	0 044	0 047
0 60	0 041	0 044	0 047	0 050	0 053	0 056
0 70	0 047	0 051	0 055	0 058	0 062	0 066
0 80	0 054	0 058	0 062	0 067	0 071	0 075
0 90	0 061	0 066	0 070	0 075	0 080	0 084
1 »	0 068	0 073	0 078	0 083	0 088	0 094
2 »	0 135	0 146	0 156	0 166	0 177	0 187
3 »	0 203	0 218	0 234	0 250	0 265	0 281
4 »	0 270	0 291	0 312	0 333	0 354	0 374
5 »	0 338	0 364	0 390	0 416	0 442	0 468
6 »	0 406	0 437	0 468	0 499	0 530	0 562
7 »	0 473	0 510	0 546	0 582	0 619	0 655
8 »	0 541	0 582	0 624	0 666	0 707	0 749
9 »	0 608	0 655	0 702	0 749	0 796	0 842

N° 56 — 0m 26 ÉPAISSEUR.

Longueurs	LARGEURS.					
	0m38	0m40	0m42	0m44	0m46	0m48
0m 10c	0st 010	0st 010	0st 011	0st 011	0st 012	0st 012
0 20	0 020	0 021	0 022	0 023	0 024	0 025
0 30	0 030	0 031	0 033	0 034	0 036	0 037
0 40	0 040	0 042	0 044	0 046	0 048	0 050
0 50	0 049	0 052	0 055	0 057	0 060	0 062
0 60	0 059	0 062	0 066	0 069	0 072	0 075
0 70	0 069	0 073	0 076	0 080	0 084	0 087
0 80	0 079	0 083	0 087	0 092	0 096	0 100
0 90	0 089	0 094	0 098	0 103	0 108	0 112
1 »	0 099	0 104	0 109	0 114	0 120	0 125
2 »	0 198	0 208	0 218	0 229	0 239	0 250
3 »	0 296	0 312	0 328	0 343	0 359	0 374
4 »	0 395	0 416	0 437	0 458	0 478	0 499
5 »	0 494	0 520	0 546	0 572	0 598	0 624
6 »	0 593	0 624	0 655	0 686	0 718	0 749
7 »	0 692	0 728	0 764	0 801	0 837	0 874
8 »	0 790	0 832	0 874	0 915	0 957	0 998
9 »	0 889	0 936	0 983	1 030	1 076	1 123

N° 57. — 0ᵐ28 ÉPAISSEUR.

Longueurs	LARGEURS.					
	0ᵐ28	0ᵐ30	0ᵐ32	0ᵐ34	0ᵐ36	0ᵐ38
0ᵐ10ᶜ	0ˢᵗ008	0ˢᵗ008	0ˢᵗ009	0ˢᵗ010	0ˢᵗ010	0ˢᵗ011
0 20	0 016	0 017	0 018	0 019	0 020	0 021
0 30	0 024	0 025	0 027	0 029	0 030	0 032
0 40	0 031	0 034	0 036	0 038	0 040	0 043
0 50	0 039	0 042	0 045	0 048	0 050	0 053
0 60	0 047	0 050	0 054	0 057	0 060	0 064
0 70	0 055	0 059	0 063	0 067	0 071	0 074
0 80	0 063	0 067	0 072	0 076	0 081	0 085
0 90	0 071	0 076	0 081	0 086	0 091	0 096
1 »	0 078	0 084	0 090	0 095	0 101	0 106
2 »	0 157	0 168	0 179	0 190	0 202	0 213
3 »	0 235	0 252	0 269	0 286	0 302	0 319
4 »	0 314	0 336	0 358	0 381	0 403	0 426
5 »	0 392	0 420	0 448	0 476	0 504	0 532
6 »	0 470	0 504	0 538	0 571	0 605	0 638
7 »	0 549	0 588	0 627	0 666	0 706	0 735
8 »	0 627	0 672	0 717	0 762	0 806	0 851
9 »	0 706	0 756	0 806	0 857	0 907	0 958

N° 58. — 0ᵐ28 ÉPAISSEUR.

Longueurs	LARGEURS.					
	0ᵐ40	0ᵐ42	0ᵐ44	0ᵐ46	0ᵐ48	0ᵐ50
0ᵐ10ᶜ	0ˢᵗ011	0ˢᵗ012	0ˢᵗ012	0ˢᵗ013	0ˢᵗ013	0ˢᵗ014
0 20	0 022	0 024	0 025	0 026	0 027	0 028
0 30	0 034	0 035	0 037	0 039	0 040	0 042
0 40	0 045	0 047	0 049	0 052	0 054	0 056
0 50	0 056	0 059	0 062	0 064	0 067	0 070
0 60	0 067	0 071	0 074	0 077	0 081	0 084
0 70	0 078	0 082	0 086	0 090	0 094	0 098
0 80	0 090	0 094	0 099	0 103	0 108	0 112
0 90	0 101	0 106	0 111	0 116	0 121	0 126
1 »	0 112	0 118	0 123	0 129	0 134	0 140
2 »	0 224	0 235	0 246	0 258	0 269	0 280
3 »	0 336	0 353	0 370	0 386	0 403	0 420
4 »	0 448	0 470	0 493	0 515	0 538	0 560
5 »	0 560	0 588	0 616	0 644	0 672	0 700
6 »	0 672	0 706	0 739	0 773	0 806	0 840
7 »	0 784	0 823	0 862	0 902	0 941	0 980
8 »	0 896	0 941	0 986	1 030	1 075	1 120
9 »	1 008	1 058	1 109	1 159	1 210	1 260

N° 59. — 0m30 ÉPAISSEUR.

Longueurs	LARGEURS					
	0m30	0m32	0m34	0m36	0m38	0m40
0m 10c	0st 009	0st 010	0st 010	0st 011	0st 011	0st 012
0 20	0 018	0 019	0 020	0 022	0 023	0 024
0 30	0 027	0 029	0 031	0 032	0 034	0 036
0 40	0 036	0 038	0 041	0 043	0 046	0 048
0 50	0 045	0 048	0 051	0 054	0 057	0 060
0 60	0 054	0 058	0 061	0 065	0 068	0 072
0 70	0 063	0 067	0 071	0 076	0 080	0 084
0 80	0 072	0 077	0 082	0 086	0 091	0 096
0 90	0 081	0 086	0 092	0 097	0 103	0 108
1 »	0 090	0 096	0 102	0 108	0 114	0 120
2 »	0 180	0 192	0 204	0 216	0 228	0 240
3 »	0 270	0 288	0 306	0 324	0 342	0 360
4 »	0 360	0 384	0 408	0 432	0 456	0 480
5 »	0 450	0 480	0 510	0 540	0 570	0 600
6 »	0 540	0 576	0 612	0 648	0 684	0 720
7 »	0 630	0 672	0 714	0 756	0 798	0 840
8 »	0 720	0 768	0 816	0 864	0 912	0 960
9 »	0 810	0 864	0 918	0 972	1 026	1 080

N° 60. — 0m30 ÉPAISSEUR.

Longueurs	LARGEURS					
	0m42	0m44	0m46	0m48	0m50	0m52
0m 10c	0st 013	0st 013	0st 014	0st 014	0st 015	0st 016
0 20	0 025	0 026	0 028	0 029	0 030	0 031
0 30	0 038	0 040	0 041	0 043	0 045	0 047
0 40	0 050	0 053	0 055	0 058	0 060	0 062
0 50	0 063	0 066	0 069	0 072	0 075	0 078
0 60	0 076	0 079	0 083	0 086	0 090	0 094
0 70	0 088	0 092	0 097	0 101	0 105	0 109
0 80	0 101	0 106	0 110	0 115	0 120	0 125
0 90	0 113	0 119	0 124	0 130	0 135	0 140
1 »	0 126	0 132	0 138	0 144	0 150	0 156
2 »	0 252	0 264	0 276	0 288	0 300	0 312
3 »	0 378	0 396	0 414	0 432	0 450	0 468
4 »	0 504	0 528	0 552	0 576	0 600	0 624
5 »	0 630	0 660	0 690	0 720	0 750	0 780
6 »	0 756	0 792	0 828	0 864	0 900	0 936
7 »	0 882	0 924	0 966	1 008	1 050	1 092
8 »	1 008	1 056	1 104	1 152	1 200	1 248
9 »	1 134	1 188	1 242	1 296	1 350	1 404

N° 61. — 0m32 ÉPAISSEUR.

Longueurs	LARGEURS.					
	0m32	0m34	0m36	0m38	0m40	0m42
0m 10c	0st 010	0st 011	0st 012	0st 012	0st 013	0st 013
0 20	0 020	0 022	0 023	0 024	0 026	0 027
0 30	0 031	0 033	0 035	0 036	0 038	0 040
0 40	0 041	0 044	0 046	0 049	0 051	0 054
0 50	0 051	0 054	0 058	0 061	0 064	0 067
0 60	0 061	0 065	0 069	0 073	0 077	0 081
0 70	0 072	0 076	0 081	0 085	0 090	0 094
0 80	0 082	0 087	0 092	0 097	0 102	0 108
0 90	0 092	0 098	0 104	0 109	0 115	0 121
1 »	0 102	0 109	0 115	0 122	0 128	0 134
2 »	0 205	0 218	0 230	0 243	0 256	0 269
3 »	0 307	0 326	0 346	0 365	0 384	0 403
4 »	0 410	0 435	0 461	0 486	0 512	0 538
5 »	0 512	0 544	0 576	0 608	0 640	0 672
6 »	0 614	0 653	0 691	0 730	0 768	0 806
7 »	0 717	0 762	0 806	0 851	0 896	0 941
8 »	0 819	0 870	0 922	0 973	1 024	1 075
9 »	0 922	0 979	1 037	1 094	1 152	1 210

N° 62. — 0m32 ÉPAISSEUR.

Longueurs	LARGEURS.					
	0m44	0m46	0m48	0m50	0m52	0m54
0m 10c	0st 014	0st 015	0st 015	0st 016	0st 017	0st 017
0 20	0 028	0 029	0 031	0 032	0 033	0 035
0 30	0 042	0 044	0 046	0 048	0 050	0 052
0 40	0 056	0 059	0 061	0 064	0 067	0 069
0 50	0 070	0 074	0 077	0 080	0 083	0 086
0 60	0 084	0 088	0 092	0 096	0 100	0 104
0 70	0 099	0 103	0 108	0 112	0 116	0 121
0 80	0 113	0 118	0 123	0 128	0 133	0 138
0 90	0 127	0 132	0 138	0 144	0 150	0 156
1 »	0 141	0 147	0 154	0 160	0 166	0 173
2 »	0 282	0 294	0 307	0 320	0 333	0 346
3 »	0 422	0 442	0 461	0 480	0 499	0 518
4 »	0 563	0 589	0 614	0 640	0 666	0 691
5 »	0 704	0 736	0 768	0 800	0 832	0 864
6 »	0 845	0 883	0 922	0 960	0 998	1 037
7 »	0 986	1 030	1 075	1 120	1 165	1 210
8 »	1 126	1 178	1 229	1 280	1 331	1 382
9 »	1 267	1 325	1 382	1 440	1 498	1 555

N° 63. — 0ᵐ34 ÉPAISSEUR.

Longueurs	LARGEURS.					
	0ᵐ34	0ᵐ36	0ᵐ38	0ᵐ40	0ᵐ42	0ᵐ44
	0ˢᵗ 012	0ˢᵗ 012	0ˢᵗ 013	0ˢᵗ 014	0ˢᵗ 014	0ˢᵗ 015
0ᵐ 10ᶜ	0ˢᵗ 012	0ˢᵗ 012	0ˢᵗ 013	0ˢᵗ 014	0ˢᵗ 014	0ˢᵗ 015
0 20	0 023	0 024	0 026	0 027	0 029	0 030
0 30	0 035	0 037	0 039	0 041	0 043	0 045
0 40	0 046	0 049	0 052	0 054	0 057	0 060
0 50	0 058	0 061	0 065	0 068	0 071	0 075
0 60	0 069	0 073	0 078	0 082	0 086	0 090
0 70	0 081	0 086	0 090	0 095	0 100	0 105
0 80	0 092	0 098	0 103	0 109	0 114	0 120
0 90	0 104	0 110	0 116	0 122	0 129	0 135
1 »	0 116	0 122	0 129	0 136	0 143	0 150
2 »	0 231	0 245	0 258	0 272	0 286	0 299
3 »	0 347	0 367	0 388	0 408	0 428	0 449
4 »	0 462	0 490	0 517	0 544	0 571	0 598
5 »	0 578	0 612	0 646	0 680	0 714	0 748
6 »	0 694	0 734	0 775	0 816	0 857	0 898
7 »	0 809	0 857	0 904	0 952	1 000	1 047
8 »	0 925	0 979	1 034	1 088	1 142	1 197
9 »	1 040	1 102	1 163	1 224	1 285	1 346

N° 64. — 0ᵐ34 ÉPAISSEUR.

Longueurs	LARGEURS.					
	0ᵐ46	0ᵐ48	0ᵐ50	0ᵐ52	0ᵐ54	0ᵐ56
	0ˢᵗ 016	0ˢᵗ 016	0ˢᵗ 017	0ˢᵗ 018	0ˢᵗ 018	0ˢᵗ 019
0ᵐ 10	0ˢᵗ 016	0ˢᵗ 016	0ˢᵗ 017	0ˢᵗ 018	0ˢᵗ 018	0ˢᵗ 019
0 20	0 031	0 033	0 034	0 035	0 037	0 038
0 30	0 047	0 049	0 051	0 053	0 055	0 057
0 40	0 063	0 065	0 068	0 071	0 073	0 076
0 50	0 078	0 082	0 085	0 088	0 092	0 095
0 60	0 094	0 098	0 102	0 106	0 110	0 124
0 70	0 109	0 114	0 119	0 124	0 129	0 133
0 80	0 125	0 131	0 136	0 141	0 147	0 152
0 90	0 141	0 147	0 153	0 159	0 165	0 171
1 »	0 156	0 163	0 170	0 177	0 184	0 190
2 »	0 313	0 326	0 340	0 354	0 367	0 381
3 »	0 469	0 490	0 510	0 530	0 551	0 571
4 »	0 626	0 653	0 680	0 707	0 734	0 762
5 »	0 782	0 816	0 850	0 884	0 918	0 952
6 »	0 938	0 979	1 020	1 061	1 102	1 142
7 »	1 095	1 142	1 190	1 238	1 285	1 333
8 »	1 251	1 306	1 360	1 414	1 469	1 523
9 »	1 408	1 469	1 530	1 591	1 652	1 714

N° 65.   0ᵐ36 ÉPAISSEUR.

Longueurs	LARGEURS.					
	0ᵐ36	0ᵐ38	0ᵐ40	0ᵐ42	0ᵐ44	0ᵐ46
0ᵐ 10ᶜ	0ˢᵗ 013	0ˢᵗ 014	0ˢᵗ 014	0ˢᵗ 015	0ˢᵗ 016	0ˢᵗ 017
0 20	0 026	0 027	0 029	0 030	0 032	0 033
0 30	0 039	0 041	0 043	0 045	0 048	0 050
0 40	0 052	0 055	0 058	0 060	0 063	0 066
0 50	0 065	0 068	0 072	0 076	0 079	0 082
0 60	0 078	0 082	0 086	0 091	0 095	0 099
0 70	0 091	0 096	0 101	0 106	0 111	0 116
0 80	0 104	0 109	0 115	0 121	0 127	0 132
0 90	0 117	0 123	0 130	0 136	0 145	0 149
1 »	0 130	0 137	0 144	0 151	0 158	0 166
2 »	0 259	0 273	0 288	0 302	0 317	0 331
3 »	0 389	0 410	0 432	0 454	0 475	0 497
4 »	0 519	0 547	0 576	0 605	0 633	0 663
5 »	0 649	0 684	0 720	0 756	0 791	0 829
6 »	0 778	0 821	0 864	0 907	0 950	0 994
7 »	0 908	0 958	1 008	1 058	1 108	1 160
8 »	1 038	1 095	1 152	1 209	1 265	1 326
9 »	1 169	1 232	1 296	1 360	1 423	1 482

N° 66.   0ᵐ36 ÉPAISSEUR.

Longueurs	LARGEURS.					
	0ᵐ48	0ᵐ50	0ᵐ52	0ᵐ54	0ᵐ56	0ᵐ58
0ᵐ 10ᶜ	0ˢᵗ 017	0ˢᵗ 018	0ˢᵗ 019	0ˢᵗ 019	0ˢᵗ 020	0ˢᵗ 021
0 20	0 035	0 036	0 037	0 039	0 040	0 042
0 30	0 052	0 054	0 056	0 058	0 060	0 063
0 40	0 069	0 072	0 075	0 078	0 081	0 084
0 50	0 086	0 090	0 094	0 097	0 101	0 104
0 60	0 104	0 108	0 112	0 117	0 121	0 125
0 70	0 121	0 126	0 131	0 136	0 141	0 146
0 80	0 138	0 144	0 150	0 156	0 161	0 167
0 90	0 156	0 162	0 168	0 175	0 181	0 188
1 »	0 173	0 180	0 187	0 194	0 202	0 209
2 »	0 345	0 360	0 374	0 389	0 403	0 418
3 »	0 518	0 540	0 561	0 583	0 605	0 627
4 »	0 691	0 720	0 748	0 787	0 807	0 836
5 »	0 864	0 900	0 935	0 981	1 009	1 045
6 »	1 037	1 080	1 123	1 166	1 210	1 253
7 »	1 210	1 260	1 310	1 360	1 412	1 462
8 »	1 383	1 440	1 497	1 554	1 614	1 671
9 »	1 556	1 620	1 684	1 648	1 816	1 880

N° 67. — 0m38 ÉPAISSEUR.

LARGEURS.

Longueurs	0m38	0m40	0m42	0m44	0m46	0m48
0m 10c	0st 014	0st 015	0st 016	0st 017	0st 017	0st 018
0 20	0 029	0 030	0 032	0 033	0 035	0 037
0 30	0 043	0 045	0 048	0 050	0 052	0 055
0 40	0 058	0 060	0 064	0 067	0 069	0 073
0 50	0 072	0 076	0 080	0 084	0 087	0 091
0 60	0 087	0 091	0 096	0 100	0 105	0 109
0 70	0 101	0 106	0 112	0 117	0 122	0 128
0 80	0 115	0 121	0 128	0 134	0 140	0 146
0 90	0 130	0 137	0 144	0 150	0 157	0 164
1 »	0 144	0 152	0 160	0 167	0 175	0 182
2 »	0 288	0 304	0 320	0 334	0 350	0 364
3 »	0 433	0 456	0 480	0 501	0 525	0 546
4 »	0 578	0 608	0 540	0 668	0 700	0 728
5 »	0 722	0 760	0 798	0 836	0 874	0 910
6 »	0 866	0 912	0 958	1 003	1 049	1 094
7 »	1 011	1 064	1 117	1 170	1 224	1 277
8 »	1 155	1 216	1 277	1 338	1 398	1 459
9 »	1 300	1 368	1 436	1 505	1 573	1 642

N° 68. — 0m38 ÉPAISSEUR.

LARGEURS.

Longueurs	0m50	0m52	0m54	0m56	0m58	0m60
0m 10c	0st 019	0st 020	0st 021	0st 021	0st 022	0st 023
0 20	0 038	0 040	0 041	0 043	0 044	0 046
0 30	0 057	0 060	0 062	0 064	0 066	0 069
0 40	0 076	0 080	0 083	0 085	0 089	0 092
0 50	0 095	0 100	0 103	0 106	0 111	0 115
0 60	0 114	0 119	0 123	0 128	0 132	0 137
0 70	0 133	0 138	0 144	0 149	0 154	0 160
0 80	0 152	0 158	0 164	0 170	0 176	0 182
0 90	0 171	0 178	0 184	0 191	0 198	0 205
1 »	0 190	0 198	0 205	0 213	0 220	0 228
2 »	0 380	0 396	0 410	0 426	0 441	0 456
3 »	0 570	0 593	0 616	0 639	0 662	0 684
4 »	0 760	0 791	0 821	0 851	0 882	0 912
5 »	0 950	0 988	1 026	1 064	1 102	1 140
6 »	1 140	1 186	1 231	1 277	1 322	1 368
7 »	1 330	1 383	1 436	1 490	1 543	1 596
8 »	1 520	1 581	1 642	1 702	1 763	1 824
9 »	1 710	1 779	1 847	1 915	1 984	2 052

N° 69. 0ᵐ40 ÉPAISSEUR.

Longueurs	LARGEURS.					
	0ᵐ40	0ᵐ42	0ᵐ44	0ᵐ46	0ᵐ48	0ᵐ50
0ᵐ10ᶜ	0ˢᵗ016	0ˢᵗ016	0ˢᵗ017	0ˢᵗ018	0ˢᵗ019	0ˢᵗ020
0 20	0 032	0 032	0 034	0 036	0 038	0 040
0 30	0 048	0 049	0 052	0 054	0 057	0 060
0 40	0 064	0 067	0 070	0 073	0 076	0 080
0 50	0 080	0 084	0 088	0 092	0 096	0 100
0 60	0 096	0 101	0 105	0 110	0 115	0 120
0 70	0 112	0 118	0 123	0 129	0 134	0 140
0 80	0 128	0 134	0 141	0 147	0 154	0 160
0 90	0 144	0 151	0 158	0 166	0 173	0 180
1 »	0 160	0 168	0 176	0 184	0 192	0 200
2 »	0 320	0 336	0 352	0 368	0 384	0 400
3 »	0 480	0 504	0 528	0 552	0 576	0 600
4 »	0 640	0 672	0 704	0 736	0 768	0 800
5 »	0 800	0 840	0 880	0 920	0 960	1 000
6 »	0 960	1 008	1 056	1 104	1 152	1 200
7 »	1 120	1 176	1 232	1 288	1 344	1 400
8 »	1 280	1 344	1 408	1 472	1 536	1 600
9 »	1 440	1 512	1 584	1 656	1 728	1 800

N° 70. 0ᵐ40 ÉPAISSEUR.

Longueurs	LARGEURS.					
	0ᵐ52	0ᵐ54	0ᵐ56	0ᵐ58	0ᵐ60	0ᵐ62
0ᵐ10ᶜ	0ˢᵗ020	0ˢᵗ021	0ˢᵗ022	0ˢᵗ023	0ˢᵗ024	0ˢᵗ025
0 20	0 041	0 043	0 044	0 046	0 048	0 050
0 30	0 062	0 064	0 066	0 069	0 072	0 075
0 40	0 083	0 085	0 089	0 092	0 096	0 099
0 50	0 104	0 107	0 111	0 116	0 120	0 124
0 60	0 125	0 130	0 134	0 139	0 144	0 149
0 70	0 146	0 151	0 157	0 162	0 168	0 174
0 80	0 166	0 173	0 179	0 186	0 192	0 198
0 90	0 187	0 194	0 202	0 209	0 216	0 223
1 »	0 208	0 216	0 224	0 232	0 240	0 248
2 »	0 416	0 432	0 448	0 464	0 480	0 496
3 »	0 624	0 647	0 672	0 696	0 720	0 744
4 »	0 832	0 854	0 896	0 928	0 960	1 092
5 »	1 040	1 070	1 120	1 160	1 200	1 240
6 »	1 248	1 296	1 344	1 392	1 440	1 488
7 »	1 456	1 512	1 568	1 624	1 680	1 736
8 »	1 664	1 728	1 792	1 856	1 920	1 984
9 »	1 872	1 944	2 016	2 088	2 160	2 232

N° 71.   0ᵐ42 ÉPAISSEUR.

Longueurs	LARGEURS.					
	0ᵐ42	0ᵐ44	0ᵐ46	0ᵐ48	0ᵐ50	0ᵐ52
0ᵐ 10ᶜ	0ˢᵗ 018	0ˢᵗ 018	0ˢᵗ 019	0ˢᵗ 020	0ˢᵗ 021	0ˢᵗ 022
0 20	0 035	0 037	0 039	0 040	0 042	0 043
0 30	0 053	0 055	0 058	0 061	0 063	0 065
0 40	0 070	0 074	0 077	0 081	0 084	0 087
0 50	0 088	0 092	0 097	0 101	0 105	0 109
0 60	0 106	0 111	0 116	0 121	0 126	0 131
0 70	0 123	0 129	0 135	0 141	0 147	0 153
0 80	0 141	0 148	0 155	0 161	0 168	0 175
0 90	0 159	0 166	0 174	0 181	0 189	0 197
1 »	0 176	0 185	0 193	0 202	0 210	0 218
2 »	0 351	0 370	0 388	0 403	0 420	0 436
3 »	0 526	0 555	0 581	0 605	0 630	0 654
4 »	0 702	0 740	0 774	0 807	0 840	0 872
5 »	0 882	0 924	0 966	1 008	1 050	1 091
6 »	1 058	1 109	1 159	1 210	1 260	1 310
7 »	1 235	1 294	1 352	1 411	1 470	1 529
8 »	1 411	1 478	1 546	1 613	1 680	1 747
9 »	1 588	1 663	1 739	1 814	1 890	1 966

N° 72.   0ᵐ42 ÉPAISSEUR.

Longueurs	LARGEURS.					
	0ᵐ54	0ᵐ56	0ᵐ58	0ᵐ60	0ᵐ62	0ᵐ64
0ᵐ 10ᶜ	0ˢᵗ 023	0ˢᵗ 024	0ˢᵗ 024	0ˢᵗ 025	0ˢᵗ 026	0ˢᵗ 027
0 20	0 045	0 047	0 049	0 051	0 052	0 054
0 30	0 068	0 071	0 073	0 076	0 078	0 081
0 40	0 090	0 095	0 097	0 101	0 104	0 108
0 50	0 113	0 118	0 122	0 126	0 130	0 134
0 60	0 136	0 141	0 146	0 151	0 166	0 161
0 70	0 159	0 165	0 171	0 176	0 182	0 188
0 80	0 181	0 188	0 195	0 202	0 208	0 215
0 90	0 204	0 212	0 219	0 227	0 234	0 242
1 »	0 227	0 235	0 244	0 252	0 260	0 269
2 »	0 454	0 470	0 488	0 504	0 520	0 538
3 »	0 680	0 705	0 732	0 756	0 780	0 807
4 »	0 907	0 940	0 975	1 008	1 041	1 076
5 »	1 134	1 175	1 218	1 260	1 301	1 344
6 »	1 361	1 411	1 462	1 512	1 662	1 613
7 »	1 588	1 646	1 705	1 764	1 823	1 882
8 »	1 814	1 882	1 949	2 016	2 083	2 150
9 »	2 041	2 117	2 192	2 268	2 344	2 419

N° 73.　　　　0ᵐ44 ÉPAISSEUR.

Longueurs	LARGEURS.					
	0ᵐ44	0ᵐ46	0ᵐ48	0ᵐ50	0ᵐ52	0ᵐ54
0ᵐ10ᵉ	0ˢᵗ019	0ˢᵗ020	0ˢᵗ021	0ˢᵗ022	0ˢᵗ023	0ˢᵗ024
0 20	0 039	0 040	0 042	0 044	0 046	0 048
0 30	0 058	0 061	0 064	0 066	0 069	0 071
0 40	0 077	0 081	0 085	0 088	0 091	0 095
0 50	0 097	0 101	0 106	0 110	0 114	0 119
0 60	0 116	0 121	0 127	0 132	0 137	0 143
0 70	0 136	0 142	0 148	0 154	0 160	0 166
0 80	0 155	0 162	0 169	0 176	0 183	0 190
0 90	0 174	0 182	0 190	0 198	0 206	0 214
1 »	0 194	0 202	0 211	0 220	0 229	0 238
2 »	0 388	0 404	0 422	0 440	0 458	0 475
3 »	0 582	0 606	0 633	0 660	0 687	0 713
4 »	0 775	0 809	0 844	0 880	0 915	0 951
5 »	0 968	1 012	1 056	1 100	1 144	1 188
6 »	1 162	1 214	1 267	1 320	1 373	1 426
7 »	1 355	1 417	1 478	1 540	1 602	1 663
8 »	1 549	1 619	1 690	1 760	1 830	1 901
9 »	1 742	1 822	1 901	1 980	2 059	2 138

N° 74.　　　　0ᵐ44 ÉPAISSEUR.

Longueurs	LARGEURS.					
	0ᵐ56	0ᵐ58	0ᵐ60	0ᵐ62	0ᵐ64	0ᵐ66
0ᵐ10ᵉ	0ˢᵗ025	0ˢᵗ026	0ˢᵗ026	0ˢᵗ027	0ˢᵗ028	0ˢᵗ029
0 20	0 049	0 051	0 053	0 055	0 056	0 058
0 30	0 074	0 077	0 079	0 082	0 085	0 087
0 40	0 099	0 102	0 105	0 109	0 113	0 116
0 50	0 123	0 128	0 121	0 136	0 141	0 145
0 60	0 148	0 153	0 158	0 164	0 169	0 174
0 70	0 173	0 179	0 185	0 191	0 197	0 203
0 80	0 197	0 204	0 211	0 218	0 225	0 232
0 90	0 222	0 230	0 238	0 246	0 253	0 261
1 »	0 246	0 255	0 264	0 273	0 282	0 290
2 »	0 492	0 510	0 528	0 546	0 564	0 580
3 »	0 738	0 765	0 792	0 819	0 846	0 871
4 »	0 984	1 020	1 056	1 092	1 128	1 161
5 »	1 231	1 275	1 320	1 365	1 410	1 452
6 »	1 478	1 531	1 584	1 637	1 790	1 742
7 »	1 725	1 786	1 848	1 910	1 971	2 033
8 »	1 971	2 042	2 112	2 182	2 253	2 323
9 »	2 218	2 297	2 376	2 455	2 534	2 614

N° 75.   0^{m}46 ÉPAISSEUR.

Longueurs	LARGEURS.										
	0^{m}46		0^{m}48		0^{m}50		0^{m}52		0^{m}54		0^{m}56
0^m 10^c	0st 021		0st 022		0st 023		0st 024		0st 025		0st 026
0 20	0 042		0 044		0 046		0 048		0 050		0 052
0 30	0 064		0 066		0 069		0 072		0 075		0 078
0 40	0 085		0 088		0 092		0 096		0 099		0 103
0 50	0 106		0 110		0 115		0 120		0 124		0 129
0 60	0 127		0 133		0 138		0 144		0 149		0 155
0 70	0 148		0 155		0 161		0 167		0 174		0 180
0 80	0 169		0 177		0 184		0 191		0 199		0 206
0 90	0 190		0 199		0 207		0 215		0 224		0 232
1 »	0 212		0 221		0 230		0 239		0 248		0 258
2 »	0 422		0 442		0 460		0 478		0 497		0 516
3 »	0 634		0 662		0 690		0 717		0 746		0 774
4 »	0 846		0 883		0 920		0 956		0 994		1 031
5 »	1 058		1 104		1 150		1 196		1 242		1 289
6 »	1 270		1 325		1 380		1 435		1 490		1 546
7 »	1 481		1 546		1 610		1 674		1 739		1 803
8 »	1 693		1 766		1 840		1 914		1 987		2 061
9 »	1 904		1 987		2 070		2 153		2 236		2 318

N° 76.   0^{m}46 ÉPAISSEUR.

Longueurs	LARGEURS.										
	0^{m}58		0^{m}60		0^{m}62		0^{m}64		0^{m}66		0^{m}68
0^m 10^c	0st 027		0st 028		0st 029		0st 029		0st 030		0st 031
0 20	0 054		0 056		0 058		0 058		0 061		0 062
0 30	0 080		0 084		0 086		0 087		0 091		0 093
0 40	0 106		0 111		0 113		0 116		0 122		0 124
0 50	0 133		0 138		0 142		0 136		0 152		0 156
0 60	0 160		0 166		0 171		0 177		0 183		0 188
0 70	0 187		0 193		0 200		0 206		0 213		0 219
0 80	0 213		0 221		0 228		0 236		0 243		0 250
0 90	0 240		0 248		0 257		0 265		0 273		0 282
1 »	0 267		0 276		0 285		0 294		0 304		0 313
2 »	0 534		0 552		0 570		0 588		0 608		0 626
3 »	0 801		0 828		0 855		0 882		0 912		0 939
4 »	1 068		1 104		1 140		1 176		1 213		1 251
5 »	1 334		1 380		1 425		1 470		1 517		1 564
6 »	1 601		1 656		1 710		1 766		1 821		1 877
7 »	1 868		1 932		1 996		2 061		2 125		2 190
8 »	2 134		2 208		2 282		2 355		2 429		2 502
9 »	2 404		2 [illegible]		2 567		2 650		2 732		2 815

N° 77.   0ᵐ48 ÉPAISSEUR.

Longueurs	LARGEURS.					
	0ᵐ48	0ᵐ50	0ᵐ52	0ᵐ54	0ᵐ56	0ᵐ58
0ᵐ 10ᶜ	0ˢᵗ 023	0ˢᵗ 024	0ˢᵗ 025	0ˢᵗ 026	0ˢᵗ 027	0ˢᵗ 028
0 20	0 046	0 048	0 050	0 052	0 054	0 056
0 30	0 069	0 072	0 075	0 078	0 081	0 083
0 40	0 092	0 096	0 100	0 104	0 108	0 111
0 50	0 115	0 120	0 125	0 130	0 134	0 139
0 60	0 138	0 144	0 150	0 156	0 161	0 167
0 70	0 161	0 168	0 175	0 181	0 188	0 195
0 80	0 184	0 192	0 200	0 207	0 215	0 223
0 90	0 207	0 216	0 225	0 233	0 242	0 251
1 »	0 230	0 240	0 250	0 259	0 269	0 278
2 »	0 461	0 480	0 500	0 518	0 538	0 557
3 »	0 691	0 720	0 749	0 778	0 807	0 835
4 »	0 922	0 960	0 999	1 037	1 075	1 114
5 »	1 152	1 200	1 248	1 296	1 344	1 392
6 »	1 382	1 440	1 498	1 555	1 613	1 670
7 »	1 613	1 680	1 747	1 814	1 882	1 949
8 »	1 843	1 920	1 997	2 074	2 150	2 227
9 »	2 074	2 160	2 246	2 333	2 419	2 506

N° 78.   0ᵐ48 ÉPAISSEUR.

Longueurs	LARGEURS.					
	0ᵐ60	0ᵐ62	0ᵐ64	0ᵐ66	0ᵐ68	0ᵐ70
0ᵐ 10ᶜ	0ˢᵗ 029	0ˢᵗ 030	0ˢᵗ 031	0ˢᵗ 032	0ˢᵗ 033	0ˢᵗ 034
0 20	0 058	0 059	0 062	0 063	0 065	0 067
0 30	0 087	0 089	0 093	0 095	0 098	0 101
0 40	0 115	0 119	0 123	0 127	0 131	0 134
0 50	0 144	0 148	0 154	0 158	0 163	0 168
0 60	0 173	0 178	0 184	0 190	0 196	0 201
0 70	0 202	0 208	0 215	0 222	0 229	0 235
0 80	0 230	0 238	0 246	0 253	0 261	0 269
0 90	0 259	0 268	0 277	0 285	0 294	0 302
1 »	0 288	0 298	0 307	0 317	0 326	0 336
2 »	0 576	0 596	0 614	0 634	0 653	0 672
3 »	0 864	0 893	0 921	0 951	0 979	1 008
4 »	1 152	1 190	1 229	1 267	1 306	1 344
5 »	1 440	1 488	1 536	1 584	1 632	1 680
6 »	1 728	1 785	1 843	1 901	1 959	2 016
7 »	2 016	2 083	2 150	2 218	2 285	2 352
8 »	2 304	2 381	2 458	2 534	2 611	2 688
9 »	2 592	2 678	2 765	2 851	938	3 024

N° 79.   0ᵐ50 ÉPAISSEUR.

Longueurs	LARGEURS.					
	0ᵐ50	0ᵐ52	0ᵐ54	0ᵐ56	0ᵐ58	0ᵐ60
0ᵐ 10ᶜ	0ˢᵗ 025	0ˢᵗ 026	0ˢᵗ 027	0ˢᵗ 028	0ˢᵗ 029	0ˢᵗ 030
0 20	0 050	0 052	0 054	0 056	0 058	0 060
0 30	0 075	0 078	0 081	0 084	0 087	0 090
0 40	0 100	0 104	0 108	0 112	0 116	0 120
0 50	0 125	0 130	0 135	0 140	0 145	0 150
0 60	0 150	0 156	0 162	0 168	0 174	0 180
0 70	0 175	0 182	0 189	0 196	0 203	0 210
0 80	0 200	0 208	0 216	0 224	0 232	0 240
0 90	0 225	0 234	0 243	0 252	0 261	0 270
1 »	0 250	0 260	0 270	0 280	0 290	0 300
2 »	0 500	0 520	0 540	0 560	0 580	0 600
3 »	0 750	0 780	0 810	0 840	0 870	0 900
4 »	1 000	1 040	1 080	1 120	1 160	1 200
5 »	1 250	1 300	1 350	1 400	1 450	1 500
6 »	1 500	1 560	1 620	1 680	1 740	1 800
7 »	1 750	1 820	1 890	1 960	2 030	2 100
8 »	2 000	2 080	2 160	2 240	2 320	2 400
9 »	2 225	2 340	2 430	2 520	2 610	2 700

N° 80.   0ᵐ50 ÉPAISSEUR.

Longueurs	LARGEURS.					
	0ᵐ62	0ᵐ64	0ᵐ66	0ᵐ68	0ᵐ70	0ᵐ72
0ᵐ 10ᶜ	0ˢᵗ 031	0ˢᵗ 032	0ˢᵗ 033	0ˢᵗ 034	0ˢᵗ 035	0ˢᵗ 036
0 20	0 062	0 064	0 066	0 068	0 070	0 072
0 30	0 093	0 096	0 099	0 102	0 105	0 108
0 40	0 124	0 128	0 132	0 136	0 140	0 144
0 50	0 155	0 160	0 165	0 170	0 175	0 180
0 60	0 186	0 192	0 198	0 204	0 210	0 216
0 70	0 217	0 224	0 231	0 238	0 245	0 252
0 80	0 248	0 256	0 264	0 272	0 280	0 288
0 90	0 279	0 288	0 297	0 306	0 315	0 324
1 »	0 310	0 320	0 330	0 340	0 350	0 360
2 »	0 620	0 640	0 660	0 680	0 700	0 720
3 »	0 930	0 960	0 990	1 020	1 050	1 080
4 »	1 240	1 280	1 320	1 360	1 400	1 440
5 »	1 550	1 600	1 650	1 700	1 750	1 800
6 »	1 860	1 920	1 980	2 040	2 100	2 160
7 »	2 170	2 240	2 310	2 380	2 450	2 520
8 »	2 480	2 560	2 640	2 720	2 800	2 880
9 »	2 790	2 880	2 970	3 060	3 150	3 240

N° 81. — 0ᵐ52 ÉPAISSEUR.

Longueurs	LARGEURS.					
	0ᵐ52	0ᵐ54	0ᵐ56	0ᵐ58	0ᵐ60	0ᵐ62
0ᵐ 10ᶜ	0ˢᵗ 027	0ˢᵗ 028	0ˢᵗ 029	0ˢᵗ 030	0ˢᵗ 031	0ˢᵗ 032
0 20	0 054	0 056	0 058	0 060	0 062	0 065
0 30	0 081	0 084	0 087	0 090	0 093	0 097
0 40	0 108	0 113	0 117	0 121	0 125	0 129
0 50	0 135	0 141	0 146	0 151	0 156	0 162
0 60	0 162	0 169	0 175	0 181	0 187	0 194
0 70	0 189	0 197	0 204	0 211	0 218	0 226
0 80	0 216	0 225	0 233	0 241	0 250	0 258
0 90	0 243	0 253	0 262	0 271	0 281	0 290
1 »	0 270	0 281	0 291	0 302	0 312	0 322
2 »	0 541	0 562	0 582	0 603	0 624	0 645
3 »	0 811	0 843	0 873	0 905	0 936	0 967
4 »	1 082	1 123	1 165	1 206	1 248	1 290
5 »	1 352	1 404	1 456	1 508	1 560	1 613
6 »	1 622	1 685	1 747	1 810	1 872	1 935
7 »	1 893	1 966	2 038	2 111	2 184	2 257
8 »	2 163	2 246	2 330	2 413	2 496	2 579
9 »	2 434	2 527	2 621	2 714	2 808	2 902

N° 82. — 0ᵐ52 ÉPAISSEUR.

Longueurs	LARGEURS.					
	0ᵐ64	0ᵐ66	0ᵐ68	0ᵐ70	0ᵐ72	0ᵐ74
0ᵐ 10ᶜ	0ˢᵗ 033	0ˢᵗ 034	0ˢᵗ 035	0ˢᵗ 036	0ˢᵗ 037	0ˢᵗ 038
0 20	0 067	0 069	0 071	0 073	0 075	0 077
0 30	0 100	0 103	0 106	0 110	0 113	0 116
0 40	0 134	0 138	0 142	0 146	0 151	0 155
0 50	0 167	0 172	0 178	0 183	0 189	0 193
0 60	0 200	0 206	0 213	0 219	0 226	0 232
0 70	0 233	0 240	0 248	0 255	0 263	0 270
0 80	0 266	0 275	0 283	0 291	0 300	0 308
0 90	0 300	0 309	0 318	0 328	0 337	0 346
1 »	0 333	0 343	0 354	0 364	0 374	0 385
2 »	0 665	0 687	0 707	0 728	0 749	0 769
3 »	0 998	1 030	1 061	1 092	1 123	1 154
4 »	1 331	1 373	1 414	1 456	1 498	1 538
5 »	1 664	1 716	1 768	1 820	1 872	1 923
6 »	1 997	2 059	2 121	2 184	2 247	2 308
7 »	2 230	2 402	2 475	2 548	2 621	2 693
8 »	2 662	2 746	2 829	2 912	2 995	3 078
9 »	2 995	3 089	3 182	3 276	3 370	3 463

N° 83. — **0ᵐ54 ÉPAISSEUR.**

Longueurs		LARGEURS.				
	0ᵐ54	0ᵐ56	0ᵐ58	0ᵐ60	0ᵐ62	0ᵐ64
0ᵐ10ᶜ	0ˢᵗ029	0ˢᵗ030	0ˢᵗ031	0ˢᵗ032	0ˢᵗ033	0ˢᵗ035
0.20	0 058	0 060	0 063	0 065	0 067	0 069
0 30	0 087	0 090	0 094	0 097	0 100	0 104
0 40	0 116	0 121	0 126	0 130	0 134	0 138
0 50	0 146	0 151	0 157	0 162	0 167	0 172
0 60	0 175	0 181	0 188	0 194	0 201	0 207
0 70	0 204	0 212	0 219	0 227	0 234	0 242
0 80	0 233	0 242	0 251	0 259	0 268	0 277
0 90	0 262	0 272	0 282	0 292	0 301	0 311
1 »	0 292	0 302	0 313	0 324	0 335	0 346
2 »	0 583	0 605	0 627	0 648	0 669	0 691
3 »	0 875	0 907	0 940	0 972	1 004	1 037
4 »	1 166	1 210	1 253	1 296	1 338	1 482
5 »	1 458	1 512	1 566	1 620	1 673	1 828
6 »	1 750	1 814	1 879	1 944	2 008	2 173
7 »	2 041	2 117	2 192	2 268	2 343	2 419
8 »	2 333	2 419	2 506	2 592	2 678	2 765
9 »	2 624	2 722	2 819	2 916	3 013	3 110

N° 84. — **0ᵐ 54 ÉPAISSEUR.**

Longueurs		LARGEURS.				
	0ᵐ66	0ᵐ68	0ᵐ70	0ᵐ72	0ᵐ74	0ᵐ76
0ᵐ10ᶜ	0ˢᵗ036	0ˢᵗ037	0ˢᵗ038	0ˢᵗ039	0ˢᵗ040	0ˢᵗ041
0 20	0 071	0 073	0 075	0 077	0 080	0 082
0 30	0 107	0 110	0 113	0 116	0 120	0 123
0 40	0 142	0 146	0 151	0 155	0 160	0 164
0 50	0 178	0 183	0 189	0 194	0 200	0 205
0 60	0 214	0 210	0 227	0 233	0 240	0 246
0 70	0 250	0 257	0 265	0 272	0 280	0 287
0 80	0 285	0 294	0 302	0 311	0 320	0 328
0 90	0 321	0 331	0 340	0 350	0 360	0 369
1 »	0 356	0 367	0 378	0 389	0 400	0 410
2 »	0 713	0 735	0 756	0 777	0 799	0 821
3 »	1 069	1 102	1 134	1 166	1 199	1 231
4 »	1 426	1 469	1 512	1 554	1 598	1 641
5 »	1 782	1 836	1 890	1 943	1 998	2 052
6 »	2 139	2 203	2 268	2 332	2 397	2 462
7 »	2 495	2 570	2 646	2 721	2 797	2 873
8 »	2 851	2 938	3 024	3 110	3 197	3 283
9 »	3 208	3 305	3 402	3 499	3 596	3 694

N.° 85. — 0^m56 ÉPAISSEUR.

Longueurs	LARGEURS					
	0m56	0m58	0m60	0m62	0m64	0m66
0m10c	0st 031	0st 033	0st 034	0st 035	0st 036	0st 037
0 20	0 063	0 066	0 067	0 070	0 071	0 074
0 30	0 094	0 100	0 101	0 105	0 107	0 111
0 40	0 126	0 133	0 134	0 139	0 143	0 148
0 50	0 167	0 166	0 168	0 174	0 179	0 185
0 60	0 188	0 195	0 202	0 209	0 215	0 222
0 70	0 220	0 227	0 235	0 243	0 251	0 259
0 80	0 251	0 261	0 269	0 278	0 287	0 296
0 90	0 282	0 292	0 302	0 313	0 323	0 333
1 »	0 314	0 325	0 336	0 347	0 358	0 370
2 »	0 627	0 650	0 672	0 694	0 717	0 739
3 »	0 941	0 974	1 008	1 042	1 075	1 108
4 »	1 255	1 299	1 344	1 389	1 434	1 478
5 »	1 569	1 624	1 680	1 736	1 792	1 847
6 »	1 882	1 949	2 016	2 083	2 151	2 217
7 »	2 195	2 274	2 352	2 430	2 509	2 587
8 »	2 509	2 598	2 688	2 778	2 867	2 957
9 »	2 822	2 923	3 024	3 125	3 226	3 326

N° 86. — 0^m56 ÉPAISSEUR.

Longueurs	LARGEURS					
	0m68	0m70	0m72	0m74	0m76	0m78
0m10c	0st 038	0st 039	0st 040	0st 041	0st 043	0st 044
0 20	0 076	0 079	0 081	0 083	0 085	0 087
0 30	0 114	0 118	0 121	0 124	0 128	0 131
0 40	0 152	0 157	0 162	0 166	0 171	0 175
0 50	0 191	0 196	0 202	0 208	0 213	0 218
0 60	0 229	0 235	0 243	0 249	0 256	0 262
0 70	0 267	0 274	0 283	0 290	0 299	0 306
0 80	0 305	0 314	0 323	0 332	0 341	0 349
0 90	0 343	0 353	0 363	0 373	0 383	0 393
1 »	0 381	0 392	0 403	0 414	0 426	0 437
2 »	0 762	0 784	0 807	0 829	0 851	0 873
3 »	1 143	1 176	1 210	1 244	1 277	1 310
4 »	1 523	1 568	1 613	1 658	1 703	1 747
5 »	1 904	1 960	2 017	2 072	2 128	2 184
6 »	2 285	2 352	2 420	2 486	2 554	2 621
7 »	2 666	2 744	2 823	2 900	2 980	3 058
8 »	3 046	3 136	3 226	3 315	3 405	3 494
9 »	3 427	3 528	3 629	3 730	3 830	3 931

N° 87. — 0ᵐ58 ÉPAISSEUR.

Longueurs	LARGEURS.					
	0ᵐ58	0ᵐ60	0ᵐ62	0ᵐ64	0ᵐ66	0ᵐ68
0ᵐ 10ᶜ	0ˢᵗ 034	0ˢᵗ 035	0ˢᵗ 036	0ˢᵗ 037	0ˢᵗ 038	0ˢᵗ 039
0 20	0 067	0 069	0 072	0 074	0 077	0 079
0 30	0 101	0 104	0 108	0 112	0 115	0 119
0 40	0 134	0 139	0 144	0 149	0 154	0 158
0 50	0 168	0 174	0 180	0 186	0 192	0 198
0 60	0 202	0 209	0 216	0 223	0 230	0 237
0 70	0 236	0 244	0 252	0 260	0 268	0 276
0 80	0 269	0 278	0 288	0 297	0 306	0 316
0 90	0 303	0 313	0 324	0 334	0 345	0 355
1 »	0 336	0 348	0 360	0 371	0 383	0 394
2 »	0 673	0 696	0 719	0 742	0 765	0 789
3 »	1 009	1 044	1 079	1 114	1 148	1 183
4 »	1 346	1 392	1 438	1 485	1 531	1 578
5 »	1 682	1 740	1 798	1 856	1 914	1 973
6 »	2 018	2 088	2 157	2 227	2 297	2 367
7 »	2 355	2 436	2 517	2 598	2 680	2 761
8 »	2 691	2 784	2 877	2 970	3 062	3 155
9 »	3 028	3 132	3 236	3 341	3 445	3 550

N° 88. — 0ᵐ58 ÉPAISSEUR.

Longueurs	LARGEURS.					
	0ᵐ70	0ᵐ72	0ᵐ74	0ᵐ76	0ᵐ78	0ᵐ80
0ᵐ 10ᶜ	0ˢᵗ 041	0ˢᵗ 042	0ˢᵗ 043	0ˢᵗ 044	0ˢᵗ 045	0ˢᵗ 046
0 20	0 081	0 083	0 085	0 088	0 091	0 093
0 30	0 122	0 125	0 128	0 133	0 136	0 140
0 40	0 162	0 167	0 171	0 177	0 182	0 186
0 50	0 203	0 208	0 214	0 221	0 227	0 233
0 60	0 243	0 250	0 257	0 265	0 272	0 279
0 70	0 284	0 292	0 300	0 309	0 317	0 325
0 80	0 325	0 334	0 343	0 353	0 362	0 371
0 90	0 365	0 376	0 386	0 397	0 407	0 418
1 »	0 406	0 418	0 429	0 441	0 452	0 464
2 »	0 812	0 835	0 859	0 881	0 905	0 928
3 »	1 218	1 252	1 288	1 322	1 357	1 392
4 »	1 624	1 670	1 717	1 763	1 810	1 856
5 «	2 030	2 088	2 147	2 203	2 262	2 320
6 »	2 436	2 505	2 576	2 644	2 715	2 784
7 »	2 842	2 923	3 005	3 085	3 167	3 248
8 »	3 248	3 341	3 434	3 526	3 619	3 712
9 »	3 654	3 758	3 863	3 967	4 072	4 176

N° 89. — 0ᵐ60 ÉPAISSEUR.

Longueurs	LARGEURS.					
	0ᵐ60	0ᵐ62	0ᵐ64	0ᵐ66	0ᵐ68	0ᵐ70
0ᵐ 10ᶜ	0ˢᵗ 036	0ˢᵗ 037	0ˢᵗ 038	0ˢᵗ 040	0ˢᵗ 041	0ˢᵗ 042
0 20	0 072	0 074	0 077	0 079	0 081	0 084
0 30	0 108	0 111	0 116	0 118	0 122	0 126
0 40	0 144	0 149	0 154	0 158	0 163	0 168
0 50	0 180	0 186	0 193	0 197	0 204	0 210
0 60	0 216	0 223	0 231	0 237	0 245	0 252
0 70	0 252	0 260	0 269	0 277	0 286	0 294
0 80	0 288	0 298	0 307	0 317	0 326	0 336
0 90	0 324	0 335	0 346	0 356	0 367	0 378
1 »	0 360	0 372	0 384	0 396	0 408	0 420
2 »	0 720	0 744	0 768	0 792	0 816	0 840
3 »	1 080	1 116	1 152	1 188	1 224	1 260
4 »	1 440	1 488	1 536	1 584	1 632	1 680
5 »	1 800	1 860	1 920	1 980	2 040	2 100
6 »	2 160	2 232	2 304	2 376	2 448	2 520
7 »	2 520	2 604	2 688	2 772	2 856	2 940
8 »	2 880	2 976	3 072	3 168	3 264	3 360
9 »	3 240	3 348	3 456	3 564	3 672	3 780

N° 90. — 0ᵐ60 ÉPAISSEUR.

Longueurs	LARGEURS.					
	0ᵐ72	0ᵐ74	0ᵐ76	0ᵐ78	0ᵐ80	0ᵐ82
0ᵐ 10ᶜ	0ˢᵗ 043	0ˢᵗ 044	0ˢᵗ 046	0ˢᵗ 047	0ˢᵗ 048	0ˢᵗ 049
0 20	0 087	0 089	0 091	0 093	0 096	0 099
0 30	0 130	0 133	0 137	0 140	0 144	0 148
0 40	0 173	0 178	0 182	0 187	0 192	0 197
0 50	0 217	0 222	0 228	0 233	0 240	0 247
0 60	0 260	0 267	0 273	0 280	0 288	0 296
0 70	0 303	0 311	0 319	0 327	0 336	0 345
0 80	0 346	0 355	0 365	0 374	0 384	0 394
0 90	0 389	0 400	0 410	0 421	0 432	0 443
1 »	0 432	0 444	0 456	0 468	0 480	0 492
2 »	0 864	0 888	0 912	0 936	0 960	0 984
3 »	1 296	1 332	1 368	1 404	1 440	1 476
4 »	1 728	1 776	1 824	1 872	1 920	1 968
5 »	2 160	2 220	2 280	2 340	2 400	2 460
6 »	2 592	2 664	2 736	2 808	2 880	2 952
7 »	3 024	3 108	3 192	3 276	3 360	3 444
8 »	3 456	3 552	3 648	3 744	3 840	3 936
9 »	3 888	3 996	4 104	4 212	4 320	4 428

N° 91.   0ᵐ62 ÉPAISSEUR.

Longueurs	LARGEURS.					
	0ᵐ62	0ᵐ64	0ᵐ66	0ᵐ68	0ᵐ70	0ᵐ72
0ᵐ 10ᵉ	0ᵐˡ 038	0ᵐˡ 040	0ᵐˡ 041	0ᵐˡ 042	0ᵐˡ 043	0ᵐˡ 045
0 20	0 077	0 079	0 081	0 085	0 087	0 089
0 30	0 116	0 118	0 122	0 127	0 131	0 133
0 40	0 154	0 157	0 163	0 169	0 174	0 178
0 50	0 193	0 297	0 204	0 211	0 217	0 223
0 60	0 231	0 238	0 245	0 253	0 261	0 267
0 70	0 269	0 278	0 286	0 295	0 304	0 312
0 80	0 308	0 317	0 327	0 337	0 347	0 357
0 90	0 346	0 357	0 368	0 379	0 391	0 402
1 »	0 384	0 397	0 409	0 422	0 434	0 446
2 »	0 769	0 793	0 819	0 843	0 868	0 893
3 »	1 153	1 190	1 228	1 265	1 302	1 339
4 »	1 538	1 587	1 637	1 687	1 736	1 786
5 »	1 922	1 984	2 046	2 108	2 170	2 232
6 »	2 306	2 381	2 455	2 530	2 604	2 678
7 »	2 691	2 778	2 864	2 951	3 038	3 124
8 »	3 075	3 174	3 274	3 373	3 472	3 571
9 »	3 460	3 571	3 683	3 794	3 906	4 018

N° 92.   0ᵐ62 ÉPAISSEUR.

Longueurs	LARGEURS.					
	0ᵐ74	0ᵐ76	0ᵐ78	0ᵐ80	0ᵐ82	0ᵐ84
0ᵐ 10ᵉ	0ᵐˡ 046	0ᵐˡ 047	0ᵐˡ 048	0ᵐˡ 050	0ᵐˡ 051	0ᵐˡ 052
0 20	0 092	0 094	0 097	0 100	0 101	0 104
0 30	0 138	0 141	0 146	0 148	0 152	0 157
0 40	0 184	0 188	0 194	0 198	0 203	0 209
0 50	0 229	0 235	0 243	0 248	0 254	0 261
0 60	0 275	0 282	0 291	0 297	0 305	0 313
0 70	0 321	0 329	0 339	0 347	0 358	0 365
0 80	0 367	0 377	0 387	0 397	0 407	0 417
0 90	0 413	0 424	0 435	0 446	0 458	0 469
1 »	0 459	0 471	0 484	0 496	0 508	0 521
2 »	0 917	0 943	0 967	0 992	1 017	1 041
3 »	1 376	1 414	1 451	1 488	1 526	1 562
4 »	1 834	1 885	1 934	1 984	2 035	2 083
5 »	2 293	2 357	2 417	2 480	2 544	2 603
6 »	2 752	2 828	2 901	2 976	3 052	3 124
7 »	3 211	3 299	3 385	3 472	3 560	3 645
8 »	3 670	3 770	3 869	3 968	4 068	4 166
9 »	4 129	4 241	4 252	4 464	4 576	4 687

N° 93.   0ᵐ64 ÉPAISSEUR

Longueurs		0ᵐ64		0ᵐ66		0ᵐ68		0ᵐ70		0ᵐ72		0ᵐ74
0ᵐ 10ᵉ	0	041	0	042	0	044	0	045	0	046	0	047
0 20	0	082	0	085	0	087	0	089	0	092	0	095
0 30	0	123	0	127	0	131	0	134	0	138	0	142
0 40	0	164	0	170	0	174	0	179	0	184	0	190
0 50	0	205	0	212	0	218	0	224	0	231	0	237
0 60	0	246	0	254	0	261	0	269	0	277	0	285
0 70	0	287	0	296	0	305	0	314	0	323	0	332
0 80	0	328	0	338	0	348	0	358	0	369	0	379
0 90	0	369	0	380	0	392	0	403	0	415	0	426
1 »	0	410	0	422	0	435	0	448	0	461	0	474
2 »	0	819	0	845	0	871	0	896	0	921	0	947
3 »	1	229	1	267	1	306	1	344	1	382	1	421
4 »	1	638	1	690	1	741	1	792	1	843	1	894
5 »	2	048	2	112	2	176	2	240	2	303	2	368
6 »	2	457	2	535	2	611	2	688	2	764	2	841
7 »	2	867	2	957	3	046	3	136	3	225	3	315
8 »	3	277	3	379	3	482	3	584	3	686	3	789
9 »	3	686	3	802	3	917	4	032	4	147	4	262

N° 94.   0ᵐ64 ÉPAISSEUR.

Longueurs		0ᵐ76		0ᵐ78		0ᵐ80		0ᵐ82		0ᵐ84		0ᵐ86
0ᵐ 10ᵉ	0	049	0	050	0	051	0	052	0	054	0	055
0 20	0	097	0	099	0	103	0	105	0	107	0	110
0 30	0	146	0	149	0	154	0	157	0	161	0	165
0 40	0	194	0	199	0	205	0	210	0	214	0	220
0 50	0	243	0	249	0	257	0	263	0	268	0	275
0 60	0	291	0	299	0	308	0	315	0	322	0	330
0 70	0	340	0	349	0	359	0	368	0	376	0	385
0 80	0	389	0	399	0	410	0	420	0	430	0	440
0 90	0	438	0	449	0	461	0	472	0	484	0	495
1 »	0	486	0	499	0	512	0	525	0	538	0	550
2 »	0	973	0	999	1	024	1	049	1	075	1	101
3 »	1	459	1	498	1	536	1	574	1	612	1	652
4 »	1	946	1	997	2	048	2	099	2	150	2	202
5 »	2	432	2	496	2	560	2	623	2	687	2	753
6 »	2	919	2	996	3	072	3	148	3	225	3	303
7 »	3	405	3	495	3	584	3	673	3	762	3	854
8 »	3	891	3	994	4	096	4	198	4	300	4	404
9 »	4	378	4	493	4	608	4	723	4	838	4	954

| N° 95. | | 0ᵐ66 ÉPAISSEUR. | | | | | | | | | | |

LARGEURS.

Longueurs		0ᵐ66		0ᵐ68		0ᵐ70		0ᵐ72		0ᵐ74		0ᵐ76
0ᵐ10ᶜ		0ˢᵗ	044	0ˢᵗ	045	0ˢᵗ	046	0ˢᵗ	048	0ˢᵗ	049	0ˢᵗ	050
0	20	0	087	0	090	0	092	0	095	0	098	0	100
0	30	0	131	0	135	0	138	0	143	0	146	0	150
0	40	0	174	0	180	0	185	0	191	0	195	0	200
0	50	0	218	0	224	0	231	0	238	0	244	0	250
0	60	0	261	0	269	0	277	0	285	0	293	0	301
0	70	0	305	0	314	0	323	0	333	0	342	0	351
0	80	0	349	0	359	0	370	0	380	0	391	0	401
0	90	0	392	0	404	0	416	0	428	0	440	0	451
1	»	0	436	0	449	0	462	0	475	0	488	0	502
2	»	0	871	0	897	0	924	0	951	0	977	1	003
3	»	1	307	1	346	1	386	1	426	1	465	1	505
4	»	1	742	1	895	1	848	1	902	1	954	2	006
5	»	2	178	2	343	2	310	2	377	2	442	2	508
6	»	2	613	2	688	2	772	2	852	2	931	3	009
7	»	3	049	3	141	3	234	3	327	3	419	3	511
8	»	3	485	3	590	3	696	3	802	3	907	4	013
9	»	3	920	4	039	4	158	4	277	4	396	4	514

| N° 96. | | 0ᵐ66 ÉPAISSEUR. | | | | | | | | | | |

LARGEURS.

Longueurs		0ᵐ78		0ᵐ80		0ᵐ82		0ᵐ84		0ᵐ86		0ᵐ88
0ᵐ10ᶜ		0ˢᵗ	051	0ˢᵗ	053	0ˢᵗ	054	0ˢᵗ	055	0ˢᵗ	057	0ˢᵗ	058
0	20	0	103	0	105	0	108	0	111	0	113	0	116
0	30	0	154	0	158	0	162	0	166	0	170	0	174
0	40	0	206	0	210	0	216	0	222	0	227	0	233
0	50	0	257	0	263	0	271	0	277	0	283	0	291
0	60	0	309	0	316	0	325	0	333	0	340	0	349
0	70	0	361	0	369	0	379	0	388	0	397	0	407
0	80	0	412	0	422	0	433	0	444	0	454	0	465
0	90	0	463	0	475	0	487	0	499	0	511	0	523
1	»	0	515	0	528	0	541	0	554	0	568	0	581
2	»	1	029	1	056	1	083	1	109	1	135	1	162
3	»	1	544	1	584	1	624	1	663	1	702	1	742
4	»	2	059	2	112	2	166	2	218	2	270	2	323
5	»	2	573	2	640	2	707	2	772	2	837	2	904
6	»	3	088	3	168	3	248	3	327	3	404	3	485
7	»	3	603	3	696	3	789	3	882	3	972	4	065
8	»	4	118	4	224	4	330	4	436	4	540	4	646
9	»	4	633	4	752	4	871	4	090	5	108	5	227

N° 97. — 0ᵐ68 ÉPAISSEUR.

Longueurs	LARGEURS.					
	0ᵐ68	0ᵐ70	0ᵐ72	0ᵐ74	0ᵐ76	0ᵐ78
0ᵐ 10ᶜ	0 046	0 048	0 049	0 050	0 052	0 053
0 20	0 093	0 095	0 098	0 101	0 103	0 106
0 30	0 139	0 143	0 147	0 151	0 155	0 159
0 40	0 186	0 190	0 196	0 202	0 206	0 212
0 50	0 232	0 238	0 245	0 252	0 258	0 265
0 60	0 278	0 285	0 294	0 302	0 309	0 318
0 70	0 324	0 333	0 343	0 353	0 361	0 371
0 80	0 370	0 381	0 392	0 403	0 413	0 424
0 90	0 416	0 428	0 441	0 453	0 465	0 477
1 »	0 462	0 476	0 490	0 503	0 517	0 530
2 »	0 925	0 952	0 979	1 007	1 033	1 061
3 »	1 387	1 428	1 469	1 510	1 550	1 591
4 »	1 850	1 904	1 958	2 014	2 067	2 121
5 »	2 312	2 380	2 448	2 517	2 583	2 652
6 »	2 775	2 856	2 937	3 020	3 100	3 182
7 »	3 237	3 332	3 427	3 523	3 617	3 713
8 »	3 699	3 808	3 917	4 026	4 134	4 243
9 »	4 162	4 284	4 406	4 529	4 651	4 774

N° 98. — 0ᵐ68 ÉPAISSEUR.

Longueurs	LARGEURS.					
	0ᵐ80	0ᵐ82	0ᵐ84	0ᵐ86	0ᵐ88	0ᵐ90
0ᵐ 10ᶜ	0 054	0 056	0 057	0 058	0 060	0 061
0 20	0 109	0 111	0 114	0 117	0 120	0 122
0 30	0 163	0 167	0 171	0 175	0 180	0 184
0 40	0 217	0 223	0 228	0 234	0 240	0 245
0 50	0 272	0 278	0 286	0 292	0 299	0 306
0 60	0 326	0 334	0 343	0 351	0 359	0 368
0 70	0 381	0 390	0 400	0 409	0 419	0 429
0 80	0 435	0 446	0 457	0 468	0 479	0 490
0 90	0 490	0 502	0 514	0 526	0 539	0 551
1 »	0 544	0 558	0 571	0 585	0 599	0 612
2 »	1 088	1 115	1 143	1 169	1 197	1 224
3 »	1 632	1 672	1 614	1 754	1 796	1 836
4 »	2 176	2 230	2 185	2 338	2 394	2 448
5 »	2 720	2 787	2 757	2 923	2 992	3 060
6 »	3 264	3 345	3 328	3 508	3 590	3 672
7 »	3 808	3 902	3 999	4 093	4 189	4 284
8 »	4 352	4 460	4 470	4 678	4 788	4 896
9 »	4 896	5 018	5 141	5 263	5 386	5 508

N° 99. 0^m70 ÉPAISSEUR.

LARGEURS.

Longueurs	0^m70	0^m72	0^m74	0^m76	0^m78	0^m80
0^m 10^c	0st 049	0st 050	0st 052	0st 053	0st 055	0st 056
0 20	0 098	0 101	0 103	0 107	0 109	0 112
0 30	0 147	0 151	0 155	0 160	0 164	0 168
0 40	0 196	0 202	0 207	0 213	0 218	0 224
0 50	0 245	0 252	0 258	0 267	0 273	0 280
0 60	0 294	0 303	0 310	0 320	0 328	0 336
0 70	0 343	0 353	0 362	0 373	0 382	0 392
0 80	0 392	0 403	0 414	0 426	0 437	0 448
0 90	0 441	0 454	0 466	0 479	0 491	0 504
1 »	0 490	0 504	0 518	0 532	0 546	0 560
2 »	0 980	1 008	1 036	1 064	1 092	1 120
3 »	1 470	1 512	1 554	1 596	1 638	1 680
4 »	1 960	2 016	2 072	2 128	2 184	2 240
5 »	2 450	2 520	2 590	2 660	2 730	2 800
6 »	2 940	3 024	3 108	3 192	3 276	3 360
7 »	3 430	3 528	3 626	3 724	3 822	3 920
8 »	3 920	4 032	4 144	4 256	4 368	4 480
9 »	4 410	4 536	4 662	4 788	4 914	5 040

N° 100. 0^m70 ÉPAISSEUR.

LARGEURS.

Longueurs	0^m82	0^m84	0^m86	0^m88	0^m90	0^m92
0^m 10^c	0st 057	0st 059	0st 060	0st 062	0st 063	0st 064
0 20	0 115	0 117	0 121	0 123	0 126	0 129
0 30	0 172	0 176	0 181	0 185	0 189	0 193
0 40	0 230	0 235	0 242	0 246	0 252	0 258
0 50	0 287	0 293	0 302	0 308	0 315	0 322
0 60	0 344	0 352	0 362	0 369	0 378	0 387
0 70	0 402	0 411	0 422	0 431	0 441	0 451
0 80	0 459	0 470	0 482	0 492	0 504	0 516
0 90	0 517	0 529	0 542	0 554	0 567	0 580
1 »	0 574	0 588	0 602	0 616	0 630	0 644
2 »	1 148	1 176	1 204	1 232	1 260	1 288
3 »	1 722	1 764	1 806	1 848	1 890	1 932
4 »	2 296	2 352	2 408	2 464	2 520	2 576
5 »	2 870	2 940	3 010	3 080	3 150	3 220
6 »	3 444	3 528	3 612	3 696	3 780	3 864
7 »	4 018	4 116	4 214	4 312	4 410	4 508
8 »	4 592	4 704	4 816	4 928	5 040	5 152
9 »	5 166	5 292	5 418	5 544	5 670	5 796

N° 101.   0ᵐ72 ÉPAISSEUR.

LARGEURS.

Longueurs	0ᵐ72	0ᵐ74	0ᵐ76	0ᵐ78	0ᵐ80	0ᵐ82
0ᵐ 10ᶜ	0ᶜ¹ 052	0ᶜ¹ 053	0ᶜ¹ 055	0ᶜ¹ 056	0ᶜ¹ 058	0ᶜ¹ 059
0 20	0 104	0 107	0 109	0 112	0 115	0 118
0 30	0 156	0 160	0 164	0 168	0 173	0 177
0 40	0 207	0 213	0 219	0 224	0 230	0 236
0 50	0 259	0 267	0 273	0 281	0 288	0 295
0 60	0 311	0 320	0 328	0 337	0 345	0 354
0 70	0 363	0 373	0 383	0 393	0 403	0 413
0 80	0 415	0 426	0 438	0 449	0 461	0 472
0 90	0 467	0 480	0 493	0 505	0 518	0 531
1 »	0 518	0 533	0 547	0 562	0 576	0 590
2 »	1 037	1 065	1 094	1 123	1 152	1 181
3 »	1 555	1 598	1 642	1 685	1 728	1 771
4 »	2 074	2 131	2 189	2 246	2 304	2 362
5 »	2 592	2 663	2 737	2 808	2 880	2 952
6 »	3 111	3 196	3 284	3 369	3 456	3 543
7 »	3 629	3 729	3 831	3 931	4 032	4 133
8 »	4 147	4 262	4 378	4 493	4 608	4 724
9 »	4 666	4 795	4 925	5 054	5 184	5 314

N° 102.   0ᵐ72 ÉPAISSEUR.

LARGEURS.

Longueurs	0ᵐ84	0ᵐ86	0ᵐ88	0ᵐ90	0ᵐ92	0ᵐ94
0ᵐ 10ᶜ	0ᶜ¹ 060	0ᶜ¹ 062	0ᶜ¹ 063	0ᶜ¹ 065	0ᶜ¹ 066	0ᶜ¹ 068
0 20	0 121	0 124	0 127	0 130	0 132	0 136
0 30	0 182	0 185	0 190	0 194	0 199	0 204
0 40	0 242	0 247	0 254	0 259	0 265	0 271
0 50	0 303	0 309	0 317	0 324	0 331	0 339
0 60	0 363	0 371	0 381	0 388	0 398	0 406
0 70	0 424	0 433	0 444	0 453	0 464	0 474
0 80	0 484	0 495	0 507	0 518	0 530	0 542
0 90	0 544	0 557	0 570	0 583	0 596	0 610
1 »	0 605	0 619	0 634	0 648	0 662	0 677
2 »	1 209	1 239	1 267	1 296	1 325	1 354
3 »	1 814	1 858	1 901	1 944	1 987	2 030
4 »	2 419	2 477	2 534	2 592	2 650	3 707
5 »	3 023	3 096	3 167	3 240	3 312	3 384
6 »	3 628	3 716	3 801	3 888	3 975	4 060
7 »	4 233	4 335	4 434	4 536	4 637	4 737
8 »	4 838	4 954	5 068	5 184	5 300	5 414
9 »	5 443	5 573	5 702	5 832	5 962	6 091

N° 103.   0ᵐ74 ÉPAISSEUR.

Longueurs	LARGEURS.					
	0ᵐ74	0ᵐ76	0ᵐ78	0ᵐ80	0ᵐ82	0ᵐ84
0ᵐ10ᶜ	0ˢᵗ055	0ˢᵗ056	0ˢᵗ058	0ˢᵗ059	0ˢᵗ061	0ˢᵗ062
0 20	0 110	0 112	0 116	0 119	0 120	0 124
0 30	0 165	0 168	0 173	0 178	0 181	0 186
0 40	0 219	0 225	0 231	0 237	0 242	0 249
0 50	0 274	0 281	0 289	0 297	0 302	0 311
0 60	0 328	0 337	0 346	0 356	0 363	0 373
0 70	0 383	0 394	0 404	0 415	0 424	0 435
0 80	0 438	0 450	0 462	0 474	0 485	0 497
0 90	0 493	0 506	0 520	0 533	0 546	0 559
1 »	0 548	0 562	0 577	0 592	0 607	0 622
2 »	1 095	1 125	1 154	1 184	1 214	1 243
3 »	1 643	1 687	1 732	1 776	1 820	1 865
4 »	2 190	2 250	2 309	2 368	2 427	2 486
5 »	2 738	2 812	2 886	2 960	3 033	3 108
6 »	3 285	3 375	3 464	3 552	3 640	3 729
7 »	3 833	3 937	4 041	4 144	4 247	4 350
8 »	4 381	4 499	4 618	4 736	4 854	4 972
9 »	4 928	5 062	5 195	5 328	5 461	5 594

N° 104.   0ᵐ74 ÉPAISSEUR.

Longueurs	LARGEURS.					
	0ᵐ86	0ᵐ88	0ᵐ90	0ᵐ92	0ᵐ94	0ᵐ96
0ᵐ10ᶜ	0ˢᵗ064	0ˢᵗ065	0ˢᵗ067	0ˢᵗ068	0ˢᵗ070	0ˢᵗ071
0 20	0 127	0 130	0 133	0 136	0 139	0 142
0 30	0 191	0 195	0 200	0 204	0 209	0 213
0 40	0 255	0 260	0 266	0 272	0 278	0 284
0 50	0 318	0 326	0 333	0 341	0 348	0 355
0 60	0 382	0 391	0 399	0 409	0 417	0 426
0 70	0 445	0 456	0 466	0 477	0 487	0 497
0 80	0 509	0 521	0 532	0 545	0 556	0 568
0 90	0 573	0 586	0 599	0 613	0 626	0 639
1 »	0 636	0 651	0 666	0 681	0 696	0 710
2 »	1 273	1 302	1 332	1 362	1 391	1 421
3 »	1 909	1 953	1 998	2 043	2 087	2 131
4 »	2 546	2 605	2 664	2 723	2 782	2 842
5 »	3 182	3 256	3 330	3 404	3 478	3 552
6 »	3 819	3 908	3 996	4 085	4 173	4 263
7 »	4 455	4 559	4 662	4 765	4 869	4 973
8 »	5 092	5 210	5 328	5 446	5 564	5 684
9 »	5 728	5 861	5 994	6 127	6 260	6 394

N° 105. 0ᵐ76 EPAISSEUR.

Longueurs	LARGEURS.					
	0ᵐ76	0ᵐ78	0ᵐ80	0ᵐ82	0ᵐ84	0ᵐ86
0ᵐ 10ᶜ	0ᶜ⁴ 058	0ᶜ⁴ 059	0ᶜ⁴ 061	0ᶜ⁴ 062	0ᶜ⁴ 064	0ᶜ⁴ 065
0 20	0 116	0 118	0 122	0 125	0 128	0 131
0 30	0 173	0 178	0 183	0 187	0 192	0 196
0 40	0 231	0 237	0 243	0 250	0 256	0 262
0 50	0 288	0 296	0 304	0 312	0 219	0 327
0 60	0 346	0 356	0 364	0 375	0 283	0 392
0 70	0 404	0 415	0 425	0 437	0 347	0 458
0 80	0 462	0 474	0 486	0 499	0 411	0 523
0 90	0 520	0 534	0 547	0 561	0 575	0 588
1 »	0 578	0 593	0 608	0 623	0 638	0 654
2 »	1 155	1 186	1 216	1 246	1 277	1 307
3 »	1 733	1 778	1 824	1 870	1 915	1 961
4 »	2 310	2 371	2 432	2 493	2 554	2 614
5 »	2 888	2 963	3 040	3 116	3 193	3 268
6 »	3 465	3 556	3 648	3 740	3 831	3 921
7 »	4 043	4 149	4 256	4 363	4 469	4 575
8 »	4 621	4 742	4 864	4 986	5 108	5 228
9 »	5 198	5 335	5 472	5 609	5 746	5 882

N° 106. 0ᵐ76 ÉPAISSEUR.

Longueurs	LARGEURS.					
	0ᵐ88	0ᵐ90	0ᵐ92	0ᵐ94	0ᵐ96	0ᵐ98
0ᵐ 10ᶜ	0ᶜ⁴ 067	0ᶜ⁴ 068	0ᶜ⁴ 070	0ᶜ⁴ 071	0ᶜ⁴ 073	0ᶜ⁴ 074
0 20	0 134	0 137	0 140	0 143	0 146	0 149
0 30	0 204	0 206	0 210	0 214	0 219	0 223
0 40	0 267	0 274	0 279	0 286	0 292	0 298
0 50	0 334	0 343	0 349	0 357	0 365	0 372
0 60	0 401	0 411	0 419	0 429	0 438	0 447
0 70	0 468	0 480	0 489	0 501	0 511	0 522
0 80	0 535	0 548	0 559	0 572	0 584	0 596
0 90	0 602	0 616	0 629	0 643	0 657	0 670
1 »	0 669	0 684	0 699	0 714	0 730	0 745
2 »	1 337	1 368	1 398	1 429	1 459	1 490
3 »	2 006	2 052	2 098	2 143	2 189	2 234
4 »	2 675	2 736	2 797	2 858	2 918	2 979
5 »	3 343	3 420	3 497	3 572	3 648	3 723
6 »	4 012	4 104	4 196	4 286	4 377	4 468
7 »	4 681	4 788	4 895	5 001	5 107	5 213
8 »	5 350	5 472	5 594	5 716	5 836	5 958
9 »	6 049	6 156	6 293	6 430	6 566	6 703

N° 107. 0ᵐ78 ÉPAISSEUR.

Longueurs	LARGEURS.										
	0ᵐ78		0ᵐ80		0ᵐ82		0ᵐ84		0ᵐ86		0ᵐ88
0ᵐ 10ᶜ	0ᶜᵗ 061		0ᶜᵗ 062		0ᶜᵗ 064		0ᶜᵗ 066		0ᶜᵗ 067		0ᶜᵗ 069
0 20	0	122	0	125	0	128	0	131	0	134	0	137
0 30	0	183	0	187	0	192	0	197	0	201	0	206
0 40	0	243	0	249	0	256	0	262	0	269	0	274
0 50	0	304	0	312	0	320	0	328	0	336	0	343
0 60	0	365	0	375	0	384	0	393	0	403	0	412
0 70	0	426	0	437	0	448	0	458	0	470	0	480
0 80	0	487	0	499	0	512	0	524	0	537	0	549
0 90	0	548	0	562	0	576	0	590	0	604	0	618
1 »	0	608	0	624	0	640	0	655	0	671	0	686
2 »	1	217	1	248	1	279	1	311	1	342	1	373
3 »	1	825	1	872	1	919	1	966	2	012	2	059
4 »	2	434	2	496	2	558	2	621	2	683	2	746
5 »	3	042	3	120	3	198	3	277	3	354	3	432
6 »	3	651	3	744	3	837	3	932	4	024	4	119
7 »	4	259	4	368	4	477	4	587	4	695	4	805
8 »	4	867	4	992	5	116	5	242	5	366	5	492
9 »	5	476	5	616	5	756	5	897	6	037	6	178

N° 108. 0ᵐ78 ÉPAISSEUR.

Longueurs	LARGEURS.										
	0ᵐ90		0ᵐ92		0ᵐ94		0ᵐ96		0ᵐ98		1ᵐ
0ᵐ 10ᶜ	0ᶜᵗ 070		0ᶜᵗ 072		0ᶜᵗ 073		0ᶜᵗ 075		0ᶜᵗ 076		0ᶜᵗ 078
0 20	0	140	0	144	0	147	0	150	0	153	0	156
0 30	0	210	0	216	0	220	0	225	0	229	0	234
0 40	0	281	0	287	0	294	0	299	0	306	0	312
0 50	0	351	0	359	0	367	0	374	0	382	0	390
0 60	0	421	0	431	0	441	0	449	0	459	0	468
0 70	0	492	0	502	0	514	0	524	0	535	0	546
0 80	0	562	0	574	0	587	0	599	0	612	0	624
0 90	0	632	0	646	0	660	0	674	0	688	0	702
1 »	0	702	0	718	0	733	0	749	0	764	0	780
2 »	1	404	1	435	1	467	1	498	1	529	1	560
3 »	2	106	2	153	2	200	2	247	2	293	2	340
4 »	2	808	2	870	2	933	2	995	3	058	3	120
5 »	3	511	3	588	3	666	3	744	3	822	3	900
6 »	4	213	4	305	4	400	4	492	4	587	4	680
7 »	4	915	5	023	5	133	5	241	5	351	5	460
8 »	5	617	5	740	5	866	5	990	6	116	6	240
9 »	6	319	6	458	6	599	6	739	6	880	7	020

N° 109.   0ᵐ80 ÉPAISSEUR.

Longueurs	LARGEURS.					
	0ᵐ80	0ᵐ82	0ᵐ84	0ᵐ86	0ᵐ88	0ᵐ90
0ᵐ 10ᶜ	0ᶜᵗ 064	0ᶜᵗ 066	0ᶜᵗ 067	0ᶜᵗ 069	0ᶜᵗ 070	0ᶜᵗ 072
0 20	0 128	0 131	0 134	0 138	0 141	0 144
0 30	0 192	0 197	0 202	0 206	0 211	0 216
0 40	0 256	0 262	0 269	0 275	0 282	0 288
0 50	0 320	0 328	0 337	0 344	0 352	0 360
0 60	0 384	0 393	0 404	0 412	0 423	0 432
0 70	0 448	0 459	0 471	0 481	0 493	0 504
0 80	0 512	0 524	0 538	0 550	0 564	0 576
0 90	0 576	0 590	0 605	0 619	0 634	0 648
1 »	0 640	0 656	0 672	0 688	0 704	0 720
2 »	1 280	1 312	1 344	1 376	1 408	1 440
3 »	1 920	1 968	2 016	2 064	2 112	2 160
4 »	2 560	2 624	2 688	2 752	2 816	2 880
5 »	3 200	3 280	3 360	3 440	3 520	3 600
6 »	3 840	3 936	4 032	4 128	4 224	4 320
7 »	4 480	4 592	4 704	4 816	4 928	5 040
8 »	5 120	5 248	5 376	5 504	5 632	5 760
9 »	5 760	5 904	6 048	6 192	6 336	6 480

N° 110.   0ᵐ80 ÉPAISSEUR.

Longueurs	LARGEURS.					
	0ᵐ92	0ᵐ94	0ᵐ96	0ᵐ98	1ᵐ	1ᵐ02
0ᵐ 10ᶜ	0ᶜᵗ 074	0ᶜᵗ 075	0ᶜᵗ 077	0ᶜᵗ 078	0ᶜᵗ 080	0ᶜᵗ 082
0 20	0 147	0 150	0 154	0 157	0 160	0 163
0 30	0 221	0 226	0 230	0 236	0 240	0 245
0 40	0 294	0 301	0 307	0 314	0 320	0 326
0 50	0 368	0 376	0 383	0 393	0 400	0 408
0 60	0 441	0 452	0 460	0 471	0 480	0 489
0 70	0 515	0 527	0 537	0 549	0 560	0 570
0 80	0 588	0 602	0 614	0 628	0 640	0 652
0 90	0 662	0 677	0 691	0 706	0 720	0 734
1 »	0 736	0 752	0 768	0 784	0 800	0 816
2 »	1 472	1 504	1 536	1 568	1 600	1 632
3 »	2 208	2 256	2 304	2 352	2 400	2 448
4 »	2 944	3 008	3 072	3 136	3 200	3 264
5 »	3 680	3 760	3 840	3 920	4 000	4 080
6 »	4 416	4 512	4 608	4 704	4 800	4 896
7 »	5 152	5 264	5 376	5 488	5 600	5 712
8 »	5 888	6 016	6 144	6 272	6 400	6 528
9 »	6 624	6 768	6 912	7 056	7 200	7 344

N° 111. — 0m82 ÉPAISSEUR.

LARGEURS.

Longueurs	0m82	0m84	0m86	0m88	0m90	0m92
0m 10c	0st 067	0st 069	0st 071	0st 072	0st 074	0st 075
0 20	0 134	0 138	0 141	0 144	0 148	0 151
0 30	0 202	0 207	0 212	0 216	0 221	0 226
0 40	0 269	0 275	0 282	0 288	0 295	0 302
0 50	0 336	0 344	0 353	0 361	0 369	0 377
0 60	0 403	0 413	0 423	0 433	0 442	0 453
0 70	0 471	0 482	0 494	0 505	0 516	0 528
0 80	0 538	0 551	0 564	0 577	0 590	0 603
0 90	0 605	0 620	0 635	0 649	0 664	0 679
1 »	0 672	0 689	0 705	0 722	0 738	0 754
2 »	1 345	1 377	1 410	1 443	1 476	1 509
3 »	2 017	2 066	2 116	2 165	2 214	2 263
4 »	2 690	2 755	2 821	2 886	2 952	3 018
5 »	3 362	3 443	3 526	3 607	3 690	3 772
6 »	4 034	4 132	4 232	4 329	4 428	4 527
7 »	4 707	4 821	4 937	5 050	5 166	5 282
8 »	5 380	5 510	5 642	5 772	6 904	6 036
9 »	6 052	6 199	6 347	6 494	6 642	6 790

N° 112. — 0m82 ÉPAISSEUR.

LARGEURS.

Longueurs	0m94	0m96	0m98	1m	1m02	1m04
0m 10c	0st 077	0st 079	0st 080	0st 082	0st 084	0st 085
0 20	0 154	0 157	0 161	0 164	0 167	0 171
0 30	0 231	0 236	0 241	0 246	0 251	0 256
0 40	0 308	0 314	0 322	0 328	0 334	0 342
0 50	0 386	0 393	0 402	0 410	0 418	0 427
0 60	0 463	0 472	0 482	0 492	0 502	0 513
0 70	0 540	0 551	0 563	0 574	0 586	0 598
0 80	0 617	0 629	0 643	0 656	0 670	0 683
0 90	0 694	0 708	0 723	0 738	0 753	0 768
1 »	0 771	0 787	0 804	0 820	0 836	0 853
2 »	1 542	1 574	1 607	1 640	1 673	1 706
3 »	2 313	2 362	2 411	2 460	2 509	2 558
4 »	3 083	3 149	3 214	3 280	3 346	3 411
5 »	3 854	3 936	4 018	4 100	4 182	4 264
6 »	4 624	4 724	4 821	4 920	5 019	5 117
7 »	5 395	5 511	5 624	5 740	5 856	5 969
8 »	6 166	6 298	6 428	6 560	6 692	6 822
9 »	6 937	7 085	7 232	7 380	7 528	7 675

N° 113.   0ᵐ84 ÉPAISSEUR.

Longueurs		LARGEURS.					
	0ᵐ84	0ᵐ86	0ᵐ88	0ᵐ90	0ᵐ92	0ᵐ94
0ᵐ 10ᵉ	0ˢⁱ 071	0ˢⁱ 072	0ˢⁱ 074	0ˢⁱ 076	0ˢⁱ 077	0ˢⁱ 079
0 20	0 141	0 144	0 147	0 151	0 154	0 158
0 30	0 212	0 217	0 221	0 227	0 232	0 237
0 40	0 282	0 289	0 295	0 302	0 309	0 316
0 50	0 353	0 361	0 369	0 378	0 386	0 395
0 60	0 423	0 433	0 443	0 453	0 463	0 474
0 70	0 494	0 505	0 517	0 529	0 541	0 553
0 80	0 564	0 578	0 591	0 604	0 618	0 632
0 90	0 635	0 650	0 665	0 680	0 695	0 711
1 »	0 706	0 722	0 739	0 756	0 773	0 790
2 »	1 411	1 444	1 478	1 512	1 545	1 570
3 »	2 117	2 167	2 217	2 268	2 318	2 369
4 »	2 822	2 889	2 956	3 024	3 090	3 158
5 »	3 528	3 612	3 695	3 780	3 863	3 948
6 »	4 233	4 334	4 435	4 536	4 636	4 737
7 »	4 939	5 057	5 174	5 292	5 408	5 526
8 »	5 644	5 779	5 914	6 048	6 181	6 316
9 »	6 350	6 502	6 653	6 804	6 953	7 106

N° 114.   0ᵐ84 ÉPAISSEUR.

Longueurs		LARGEURS.					
	0ᵐ96	0ᵐ98	1ᵐ	1ᵐ02	1ᵐ04	1ᵐ06
0ᵐ 10ᵉ	0ˢⁱ 081	0ˢⁱ 082	0ˢⁱ 084	0ˢⁱ 086	0ˢⁱ 087	0ˢⁱ 089
0 20	0 161	0 165	0 168	0 171	0 175	0 178
0 30	0 242	0 247	0 252	0 257	0 262	0 267
0 40	0 322	0 329	0 336	0 343	0 349	0 356
0 50	0 403	0 412	0 420	0 428	0 437	0 445
0 60	0 484	0 494	0 504	0 514	0 524	0 534
0 70	0 564	0 576	0 588	0 599	0 611	0 623
0 80	0 645	0 659	0 672	0 685	0 699	0 712
0 90	0 725	0 741	0 756	0 771	0 786	0 801
1 »	0 806	0 823	0 840	0 857	0 873	0 890
2 »	1 613	4 646	1 680	1 714	1 747	1 781
3 »	2 419	2 469	2 520	2 570	2 620	2 671
4 »	3 226	3 292	3 360	3 427	3 494	3 561
5 »	4 032	4 116	4 200	4 284	4 368	4 452
6 »	4 838	4 939	5 040	5 141	5 241	5 342
7 »	5 645	5 762	5 880	5 998	6 115	6 232
8 »	6 451	6 585	6 720	6 854	6 988	7 123
9 »	7 258	7 408	7 60	7 ⁓1	7 862	8 043

N° 115. 0m86 ÉPAISSEUR.

Longueurs		LARGEURS.				
	0m86	0m88	0m90	0m92	0m94	0m96
0m 10c	0st 074	0st 076	0st 077	0st 079	0st 081	0st 083
0 20	0 148	0 151	0 155	0 158	0 162	0 165
0 30	0 222	0 227	0 232	0 237	0 243	0 248
0 40	0 296	0 302	0 310	0 316	0 324	0 330
0 50	0 370	0 378	0 387	0 396	0 404	0 413
0 60	0 444	0 453	0 465	0 475	0 485	0 495
0 70	0 518	0 529	0 542	0 554	0 566	0 577
0 80	0 592	0 605	0 620	0 633	0 647	0 660
0 90	0 666	0 681	0 697	0 712	0 728	0 743
1 »	0 740	0 757	0 774	0 791	0 808	0 826
2 »	1 479	1 514	1 548	1 582	1 617	1 651
3 »	2 219	2 270	2 322	2 374	2 425	2 477
4 »	2 958	3 027	3 096	3 165	3 234	3 302
5 »	3 698	3 783	3 870	3 957	4 043	4 128
6 »	4 437	4 540	4 644	4 748	4 851	4 953
7 »	5 177	5 297	5 418	5 539	5 660	5 779
8 »	5 916	6 054	6 192	6 330	6 468	6 604
9 »	6 656	6 811	6 966	7 121	7 276	7 430

N° 116. 0m86 ÉPAISSEUR.

Longueurs		LARGEURS.				
	0m98	1m	1m02	1m04	1m06	1m08
0m 10c	0st 084	0st 086	0st 088	0st 089	0st 091	0st 093
0 20	0 169	0 172	0 175	0 179	0 182	0 186
0 30	0 253	0 258	0 263	0 268	0 273	0 279
0 40	0 338	0 344	0 350	0 358	0 365	0 372
0 50	0 422	0 430	0 438	0 447	0 456	0 464
0 60	0 507	0 516	0 525	0 536	0 547	0 557
0 70	0 591	0 602	0 613	0 626	0 638	0 650
0 80	0 675	0 688	0 701	0 716	0 729	0 743
0 90	0 759	0 774	0 789	0 805	0 820	0 836
1 »	0 843	0 860	0 877	0 894	0 912	0 929
2 »	1 685	1 720	1 754	1 789	1 823	1 858
3 »	2 528	2 580	2 632	2 683	2 735	2 787
4 »	3 371	3 440	3 509	3 578	3 646	3 715
5 »	4 213	4 300	4 387	4 472	4 558	4 644
6 »	5 056	5 160	5 264	5 366	5 469	5 573
7 »	5 899	6 020	6 141	6 261	6 381	6 502
8 »	6 742	6 880	7 018	7 156	7 292	7 431
9 »	7 585	7 740	7 895	8 050	8 204	8 360

N° 117.   0ᵐ88 ÉPAISSEUR.

Longueurs	LARGEURS.					
	0ᵐ88	0ᵐ90	0ᵐ92	0ᵐ94	0ᵐ96	0ᵐ98
0ᵐ 10ᶜ	0ˢᵗ 077	0ˢᵗ 079	0ˢᵗ 081	0ˢᵗ 083	0ˢᵗ 084	0ˢᵗ 086
0 20	0 155	0 159	0 162	0 165	0 169	0 173
0 30	0 232	0 238	0 243	0 248	0 253	0 259
0 40	0 310	0 317	0 324	0 330	0 338	0 345
0 50	0 387	0 397	0 405	0 413	0 422	0 432
0 60	0 465	0 476	0 486	0 495	0 507	0 518
0 70	0 542	0 555	0 567	0 578	0 592	0 604
0 80	0 620	0 634	0 648	0 661	0 676	0 690
0 90	0 697	0 713	0 729	0 744	0 760	0 776
1 »	0 774	0 792	0 810	0 827	0 845	0 862
2 »	1 549	1 584	1 619	1 655	1 689	1 725
3 »	2 323	2 376	2 429	2 482	2 534	2 587
4 »	3 098	3 168	3 238	3 309	3 378	3 450
5 »	3 872	3 960	4 048	4 137	4 223	4 312
6 »	4 647	4 752	4 857	4 964	5 068	5 175
7 »	5 422	5 544	5 667	5 791	5 913	6 038
8 »	6 196	6 336	6 476	6 618	6 758	6 900
9 »	6 970	7 128	7 286	7 445	7 603	7 762

N° 118.   0ᵐ88 ÉPAISSEUR.

Longueurs	LARGEURS.					
	1ᵐ	1ᵐ02	1ᵐ04	1ᵐ06	1ᵐ08	1ᵐ10
0ᵐ 10ᶜ	0ˢᵗ 088	0ˢᵗ 090	0ˢᵗ 092	0ˢᵗ 093	0ˢᵗ 095	0ˢᵗ 097
0 20	0 176	0 180	0 183	0 187	0 190	0 194
0 30	0 264	0 269	0 275	0 280	0 285	0 290
0 40	0 352	0 359	0 366	0 374	0 380	0 387
0 50	0 440	0 449	0 458	0 467	0 475	0 483
0 60	0 528	0 539	0 549	0 561	0 570	0 580
0 70	0 616	0 629	0 641	0 654	0 665	0 677
0 80	0 704	0 728	0 732	0 747	0 760	0 774
0 90	0 792	0 808	0 824	0 840	0 855	0 871
1 »	0 880	0 898	0 915	0 933	0 950	0 968
2 »	1 760	1 795	1 830	1 866	1 901	1 936
3 »	2 640	2 693	2 746	2 798	2 852	2 904
4 »	3 520	3 590	3 661	3 731	3 802	3 872
5 »	4 400	4 488	4 577	4 664	4 753	4 840
6 »	5 280	5 385	5 492	5 597	5 703	5 808
7 »	6 160	6 282	6 407	6 529	6 654	6 776
8 »	7 040	7 180	7 322	7 462	7 604	7 744
9 »	7 920	8 078	8 237	8 395	8 554	8 742

N° 119. 0ᵐ90 ÉPAISSEUR.

Longueurs	LARGEURS.					
	0ᵐ90	0ᵐ92	0ᵐ94	0ᵐ96	0ᵐ98	1ᵐ
0ᵐ 10ᶜ	0ˢᵗ 081	0ˢᵗ 083	0ˢᵗ 085	0ˢᵗ 086	0ˢᵗ 088	0ˢᵗ 090
0 20	0 162	0 165	0 169	0 173	0 176	0 180
0 30	0 243	0 248	0 254	0 259	0 265	0 270
0 40	0 324	0 331	0 338	0 346	0 353	0 360
0 50	0 405	0 414	0 423	0 432	0 441	0 450
0 60	0 486	0 496	0 507	0 519	0 530	0 540
0 70	0 567	0 579	0 592	0 605	0 618	0 630
0 80	0 648	0 662	0 676	0 692	0 706	0 720
0 90	0 729	0 745	0 761	0 778	0 794	0 810
1 »	0 810	0 828	0 846	0 864	0 882	0 900
2 »	1 620	1 656	1 692	1 728	1 764	1 800
3 »	2 430	2 484	2 538	2 592	2 646	2 700
4 »	3 240	3 312	3 384	3 456	3 528	3 600
5 »	4 050	4 140	4 230	4 320	4 410	4 500
6 »	4 860	4 968	5 076	5 184	5 292	5 400
7 »	5 670	5 796	5 922	6 048	6 174	6 300
8 »	6 480	6 624	6 768	6 912	7 056	7 200
9 »	7 290	7 452	7 614	7 776	7 938	8 100

N° 120. 0ᵐ90 ÉPAISSEUR.

Longueurs	LARGEURS.					
	1ᵐ02	1ᵐ04	1ᵐ06	1ᵐ08	1ᵐ10	1ᵐ12
0ᵐ 10ᶜ	0ˢᵗ 092	0ˢᵗ 094	0ˢᵗ 095	0ˢᵗ 097	0ˢᵗ 099	0ˢᵗ 101
0 20	0 184	0 187	0 191	0 194	0 198	0 202
0 30	0 275	0 281	0 286	0 292	0 297	0 303
0 40	0 367	0 374	0 382	0 389	0 396	0 403
0 50	0 458	0 468	0 477	0 486	0 495	0 504
0 60	0 550	0 561	0 573	0 584	0 594	0 604
0 70	0 642	0 655	0 668	0 681	0 693	0 705
0 80	0 734	0 749	0 764	0 778	0 792	0 806
0 90	0 826	0 842	0 859	0 875	0 891	0 907
1 »	0 918	0 936	0 954	0 972	0 990	1 008
2 »	1 836	1 872	1 908	1 944	1 980	2 016
3 »	2 754	2 808	2 862	2 916	2 970	3 024
4 »	3 672	3 744	3 816	3 888	3 960	4 032
5 »	4 590	4 680	4 770	4 860	4 950	5 040
6 »	5 508	5 616	5 724	5 832	5 940	6 048
7 »	6 426	6 552	6 678	6 804	6 930	7 056
8 »	7 344	7 488	7 632	7 776	7 920	8 460
9 »	8 262	8 424	8 586	8 848	8 910	9 072

N° 121.   0ᵐ92 ÉPAISSEUR.

Longueurs	LARGEURS.					
	0ᵐ92	0ᵐ94	0ᵐ96	0ᵐ98	1ᵐ	1ᵐ02
0ᵐ 10ᶜ	0ˢᵗ 085	0ˢᵗ 087	0ˢᵗ 088	0ˢᵗ 090	0ˢᵗ 092	0ˢᵗ 094
0 20	0 169	0 173	0 177	0 180	0 184	0 187
0 30	0 254	0 260	0 265	0 270	0 276	0 281
0 40	0 338	0 346	0 354	0 360	0 368	0 374
0 50	0 423	0 432	0 442	0 450	0 460	0 468
0 60	0 508	0 518	0 530	0 541	0 552	0 561
0 70	0 592	0 604	0 619	0 631	0 644	0 655
0 80	0 677	0 691	0 707	0 721	0 736	0 749
0 90	0 762	0 778	0 795	0 811	0 828	0 844
1 »	0 846	0 865	0 883	0 902	0 920	0 938
2 »	1 693	1 730	1 766	1 803	1 840	1 877
3 »	2 539	2 594	2 650	2 705	2 760	2 815
4 »	3 386	3 459	3 533	3 606	3 680	3 754
5 »	4 232	4 324	4 417	4 508	4 600	4 693
6 »	5 178	5 188	5 300	5 409	5 520	5 631
7 »	5 925	6 053	6 483	6 311	6 440	6 570
8 »	6 772	6 918	7 066	7 212	7 360	7 508
9 »	7 618	7 783	7 949	8 114	8 280	8 446

N° 122.   0ᵐ92 ÉPAISSEUR.

Longueurs	LARGEURS.					
	1ᵐ04	1ᵐ06	1ᵐ08	1ᵐ10	1ᵐ12	1ᵐ14
0ᵐ 10ᶜ	0ˢᵗ 096	0ˢᵗ 098	0ˢᵗ 099	0ˢᵗ 101	0ˢᵗ 103	0ˢᵗ 105
0 20	0 191	0 195	0 199	0 202	0 206	0 210
0 30	0 287	0 293	0 298	0 304	0 309	0 315
0 40	0 382	0 390	0 398	0 405	0 412	0 419
0 50	0 478	0 488	0 497	0 506	0 515	0 524
0 60	0 573	0 585	0 596	0 608	0 618	0 629
0 70	0 669	0 683	0 696	0 709	0 721	0 734
0 80	0 765	0 780	0 795	0 810	0 824	0 839
0 90	0 861	0 878	0 894	0 911	0 927	0 944
1 »	0 957	0 975	0 994	1 012	1 030	1 049
2 »	1 914	1 950	1 987	2 024	2 060	2 097
3 »	2 870	2 925	2 981	3 036	3 091	3 146
4 »	3 827	3 901	3 974	4 048	4 121	4 195
5 »	4 783	4 876	4 967	5 060	5 152	5 243
6 »	5 740	5 852	5 961	6 072	6 183	6 292
7 »	6 697	6 827	6 954	7 084	7 213	7 341
8 »	7 654	7 802	7 948	8 096	8 244	8 390
9 »	8 611	8 777	8 942	9 108	9 274	9 439

N° 123.   0ᵐ94 ÉPAISSEUR.

LARGEURS.

Longueurs	0ᵐ94	0ᵐ96	0ᵐ98	1ᵐ	1ᵐ02	1ᵐ04
0ᵐ 10ᶜ	0ᵐᶜ 088	0ᵐᶜ 090	0ᵐᶜ 092	0ᵐᶜ 094	0ᵐᶜ 096	0ᵐᶜ 098
0 20	0 177	0 180	0 184	0 188	0 192	0 196
0 30	0 265	0 270	0 276	0 282	0 288	0 293
0 40	0 354	0 361	0 369	0 376	0 383	0 391
0 50	0 442	0 451	0 461	0 470	0 479	0 488
0 60	0 531	0 541	0 553	0 564	0 575	0 586
0 70	0 619	0 632	0 645	0 658	0 671	0 684
0 80	0 707	0 722	0 737	0 752	0 767	0 782
0 90	0 795	0 812	0 829	0 846	0 863	0 880
1 »	0 884	0 902	0 921	0 940	0 959	0 978
2 »	1 767	1 805	1 842	1 880	1 918	1 955
3 »	2 650	2 707	2 764	2 820	2 876	2 933
4 »	3 534	3 610	3 685	3 760	3 835	3 910
5 »	4 417	4 513	4 606	4 700	4 793	4 888
6 »	5 301	5 415	5 528	5 640	5 752	5 865
7 »	6 184	6 318	6 449	6 580	6 711	6 842
8 »	7 068	7 220	7 370	7 520	7 670	7 820
9 »	7 952	8 122	8 291	8 460	8 629	8 798

N° 124.   0ᵐ94 ÉPAISSEUR.

LARGEURS.

Longueurs	1ᵐ06	1ᵐ08	1ᵐ10	1ᵐ12	1ᵐ14	1ᵐ16
0ᵐ 10ᶜ	0ᵐᶜ 100	0ᵐᶜ 102	0ᵐᶜ 103	0ᵐᶜ 105	0ᵐᶜ 107	0ᵐᶜ 109
0 20	0 199	0 203	0 207	0 211	0 214	0 218
0 30	0 299	0 305	0 310	0 316	0 321	0 327
0 40	0 398	0 406	0 414	0 422	0 427	0 436
0 50	0 498	0 508	0 517	0 527	0 534	0 545
0 60	0 598	0 609	0 621	0 633	0 641	0 654
0 70	0 697	0 711	0 724	0 738	0 748	0 763
0 80	0 797	0 812	0 828	0 843	0 855	0 872
0 90	0 897	0 914	0 931	0 948	0 962	0 981
1 »	0 996	1 015	1 034	1 053	1 072	1 090
2 »	1 993	2 030	2 068	2 106	2 143	2 181
3 »	2 989	3 046	3 102	3 158	3 215	3 271
4 »	3 986	4 061	4 136	4 211	4 287	4 361
5 »	4 983	5 077	5 170	5 263	5 359	5 452
6 »	5 979	6 102	6 204	6 316	6 432	6 543
7 »	6 976	7 117	7 238	7 369	7 504	7 633
8 »	7 972	8 122	8 272	8 422	8 576	8 724
9 »	8 968	9 137	9 306	9 475	9 648	9 814

N° 125.   0m96 ÉPAISSEUR.

Longueurs	0m96	0m98	1m	1m02	1m04	1m06
0m10c	0cc092	0cc094	0cc096	0cc098	0cc100	0cc102
0 20	0 184	0 188	0 192	0 196	0 200	0 204
0 30	0 276	0 282	0 288	0 294	0 299	0 305
0 40	0 369	0 376	0 384	0 392	0 399	0 407
0 50	0 461	0 470	0 480	0 490	0 499	0 509
0 60	0 553	0 564	0 576	0 588	0 599	0 611
0 70	0 645	0 659	0 672	0 685	0 699	0 712
0 80	0 737	0 753	0 768	0 783	0 799	0 814
0 90	0 829	0 847	0 864	0 881	0 899	0 916
1 »	0 921	0 941	0 960	0 979	0 999	1 018
2 »	1 843	1 882	1 920	1 958	1 997	2 035
3 »	2 765	2 822	2 880	2 938	2 995	3 052
4 »	3 686	3 763	3 840	3 917	3 994	4 070
5 »	4 608	4 704	4 800	4 896	4 992	5 088
6 »	5 530	5 645	5 760	5 875	5 990	6 105
7 »	6 451	6 586	6 720	6 854	6 989	7 123
8 »	7 373	7 526	7 680	7 833	7 987	8 140
9 »	8 294	8 467	8 640	8 812	8 986	9 159

N° 126.   0m96 ÉPAISSEUR.

Longueurs	1m08	1m10	1m12	1m14	1m16	1m18
0m10c	0cc104	0cc106	0cc108	0cc109	0cc111	0cc113
0 20	0 207	0 211	0 215	0 219	0 223	0 227
0 30	0 311	0 317	0 323	0 328	0 334	0 340
0 40	0 414	0 422	0 430	0 438	0 445	0 453
0 50	0 518	0 528	0 538	0 547	0 557	0 566
0 60	0 621	0 633	0 645	0 657	0 668	0 679
0 70	0 725	0 739	0 753	0 766	0 780	0 793
0 80	0 829	0 844	0 860	0 876	0 891	0 906
0 90	0 933	0 950	0 968	0 985	1 002	1 049
1 »	1 037	1 056	1 075	1 094	1 114	1 133
2 »	2 074	2 112	2 150	2 188	2 227	2 266
3 »	3 110	3 168	3 226	3 283	3 341	3 398
4 »	4 147	4 224	4 301	4 378	4 454	4 531
5 »	5 184	5 280	5 376	5 472	5 568	5 664
6 »	6 220	6 336	6 452	6 566	6 682	6 797
7 »	7 257	7 392	7 527	7 661	7 795	7 930
8 »	8 294	8 448	8 612	8 755	8 909	9 062
9 »	[illegible]	9 [illegible]	9 673	9 849	10 022	10 195

N° 127.   0m98 ÉPAISSEUR.

Longueurs	LARGEURS.					
	0m98	1m	1m02	1m04	1m06	1m08
0m10c	0m096	0m098	0m100	0m102	0m104	0m106
0 20	0 192	0 196	0 200	0 204	0 208	0 212
0 30	0 288	0 294	0 300	0 306	0 312	0 318
0 40	0 384	0 392	0 400	0 408	0 415	0 423
0 50	0 480	0 490	0 500	0 510	0 519	0 529
0 60	0 576	0 588	0 600	0 611	0 623	0 635
0 70	0 672	0 686	0 700	0 713	0 727	0 741
0 80	0 768	0 784	0 800	0 815	0 831	0 847
0 90	0 864	0 882	0 900	0 917	0 935	0 953
1 »	0 960	0 980	1 000	1 019	1 039	1 058
2 »	1 921	1 960	1 999	2 038	2 078	2 117
3 »	2 881	2 940	2 998	3 058	3 117	3 175
4 »	3 842	3 920	3 998	4 077	4 155	4 234
5 »	4 802	4 900	4 998	5 097	5 194	5 292
6 »	5 763	5 880	5 997	6 116	6 232	6 351
7 »	6 723	6 860	6 997	7 135	7 271	7 409
8 »	7 684	7 840	7 996	8 154	8 310	8 468
9 »	8 644	8 820	8 996	9 173	9 349	9 526

N° 128.   0m98 ÉPAISSEUR.

Longueurs	LARGEURS.					
	1m10	1m12	1m14	1m16	1m18	1m20
0m10c	0m108	0m110	0m112	0m114	0m116	0m118
0 20	0 216	0 220	0 223	0 227	0 231	0 235
0 30	0 323	0 320	0 335	0 341	0 347	0 353
0 40	0 431	0 439	0 447	0 454	0 462	0 470
0 50	0 539	0 549	0 558	0 568	0 578	0 588
0 60	0 646	0 659	0 670	0 681	0 693	0 705
0 70	0 754	0 768	0 782	0 795	0 809	0 823
0 80	0 862	0 878	0 894	0 909	0 925	0 940
0 90	0 970	0 988	1 006	1 023	1 041	1 058
1 »	1 078	1 098	1 117	1 137	1 156	1 176
2 »	2 156	2 195	2 234	2 273	2 313	2 352
3 »	3 234	3 293	3 352	3 410	3 469	3 528
4 »	4 312	4 390	4 469	4 546	4 626	4 704
5 »	5 390	5 488	5 587	5 682	5 782	5 880
6 »	6 468	6 585	6 704	6 819	6 939	7 056
7 »	7 546	7 683	7 821	7 956	8 096	8 232
8 »	8 624	8 780	8 938	9 094	9 252	9 418
9 »	9 702	9 878	10 055	10 231	10 408	10 584

N° 129.   1ᵐ ÉPAISSEUR.

LARGEURS.

Longueurs	1ᵐ		1ᵐ02		1ᵐ04		1ᵐ06		1ᵐ08		1ᵐ10	
0ᵐ 10ᶜ	0ᶜᵗ	100	0ᶜᵗ	102	0ᶜᵗ	104	0ᶜᵗ	106	0ᶜᵗ	108	0ᶜᵗ	110
0 20	0	200	0	204	0	208	0	212	0	216	0	220
0 30	0	300	0	306	0	312	0	318	0	324	0	330
0 40	0	400	0	408	0	416	0	424	0	432	0	440
0 50	0	500	0	510	0	520	0	530	0	540	0	550
0 60	0	600	0	612	0	624	0	636	0	648	0	660
0 70	0	700	0	714	0	728	0	742	0	756	0	770
0 80	0	800	0	816	0	832	0	848	0	864	0	880
0 90	0	900	0	918	0	936	0	954	0	972	0	990
1 »	1	000	1	020	1	040	1	060	1	080	1	100
2 »	2	000	2	040	2	080	2	120	2	160	2	200
3 »	3	000	3	060	3	120	3	180	3	240	3	300
4 »	4	000	4	080	4	160	4	240	4	320	4	400
5 »	5	000	5	100	5	200	5	300	5	400	5	500
6 »	6	000	6	120	6	240	6	360	6	480	6	600
7 »	7	000	7	140	7	280	7	420	7	560	7	700
8 »	8	000	8	160	8	320	8	480	8	640	8	800
9 »	9	000	9	180	9	360	9	540	9	720	9	900

N° 130.   1ᵐ ÉPAISSEUR.

LARGEURS.

Longueurs	1ᵐ12		1ᵐ14		1ᵐ16		1ᵐ18		1ᵐ20		1ᵐ22	
0ᵐ 10ᶜ	0ᶜᵗ	112	0ᶜᵗ	114	0ᶜᵗ	116	0ᶜᵗ	118	0ᶜᵗ	120	0ᶜᵗ	122
0 20	0	224	0	228	0	232	0	236	0	240	0	244
0 30	0	336	0	342	0	348	0	354	0	360	0	366
0 40	0	448	0	456	0	464	0	472	0	480	0	488
0 50	0	560	0	570	0	580	0	590	0	600	0	610
0 60	0	672	0	684	0	696	0	708	0	720	0	732
0 70	0	784	0	798	0	812	0	826	0	840	0	854
0 80	0	896	0	912	0	928	0	944	0	960	0	976
0 90	1	008	1	026	1	044	1	062	1	080	1	098
1 »	1	120	1	140	1	160	1	180	1	200	1	220
2 »	2	240	2	280	2	320	2	360	2	400	2	440
3 »	3	360	3	420	3	480	3	540	3	600	3	660
4 »	4	480	4	560	4	640	4	720	4	800	4	880
5 »	5	600	5	700	5	800	5	900	6	000	6	100
6 »	6	720	6	840	6	960	7	080	7	200	7	320
7 »	7	840	7	980	8	120	8	260	8	400	8	540
8 »	8	960	9	120	9	280	9	440	9	600	9	760
9 »	10	080	10	260	10	440	10	620	10	800	10	980

TARIF DU CUBAGE

DES BOIS RONDS.

N° 131.

Longueurs	DIAMÈTRES.					
	0^m02	0^m04	0^m06	0^m08	0^m10	0^m12
0^m10^c	$0^{cc}000$	$0^{cc}000$	$0^{cc}000$	$0^{cc}001$	$0^{cc}001$	$0^{cc}001$
0 20	0 000	0 000	0 000	0 001	0 001	0 002
0 30	0 000	0 000	0 000	0 002	0 002	0 003
0 40	0 000	0 000	0 001	0 002	0 003	0 004
0 50	0 000	0 000	0 001	0 003	0 004	0 006
0 60	0 000	0 001	0 002	0 003	0 005	0 007
0 70	0 000	0 001	0 002	0 004	0 006	0 008
0 80	0 000	0 001	0 002	0 004	0 006	0 009
0 90	0 000	0 001	0 003	0 005	0 007	0 010
1 »	0 000	0 001	0 003	0 005	0 008	0 011
2 »	0 001	0 002	0 006	0 010	0 016	0 023
3 »	0 001	0 004	0 008	0 015	0 023	0 034
4 »	0 001	0 005	0 011	0 020	0 031	0 045
5 »	0 001	0 006	0 014	0 025	0 039	0 056
6 »	0 002	0 007	0 017	0 030	0 047	0 068
7 »	0 002	0 009	0 020	0 035	0 055	0 079
8 »	0 002	0 010	0 023	0 040	0 063	0 090
9 »	0 003	0 011	0 025	0 045	0 071	0 102

N° 132.

Longueurs	DIAMÈTRES.					
	0^m14	0^m16	0^m18	0^m20	0^m22	0^m24
0^m10^c	$0^{cc}002$	$0^{cc}002$	$0^{cc}003$	$0^{cc}003$	$0^{cc}004$	$0^{cc}005$
0 20	0 003	0 004	0 005	0 006	0 008	0 009
0 30	0 005	0 006	0 008	0 009	0 011	0 014
0 40	0 006	0 008	0 010	0 012	0 015	0 018
0 50	0 008	0 010	0 013	0 016	0 019	0 023
0 60	0 009	0 012	0 015	0 019	0 023	0 027
0 70	0 011	0 014	0 018	0 022	0 027	0 032
0 80	0 012	0 016	0 020	0 025	0 030	0 036
0 90	0 014	0 018	0 023	0 028	0 034	0 041
1 »	0 015	0 020	0 025	0 031	0 038	0 045
2 »	0 031	0 040	0 051	0 063	0 076	0 090
3 »	0 046	0 060	0 076	0 094	0 114	0 136
4 »	0 061	0 080	0 102	0 126	0 152	0 181
5 »	0 077	0 100	0 127	0 157	0 190	0 226
6 »	0 092	0 121	0 153	0 188	0 228	0 271
7 »	0 108	0 141	0 178	0 220	0 266	0 317
8 »	0 123	0 161	0 203	0 251	0 304	0 362
9 »	0 138	0 181	0 229	0 283	0 342	0 407

N° 133.

Longueurs	DIAMÈTRES					
	0·26	0·28	0·30	0·32	0·34	0·36
0· 10·	0·· 005	0·· 006	0·· 007	0·· 008	0·· 009	0·· 010
0 20	0 011	0 012	0 014	0 016	0 018	0 020
0 30	0 016	0 019	0 021	0 024	0 027	0 031
0 40	0 021	0 025	0 028	0 032	0 036	0 041
0 50	0 027	0 031	0 035	0 040	0 045	0 051
0 60	0 032	0 037	0 042	0 048	0 054	0 061
0 70	0 037	0 043	0 050	0 056	0 064	0 071
0 80	0 042	0 049	0 056	0 064	0 073	0 081
0 90	0 048	0 055	0 064	0 072	0 082	0 092
1 »	0 053	0 061	0 071	0 080	0 091	0 102
2 »	0 106	0 123	0 141	0 161	0 181	0 203
3 »	0 159	0 185	0 212	0 241	0 272	0 305
4 »	0 212	0 246	0 283	0 322	0 363	0 407
5 »	0 265	0 308	0 353	0 402	0 454	0 509
6 »	0 318	0 369	0 424	0 482	0 545	0 611
7 »	0 372	0 431	0 495	0 563	0 635	0 712
8 »	0 424	0 493	0 565	0 643	0 726	0 814
9 »	0 478	0 554	0 636	0 724	0 817	0 916

N° 134.

Longueurs	DIAMÈTRES.					
	0·38	0·40	0·42	0·44	0·46	0·48
0· 10·	0·· 011	0·· 013	0·· 014	0·· 015	0·· 017	0·· 018
0 20	0 023	0 025	0 028	0 030	0 033	0 036
0 30	0 034	0 038	0 042	0 046	0 050	0 054
0 40	0 045	0 050	0 055	0 061	0 066	0 072
0 50	0 057	0 063	0 069	0 076	0 083	0 090
0 60	0 068	0 075	0 083	0 091	0 100	0 108
0 70	0 079	0 088	0 097	0 106	0 116	0 127
0 80	0 091	0 100	0 111	0 122	0 133	0 145
0 90	0 102	0 113	0 125	0 137	0 150	0 163
1 »	0 113	0 126	0 138	0 152	0 166	0 181
2 «	0 227	0 251	0 277	0 304	0 332	0 362
3 »	0 340	0 377	0 416	0 456	0 498	0 543
4 »	0 454	0 503	0 554	0 608	0 665	0 724
5 »	0 567	0 628	0 693	0 760	0 831	0 904
6 »	0 680	0 754	0 831	0 912	0 997	1 086
7 »	0 794	0 880	0 970	1 064	1 163	1 267
8 »	0 907	1 005	1 108	1 216	1 329	1 448
9 »	1 021	1 131	1 247	1 368	1 496	1 628

N° 135.

Longueurs	DIAMÈTRES.					
	0m50	0m52	0m54	0m56	0m58	0m60
0m 10c	0m 020	0m 021	0m 023	0m 025	0m 026	0m 028
0 20	0 039	0 043	0 046	0 049	0 053	0 056
0 30	0 059	0 064	0 069	0 074	0 079	0 085
0 40	0 078	0 085	0 092	0 098	0 106	0 113
0 50	0 098	0 106	0 115	0 123	0 132	0 141
0 60	0 118	0 127	0 137	0 148	0 158	0 170
0 70	0 137	0 149	0 160	0 172	0 185	0 198
0 80	0 157	0 170	0 183	0 197	0 211	0 226
0 90	0 177	0 187	0 206	0 222	0 238	0 255
1 »	0 196	0 212	0 229	0 246	0 264	0 283
2 »	0 393	0 425	0 458	0 493	0 528	0 565
3 »	0 589	0 637	0 687	0 739	0 793	0 848
4 »	0 785	0 849	0 916	0 985	1 057	1 131
5 »	0 982	1 062	1 145	1 231	1 321	1 414
6 »	1 178	1 274	1 374	1 478	1 585	1 696
7 »	1 374	1 486	1 603	1 724	1 849	1 979
8 »	1 571	1 699	1 832	1 970	2 114	2 262
9 »	1 767	1 869	2 061	2 217	2 378	2 545

N° 136.

Longueurs	DIAMÈTRES.					
	0m62	0m64	0m66	0m68	0m70	0m72
0m 10c	0m 030	0m 032	0m 034	0m 036	0m 039	0m 041
0 20	0 060	0 064	0 068	0 073	0 077	0 081
0 30	0 091	0 097	0 103	0 109	0 115	0 122
0 40	0 121	0 129	0 137	0 145	0 154	0 163
0 50	0 159	0 161	0 171	0 182	0 192	0 204
0 60	0 181	0 193	0 205	0 218	0 231	0 244
0 70	0 211	0 225	0 240	0 254	0 269	0 285
0 80	0 241	0 257	0 274	0 290	0 308	0 326
0 90	0 272	0 290	0 308	0 327	0 346	0 366
1 »	0 302	0 322	0 342	0 363	0 385	0 407
2 »	0 604	0 643	0 684	0 726	0 770	0 814
3 »	0 906	0 965	1 026	1 089	1 154	1 221
4 »	1 208	1 287	1 368	1 453	1 539	1 629
5 »	1 509	1 608	1 711	1 816	1 924	2 036
6 »	1 811	1 930	2 053	2 179	2 309	2 443
7 »	2 113	2 253	2 395	2 542	2 694	2 850
8 »	2 415	2 574	2 737	2 905	3 079	3 257
9 »	2 717	2 895	3 079	3 268	3 464	3 664

N° 137.

Longueurs	DIAMÈTRES.					
	0ᵐ74	0ᵐ76	0ᵐ78	0ᵐ80	0ᵐ82	0ᵐ84
0ᵐ10ᶜ	0ᵐᶜ043	0ᵐᶜ045	0ᵐᶜ048	0ᵐᶜ050	0ᵐᶜ053	0ᵐᶜ055
0 20	0 086	0 091	0 095	0 100	0 106	0 111
0 30	0 129	0 136	0 143	0 151	0 158	0 166
0 40	0 172	0 181	0 191	0 201	0 211	0 222
0 50	0 215	0 227	0 239	0 251	0 264	0 277
0 60	0 258	0 272	0 287	0 301	0 317	0 332
0 70	0 301	0 318	0 335	0 352	0 370	0 388
0 80	0 344	0 363	0 382	0 402	0 422	0 443
0 90	0 387	0 408	0 430	0 452	0 475	0 499
1 »	0 430	0 454	0 478	0 503	0 528	0 554
2 »	0 860	0 907	0 956	1 005	1 056	1 108
3 »	1 290	1 361	1 433	1 508	1 584	1 662
4 »	1 720	1 814	1 911	2 011	2 112	2 217
5 »	2 150	2 268	2 389	2 513	2 640	2 771
6 »	2 580	2 722	2 867	3 016	3 169	3 325
7 »	3 010	3 175	3 345	3 518	3 697	3 879
8 »	3 441	3 629	3 823	4 021	4 225	4 433
9 »	3 871	4 083	4 300	4 524	4 753	4 987

N° 138.

Longueurs	DIAMÈTRES.					
	0ᵐ86	0ᵐ88	0ᵐ90	0ᵐ92	0ᵐ94	0ᵐ96
0ᵐ10ᶜ	0ᵐᶜ058	0ᵐᶜ061	0ᵐᶜ064	0ᵐᶜ067	0ᵐᶜ069	0ᵐᶜ072
0 20	0 116	0 122	0 127	0 133	0 139	0 145
0 30	0 174	0 183	0 191	0 199	0 208	0 217
0 40	0 232	0 243	0 254	0 266	0 277	0 289
0 50	0 290	0 304	0 318	0 332	0 347	0 362
0 60	0 348	0 365	0 382	0 399	0 416	0 434
0 70	0 407	0 426	0 445	0 465	0 486	0 507
0 80	0 465	0 486	0 509	0 532	0 555	0 579
0 90	0 534	0 547	0 573	0 598	0 625	0 637
1 »	0 581	0 608	0 636	0 665	0 694	0 724
2 »	1 162	1 216	1 272	1 329	1 388	1 448
3 »	1 743	1 825	1 908	1 994	2 082	2 171
4 »	2 323	2 433	2 545	2 659	2 776	2 895
5 »	2 904	3 041	3 181	3 324	3 470	3 619
6 »	3 485	3 649	3 817	3 988	4 164	4 343
7 »	4 066	4 257	4 453	4 653	4 858	5 067
8 »	4 647	4 866	5 089	5 318	5 552	5 790
9 »	5 344	5 474	5 725	5 983	6 246	6 570

N° 139.

Longueurs	DIAMÈTRES.					
	0ᵐ98	1ᵐ	1ᵐ02	1ᵐ04	1ᵐ06	1ᵐ08
0ᵐ 10ᶜ	0ᵐᵗ 075	0ᵐᵗ 079	0ᵐᵗ 082	0ᵐᵗ 085	0ᵐᵗ 088	0ᵐᵗ 092
0 20	0 151	0 157	0 163	0 170	0 176	0 183
0 30	0 226	0 236	0 245	0 255	0 265	0 275
0 40	0 302	0 314	0 327	0 340	0 353	0 366
0 50	0 377	0 393	0 409	0 425	0 441	0 458
0 60	0 452	0 471	0 490	0 510	0 529	0 550
0 70	0 528	0 550	0 572	0 595	0 618	0 641
0 80	0 603	0 628	0 654	0 679	0 706	0 733
0 90	0 679	0 707	0 735	0 765	0 794	0 825
1 »	0 754	0 785	0 817	0 849	0 882	0 916
2 »	1 508	1 571	1 634	1 699	1 765	1 832
3 »	2 263	2 356	2 451	2 548	2 647	2 748
4 »	3 017	3 142	3 268	3 398	3 530	3 664
5 »	3 771	3 927	4 086	4 247	4 412	4 580
6 »	4 526	4 712	4 903	5 097	5 295	5 496
7 »	5 280	5 498	5 720	5 946	6 177	6 413
8 »	6 034	6 283	6 537	6 796	7 060	7 329
9 »	6 789	7 068	7 354	7 645	7 942	8 245

N° 140.

Longueurs	DIAMÈTRES.					
	1ᵐ10	1ᵐ12	1ᵐ14	1ᵐ16	1ᵐ18	1ᵐ20
0ᵐ 10ᶜ	0ᵐᵗ 095	0ᵐᵗ 099	0ᵐᵗ 102	0ᵐᵗ 106	0ᵐᵗ 109	0ᵐᵗ 113
0 20	0 190	0 197	0 204	0 211	0 219	0 226
0 30	0 285	0 296	0 306	0 317	0 328	0 339
0 40	0 380	0 394	0 408	0 423	0 437	0 452
0 50	0 475	0 493	0 510	0 528	0 547	0 566
0 60	0 570	0 591	0 612	0 634	0 656	0 678
0 70	0 665	0 690	0 715	0 740	0 766	0 792
0 80	0 760	0 788	0 816	0 845	0 875	0 905
0 90	0 855	0 887	0 919	0 951	0 984	1 018
1 »	0 950	0 985	1 021	1 057	1 093	1 131
2 »	1 901	1 970	2 041	2 114	2 187	2 262
3 »	2 851	2 956	3 062	3 170	3 281	3 393
4 »	3 801	3 941	4 083	4 227	4 374	4 524
5 »	4 752	4 926	5 103	5 284	5 468	5 655
6 »	5 702	5 911	6 124	6 341	6 561	6 786
7 »	6 652	6 896	7 145	7 398	7 655	7 917
8 »	7 603	7 882	8 166	8 455	8 749	9 048
9 »	8 553	8 867	9 186	9 511	9 842	10 179

N° 141.

Longueurs	DIAMÈTRES.					
	1ᵐ22	1ᵐ24	1ᵐ26	1ᵐ28	1ᵐ30	1ᵐ32
0ᵐ10ᶜ	0ᵐ᱉117	0ᵐ᱉121	0ᵐ᱉125	0ᵐ᱉129	0ᵐ᱉133	0ᵐ᱉137
0 20	0 234	0 241	0 249	0 257	0 265	0 274
0 30	0 351	0 362	0 374	0 386	0 398	0 411
0 40	0 467	0 483	0 499	0 515	0 531	0 547
0 50	0 585	0 604	0 623	0 643	0 664	0 684
0 60	0 701	0 724	0 748	0 772	0 796	0 821
0 70	0 818	0 845	0 873	0 901	0 929	0 958
0 80	0 935	0 966	0 997	1 029	1 062	1 095
0 90	1 052	1 087	1 122	1 158	1 195	1 232
1 »	1 169	1 208	1 247	1 287	1 327	1 368
2 »	2 338	2 415	2 494	2 573	2 655	2 737
3 »	3 507	3 623	3 741	3 860	3 982	4 105
4 »	4 676	4 830	4 988	5 147	5 309	5 474
5 »	5 845	6 038	6 234	6 434	6 637	6 842
6 »	7 014	7 246	7 481	7 721	7 964	8 211
7 »	8 183	8 453	8 728	9 008	9 291	9 576
8 »	9 352	9 661	9 975	10 294	10 618	10 948
9 »	10 521	10 869	11 222	11 581	11 946	12 316

N° 142.

Longueurs	LARGEURS.					
	1ᵐ34	1ᵐ36	1ᵐ38	1ᵐ40	1ᵐ42	1ᵐ44
0ᵐ10ᶜ	0ᵐ᱉141	0ᵐ᱉145	0ᵐ᱉150	0ᵐ᱉154	0ᵐ᱉158	0ᵐ᱉163
0 20	0 282	0 290	0 299	0 308	0 317	0 326
0 30	0 423	0 436	0 449	0 462	0 475	0 489
0 40	0 564	0 581	0 598	0 616	0 633	0 651
0 50	0 705	0 726	0 748	0 770	0 792	0 814
0 60	0 846	0 871	0 897	0 924	0 950	0 977
0 70	0 987	1 017	1 047	1 078	1 109	1 140
0 80	1 128	1 162	1 196	1 231	1 267	1 303
0 90	1 269	1 307	1 346	1 385	1 425	1 466
1 »	1 410	1 453	1 496	1 539	1 584	1 629
2 »	2 820	2 905	2 991	3 079	3 167	3 257
3 »	4 231	4 358	4 487	4 618	4 751	4 886
4 »	5 641	5 811	5 983	6 157	6 335	6 514
5 »	7 051	7 263	7 478	7 697	7 918	8 143
6 »	8 461	8 716	8 974	9 236	9 502	9 772
7 »	9 872	10 169	10 470	10 776	11 086	11 400
8 »	11 282	11 621	11 966	12 315	12 669	13 029
9 »	12 692	13 074	13 461	13 854	14 253	14 657

N° 143.

Longueurs	DIAMÈTRES.					
	1m46	1m48	1m50	1m52	1m54	1m56
0m10c	0m167	0m172	0m177	0m181	0m186	0m191
0 20	0 335	0 344	0 353	0 363	0 372	0 382
0 30	0 502	0 516	0 530	0 544	0 559	0 573
0 40	0 670	0 688	0 707	0 726	0 745	0 764
0 50	0 837	0 860	0 884	0 907	0 931	0 956
0 60	1 005	1 032	1 060	1 089	1 117	1 147
0 70	1 172	1 204	1 237	1 270	1 304	1 338
0 80	1 339	1 376	1 414	1 452	1 490	1 529
0 90	1 507	1 548	1 590	1 633	1 676	1 720
1 »	1 674	1 720	1 767	1 814	1 863	1 911
2 »	3 348	3 441	3 534	3 629	3 725	3 823
3 »	5 022	5 161	5 301	5 444	5 588	5 734
4 »	6 697	6 881	7 068	7 258	7 451	7 646
5 »	8 371	8 602	8 836	9 073	9 313	9 557
6 »	10 045	10 322	10 603	10 887	11 176	11 468
7 »	11 719	13 042	12 370	12 702	13 038	13 379
8 »	13 393	13 763	14 137	14 517	14 901	15 291
9 »	15 067	15 483	15 904	16 331	16 764	17 202

N° 144.

Longueurs	DIAMÈTRES.					
	1m58	1m60	1m62	1m64	1m66	1m68
0m10c	0m196	0m201	0m206	0m211	0m216	0m222
0 20	0 392	0 402	0 412	0 422	0 433	0 443
0 30	0 588	0 603	0 618	0 634	0 649	0 665
0 40	0 784	0 804	0 824	0 845	0 866	0 887
0 50	0 980	1 005	1 031	1 056	1 082	1 118
0 60	1 176	1 206	1 237	1 267	1 298	1 330
0 70	1 373	1 407	1 443	1 479	1 515	1 552
0 80	1 568	1 608	1 649	1 690	1 731	1 773
0 90	1 765	1 810	1 855	1 901	1 948	1 995
1 »	1 961	2 011	2 061	2 112	2 164	2 217
2 »	3 921	4 021	4 122	4 225	4 328	4 433
3 »	5 882	6 032	6 184	6 337	6 493	6 650
4 »	7 843	8 042	8 245	8 450	8 657	8 867
5 »	9 803	10 053	10 306	10 562	10 821	11 083
6 »	11 764	12 064	12 367	12 674	12 985	13 300
7 »	13 725	14 074	14 428	14 787	15 150	15 517
8 »	15 685	16 085	16 490	16 889	17 314	17 734
9 »	17 646	18 095	18 551	19 012	19 478	19 950

JAUGE

DES

Navires et Bateaux à vapeur.

CULAIRES. ADMINISTRATION DES DOUANES. 2ᵉ Dᵒⁿ

ᵃᵘ *des Colonies et Navig*ᵒⁿˢ. Instruction du 18 novembre 1837,
Promulguée le 5 décembre 1837. PARIS (N° 1665),
Et pour les Bateaux à vapeur, le 12 septembre 1839 (N° 1769).

(Voir le Rapport.)

JAUGE

Minimum, 1 tonneau. **Maximum**, 400 tonneaux.

ger un navire qui porte : 15 ᵐ 56 ᶜ de longueur.
Sur   5   44   de largeur.
Et   2   28   de hauteur.

n multiplie la longueur par la largeur, et le produit
par la hauteur, divisé par 3,80 (ARAGO, Système décimal.)

EXEMPLE.

```
Longueur, 15 56              Produit 1929937 92 ⎧    3 80
Largeur,   5 44                        2993      ⎨  ───────
         ───────                       3337      ⎩   50 78
            62 24                        297
           622 4
          7780
         ───────
          8464 64            PREUVE.  50 78
Hauteur    2 28                        3 80
         ───────                      ─────
          67717 12              . . . . . . .
         169292 8              . . . . . . . .
        1692928                . . . . . . . .
         ───────                      ─────
roduit. 1929937 92                     2 97
```

EXEMPLE.

Longueur.		Largeur,		Hauteur.		Jauge.	
15	56	5	44	2	28	50	78
»	»	»	»	»	»	»	»
»	»	»	»	»	»	»	»

Diamètre intérieur des Fûts de

50 Litres.	fond.	34 centim. 1/2
	Bouge. . .	39
	Longueur .	45 1/2
100	Fond. . . .	43 1/2
	Bouge. . .	49
	Longueur..	57
200	Fond. . . .	55
	Bouge. . .	62
	Longueur. .	72
300	Fond. . . .	62
	Bouge. . .	71
	Longueur .	82 1/2
400	Fond. . . .	69
	Bouge. . .	78
	Longueur .	91
500	Fond. . . .	74 c. 1/2
	Bouge. . . .	84
	Longueur. .	98
600	Fond. . . .	79
	Bouge. . .	89
	Longueur. .	104
700	Fond.. . .	83 1/2
	Bouge. . .	94
	Longueur .	109 1/2
800	Fond. . . .	87 1/2
	Bouge.. . .	98
	Longueur .	114 1/2
900	Fond. . . .	90 1/2
	Bouge. . .	102 1/2
	Longueur..	119
1000	Fond.. . .	94
	Bouge. . .	102 1/3
	Longueur .	123 1/2

TABLEAU

DE COMPARAISON DES SOLIVES ANCIENNES AUX

SOLIVES NOUVELLES.

SOLIVES ANCIENNES.	PRODUIT EN DÉCISTÈRES OU SOLIVES nouvelles.		DÉCISTÈRES OU SOLIVES nouvelles.	PRODUIT en SOLIVES anciennes.	
1	1	03	1	0	97
2	2	06	2	1	94
3	3	08	3	2	92
4	4	11	4	3	89
5	5	14	5	4	86
6	6	17	6	5	83
7	7	20	7	6	81
8	8	23	8	7	78
9	9	25	9	8	75
10	10	28	10	9	72
20	20	57	20	19	45
30	30	85	30	29	17
40	41	13	40	38	90
50	51	42	50	48	62
60	61	70	60	58	35
70	71	98	70	68	07
80	82	27	80	77	80
90	92	55	90	87	52
100	102	83	100	97	25
200	205	66	200	194	49
300	308	50	300	291	74
400	411	33	400	388	98
500	514	16	500	486	23
1000	1028	32	1000	972	46

BARÊME
OU COMPTES FAITS.

	à 5 centimes ou 1 sol.	à 7 cent. 1/2 ou 1 sol 6 den.	à 10 centimes ou 2 sols	à 12 cent. 1/2 ou 2 sols 6 den.	à 15 centimes ou 3 sols.
	fr.	fr.	fr.	fr.	fr.
1	0 05	0 075	0 10	0 125	0 15
2	0 10	0 150	0 20	0 250	0 30
3	0 15	0 225	0 30	0 375	0 45
4	0 20	0 300	0 40	0 500	0 60
5	0 25	0 375	0 50	0 625	0 75
6	0 30	0 450	0 60	0 750	0 90
7	0 35	0 525	0 70	0 875	1 05
8	0 40	0 600	0 80	1 000	1 20
9	0 45	0 675	0 90	1 125	1 35
10	0 50	0 750	1 00	1 250	1 50
11	0 55	0 825	1 10	1 375	1 65
12	0 60	0 900	1 20	1 500	1 80
13	0 65	0 975	1 30	1 625	1 95
14	0 70	1 050	1 40	1 750	2 10
15	0 75	1 125	1 50	1 875	2 25
16	0 80	1 200	1 60	2 000	2 40
17	0 85	1 275	1 70	2 125	2 55
18	0 90	1 350	1 80	2 250	2 70
19	0 95	1 425	1 90	2 375	2 85
20	1 00	1 500	2 00	2 500	3 00
21	1 05	1 575	2 10	2 625	3 15
22	1 10	1 650	2 20	2 750	3 30
23	1 15	1 725	2 30	2 875	3 45
24	1 20	1 800	2 40	3 000	3 60
25	1 25	1 875	2 50	3 125	3 75
30	1 50	2 250	3 00	3 750	4 50
35	1 75	2 625	3 50	4 375	5 25
40	2 00	3 000	4 00	5 000	6 00
45	2 25	3 375	4 50	5 625	6 75
50	2 50	3 750	5 00	6 250	7 50
55	2 75	4 125	5 50	6 875	8 25
60	3 00	4 500	6 00	7 500	9 00
65	3 25	4 875	6 50	8 125	9 75
70	3 50	5 250	7 00	8 750	10 50
75	3 75	5 725	7 50	9 375	11 25
80	4 00	6 000	8 00	10 000	12 00
90	4 50	6 750	9 00	11 250	13 50
100	5 00	7 500	10 00	12 500	15 00

Comptes faits.

	à 17 cent. 1/2 ou 3 sols 6 den.		à 20 centimes ou 4 sols.		à 22 cent. 1/2 ou 4 sols 6 den.		à 25 centimes ou 5 sols.		à 27 cent. 1/2 ou 5 sols 6 den.	
	fr.		fr.		fr.		fr.		fr.	
1	0	175	0	20	0	225	0	25	0	275
2	0	350	0	40	0	450	0	50	0	550
3	0	525	0	60	0	675	0	75	0	825
4	0	700	0	80	0	900	1	00	1	100
5	0	875	1	00	1	125	1	25	1	375
6	1	050	1	20	1	350	1	50	1	650
7	1	225	1	40	1	575	1	75	1	925
8	1	400	1	60	1	800	2	00	2	200
9	1	575	1	80	2	025	2	25	2	475
10	1	750	2	00	2	250	2	50	2	750
11	1	925	2	20	2	475	2	75	3	025
12	2	100	2	40	2	700	3	00	3	300
13	2	275	2	60	2	925	3	25	3	575
14	2	450	2	80	3	150	3	50	3	850
15	2	625	3	00	3	375	3	75	4	125
16	2	800	3	20	3	600	4	00	4	400
17	2	975	3	40	3	825	4	25	4	675
18	3	150	3	60	4	050	4	50	4	950
19	3	325	3	80	4	275	4	75	5	225
20	3	500	4	00	4	500	5	00	5	500
21	3	675	4	20	4	725	5	25	5	775
22	3	850	4	40	4	950	5	50	6	050
23	4	025	4	60	5	175	5	75	6	325
24	4	200	4	80	5	400	6	00	6	600
25	4	375	5	00	5	625	6	25	6	875
30	5	250	6	00	6	750	7	50	8	250
35	6	125	7	00	7	875	8	75	9	625
40	7	000	8	00	9	000	10	00	11	000
45	7	875	9	00	10	125	11	25	12	375
50	8	750	10	00	11	250	12	50	13	750
55	9	625	11	00	12	375	13	75	15	125
60	10	500	12	00	13	500	15	00	16	500
65	11	375	13	00	14	625	16	25	17	875
70	12	250	14	00	15	750	17	50	19	250
75	13	125	15	00	16	875	18	75	20	625
80	14	000	16	00	18	000	20	00	22	000
90	15	750	18	00	20	250	22	50	24	750
100	17	500	20	00	22	500	25	00	28	500

Comptes faits.

	à 30 centimes ou 6 sols.		à 32 cent. 1/2 ou 6 sols 6 den.		à 35 centimes ou 7 sols.		à 37 cent. 1/2 ou 7 sols 6 den.		à 40 centimes ou 8 sols.	
	fr.		fr.		fr.		fr.		fr.	
1	0	30	0	325	0	35	0	375	0	40
2	0	60	0	650	0	70	0	750	0	80
3	0	90	0	975	1	05	1	125	1	20
4	1	20	1	300	1	40	1	500	1	60
5	1	50	1	625	1	75	1	875	2	00
6	1	80	1	950	2	10	2	250	2	40
7	2	10	2	275	2	45	2	625	2	80
8	2	40	2	600	2	80	3	000	3	20
9	2	70	2	925	3	15	3	375	3	60
10	3	00	3	250	3	50	3	750	4	00
11	3	30	3	575	3	85	4	125	4	40
12	3	60	3	900	4	20	4	500	4	80
13	3	90	4	225	4	55	4	875	5	20
14	4	20	4	550	4	90	5	250	5	60
15	4	50	4	875	5	25	5	625	6	00
16	4	80	5	200	5	60	6	000	6	40
17	5	10	5	525	5	95	6	375	6	80
18	5	40	5	850	6	30	6	750	7	20
19	5	70	6	175	6	65	7	125	7	60
20	6	00	6	500	7	00	7	500	8	00
21	6	30	6	825	7	35	7	875	8	40
22	6	60	7	150	7	70	8	250	8	80
23	6	90	7	475	8	05	8	625	9	20
24	7	20	7	800	8	40	9	000	9	60
25	7	50	8	125	8	75	9	375	10	00
30	9	00	9	750	10	50	11	250	12	00
35	10	50	10	375	12	25	13	125	14	00
40	12	00	13	000	14	00	15	000	16	00
45	13	50	14	625	15	75	16	875	18	00
50	15	00	16	250	17	50	18	750	20	00
55	16	50	17	875	19	25	20	625	22	00
60	18	00	19	500	21	00	22	500	24	00
65	19	50	21	125	22	75	24	375	26	00
70	21	00	22	750	24	50	26	250	28	00
75	22	50	24	375	26	25	28	125	30	00
80	24	00	26	000	28	00	30	000	32	00
90	27	00	29	250	31	50	33	750	36	00
100	30	00	32	500	35	00	37	500	40	00

à 30 centimes ou 6 sols. — à 32 cent. 1/2 ou 6 sols 6 den. — à 35 centimes ou 7 sols. — à 37 cent. 1/2 ou 7 sols 6 den. — à 40 centimes ou 8 sols.

Comptes faits.

	à 42 cent. 1/2 ou 8 sols 6 den.		à 45 centimes ou 9 sols.		à 47 cent 1/2 ou 9 sols 6 den.		à 50 centimes ou 10 sous.		à 52 cent 1/2 ou 10 sols 6 den.	
	fr.		fr.		fr.		fr.		fr.	
1	0	425	0	45	0	475	0	50	0	525
2	0	850	0	90	0	950	1	00	1	050
3	1	275	1	35	1	425	1	50	1	575
4	1	700	1	80	1	900	2	00	2	100
5	2	125	2	25	2	375	2	50	2	625
6	2	550	2	70	2	850	3	00	3	150
7	2	975	3	15	3	325	3	50	3	675
8	3	400	3	60	3	800	4	00	4	200
9	3	825	4	05	4	275	4	50	4	725
10	4	250	4	50	4	750	5	00	5	250
11	4	675	4	95	5	225	5	50	5	775
12	5	100	5	40	5	700	6	00	6	300
13	5	525	5	85	6	175	6	50	6	825
14	5	950	6	30	6	650	7	00	7	350
15	6	375	6	75	7	125	7	50	7	875
16	6	800	7	20	7	600	8	00	8	400
17	7	225	7	65	8	075	8	50	8	925
18	7	650	8	10	8	550	9	00	9	450
19	8	075	8	55	9	025	9	50	9	975
20	8	500	9	00	9	500	10	00	10	500
21	8	925	9	45	9	975	10	50	11	025
22	9	350	9	90	10	450	11	00	11	550
23	9	775	10	35	10	925	11	50	12	075
24	10	200	10	80	11	400	12	00	12	600
25	10	625	11	25	11	875	12	50	13	125
30	12	750	13	50	14	250	15	00	15	750
35	14	875	15	75	16	625	17	50	18	375
40	17	000	18	00	19	000	20	00	21	000
45	19	125	20	25	21	375	22	50	23	625
50	21	250	22	50	23	750	25	00	26	250
55	23	375	24	75	26	125	27	50	28	875
60	25	500	27	00	28	500	30	00	31	500
65	27	625	29	25	30	875	32	50	34	125
70	29	750	31	50	33	250	35	00	36	750
75	31	875	33	75	35	625	37	50	39	375
80	34	000	36	00	38	000	40	00	42	000
90	38	250	40	50	42	750	45	00	47	250
100	42	500	45	00	47	500	50	00	52	500

Comptes faits.

	à 55 centimes ou 11 sols.		à 57 cent. 1/2 ou 11 sols 6 den.		à 60 centimes ou 12 sols		à 62 cent. 1/2 ou 12 sols 6 den.		à 65 centimes ou 13 sols.	
	fr.		fr.		fr.		fr.		fr.	
1	0	55	0	575	0	60	0	625	0	65
2	1	10	1	150	1	20	1	250	1	30
3	1	65	1	725	1	80	1	875	1	95
4	2	20	2	300	2	40	2	500	2	60
5	2	75	2	875	3	00	3	125	3	25
6	3	30	3	450	3	60	3	750	3	90
7	3	85	4	025	4	20	4	375	4	55
8	4	40	4	600	4	80	5	000	5	20
9	4	95	5	175	5	40	5	625	5	85
10	5	50	5	750	6	00	6	250	6	50
11	6	05	6	325	6	60	6	875	7	15
12	6	60	6	900	7	20	7	500	7	80
13	7	15	7	475	7	80	8	125	8	45
14	7	70	8	050	8	40	8	750	9	10
15	8	25	8	625	9	00	9	375	9	75
16	8	80	9	200	9	60	10	000	10	40
17	9	35	9	775	10	20	10	625	11	05
18	9	90	10	350	10	80	11	250	11	70
19	10	45	10	925	11	40	11	875	12	35
20	11	00	11	500	12	00	12	500	13	00
21	11	55	12	075	12	60	13	125	13	65
22	12	10	12	650	13	20	13	750	14	30
23	12	65	13	225	13	80	14	375	14	95
24	13	20	13	800	14	40	15	000	15	60
25	13	75	14	375	15	00	15	625	16	25
30	16	50	17	250	18	00	18	750	19	50
35	19	25	20	125	21	00	21	875	22	75
40	22	00	23	000	24	00	25	000	26	00
45	24	75	25	875	27	00	28	125	29	25
50	27	50	28	750	30	00	31	250	32	50
55	30	25	31	625	33	00	34	375	35	75
60	33	00	34	500	36	00	37	500	39	00
65	35	75	37	375	39	00	40	625	42	25
70	38	50	40	250	42	00	43	750	45	50
75	41	25	43	125	45	00	46	875	48	75
80	44	00	46	000	48	00	50	000	52	00
90	49	50	51	750	54	00	56	250	58	50
100	55	00	57	500	60	00	62	500	65	00

Comptes faits.

	à 67 cent. 1/2 ou 13 sols 6 den.	à 70 centimes ou 14 sols.	à 72 cent. 1/2 ou 14 sols 6 den.	à 75 centimes ou 15 sols.	à 77 cent. 1/2 ou 15 sols 6 den.
	fr.	fr.	fr.	fr.	fr.
1	0 675	0 70	0 725	0 75	0 775
2	1 350	1 40	1 450	1 50	1 550
3	2 025	2 10	2 175	2 25	2 325
4	2 700	2 80	2 900	3 00	3 100
5	3 375	3 50	3 625	3 75	3 875
6	4 050	4 20	4 550	4 50	4 650
7	4 725	4 90	4 075	5 25	5 425
8	5 400	5 60	5 800	6 00	6 200
9	6 075	6 30	6 525	6 75	6 975
10	6 750	7 00	7 250	7 50	7 750
11	7 425	7 70	7 975	8 25	8 525
12	8 100	8 40	8 700	9 00	9 300
13	8 775	9 10	9 425	9 75	10 075
14	9 450	9 80	10 150	10 50	10 850
15	10 125	10 50	10 875	11 25	11 625
16	10 800	11 20	11 600	12 00	12 400
17	11 475	11 90	12 325	12 75	13 175
18	12 150	12 60	13 050	13 50	13 950
19	12 825	13 30	13 775	14 25	14 725
20	13 500	14 00	14 500	15 00	15 500
21	14 175	14 70	15 225	15 75	16 275
22	14 850	15 40	15 950	16 50	17 050
23	15 525	16 10	16 675	17 25	17 825
24	16 200	16 80	17 400	18 00	18 600
25	16 875	17 50	18 125	18 75	19 375
30	20 250	21 00	21 750	22 50	23 250
35	23 625	24 50	25 375	26 25	27 125
40	27 000	28 00	29 000	30 00	31 000
45	30 375	31 50	32 625	33 75	34 875
50	33 750	35 00	36 250	37 50	38 750
55	37 125	38 50	39 075	41 25	42 625
60	40 500	42 00	43 500	45 00	46 500
65	43 875	45 50	47 125	48 75	50 375
70	47 250	49 00	50 750	52 50	54 250
75	50 625	52 50	54 375	56 25	58 125
80	54 000	56 00	58 000	60 00	62 000
90	60 750	63 00	65 250	67 50	69 750
100	67 500	70 00	72 500	75 00	77 500

Comptes faits.

	à 80 centimes ou 16 sols.		à 82 cent. 1/2 ou 16 sols 6 den.		à 85 centimes ou 17 sols.		à 87 cent. 1/2 ou 17 sols 6 den.		à 90 centimes ou 18 sols.	
	fr.		fr.		fr.		fr.		fr.	
1	0	80	0	825	0	85	0	875	0	90
2	1	60	1	650	1	70	1	750	1	80
3	2	40	2	475	2	55	2	625	2	70
4	3	20	3	300	3	40	3	500	3	60
5	4	00	4	125	4	25	4	375	4	50
6	4	80	4	950	5	10	5	250	5	40
7	5	60	5	775	5	95	6	125	6	30
8	6	40	6	600	6	80	7	000	7	20
9	7	20	7	425	7	65	7	875	8	10
10	8	00	8	250	8	30	8	750	9	00
11	8	80	9	075	9	35	9	625	9	90
12	9	60	9	900	10	20	10	500	10	80
13	10	40	10	725	11	05	11	375	11	70
14	11	20	11	550	11	90	12	250	12	60
15	12	00	12	375	12	75	13	125	13	50
16	12	80	13	200	13	60	14	000	14	40
17	13	60	14	025	14	45	14	875	15	30
18	14	40	14	850	15	30	15	750	16	20
19	15	20	15	675	16	15	16	625	17	10
20	16	00	16	500	17	00	17	500	18	00
21	16	80	17	325	17	85	18	375	18	90
22	17	60	18	150	18	70	19	250	19	80
23	18	40	18	975	19	55	20	125	20	70
24	19	20	19	800	20	40	21	000	21	60
25	20	00	20	625	21	25	21	875	22	50
30	24	00	24	750	25	50	26	250	27	00
35	28	00	28	875	29	75	30	625	31	50
40	32	00	33	000	34	00	35	000	36	00
45	36	00	37	125	38	25	39	375	40	50
50	40	00	41	250	42	50	43	750	45	00
55	44	00	45	375	46	75	48	125	49	50
60	48	00	49	500	51	00	52	500	54	00
65	52	00	53	625	55	25	56	875	58	50
70	56	00	57	750	59	50	61	250	63	00
75	60	00	61	875	63	75	65	625	67	50
80	64	00	66	000	68	00	70	000	72	00
90	72	00	74	250	76	50	78	750	81	00
100	80	00	82	500	85	00	87	500	90	00

Comptes faits.

	à 92 cent. 1/2 ou 18 sols 6 den.		à 95 centimes ou 19 sols,		à 97 cent. 1/2 ou 19 sols 6 den.		à 1 franc ou 20 sols.		a 1 franc 25 c. ou 25 sols.	
	fr.		fr.		fr.		fr.		fr.	
1	0	925	0	95	0	975	1	00	1	25
2	1	850	1	90	1	950	2	00	2	50
3	2	775	2	85	2	925	3	00	3	75
4	3	700	3	80	3	900	4	00	5	00
5	4	625	4	75	4	875	5	00	6	25
6	5	550	5	70	5	850	6	00	7	50
7	6	475	6	65	6	825	7	00	8	75
8	7	400	7	60	7	800	8	00	10	00
9	8	325	8	55	8	775	9	00	11	25
10	9	250	9	50	9	750	10	00	12	50
11	10	175	10	45	10	725	11	00	13	75
12	11	100	11	40	11	700	12	00	15	00
13	12	025	12	35	12	675	13	00	16	25
14	12	950	13	30	13	650	14	00	17	50
15	13	875	14	25	14	625	15	00	18	75
16	14	800	15	20	15	600	16	00	20	00
17	15	725	16	15	16	575	17	00	21	25
18	16	650	17	10	17	550	18	00	22	50
19	17	575	18	05	18	525	19	00	23	75
20	18	500	19	00	19	500	20	00	25	00
21	19	425	19	95	20	475	21	00	26	25
22	20	350	20	90	21	450	22	00	27	50
23	21	275	21	85	22	425	23	00	28	75
24	22	200	22	80	23	400	24	00	30	00
25	23	125	23	75	24	375	25	00	31	25
30	27	750	28	50	29	250	30	00	37	50
35	32	375	33	25	34	125	35	00	43	75
40	37	000	38	00	39	000	40	00	50	00
45	41	625	42	75	43	875	45	00	56	25
50	46	250	47	50	48	750	50	00	62	50
55	50	875	52	25	53	625	55	00	68	75
60	55	500	57	00	58	500	60	00	75	00
65	60	125	61	75	63	375	65	00	81	25
70	64	750	66	50	68	250	70	00	87	50
75	69	375	71	25	73	125	75	00	93	75
80	74	000	76	00	78	000	80	00	100	00
90	83	250	85	50	87	750	90	00	112	50
100	92	500	95	00	97	500	100	00	125	00

Comptes faits.

	à 1 franc 50 c. ou 30 sols.		à 1 franc 75 c. ou 35 sols.		à 2 francs ou 40 sols.		à 2 francs 25 c. ou 45 sols.		à 2 francs 50 c. ou 50 sols.	
	fr.		fr.		fr.		fr.		fr.	
1	1	50	1	75	2	00	2	25	2	50
2	3	00	3	50	4	00	4	50	5	00
3	4	50	5	25	6	00	6	75	7	50
4	6	00	7	00	8	00	9	00	10	00
5	7	50	8	75	10	00	11	25	12	50
6	9	00	10	50	12	00	13	50	15	00
7	10	50	12	25	14	00	15	75	17	50
8	12	00	14	00	16	00	18	00	20	00
9	13	50	15	75	18	00	20	25	22	50
10	15	00	17	50	20	00	22	50	25	00
11	16	50	19	25	22	00	24	75	27	50
12	18	00	21	00	24	00	27	00	30	00
13	19	50	22	75	26	00	29	25	32	50
14	21	00	24	50	28	00	31	60	35	00
15	22	50	26	25	30	00	33	75	37	50
16	24	00	28	00	32	00	36	00	40	00
17	25	50	29	75	34	00	38	25	42	50
18	27	00	31	50	36	00	40	50	45	00
19	28	50	33	25	38	00	42	75	47	50
20	30	00	35	00	40	00	45	00	50	00
21	31	50	36	75	42	00	47	25	52	50
22	33	00	38	50	44	00	49	50	55	00
23	34	50	40	25	46	00	51	75	57	50
24	36	00	42	00	48	00	54	00	60	00
25	37	50	43	75	50	00	56	25	62	50
30	45	00	52	50	60	00	67	50	75	00
35	52	50	61	25	70	00	78	75	87	50
40	60	00	70	00	80	00	90	00	100	00
45	67	50	78	75	90	00	101	25	112	50
50	75	00	87	50	100	00	112	50	125	00
55	82	50	96	25	110	00	123	75	137	50
60	90	00	105	00	120	00	135	00	150	00
65	97	50	113	75	130	00	146	25	162	50
70	105	00	122	50	140	00	157	50	175	00
75	112	50	131	25	150	00	168	75	187	50
80	120	00	140	00	160	00	180	00	200	00
90	135	00	157	50	180	00	202	50	225	50
100	150	00	175	00	200	00	225	00	250	00

Comptes faits.

	à 2 francs 75 c. ou 55 sols.		à 3 francs.		à 3 francs 25 c. ou 3 liv. 5 sols.		à 3 francs 50 c. ou 3 liv. 10 sols.		à 3 francs 75 c. ou 3 liv. 15 sols.	
	fr.		fr.		fr.		fr.		fr.	
1	2	75	3	00	3	25	3	50	3	75
2	5	50	6	00	6	50	7	00	7	50
3	8	25	9	00	9	75	10	50	11	25
4	11	00	12	00	13	00	14	00	15	00
5	13	75	15	00	16	25	17	50	18	75
6	16	50	18	00	19	50	21	00	22	50
7	19	25	21	00	22	75	24	50	27	25
8	22	00	24	00	26	00	28	00	30	00
9	24	75	27	00	29	25	31	50	33	75
10	27	50	30	00	32	50	35	00	37	50
11	30	25	33	00	35	75	38	50	41	25
12	33	00	36	00	39	00	42	00	45	00
13	35	75	39	00	42	25	45	50	48	75
14	38	50	42	00	45	50	49	00	52	50
15	41	25	45	00	48	75	52	50	56	25
16	44	00	48	00	52	00	56	00	60	00
17	46	75	51	00	55	25	59	50	63	75
18	49	50	54	00	58	50	63	00	67	50
19	52	25	57	00	61	75	66	50	71	25
20	55	00	60	00	65	00	70	00	75	00
21	57	75	63	00	68	25	73	50	78	75
22	60	50	66	00	71	50	77	00	82	50
23	63	25	69	00	74	75	80	50	86	25
24	66	00	72	00	78	00	84	00	90	00
25	68	75	75	00	81	25	87	50	93	75
30	82	50	90	00	97	50	105	00	112	50
35	96	25	105	00	113	75	122	50	131	25
40	110	00	120	00	130	00	140	00	150	00
45	123	75	135	00	146	25	157	50	168	75
50	137	50	150	00	162	50	175	00	187	50
55	151	25	165	00	178	75	192	50	206	25
60	165	00	180	00	195	00	210	00	225	00
65	178	75	195	00	211	25	227	50	243	75
70	192	50	210	00	227	50	245	00	262	50
75	206	25	225	00	243	75	262	50	281	25
80	220	00	240	00	260	00	280	00	300	00
90	247	50	270	00	292	50	315	00	337	50
100	275	00	300	00	325	00	350	00	375	00

Comptes faits.

	à 4 francs.		à 4 francs 25 c. ou 4 liv. 5 sols.		à 4 francs 50 c. ou 4 liv. 10 sols.		à 4 francs 75 c. ou 4 liv. 15 sols.		à 5 francs.	
	fr.		fr.		fr.		fr.		fr.	
1	4	00	4	25	4	50	4	75	5	00
2	8	00	8	50	9	00	9	50	10	00
3	12	00	12	75	13	50	14	25	15	00
4	16	00	17	00	18	00	19	00	20	00
5	20	00	21	25	22	50	23	75	25	00
6	24	00	25	50	27	00	28	50	30	00
7	28	00	29	75	31	50	33	25	35	00
8	32	00	34	00	36	00	38	00	40	00
9	36	00	38	25	40	50	42	75	45	00
10	40	00	42	50	45	00	47	50	50	00
11	44	00	46	75	49	50	52	25	55	00
12	48	00	51	00	54	00	57	00	60	00
13	52	00	55	25	58	50	61	75	65	00
14	56	00	59	50	63	00	66	50	70	00
15	60	00	63	75	67	50	71	25	75	00
16	64	00	68	00	72	00	76	00	80	00
17	68	00	72	25	76	50	80	75	85	00
18	72	00	76	50	81	00	85	50	90	00
19	76	00	80	75	85	50	90	25	95	00
20	80	00	85	00	90	00	95	00	100	00
21	84	00	89	25	94	50	99	75	105	00
22	88	00	93	50	99	00	104	50	110	00
23	92	00	97	75	103	50	109	25	115	00
24	96	00	102	00	108	00	114	00	120	00
25	100	00	106	25	112	50	118	75	125	00
30	120	00	127	50	135	00	142	50	150	00
35	140	00	148	75	157	50	166	25	175	00
40	160	00	170	00	180	00	190	00	200	00
45	180	00	191	25	202	50	213	75	225	00
50	200	00	212	50	225	00	237	50	250	00
55	220	00	233	75	247	50	261	25	275	00
60	240	00	255	00	270	00	285	00	300	00
65	260	00	276	25	292	50	308	75	325	00
70	280	00	297	50	315	00	332	50	350	00
75	300	00	318	75	337	50	356	25	375	00
80	320	00	340	00	360	00	380	00	400	00
90	360	00	382	50	405	00	427	50	450	00
100	400	00	425	00	450	00	475	00	500	00

Comptes faits.

	à 5 franc 25 c. ou 5 liv. 5 sols.		à 5 franc 50 c. ou 5 liv. 10 sols.		à 5 francs 75 c. ou 5 liv. 15 sols.		à 6 francs.		à 7 francs.	
	fr.		fr.		fr.		fr.		fr.	
1	5	25	5	50	5	75	6	00	7	00
2	10	50	11	00	11	50	12	00	14	00
3	15	75	16	50	17	25	18	00	21	00
4	21	00	22	00	23	00	24	00	28	00
5	26	25	27	50	28	75	30	00	35	00
6	31	50	33	00	34	50	36	00	42	00
7	36	75	38	50	40	25	42	00	49	00
8	42	00	44	00	46	00	48	00	56	00
9	47	25	49	50	51	75	54	00	63	00
10	52	50	55	00	57	50	60	00	70	00
11	57	75	60	50	63	25	66	00	77	00
12	63	00	66	00	69	00	72	00	84	00
13	68	25	71	50	74	75	78	00	91	00
14	73	50	77	00	80	50	84	00	98	00
15	78	75	82	50	86	25	90	00	105	00
16	84	00	88	00	92	00	96	00	112	00
17	89	25	93	50	97	75	102	00	119	00
18	94	50	99	00	103	50	108	00	126	00
19	99	75	104	50	109	25	114	00	133	00
20	105	00	110	00	115	00	120	00	140	00
21	110	25	115	50	120	75	126	00	147	00
22	115	50	121	00	126	50	132	00	154	00
23	120	75	126	50	132	25	138	00	161	00
24	126	00	132	00	138	00	144	00	168	00
25	131	25	137	50	143	75	150	00	175	00
30	157	50	165	00	172	50	180	00	210	00
35	183	75	192	50	201	25	210	00	245	00
40	210	00	220	00	230	00	240	00	280	00
45	236	25	247	50	258	75	270	00	315	00
50	262	50	275	00	287	50	300	00	350	00
55	288	75	302	50	316	25	330	00	385	00
60	315	00	330	00	345	00	360	00	420	00
65	341	25	357	50	373	75	390	00	455	00
70	367	50	385	00	402	50	420	00	490	00
75	393	75	412	50	431	25	450	00	525	00
80	420	00	440	00	460	00	480	00	560	00
90	472	50	495	00	517	50	540	00	630	00
100	525	00	550	00	575	00	600	00	700	00

Comptes faits du prix de la livre réduit au prix de l'hectogramme.

LA LIVRE valant.		L'HECTOG° vaut.		LA LIVRE valant.		L'HECTOG° vaut.		LA LIVRE valant.		L'HECTOG° vaut.	
f	c	f	c	f	c	f	c	f	c	f	c
0	10	0	02	2	00	0	40	3	90	0	78
0	15	0	03	2	05	0	41	3	95	0	79
0	20	0	04	2	10	0	42	4	00	0	80
0	25	0	05	2	15	0	43	4	05	0	81
0	30	0	06	2	20	0	44	4	10	0	82
0	35	0	07	2	25	0	45	4	15	0	83
0	40	0	08	2	30	0	46	4	20	0	84
0	45	0	09	2	35	0	47	4	25	0	85
0	50	0	10	2	40	0	48	4	30	0	86
0	55	0	11	2	45	0	49	4	35	0	87
0	60	0	12	2	50	0	50	4	40	0	88
0	65	0	13	2	55	0	51	4	45	0	89
0	70	0	14	2	60	0	52	4	50	0	90
0	75	0	15	2	65	0	53	4	55	0	91
0	80	0	16	2	70	0	54	4	60	0	92
0	85	0	17	2	75	0	55	4	65	0	93
0	90	0	18	2	80	0	56	4	70	0	94
0	95	0	19	2	85	0	57	4	75	0	95
1	00	0	20	2	90	0	58	4	80	0	96
1	05	0	21	2	95	0	59	4	85	0	97
1	10	0	22	3	00	0	60	4	90	0	98
1	15	0	23	3	05	0	61	4	95	0	99
1	20	0	24	3	10	0	62	5	00	1	00
1	25	0	25	3	15	0	63	5	05	1	01
1	30	0	26	3	20	0	64	5	10	1	02
1	35	0	27	3	25	0	65	5	15	1	03
1	40	0	28	3	30	0	66	5	20	1	04
1	45	0	29	3	35	0	67	5	25	1	05
1	50	0	30	3	40	0	68	5	30	1	06
1	55	0	31	3	45	0	69	5	35	1	07
1	60	0	32	3	50	0	70	5	40	2	08
1	65	0	33	3	55	0	71	5	45	2	09
1	70	0	34	3	60	0	72	5	50	1	10
1	75	0	35	3	65	0	73	5	55	1	11
1	80	0	36	3	70	0	74	5	60	1	12
1	85	0	37	3	75	0	75	5	65	1	13
1	90	0	38	3	80	0	76	5	70	1	14
1	95	0	39	3	85	0	77	5	75	1	15

Comptes faits du prix de la livre réduit au prix de l'hectogramme.

LA LIVRE valant.		L'HECTOG⁶ vaut.		LA LIVRE valant.		L'HECTOG⁶ vaut.		LA LIVRE valant.		L'HECTOG⁶ vaut.	
f	c	f	c	f	c	f	c	f	c	f	c
5	80	1	16	7	75	1	55	9	70	1	94
5	85	1	17	7	80	1	56	9	75	1	95
5	90	1	18	7	85	1	57	9	80	1	96
5	95	1	19	7	90	1	58	9	85	1	97
6	00	1	20	7	95	1	59	9	90	1	98
6	05	1	21	8	00	1	60	9	95	1	99
6	10	1	22	8	05	1	61	10	00	2	00
6	15	1	23	8	10	1	62	10	05	2	01
6	20	1	24	8	15	1	63	10	10	2	02
6	25	1	25	8	20	1	64	10	15	2	03
6	30	1	26	8	25	1	65	10	20	2	04
6	35	1	27	8	30	1	66	10	25	2	05
6	40	1	28	8	35	1	67	10	30	2	06
6	45	1	29	8	40	1	68	10	35	2	07
6	50	1	30	8	45	1	69	10	40	2	08
6	55	1	31	8	50	1	70	10	45	2	09
6	60	1	32	8	55	1	71	10	50	2	10
6	65	1	33	8	60	1	72	10	55	2	11
6	70	1	34	8	65	1	73	10	60	2	12
6	75	1	35	8	70	1	74	10	65	2	13
6	80	1	36	8	75	1	75	10	70	2	14
6	85	1	37	8	80	1	76	10	75	2	15
6	90	1	38	8	85	1	77	10	80	2	16
6	95	1	39	8	90	1	78	10	85	2	17
7	00	1	40	8	95	1	79	10	90	2	18
7	05	1	41	9	00	1	80	10	95	2	19
7	10	1	42	9	05	1	81	11	00	2	20
7	15	1	43	9	10	1	82	11	05	2	21
7	20	1	44	9	15	1	83	11	10	2	22
7	25	1	45	9	20	1	84	11	15	2	23
7	30	1	46	9	25	1	85	11	20	2	24
7	35	1	47	9	30	1	86	11	25	2	25
7	40	1	48	9	35	1	87	11	30	2	26
7	45	1	49	9	40	1	88	11	35	2	27
7	50	1	50	9	45	1	89	11	40	2	28
7	55	1	51	9	50	1	90	11	45	2	29
7	60	1	52	9	55	1	91	11	50	2	30
7	65	1	53	9	60	1	92	11	55	2	31
7	70	1	54	9	65	1	93	11	60	2	32

Comptes faits du prix de la livre réduit au prix de l'hectogramme.

LA LIVRE valant.		L'HECTOGᵉ vaut.		LA LIVRE valant.		L'HECTOGᵉ vaut.		LA LIVRE valant.		L'HECTOGᵉ vaut.	
f	c	f	c	f	c	f	c	f	c	f	c
11	65	2	33	13	60	2	72	15	55	3	11
11	70	2	34	13	65	2	73	15	60	3	12
11	75	2	35	13	70	2	74	15	65	3	13
11	80	2	36	13	75	2	75	15	70	3	14
11	85	2	37	13	80	2	76	15	75	3	15
11	90	2	38	13	85	2	77	15	80	3	16
11	95	2	39	13	90	2	78	15	85	3	17
12	00	2	40	13	95	2	79	15	90	3	18
12	05	2	41	14	00	2	80	15	95	3	19
12	10	2	42	14	05	2	81	16	00	3	20
12	15	2	43	14	10	2	82	16	05	3	21
12	20	2	44	14	15	2	83	16	10	3	22
12	25	2	45	14	20	2	84	16	15	3	23
12	30	2	46	14	25	2	85	16	20	3	24
12	35	2	47	14	30	2	86	16	25	3	25
12	40	2	48	14	35	2	87	16	30	3	26
12	45	2	49	14	40	2	88	16	35	3	27
12	50	2	50	14	45	2	89	16	40	3	28
12	55	2	51	14	50	2	90	16	45	3	29
12	60	2	52	14	55	2	91	16	50	3	30
12	65	2	53	14	60	2	92	16	55	3	31
12	70	2	54	14	65	2	93	16	60	3	32
12	75	2	55	14	70	2	94	16	65	3	33
12	80	2	56	14	75	2	95	16	70	3	34
12	85	2	57	14	80	2	96	16	75	3	35
12	90	2	58	14	85	2	97	16	80	3	36
12	95	2	59	14	90	2	98	16	85	3	37
13	00	2	60	14	95	2	99	16	90	3	38
13	05	2	61	15	00	3	00	16	95	3	39
13	10	2	62	15	05	3	01	17	00	3	40
13	15	2	63	15	10	3	02	17	05	3	41
13	20	2	64	15	15	3	03	17	10	3	42
13	25	2	65	15	20	3	04	17	15	3	43
13	30	2	66	15	25	3	05	17	20	3	44
13	35	2	67	15	30	3	06	17	25	3	45
13	40	2	68	15	35	3	07	17	30	3	46
13	45	2	69	15	40	3	08	17	35	3	47
13	50	2	70	15	45	3	09	17	40	3	48
13	55	2	71	15	50	3	10	17	45	3	49

Comptes faits du prix de l'aune réduit au prix du mètre.

L'Aune valant. (f c)	Le Mètre vaut. (f c)	L'Aune valant. (f c)	Le Mètre vaut. (f c)	L'Aune valant. (f c)	Le Mètre vaut. (f c)
0 02½	0 02	0 49	0 41	1 70	1 42
0 03½	0 03	0 50	0 42	1 75	1 46
0 05	0 04	0 52	0 43	1 80	1 50
0 06	0 05	0 53	0 44	1 85	1 54
0 07½	0 06	0 54	0 45	1 90	1 58
0 08½	0 07	0 55	0 46	1 95	1 63
0 10	0 08	0 56	0 47	2 00	1 67
0 11	0 09	0 58	0 48	2 05	1 71
0 12	0 10	0 59	0 49	2 10	1 75
0 13	0 11	0 60	0 50	2 15	1 79
0 14½	0 12	0 61	0 51	2 20	1 83
0 15½	0 13	0 62	0 52	2 25	1 88
0 17	0 14	0 64	0 53	2 30	1 92
0 18	0 15	0 65	0 54	2 35	1 96
0 19	0 16	0 66	0 55	2 40	2 00
0 20	0 17	0 67	0 56	2 45	2 04
0 22	0 18	0 69	0 57	2 50	2 08
0 23	0 19	0 70	0 58	2 55	2 13
0 24	0 20	0 71	0 59	2 60	2 17
0 25	0 21	0 72	0 60	2 65	2 21
0 26	0 22	0 75	0 63	2 70	2 25
0 28	0 23	0 80	0 67	2 75	2 29
0 29	0 24	0 85	0 71	2 80	2 33
0 30	0 25	0 90	0 75	2 85	2 37
0 31	0 26	0 95	0 79	2 90	2 42
0 32	0 27	1 00	0 83	2 95	2 46
0 34	0 28	1 05	0 88	3 00	2 50
0 35	0 29	1 10	0 92	3 25	2 71
0 36	0 30	1 15	0 96	3 50	2 92
0 37	0 31	1 20	1 00	3 75	3 13
0 38	0 32	1 25	1 04	4 00	3 34
0 40	0 33	1 30	1 08	4 25	3 54
0 41	0 34	1 35	1 13	4 50	3 75
0 42	0 35	1 40	1 17	4 75	3 96
0 43	0 36	1 45	1 21	5 00	4 17
0 44	0 37	1 50	1 25	5 25	4 38
0 46	0 38	1 55	1 29	5 50	4 58
0 47	0 39	1 60	1 33	5 75	4 79
0 48	0 40	1 65	1 38	6 00	5 00

Comptes faits du prix de l'aune réduit au prix du mètre

L'Aune valant.		Le Mètre vaut.		L'Aune valant.		Le Mètre vaut.		L'Aune valant.		Le Mètre vaut.	
f	c	f	c	f	c	f	c	f	c	f	c
6	25	5	21	13	50	11	25	24	50	20	42
6	50	5	42	14	00	11	67	25	00	20	83
6	75	5	63	14	50	12	08	25	50	21	25
7	00	5	83	15	00	12	50	26	00	21	67
7	25	6	04	15	50	12	92	26	50	22	08
7	50	6	25	16	00	13	33	27	00	22	50
7	75	6	46	16	50	13	73	27	50	22	92
8	00	6	67	17	00	14	17	28	00	23	33
8	25	6	88	17	50	14	58	28	50	23	75
8	50	7	08	18	00	15	00	29	00	24	17
8	75	7	29	18	50	15	42	31	00	25	00
9	00	7	50	19	00	15	83	31	00	25	83
9	25	7	71	19	50	16	35	32	00	26	67
9	50	7	92	20	00	16	67	33	00	27	50
9	75	8	13	20	50	17	08	34	00	28	33
10	00	8	34	21	00	17	50	35	00	29	17
10	50	8	75	21	50	17	92	36	00	30	00
11	00	9	17	22	00	18	33	37	00	30	83
11	50	9	58	22	50	18	75	38	00	31	67
12	00	10	00	23	00	19	17	39	00	32	50
12	50	10	42	23	50	19	58	40	00	33	33
13	00	10	83	24	00	20	00				

BARÊME

DES TOISÉS EN MÈTRES

ET PARTIES DU MÈTRE,

POUR SERVIR AUX ENTREPRENEURS, OUVRIERS EN BATIMENTS, ETC.

Dans ce Tarif nous nous sommes servi du pied et de
la toise métrique.

Toisé à l'usage des Entrepreneurs et Ouvriers en bâtiments.

PIEDS USUELS de longueur.	PIEDS USUELS de haut ou largeur.	TOISES et PIEDS USUELS carrés. (toises.)	(pieds.)	MÈTRES et MILLIMÈTRES carrés. (mètres.)	(millim.)	PIEDS USUELS de longueur.	PIEDS USUELS de haut ou largeur.	TOISES et PIEDS USUELS carrés. (toises.)	(pieds.)	MÈTRES et MILLIMÈTRES carrés. (mètres.)	(millim.)
6	6	1	0	4	.000	7	7	1	13	5	444
6	7	1	6	4	667	7	8	1	20	6	222
6	8	1	12	5	333	7	9	1	27	7	000
6	9	1	18	6	000	7	10	1	34	7	778
6	10	1	24	6	667	7	11	2	5	8	556
6	11	1	30	7	333	7	12	2	12	9	333
6	12	2	0	8	000	7	13	2	19	10	111
6	13	2	6	8	667	7	14	2	26	10	889
6	14	2	12	9	333	7	15	2	33	11	667
6	15	2	18	10	000	7	16	3	4	12	444
6	16	2	24	10	667	7	17	3	11	13	222
6	17	2	30	11	333	7	18	3	18	14	000
6	18	3	0	12	000	7	19	3	25	14	778
6	19	3	6	12	667	7	20	3	32	15	556
6	20	3	12	13	333	7	21	4	3	16	333
6	21	3	18	14	000	7	22	4	10	17	111
6	22	3	24	14	667	7	23	4	17	17	889
6	23	3	30	15	333	7	24	4	24	18	667
6	24	4	0	16	000	7	25	4	31	19	444
6	25	4	6	16	667	7	26	5	2	20	222
6	26	4	12	17	333	7	27	5	9	21	000
6	27	4	18	18	000	7	28	5	16	21	778
6	28	4	24	18	667	7	29	5	23	22	556
6	29	4	30	19	333	7	30	5	30	23	333
6	30	5	0	20	000	7	31	6	1	24	111
6	31	5	6	20	667	7	32	6	8	24	889
6	32	5	12	21	333	7	33	6	15	25	667
6	33	5	18	22	000	7	34	6	22	26	444
6	34	5	24	22	667	7	35	6	29	27	222
6	35	5	30	23	333	7	36	7	0	28	000
6	36	6	0	24	000	7	37	7	7	28	778
6	37	6	6	24	667	7	38	7	14	29	556
6	38	6	12	25	333	7	39	7	21	30	333
6	39	6	18	26	000	7	40	7	28	31	111
6	40	6	24	26	667	7	41	7	35	31	889
6	41	6	30	27	333	7	42	8	0	32	667

Toisé à l'usage des Entrepreneurs et Ouvriers en bâtiments.

PIEDS USUELS		TOISES et PIEDS USUELS carrés.		MÈTRES et MILLIMÈTRES carrés.	
de longueur.	de haut ou largeur.	toises.	pieds.	mètres.	millim.
8	8	1	28	7	111
8	9	2	0	8	000
8	10	2	8	8	889
8	11	2	16	9	778
8	12	2	24	10	667
8	13	2	32	11	555
8	14	3	4	12	444
8	15	3	12	13	333
8	16	3	20	14	222
8	17	3	28	15	111
8	18	4	0	16	000
8	19	4	8	16	889
8	20	4	16	17	778
8	21	4	24	18	667
8	22	4	32	19	555
8	23	5	4	20	444
8	24	5	12	21	333
8	25	5	20	22	222
8	26	5	28	23	111
8	27	6	0	24	000
8	28	6	8	24	889
8	29	6	16	25	778
8	30	6	24	26	667
8	31	6	32	27	555
8	32	7	4	28	444
8	33	7	12	29	333
8	34	7	20	30	222
8	35	7	28	31	111
8	36	8	0	32	000
8	37	8	8	32	889
8	38	8	16	33	778
8	39	8	24	34	667
8	40	8	32	35	555
8	41	9	4	36	444
8	42	9	12	37	333
8	43	9	20	38	222

PIEDS USUELS		TOISES et PIEDS USUELS carrés.		MÈTRES et MILLIMÈTRES carrés.	
de longueur.	de haut ou largeur.	toises.	pieds.	mètres.	millim.
9	9	2	9	9	000
9	10	2	18	10	000
9	11	2	27	11	000
9	12	3	0	12	000
9	13	3	9	13	000
9	14	3	18	14	000
9	15	3	27	15	000
9	16	4	0	16	000
9	17	4	9	17	000
9	18	4	18	18	000
9	19	4	27	19	000
9	20	5	0	20	000
9	21	5	9	21	000
9	22	5	18	22	000
9	23	5	27	23	000
9	24	6	0	24	000
9	25	6	9	25	000
9	26	6	18	26	000
9	27	6	27	27	000
9	28	7	0	28	000
9	29	7	9	29	000
9	30	7	18	30	000
9	31	7	27	31	000
9	32	8	0	32	000
9	33	8	9	33	000
9	34	8	18	34	000
9	35	8	27	35	000
9	36	9	0	36	000
9	37	9	9	37	000
9	38	9	18	38	000
9	39	9	27	39	000
9	40	10	0	40	000
9	41	10	9	41	000
9	42	10	18	42	000
9	43	10	27	43	000
9	44	11	0	44	000

Toisé à l'usage des Entrepreneurs et Ouvriers en bâtiments.

PIEDS USUELS		TOISES et PIEDS USUELS carrés.		MÈTRES et MILLIMÈTRES carrés.		PIEDS USUELS		TOISES et PIEDS USUELS carrés.		MÈTRES et MILLIMÈTRES carrés.	
de longueur.	de haut ou largeur.	toises.	pieds.	mètres.	millim.	de longueur.	de haut ou largeur.	toises.	pieds.	mètres.	millim.
10	10	2	28	11	111	11	11	3	13	13	444
10	11	3	2	12	222	11	12	3	24	14	667
10	12	3	12	13	333	11	13	3	35	15	889
10	13	3	22	14	444	11	14	4	10	17	111
10	14	3	32	15	555	11	15	4	21	18	333
10	15	4	6	16	667	11	16	4	32	19	555
10	16	4	16	17	778	11	17	5	7	20	777
10	17	4	26	18	889	11	18	5	18	22	000
10	18	5	0	20	000	11	19	5	29	23	222
10	19	5	10	21	111	11	20	6	4	24	444
10	20	5	20	22	222	11	21	6	15	25	667
10	21	5	30	23	333	11	22	6	26	26	889
10	22	6	4	24	444	11	23	7	1	28	111
10	23	6	14	25	555	11	24	7	12	29	333
10	24	6	24	26	667	11	25	7	23	30	555
10	25	6	34	27	778	11	26	7	34	31	777
10	26	7	8	28	889	11	27	8	9	32	999
10	27	7	18	30	000	11	28	8	20	34	221
10	28	7	28	31	111	11	29	8	31	35	444
10	29	8	2	32	222	11	30	9	6	36	667
10	30	8	12	33	333	11	31	9	17	37	889
10	31	8	22	34	444	11	32	9	28	39	111
10	32	8	32	35	555	11	33	10	3	40	333
10	33	9	6	36	667	11	34	10	14	41	555
10	34	9	16	37	778	11	35	10	25	42	777
10	35	9	26	38	889	11	36	11	0	44	000
10	36	10	0	40	000	11	37	11	11	45	222
10	37	10	10	41	111	11	38	11	22	46	444
10	38	10	20	42	222	11	39	11	33	47	667
10	39	10	30	43	333	11	40	12	8	48	889
10	40	11	4	44	444	11	41	12	19	50	111
10	41	11	14	45	555	11	42	12	30	51	333
10	42	11	24	46	667	11	43	13	5	52	555
10	43	11	34	47	778	11	44	13	16	53	777
10	44	12	8	48	889	11	45	13	27	55	000
10	45	12	18	50	000	11	46	14	2	56	222

Toisé des Entrepreneurs et Ouvriers en bâtiments.

PIEDS USUELS		TOISES et PIEDS USUELS carrés.		MÈTRES et MILLIMÈTRES carrés.		PIEDS USUELS		TOISES et PIEDS USUEL carrés.		MÈTRES et MILLIMÈTRES carrés.	
de longueur	de haut ou largeur.	toises.	pieds.	mètres.	millim.	de longueur	de haut ou largeur.	toises.	pieds.	mètres.	millim.
12	12	4	0	16	000	13	13	4	25	18	778
12	13	4	12	17	333	13	14	5	2	20	222
12	14	4	24	18	667	13	15	5	15	21	667
12	15	5	0	20	000	13	16	5	18	23	111
12	16	5	12	21	333	13	17	6	5	24	555
12	17	5	24	22	667	13	18	6	18	26	000
12	18	6	0	24	000	13	19	6	31	27	444
12	19	6	12	25	333	13	20	7	8	28	888
12	20	6	24	26	667	13	21	7	21	30	333
12	21	7	0	28	000	13	22	7	34	31	777
12	22	7	12	29	333	13	23	8	11	33	222
12	23	7	24	30	667	13	24	8	24	34	666
12	24	8	0	32	000	13	25	9	1	36	111
12	25	8	12	33	333	13	26	9	14	37	555
12	26	8	24	34	667	13	27	9	27	39	000
12	27	9	0	36	000	13	28	10	4	40	444
12	28	9	12	37	333	13	29	10	17	41	888
12	29	9	24	38	667	13	30	10	30	43	333
12	30	10	0	40	000	13	31	11	7	44	778
12	31	10	12	41	333	13	32	11	20	46	222
12	32	10	24	42	667	13	33	11	33	47	667
12	33	11	0	44	000	13	34	12	10	49	111
12	34	11	12	45	333	13	35	12	23	50	555
12	35	11	24	46	667	13	36	13	0	52	000
12	36	12	0	48	000	13	37	13	13	53	444
12	37	12	12	49	333	13	38	13	26	54	888
12	38	12	24	50	667	13	39	14	3	56	333
12	39	13	0	52	000	13	40	14	16	57	778
12	40	13	12	53	333	13	41	14	29	59	222
12	41	13	24	54	667	13	42	15	6	60	667
12	42	14	0	56	000	13	43	15	19	62	111
12	43	14	12	57	333	13	44	15	32	63	555
12	44	14	24	58	667	13	45	16	9	65	000
12	45	15	0	60	000	13	46	16	22	66	444
12	46	15	12	61	333	13	47	16	35	67	888
12	47	15	24	62	667	13	48	17	12	69	333

Toisé à l'usage des Entrepreneurs et Ouvriers en bâtiments.

Pieds usuels		TOISES et PIEDS USUELS carrés.		MÈTRES et MILLIMÈTRES carrés.		Pieds usuels		TOISES et PIEDS USUELS carrés.		MÈTRES et MILLIMÈTRES carrés.	
de longueur.	de haut ou largeur.	toises.	pieds.	mètres.	millim.	de longueur.	de haut ou largeur.	toises.	pieds.	mètres.	millim.
14	14	5	16	21	777	15	15	6	9	25	000
14	15	5	30	23	333	15	16	6	24	26	667
14	16	6	8	24	889	15	17	7	3	28	333
14	17	6	22	26	444	15	18	7	18	30	000
14	18	7	0	28	000	15	19	7	33	31	667
14	19	7	14	29	556	15	20	8	12	33	333
14	20	7	28	31	111	15	21	8	27	35	000
14	21	8	6	32	667	15	22	9	6	36	667
14	22	8	20	34	222	15	23	9	21	38	333
14	23	8	34	35	778	15	24	10	0	40	000
14	24	9	12	37	333	15	25	10	15	41	667
14	25	9	26	38	889	15	26	10	30	43	333
14	26	10	4	40	444	15	27	11	9	45	000
14	27	10	18	42	000	15	28	11	24	46	667
14	28	10	32	43	556	15	29	12	3	48	333
14	29	11	10	45	111	15	30	12	18	50	000
14	30	11	24	46	667	15	31	12	33	51	667
14	31	12	2	48	222	15	32	13	12	53	333
14	32	12	16	49	778	15	33	13	27	55	000
14	33	12	30	51	333	15	34	14	6	56	667
14	34	13	8	52	889	15	35	14	21	58	333
14	35	13	22	54	444	15	36	15	0	60	000
14	36	14	0	56	000	15	37	15	15	61	667
14	37	14	14	57	556	15	38	15	30	63	333
14	38	14	28	59	111	15	39	16	9	65	000
14	39	15	6	60	667	15	40	16	24	66	667
14	40	15	20	62	222	15	41	17	3	68	333
14	41	15	34	63	778	15	42	17	18	70	000
14	42	16	12	65	333	15	43	17	33	71	667
14	43	16	26	66	889	15	44	18	12	73	333
14	44	17	4	68	444	15	45	18	27	75	000
14	45	17	18	70	000	15	46	19	6	76	667
14	46	17	32	71	556	15	47	19	21	78	333
14	47	18	10	73	111	15	48	20	0	80	000
14	48	18	24	74	667	15	49	20	15	81	667
14	49	19	2	76	222	15	50	20	30	83	333

Toisé à l'usage des Entrepreneurs et Ouvriers en bâtiments.

Pieds usuels de longueur.	de haut ou largeur.	TOISES et PIEDS USUELS carrés. toises.	pieds.	MÈTRES et MILLIMÈTRES carrés. mètres.	millim.	Pieds usuels de longueur.	de haut ou largeur.	TOISES et PIEDS USUELS carrés. toises.	pieds.	MÈTRES et MILLIMÈTRES carrés. mètres.	millim.
16	16	7	4	28	444	17	17	8	1	32	111
16	17	7	20	30	222	17	18	8	18	34	000
16	18	8	0	32	000	17	19	8	35	35	889
16	19	8	16	33	778	17	20	9	16	37	778
16	20	8	32	35	556	17	21	9	33	39	667
16	21	9	12	37	333	17	22	10	14	41	556
16	22	9	28	39	111	17	23	10	31	43	444
16	23	10	8	40	889	17	24	11	12	45	333
16	24	10	24	42	667	17	25	11	29	47	222
16	25	11	4	44	444	17	26	12	10	49	111
16	26	11	20	46	222	17	27	12	27	51	000
16	27	12	0	48	000	17	28	13	8	52	889
16	28	12	16	49	778	17	29	13	25	54	778
16	29	12	32	51	556	17	30	14	6	56	667
16	30	13	12	53	333	17	31	14	23	58	555
16	31	13	28	55	111	17	32	15	4	60	444
16	32	14	8	56	889	17	33	15	21	62	333
16	33	14	24	58	667	17	34	16	2	64	222
16	34	15	4	60	444	17	35	16	19	66	111
16	35	15	20	62	222	17	36	17	0	68	000
16	36	16	0	64	000	17	37	17	17	69	889
16	37	16	16	65	778	17	38	17	34	71	778
16	38	16	32	67	556	17	39	18	15	73	667
16	39	17	12	69	333	17	40	18	32	75	555
16	40	17	28	71	111	17	41	19	13	77	444
16	41	18	8	72	889	17	42	19	30	79	333
16	42	18	24	74	667	17	43	20	11	81	222
16	43	19	4	76	444	17	44	20	28	83	111
16	44	19	20	78	222	17	45	21	9	85	000
16	45	20	0	80	000	17	46	21	26	86	889
16	46	20	16	81	778	17	47	22	7	88	778
16	47	20	32	83	556	17	48	22	24	90	667
16	48	21	12	85	333	17	49	23	5	92	555
16	49	21	28	87	111	17	50	23	22	94	444
16	50	22	8	88	889	17	51	24	3	96	333
16	51	22	24	90	667	17	52	24	20	98	222

Toisé à l'usage des Entrepreneurs et Ouvriers en bâtiments.

PIEDS USUELS		TOISES et PIEDS USUELS carrés.		MÈTRES et MILLIMÈTRES carrés.	
de longueur.	de haut en largeur.	toises.	pieds.	mètres.	millim.
18	18	9	0	36	000
18	19	9	18	38	000
18	20	10	0	40	000
18	21	10	18	42	000
18	22	11	0	44	000
18	23	11	18	46	000
18	24	12	0	48	000
18	25	12	18	50	000
18	26	13	0	52	000
18	27	13	18	54	000
18	28	14	0	56	000
18	29	14	18	58	000
18	30	15	0	60	000
18	31	15	18	62	000
18	32	16	0	64	000
18	33	16	18	66	000
18	34	17	0	68	000
18	35	17	18	70	000
18	36	18	0	72	000
18	37	18	18	74	000
18	38	19	0	76	000
18	39	19	18	78	000
18	40	20	0	80	000
18	41	20	18	82	000
18	42	21	0	84	000
18	43	21	18	86	000
18	44	22	0	88	000
18	45	22	18	90	000
18	46	23	0	92	000
18	47	23	18	94	000
18	48	24	0	96	000
18	49	24	18	98	000
18	50	25	0	100	000
18	51	25	18	102	000
18	52	26	0	104	000
18	53	26	18	106	000

PIEDS USUELS		TOISES et PIEDS USUELS carrés.		MÈTRES et MILLIMÈTRES carrés.	
de longueur.	de haut ou largeur.	toises.	pieds.	mètres.	millim.
19	19	10	1	40	111
19	20	10	20	42	222
19	21	11	3	44	333
19	22	11	22	46	444
19	23	12	5	48	555
19	24	12	24	50	667
19	25	13	7	52	778
19	26	13	26	54	889
19	27	14	9	57	000
19	28	14	28	59	111
19	29	15	11	61	222
19	30	15	30	63	333
19	31	16	13	65	444
19	32	16	32	67	555
19	33	17	15	69	667
19	34	17	34	71	778
19	35	18	17	73	889
19	36	19	0	76	000
19	37	19	19	78	111
19	38	20	2	80	222
19	39	20	21	82	333
19	40	21	4	84	444
19	41	21	23	86	555
19	42	22	6	88	667
19	43	22	25	90	778
19	44	23	8	92	889
19	45	23	27	95	000
19	46	24	10	97	111
19	47	24	29	99	222
19	48	25	12	101	333
19	49	25	31	103	444
19	50	26	14	105	555
19	51	26	33	107	667
19	52	27	16	109	778
19	53	27	35	111	889
19	54	28	18	114	000

Toisé à l'usage des Entrepreneurs et Ouvriers en bâtiments.

PIEDS USUELS		TOISES et PIEDS USUELS carrés.		MÈTRES et MILLIMÈTRES carrés.		PIEDS USUELS		TOISES et PIEDS USUELS carrés.		MÈTRES et MILLIMÈTRES carrés.	
de longueur.	de haut ou largeur.	toises.	pieds.	mètres.	millim.	de longueur.	de haut ou largeur.	toises.	pieds.	mètres.	millim.
20	20	11	4	44	444	21	21	12	9	49	000
20	21	11	24	46	667	21	22	12	30	51	333
20	22	12	8	48	889	21	23	13	15	53	667
20	23	12	28	51	111	21	24	14	0	56	000
20	24	13	12	53	333	21	25	14	21	58	333
20	25	13	32	55	555	21	26	15	6	60	667
20	26	14	16	57	778	21	27	15	27	63	000
20	27	15	0	60	000	21	28	16	12	65	333
20	28	15	20	62	222	21	29	16	33	67	667
20	29	16	4	64	444	21	30	17	18	70	000
20	30	16	24	66	667	21	31	18	3	72	333
20	31	17	8	68	889	21	32	18	24	74	667
20	32	17	28	71	111	21	33	19	9	77	000
20	33	18	12	73	333	21	34	19	30	79	333
20	34	18	32	75	555	21	35	20	15	81	667
20	35	19	16	77	778	21	36	21	0	84	000
20	36	20	0	80	000	21	37	21	21	86	333
20	37	20	20	82	222	21	38	22	6	88	667
20	38	21	4	84	444	21	39	22	27	91	000
20	39	21	24	86	667	21	40	23	12	93	333
20	40	22	8	88	889	21	41	23	33	95	667
20	41	22	28	91	111	21	42	24	18	98	000
20	42	23	12	93	333	21	43	25	3	100	333
20	43	23	32	95	555	21	44	25	24	102	667
20	44	24	16	97	778	21	45	26	9	105	000
20	45	25	0	100	000	21	46	26	30	107	333
20	46	25	20	102	222	21	47	27	15	109	667
20	47	26	4	104	444	21	48	28	0	112	000
20	48	26	24	106	667	21	49	28	21	114	333
20	49	27	8	108	889	21	50	29	6	116	667
20	50	27	28	111	111	21	51	29	27	119	000
20	51	28	12	113	333	21	52	30	12	121	333
20	52	28	32	115	555	21	53	30	33	123	667
20	53	29	16	117	778	21	54	31	18	126	000
20	54	30	0	120	000	21	55	32	3	128	333
20	55	30	20	122	222	21	56	32	24	130	667

Conversion des Mètres carrés en Toises, Pieds, Pouces et Lignes carrés.

MÈTRES CARRÉS.	TOISES CARRÉES usuelles.	PIEDS CARRÉS usuels.	POUCES CARRÉS usuels.	LIGNES CARRÉES usuelles.
1	0	9	68	96
2	0	18	137	47
3	0	28	61	142
4	1	1	130	102
5	1	11	55	53
6	1	20	124	5
7	1	30	48	100
8	2	3	117	40
9	2	13	41	135
10	2	22	110	87
11	2	32	35	38
12	3	5	103	142
15	3	34	21	140
20	5	9	77	38
25	6	20	132	71
30	7	32	43	124
35	9	7	99	22
40	10	19	10	75
45	11	30	65	128
50	13	5	121	126
55	14	17	32	79
60	15	28	87	112
65	17	3	143	10
70	18	15	54	63
75	19	26	109	116
80	21	2	20	139
85	22	13	76	28
90	23	24	131	81
95	25	0	42	123
100	26	11	98	32
150	39	17	75	57
200	52	23	52	63
500	131	22	59	2
1000	263	8	118	14

Conversion des Toises et Pieds cubes en Mètres et Millimètres cubes.

TOISES CUBES. EN MÈTRES ET MILLIMÈTRES CUBES		PIEDS CUBES. EN MÈTRES ET MILLIMÈTRES CUBES	
TOISES. CUBES.	MÈTRES ET MILLIMÈTRES CUBES.	PIEDS. CUBES.	MÈTRES ET MILLIMÈTRES CUBES
1	7 404	1	0 343
2	14 808	2	0 685
3	22 212	3	1 028
4	29 616	4	1 371
5	37 019	5	1 714
6	44 423	6	2 057
7	51 827	7	2 399
8	59 231	8	2 742
9	66 635	9	3 085
10	74 039	10	3 428
15	111 058	20	6 855
20	148 078	30	10 283
30	222 117	40	13 711
35	259 136	50	17 139
40	296 155	60	20 566
50	370 194	70	23 994
60	444 233	80	27 422
70	518 272	90	30 849
80	592 311	100	34 277
90	666 350	150	51 416
100	740 389	200	68 554

TARIF

DES PIEDS DE FER,

SELON

LEURS ÉPAISSEUR ET LARGEUR

Réduits au poids légal du pied métrique, depuis une ligne d'épaisseur sur une ligne de largeur, jusqu'a 4 pouces carrés ;

ET DES FERS RONDS,

Depuis une ligne de diamètre, jusqu'à cent lignes.

AVIS.

Les fers qui sortent des forges sont bruts et remplis d'inégalités, ce qui ajoute à leur poids une once de plus par demi-kilogramme sur ceux limés et calibrés, pour lesquels nos calculs sont faits. On ajoutera six pour cent, s'il s'agit de fer brut.

Poids du pied métrique de fer.

Lignes d'épaisseur.	Lignes de largeur.	Millimètres d'épaisseur.	Millimètres de largeur.	KILOGRAM. K.	G.
1	1	002	002	0	014
1	2	002	005	0	027
1	3	002	007	0	041
1	4	002	009	0	054
1	5	002	012	0	067
1	6	002	014	0	081
1	7	002	016	0	095
1	8	002	019	0	109
1	9	002	021	0	122
1	10	002	023	0	136
1	11	002	026	0	149
1	12	002	028	0	163
2	2	005	005	0	054
2	3	005	007	0	081
2	4	005	009	0	108
2	5	005	012	0	136
2	6	005	014	0	163
2	7	005	016	0	190
2	8	005	019	0	217
2	9	005	021	0	244
2	10	005	023	0	272
2	11	005	026	0	299
2	12	005	028	0	326
2	13	005	030	0	353
3	3	007	007	0	123
3	4	007	009	0	163
3	5	007	012	0	203
3	6	007	014	0	244
3	7	007	016	0	285
3	8	007	019	0	325
3	9	007	021	0	366
3	10	007	023	0	407
3	11	007	026	0	448

Lignes d'épaisseur.	Lignes de largeur.	Millimètres d'épaisseur.	Millimètres de largeur.	KILOGRAM. K.	G.
3	12	007	028	0	488
3	13	007	030	0	529
3	14	007	033	0	569
3	15	007	035	0	610
3	16	007	037	0	651
4	4	009	009	0	217
4	5	009	012	0	271
4	6	009	014	0	325
4	7	009	016	0	380
4	8	009	019	0	434
4	9	009	021	0	488
4	10	009	023	0	542
4	11	009	026	0	597
4	12	009	028	0	650
4	13	009	030	0	705
4	14	009	033	0	760
4	15	009	035	0	814
4	16	009	037	0	868
4	17	009	040	0	922
4	18	009	042	0	977
5	5	012	012	0	339
5	6	012	014	0	407
5	7	012	016	0	475
5	8	012	019	0	543
5	9	012	021	0	610
5	10	012	023	0	678
5	11	012	026	0	746
5	12	012	028	0	814
5	13	012	030	0	882
5	14	012	033	0	949
5	15	012	035	1	017
5	16	012	037	1	085
5	17	012	040	1	153

Poids du pied métrique de fer.

Lignes d'épaisseur.	Lignes de largeur.	Millimètres d'épaisseur.	Millimètres de largeur.	KILOGRAM. K. G.	Lignes d'épaisseur.	Lignes de largeur.	Millimètres d'épaisseur.	Millimètres de largeur.	KILOGRAM. K. G.
5	18	012	042	1 221	7	9	016	021	0 855
5	19	012	044	1 289	7	10	016	023	0 949
5	20	012	047	1 356	7	11	016	026	1 044
5	21	012	049	1 424	7	12	016	028	1 139
5	22	012	052	1 492	7	13	016	030	1 234
5	23	012	054	1 560	7	14	016	033	1 329
5	24	012	056	1 628	7	15	016	035	1 424
5	25	012	059	1 695	7	16	016	037	1 519
5	26	012	061	1 763	7	17	016	040	1 614
5	27	012	063	1 831	7	18	016	042	1 709
5	28	012	066	1 899	7	19	016	044	1 804
6	6	014	014	0 488	7	20	016	047	1 899
6	7	014	016	0 570	7	21	016	049	1 994
6	8	014	019	0 651	7	22	016	052	2 089
6	9	014	021	0 732	7	23	016	054	2 184
6	10	014	023	0 814	7	24	016	056	2 279
6	11	014	026	0 895	7	25	016	059	2 374
6	12	014	028	0 977	8	8	019	019	0 868
6	13	014	030	1 058	8	9	019	021	0 977
6	14	014	033	1 139	8	10	019	023	1 085
6	15	014	035	1 221	8	11	019	026	1 193
6	16	014	037	1 302	8	12	019	028	1 302
6	17	014	040	1 384	8	13	019	030	1 411
6	18	014	042	1 465	8	14	019	033	1 519
6	19	014	044	1 546	8	15	019	035	1 628
6	20	014	047	1 628	8	16	019	037	1 736
6	21	014	049	1 709	8	17	019	040	1 845
6	22	014	052	1 790	8	18	019	042	1 953
6	23	014	054	1 872	8	19	019	044	2 062
6	24	014	056	1 953	8	20	019	047	2 170
6	25	014	059	2 035	9	9	021	024	1 099
7	7	016	016	0 665	9	10	021	023	1 221
7	8	016	019	0 760	9	11	021	026	1 343

Poids du pied métrique de fer.

Lignes d'épaisseur.	Lignes de largeur.	Millimètres d'épaisseur.	Millimètres de largeur.	KILOGRAM.		Lignes d'épaisseur.	Lignes de largeur.	Millimètres d'épaisseur.	Millimètres de largeur.	KILOGRAM.
				K. G						K. C.
9	12	021	028	1 465		11	22	026	052	3 282
9	13	021	030	1 587		11	23	026	054	3 532
9	14	021	033	1 709		12	12	028	028	1 953
9	15	021	035	1 831		12	13	028	030	2 116
9	16	021	037	1 953		12	14	028	033	2 279
9	17	021	040	2 075		12	15	028	035	2 441
9	18	021	042	2 197		12	16	028	037	2 604
9	19	021	044	2 319		12	17	028	040	2 767
9	20	021	047	2 441		12	18	028	042	2 930
10	10	023	023	1 356		12	19	028	044	3 092
10	11	023	026	1 492		12	20	028	047	3 255
10	12	023	028	1 628		12	21	028	049	3 418
10	13	023	030	1 763		12	22	028	052	3 581
10	14	023	033	1 899		12	23	028	054	3 743
10	15	023	035	2 035		15	15	035	035	3 052
10	16	023	037	2 170		15	16	035	037	3 255
10	17	023	040	2 306		15	17	035	040	3 458
10	18	023	042	2 441		15	18	035	042	3 662
10	19	023	044	2 577		15	19	035	044	3 866
10	20	023	047	2 713		15	20	035	047	4 069
10	21	023	049	2 848		15	21	035	049	4 272
10	22	023	052	2 984		15	22	035	052	4 476
11	11	026	026	1 641		15	23	035	054	4 679
11	12	026	028	1 790		15	24	035	056	4 883
11	13	026	030	1 940		15	25	035	059	5 086
11	14	026	033	2 089		18	18	042	042	4 395
11	15	026	035	2 238		18	21	042	049	5 127
11	16	026	037	2 387		21	21	049	049	5 669
11	17	026	040	2 536		21	24	049	056	6 836
11	18	026	042	2 686		24	24	056	056	7 812
11	19	026	044	2 835		36	36	084	084	17 578
11	20	026	047	2 984		48	48	112	112	31 250
11	21	026	049	3						

Poids des fers ronds et de la tôle.

POIDS DES PIEDS DE FER ROND ou 33e.

Diamètres. (Lignes.)	Diamètres. (m. m.)	PIEDS MÉTRIQUES. (K.)	(G.)
1	002	0	011
2	005	0	043
3	007	0	096
4	009	0	170
5	012	0	266
6	014	0	383
7	016	0	521
8	019	0	680
9	021	0	861
10	023	1	063
11	026	1	286
12	028	1	531
13	030	1	796
14	033	2	083
15	035	2	392
16	037	2	721
17	040	3	072
18	042	3	444
19	044	3	837
20	047	4	252
21	049	4	688
22	052	5	145
23	054	5	623
24	056	6	123
25	059	6	644
26	061	7	186
27	063	7	749
28	066	8	333
29	068	8	940
30	069	9	567
40	092	17	008
50	120	26	575
100	240	106	300

POIDS DE LA TÔLE.

Le pied carré pèse 1 kil. 954 à 1 ligne d'épaisseur.

Pieds carrés.	Epaisseurs en lignes.	Epaisseurs en points.	Epaisseurs en millimètres.	Epaisseurs en millimètres.	POIDS MÉTRIQUES. (K.)	(G.)
1	0	1	000	000	0	163
1	0	2	000	000	0	326
1	0	3	000	000	0	488
1	0	4	000	000	0	651
1	0	5	000	000	0	814
1	0	6	000	001	0	977
1	0	7	000	001	1	140
1	0	8	000	001	1	302
1	0	9	000	001	1	465
1	0	10	000	001	1	628
1	0	11	000	001	1	791
1	1	0	002	000	1	954
1	1	3	002	000	2	443
1	1	4	002	000	2	605
1	1	6	002	001	2	931
1	1	8	002	001	3	257
1	1	9	002	001	3	419
1	2	0	005	000	3	908
1	2	3	005	000	4	396
1	2	4	005	000	4	559
1	2	6	005	001	4	885
1	2	8	005	001	5	210
1	2	9	005	001	5	373
1	3	0	007	000	5	862
1	3	3	007	000	6	350
1	3	4	007	000	6	513
1	3	6	007	001	6	840
1	3	8	007	001	7	165
1	3	9	007	001	7	328
1	4	0	009	000	7	817
1	4	3	009	000	8	306
1	4	4	009	000	8	469
1	4	6	009	001	8	794
1	4	8	009	001	9	120
1	4	9	009	001	9	283
1	5	0	012	000	9	771

PESANTEUR SPÉCIFIQUE
DES MÉTAUX.

NOMS DES MÉTAUX	POIDS	
	d'un DÉCIMÈTRE CUBE.	d'un PIED CUBE.
	kilog. grammes.	livres. onces. gros.
Platine laminé	22 068	1633 0 0
Idem en fil	21 040	1555 2 4
Idem forgé	20 335	1503 2 2
Or forgé	19 362 1/3	1431 4 3
Idem fondu	19 259 1/4	1425 3 1
Tungstène.	17 602	1301 1 4
Mercure.	13 599	1004 2 2
Plomb fondu	11 352	840 2 0
Palladium.	11 300	836 4 6
Rhodium	11 001	814 2 2
Argent forgé	10 512 1/2	778 1 1
Argent fondu	10 475	774 0 0
Bismuth fondu	9 820	727 1 0
Cuivre en fil	8 879	656 0 3
Idem fondu	8 787	650 2 2
Laiton en fil.	8 540	633 0 1
Idem fondu	8 396	621 3 0
Molibdène	8 612	638 0 2
Arsenic.	8 306	615 0 1
Nickel fondu	8 278	613 1 1
Urane.	8 102	600 0 1
Acier non écroui	7 815	579 2 0
Cobalt fondu	7 810	578 3 2
Fer forgé en barre	7 788	577 8 0
Idem fondu	7 207	534 0 6
Étain fondu.	7 290	540 3 2
Zinc fondu	6 861	508 2 0
Antimoine fondu	6 712	497 0 4
Tellure fondu.	6 116	453 1 1
Chrôme fondu	5 898	437 2 5

PESANTEUR SPÉCIFIQUE
DES BOIS ET DES PIERRES.

NOMS	POIDS	
DES	d'un	d'un
BOIS ET DES PIERRES.	DÉCIMÈTRE CUBE.	PIED CUBE.
	kilog. grammes.	livres. onces. gros.
BOIS.		
Chêne	1 171	86 1 0
Brésil	1 030	76 0 8
Olivier.	0 926	68 9 7
Néflier	0 940	70 0 0
Buis de France.	0 906	67 0 7
Buis de Hollande. . . .	1 325	99 1 3
Hêtre	0 850	63 4 0
Frêne	0 840	62 7 2
Orme	0 798	59 0 7
If	0 804	60 0 0
Aube.	0 796	59 2 0
Prunier	0 784	58 4 0
Érable.	0 772	57 0 7
Pommier.	0 730	54 10 0
Cerisier	0 714	53 0 0
Noyer.	0 670	49 0 7
Sapin	0 650	48 13 0
Peuplier	0 530	39 0 7
PIERRES.		
Ardoise	2 850	211 0 7
Marbre	2 740	204 0 6
Granit. . . . , ...	2 730	200 13 0
Idem des Vosges	2 730	200 13 0
Cristal de roche	2 650	197 0 1
Verre	2 489	183 14 3
Pierre à meule.	2 480	182 3 0
Grès à paver.	2 416	178 10 0
Porcelaine	2 380	175 0 6
Grès à bâtir	1 932	143 8 0
Houille	1 330	98 0 4

Poids du pied de Tuyaux de plomb.

LIGNES d'épaisseur.	DIAMÈTRE intérieur. (P. L.)	KILOGRAMMES (K. G.)
1	0 6	0 469
1	0 9	0 625
1	1 0	0 875
1	1 3	1 000
1	1 6	1 250
1	1 9	1 375
1	2 0	1 625
1 1/2	0 6	0 719
1 1/2	0 9	1 031
1 1/2	1 0	1 312
1 1/2	1 3	1 562
1 1/2	1 6	1 875
1 1/2	1 9	2 125
1 1/2	2 0	2 562
2	0 6	1 000
2	0 9	1 344
2	1 0	1 750
2	1 3	2 094
2	1 6	2 531
2	1 9	3 000
2	2 0	3 219
2	2 6	4 000
2	3 0	4 687
2	3 6	5 500
2	4 0	6 219

LIGNES d'épaisseur.	DIAMÈTRE intérieur. (P. L.)	KILOGRAMMES (K. G.)
2 1/2	0 6	1 375
2 1/2	0 10	1 844
2 1/2	1 1	2 312
2 1/2	1 2	2 750
2 1/2	1 7	3 187
2 1/2	1 8	3 718
2 1/2	2 1	4 125
2 1/2	2 5	5 094
2 1/2	3 1	6 000
2 1/2	3 4	7 031
2 1/2	4 0	7 937
3	1 1	2 812
3	1 4	3 406
3	1 5	3 875
3	1 8	4 531
3	2 1	5 093
3	2 7	6 156
3	3 1	5 281
3	3 5	8 406
3	4 0	9 593
3	5 1	11 843
3	6 1	14 093

Poids de divers Métaux laminés.

PLATINE.

feuilles / ÉPAISSEUR des feuilles (lig. points.)		POIDS du pied carré. (K. G.)	POIDS du pouce. (K. G.)
0	1	0 500	0 042
0	2	0 977	0 081
0	3	1 449	0 121
0	4	1 891	0 158
0	5	2 395	0 199
0	6	2 867	0 239
0	7	3 242	0 270
0	8	3 722	0 310
0	9	4 258	0 355
0	10	4 726	0 394
0	11	5 168	0 431
1	0	5 640	0 470

ARGENT.

feuilles / ÉPAISSEUR des feuilles (lig. points.)		POIDS du pied carré. (K. G.)	POIDS du pouce. (K. G.)
0	1	0 227	0 019
0	2	0 453	0 038
0	3	0 676	0 056
0	4	0 906	0 076
0	5	1 129	0 094
0	6	1 352	0 113
0	7	1 574	0 131
0	8	1 812	0 151
0	9	2 035	0 170
0	10	2 250	0 188
0	11	2 500	0 208
1	0	2 723	0 227

PLOMB.

feuilles / ÉPAISSEUR des feuilles (lig. points.)		POIDS du pied carré. (K. G.)	POIDS du pouce. (K. G.)
0	1	0 281	0 023
0	2	0 531	0 044
0	3	0 781	0 065
0	4	1 031	0 086
0	5	1 281	0 107
0	6	1 531	0 128
0	7	1 781	0 148
0	8	2 031	0 169
0	9	2 281	0 190
0	10	2 531	0 211
0	11	2 781	0 232
1	0	3 031	0 253
1	3	3 781	0 315
1	6	4 531	0 361
1	9	5 281	0 440
2	0	6 031	0 503
2	3	6 781	0 565
2	6	7 531	0 628
2	9	8 281	0 690
3	0	9 031	0 753

ÉTAIN.

feuilles / ÉPAISSEUR des feuilles (lig. points.)		POIDS du pied carré. (K. G.)	POIDS du pouce. (K. G.)
0	1	0 156	0 013
0	2	0 313	0 026
0	3	0 469	0 039
0	4	0 625	0 052
0	5	0 781	0 065
0	6	0 938	0 078
0	7	1 094	0 091
0	8	1 250	0 104
0	9	1 406	0 117
0	10	1 563	0 130
0	11	1 719	0 143
1	0	1 873	0 156
2	0	3 750	0 313
3	0	5 625	0 469

Poids de divers Métaux laminés.

CUIVRE JAUNE OU LAITON			CUIVRE ROUGE.		
ÉPAISSEUR des feuilles.	POIDS de la feuille de 42 sur 52.	POIDS du pied carré.	ÉPAISSEUR des feuilles.	POIDS de la feuille de 42 sur 52.	POIDS du pied carré.
lig. points.	K. G.	K. G.	lig. points.	K. G.	K. G.
0 1	2 813	0 170	0 1	2 816	0 188
0 2	5 563	0 367	0 2	5 770	0 375
0 3	8 375	0 582	0 3	8 648	0 570
0 4	11 156	0 766	0 4	11 535	0 758
0 5	13 906	0 918	0 5	14 418	0 949
0 6	16 719	1 066	0 6	17 300	1 141
0 7	19 500	1 289	0 7	20 176	1 328
0 8	22 250	1 438	0 8	23 062	1 520
0 9	25 062	1 684	0 9	25 945	1 711
0 10	27 844	1 836	0 10	28 824	1 899
0 11	30 625	2 023	0 11	31 715	2 090
1 0	33 406	2 199	1 0	34 598	2 311
1 3	41 719	2 754	1 3	43 246	2 851
1 6	50 063	3 313	1 6	51 828	3 426
1 9	58 438	3 816	1 9	60 535	3 992
2 0	66 781	4 406	2 0	69 191	4 535

ZINC.

NUMÉROS des feuilles	ÉPAISSEUR en lignes et points.		PESANTEUR en poids de marc.			PESANTEUR en poids métrique.	
	ligne.	points.	liv.	onces.	gros.	kilo.	grammes.
10	0	2 $\frac{1}{2}$	0	11	0	0	350
11	0	3	0	13	5	0	420
12	0	3 $\frac{1}{2}$	1	0	0	0	490
13	0	4	1	2	5	0	540
14	0	4 $\frac{1}{2}$	1	4	7	0	570
15	0	5	1	7	1	0	710
16	0	5 $\frac{1}{2}$	1	9	4	0	780
17	0	6	1	11	6	0	850
18	0	7	2	0	3	0	990
19	0	8	2	5	2	1	140
20	0	9	2	9	7	1	280
21	0	10	2	14	3	1	420
22	0	11	3	3	0	1	560
23	1	0	3	7	7	1	710
24	1	1	3	12	4	1	850
25	1	2	4	1	0	2	990

PRIX
DES DIVERS OUVRAGES ET MATÉRIAUX
EMPLOYÉS DANS LA CONSTRUCTION DES BATIMENTS.

TERRASSEMENTS.

Le mètre cube de déblais pour fouille de cave et de fondation, compris enlèvement et transport hors la ville, dans les endroits indiqués par la mairie . . . . 1 f. 20

MAÇONNERIE.

Le mètre cube de maçonnerie à moëllons secs, à construire entre deux lignes . . . . 4 »

Le mètre cube de maçonnerie à moëllons, à mortier de chaux et sable, pour blocages, massifs, fondations, reins de voûtes. . . . . 5 »

Idem en élévation. . . . . 6 »

Le mètre carré de maçonnerie ordinaire, pour mur de clôture, de cinquante centimètres d'épaisseur . . . . 3 »

Le mètre carré de maçonnerie, pour voûte en berceau et mur en élévation, de cinquante centimètres d'épaisseur jusqu'à vingt mètres de hauteur, vide de portes et fenêtres ordinaires non déduit. . . . . 3 »

Le mètre carré de même mur en moëllons de choix, à mortier de chaux et ciment. 4 25

Le mètre carré de maçonnerie en pierres de taille, pour façade, en parpaing de cinquante centimètres d'épaisseur, vide non déduit. . . . . 14 25 à 17 35

Le mètre carré de parpaing de seize centimètres d'épaisseur, posé à mortier de chaux et sable . . . . . 10 25 à 11 25

Le mètre carré de dalles, de dix centimètres d'épaisseur, posées à mortier. 3 30

Le mètre linéaire de piédroits et tablettes en taille simple, pour portes et fenêtres, en murs neufs déjà mètrés 3 20

Le mètre linéaire de tuyau de cheminée, en briques, pratiqué dans l'épaisseur des murs neufs déjà mètrés . . . 7 40

Le mètre linéaire de linteaux et coinsons, pour fenêtres. 1 90

Le mètre linéaire de marches bouchardées, de trente-cinq centimètres de largeur, posées à mortier 4 05

CHARPENTE.

Le mètre cube de bois de chêne, pour poutres et lambourdes, refait sur trois faces et blanchi à la galère . 95 à 105 00

Le mètre cube de même bois, provenant de démolition, remis en œuvre .... 13 à 15 00

Le mètre cube de solive en bois de brin, pour planchers, arrière-linteaux et comble, avec assemblage....... 50 à 55 00

Le mètre cube de bois de chêne en sciage, employé pour travots et chevrons, avec assemblage............. 75 à 84 00

Le mètre carré de plancher, en planches de chêne de vingt-sept à trente millimètres d'épaisseur, assemblé en rainures et languettes, blanchi d'un seul côté, clous compris. .... 3 50 à 3 75

Le mètre carré de plancher, en planches de sapin brut, de vingt-sept à vingt-huit millimètres d'épaisseur, les lambourdes payées séparément au mètre cube...... 2 30 à 2 50

Le mètre carré de même plancher, assemblé à rainures et languettes, blanchi des deux côtés. 2 75

Le mètre carré de plancher en sapin, blanchi des deux côtés, assemblé à rainures et languettes, pour façon et sans aucune fourniture. 00 75

Le mètre linéaire de poteau d'huisserie, de seize centimètres de largeur sur cinq d'épaisseur, en bois de chêne. 1 00

COUVERTURE.

Le mètre carré de couverture en chaume, paille de seigle, compris les petites perches et harts. 1 80

Le mètre carré de couverture en lave, en plein comble . 2 50

Le mètre linéaire de chaperon de mur de clôture, à deux égoûts 1 35

Le mètre carré de couverture en tuiles plates ......,. 3 00

Le mètre carré de couverture en tuiles plates, simples . 3 50

Le mètre carré de couverture en tuiles creuses, sur voliges de sapin. 4 50

Le mètre carré de tuiles plates à crochets, abattues en chanfrein et vernissées 5 00

Le mètre carré de couverture en bardeau dit clavin ... 6 50

Le mètre carré de couverture en ardoises dites carrées fortes, sur voliges de sapin. .... 7 à 7 20

Le mètre carré de couverture en bitume, de quatorze millimètres d'épaisseur, non compris le carrelage ou biton à établir dessous 8 00

Le mètre carré de couverture en ferblanc brillant, pour clochers (non compris les voliges en chêne ou sapin), avec les attaches et soudures 11 50

Le mètre carré de couverture en tuiles de fonte : elles imitent les tuiles romaines antiques : c'est, sans contredit, a plus belle comme la plus solide couverture, exempte d'entretien, et qui peut être considérée comme impérissable, non compris le lattis, à . . . . 17 »

Le mètre de couverture en plomb laminé, de trois millimètres d'épaisseur (environ une ligne et demie) du poids de 34 kil., estimé, compris les soudures, à 1 franc 40 c. le kil. 47 60

PLATRERIE.

Plafonds.

Le mètre carré de plafond en plâtre gris 1 40

Idem de plafond en plâtre blanc. 1 70

Le mètre carré de vieux plafond haché, recouvert d'une feuille de plâtre blanc 05

Cloisons.

Le mètre carré de cloison en briques sur champ, enduite en plâtre, les grands vides déduits 1 07

Idem double en briques . . . . 3 »

Le mètre carré de briques sur champ, provenant de démolition, nettoyées de leur ancien plâtre et réemployées. . 1 10

Carrelage.

Le mètre carré de carrelage en carreaux à six pans, posés plâtre .en mortier et 2 25

Idem des carreaux carrés posés à mortier. 1 20

Enduits et Crépits.

Le mètre carré d'enduit ordinaire en mortier, de. . 35 à 40

Idem en plâtre gris sur vieux mur. 40

Idem en plâtre sur pans de bois, lattes comprises 1 10

Idem d'enduit en mortier de ciment, en plein mur . . . 65

Le mètre carré de crépit ou arrochis à grain d'orge, à un seul jeté. 30

Blanchissage à la chaux, à la colle, badigeon.

Le mètre carré de badigeonnage à la chaux. 09

Le mètre carré de blanchissage couleur de pierre. 10

Idem de peinture à la colle ou détrempe couleur grise. . 20

Chaque enchevêtrure de cheminée ceintrée, en briques doubles et plâtre. 3 75

Chaque cheminée à la Rumfort, en briques et plâtre . . 8

MENUISERIE.

Portes.

Le mètre carré de portes pleines, en sapin, emboîtées et barrées en chêne. 505

Idem en chêne, pour portes de cave et autres. . . . . . . 7 »

Le mètre carré de portes à panneaux d'assemblage, à un vantail, bâties en chêne, de 33 millimètres d'épaisseur, à double parement . . . . . , ...　8　»

Le mètre carré de portes à un vantail, en chêne, à panneaux recouverts. . . . . , ...　10　»

Idem de portes à placard, à un seul parement, de 0,28 millimètres d'épaisseur . . . .　7　50

Le mètre carré de portes à deux battants, de 40 millimètres d'épaisseur, à cadre à double parement . . . . . .　16　»

Le mètre carré de portes cochères, avec guichet en bois, de 7 à 8 centimètres d'épaisseur . . . .　25　»

Devanture de boutique.

Le mètre carré de menuiserie, pour devanture de boutique, en chêne, avec pilastres et entablements, compris les coulisses en sapin, de. . . . .　15　»

Croisées.

Le mètre carré de croisées à deux vantaux, à petits bois, de 28 millimètres d'épaisseur, posées en place, compris les pattes. . . . .　9　»

Le mètre carré de croisées à grands carreaux, en bois de chêne, de 0, 40 millimètres d'épaisseur. . . . .　11　»

Le mètre carré de portes à balcon, avec imposte en éventail. . . . .　13　50

Volets.

Le mètre carré de volets brisés, à panneaux d'assemblage, en chêne . . . .　7　40

Idem de volets en planches de sapin, dits contrevents . .　5　»

Jalousies.

Le mètre carré de jalousies, en chêne avec bâtis, de 0, 28 millimètres d'épaisseur, sans dormants . . . .　11　»

Idem en bois de chêne de 0, 40 millimètres d'épaisseur, avec dormants . . . .　13　50

Plinthes, Cymaises.

Le mètre linéaire de plinthes et cymaises ordinaires, en chêne. . . . .　55

Idem en bois blanc ou sapin. . . . .　40

Tablettes pour rayons.

Le mètre linéaire de tablettes ou rayons en sapin, de 0, 30 centimètres de largeur avec les montants, compris les tasseaux . . . .　1　»

Parquets.

Le mètre carré de parquet de frise, en sapin, sur lambourdes en chêne.. 4 ·50

Le mètre carré de parquet de frise, en sapin, avec encadrement en chêne.. 5 »

Le mètre carré de parquet de frise, en chêne, de dix centimètres de largeur, sur lambourdes................. 5 50

Le mètre carré de parquet en losange, à panneaux de sapin, avec bâtis en chêne............................. 8 50

Le mètre carré de parquet, à points de Hongrie, vulgairement dit à fougère, en chêne, sur lambourdes....... 11 »

Idem en sapin sur lambourdes en chêne............. 8 »

Le mètre carré de parquet en bois de noyer et cerisier, à points de Hongrie, développé....................... 12 »

Le mètre carré de parquet à l'ancienne mode, à compartiments de seize panneaux, par feuille................ 14 »

Idem de parquet en bois de noyer, cerisier, platane et chêne noir, en échiquier............................. 16 »

SERRURERIE.

Le kilogramme de fonte, pour plaque de cheminée.... 40

Idem pour tuyaux de descente.................... 50

Idem de gros fer neuf, main-d'œuvre et pose comprises. 90

Idem pour les boulons.......................... 1 10

Idem pour les rampes d'escaliers et balcons... 1 20 à 1 50

Idem pour les grilles de portes, en fer rond, avec des lances en fonte, à raison de la ujétion du dessin... 1 à 1 20

QUINCAILLERIE.

Chaque serrure à deux tours, benarde, attachée avec vis à écroux.. 8 »

Chaque serrure à tour et demi, à double bouton à olive, avec gâche encloisonnée et entrée, posée à vis......... 12 »

Chaque serrure de sûreté, première qualité, de seize centimètres.. 25 »

Le mètre linéaire d'espagnolette à poignée évidée, support taraudé avec écrou, la tige avec crochets, embâses, pannetons soudés, lacets taraudés, avec écroux, agraffes posées à vis, deux gâches en fer plat dressé à la lime, entaillées de leur épaisseur, posées à vis............. 7 »

Idem à poignée pleine et garnie de toutes pièces...... 6 »

Chaque pommelle en S, avec gond à pointe......... 2

Chaque fiche de croisée, compris la pose, de..... 70 à 80

La ferrure d'une croisée ordinaire avec espagnolette à la capucine.. 5 »

Chaque crampon pour espagnolette à la capucine...... 40

Chaque bouton à vis à écroux..................... 70

Chaque poignée à bouton poli à rosette. . . . . 1 »

Chaque poignée de loquet garni de mantonnets battants, crampons, poussiers à bascule, posé . . . . 2 »

Chaque poignée de loquet à olive, garni et posé. . . . . . . 3 »

Chaque clé neuve, grande et petite. 1 25

Chaque patte à scellement 0 30

FERBLANTERIE.

Le mètre linéaire de cheneau en ferblanc double, posé en travers; crochets et peinture compris. . . . . 4 »

Le mètre linéaire de mêmes feuilles, posées de leur longueur, crochets et peinture compris. . . . . 3 »

Le mètre linéaire de tuyau de ferblanc double, les feuilles roulées et employées sur leur largeur, crochets et peinture compris. . . . . 4 »

Le mètre linéaire de tuyau de ferblanc double, les feuilles employées et posées sur leur longueur . . . . 3 »

Chaque feuille de ferblanc double, mise en œuvre et peinte 80

Le mètre carré de ferblanc, y compris attaches, soudures et peintures . . . . 11 »

Le kilogramme de plomb pour cheneaux et tuyaux . . . 1 20

VITRERIE.

Le mètre carré de verre blanc, mis en place, avec pointes et mastic. . . . . 7 »

Idem de carreaux en verre double, de grande dimension 8 »

PEINTURE D'IMPRESSION.

Le mètre de peinture à l'huile, à trois couches 1 20

Idem à deux couches. 85

Le mètre courant d'espagnolettes mises en noir. 20

Le mètre superficiel de peinture en détrempe, couleur de pierre, à deux couches. 25

Chaque pièce de ferrure mise en noir 05

Le mètre carré de parquet mis en couleur sur encaustique, ciré et frotté. 45

Pavés d'échantillons pour cours.

Le mètre carré de pavé neuf de premier échantillon de Bourard. 2

Idem en pavé de Rémilly, de grand échantillon. . . . . . . » 3

AVANTAGE DES COUVERTURES

EN
ZINC LAMINÉ.

OBSERVATIONS.

Le zinc laminé s'emploie avec le plus grand succès :
1° Pour doublage de navires,
2° Pour couvertures de maisons et édifices,
3° Pour terrasses, gouttières et tuyaux de descente,
4° Pour bassins, baignoires, pompes à filtrer et autres,
5° Et enfin à tous les objets pour lesquels on employait ordinairement le plomb, le ferblanc, la tôle et le cuivre rouge.

Le zinc est parfaitement malléable et d'une très grande solidité, son avantage sur les autres métaux ci-dessus détaillés, est incontestable, et il est moins dispendieux.

Les n°° 11, 12 et 13 ne conviennent que pour les ouvrages légers, tels que caisses d'emballage, etc.

Les n°° 14, 15 et 16, pour les toitures, terrasses, cheneaux, gouttières, tuyaux de conduit, etc. Les n°° 16, 17 et 18 pour doublage de navires, baignoires, etc. Les n°° 19 et au-dessus pour les pompes, cuves à papier, foyers de cheminée, etc.

On fabrique avec ce métal des clous d'un pouce à 15 lignes, et des clous de 2 pouces à 6 pouces, pour bordage des ponts de navires.

Les feuilles de zinc ont 18, 24 et 30 pouces de largeur, sur une longueur de 6 pieds.

PROPRIÉTÉS ET QUALITÉS DU ZINC.

Le zinc est plus tenace et plus léger que le plomb; sa ténacité est représentée par 109, 8, tandis que celle du plomb n'est que de 27, 7.

« La densité du zinc est de 7, 190; celle du plomb de 11, 352.
« Ainsi, à épaisseur égale, il est une fois et demie plus léger que
« le plomb, et quatre fois plus résistant; ou bien il présente une
« solidité égale avec un quart de l'épaisseur du plomb; son poids
« n'est alors qu'un sixième de celui-ci, et son coût un cinquième. »
(Thompson, *Système de Chimie*, page 591.)

Sa dureté et son bas prix empêchent le vol si commun sur le

plomb. Dans le commencement de son exposition à l'air, il se re-
couvre d'un oxide blanc qui, en peu de temps, se transforme en
un vernis incolore, transparent, tout-à-fait insoluble par l'eau ,
et qui empêche toute oxidation postérieure : c'est ce qui a été re-
connu par des chimistes célèbres, tels que Berzélius, D'Arcet et
Berthier, membres de l'Institut; par une commission de l'Institut,
consultée par le gouvernement (*rapport du 19 juin* 1837) ; par des
architectes distingués, tels que Rohault et Lacornée, architectes du
gouvernement, etc.

Une longue expérience a prouvé que l'action de l'atmosphère
n'altère pas la solidité des feuilles de zinc quand on les prend à
une épaisseur convenable (en numéros 14, 15 et au-dessus) ; il faut
seulement les isoler du plâtre, de la chaux humide et des acides qui
détruisent tous les métaux.

PRÉCAUTIONS A PRENDRE.

Le zinc, comme tous les métaux, se contracte par le froid, se
dilate par la chaleur. En l'employant, il faut avoir égard à ces
mouvements. Pour les toitures, il faut le travailler à libre dilata-
tion : c'est un procédé très connu aujourd'hui. Depuis quelque
temps, la fabrication du zinc s'est beaucoup perfectionnée : il est
aujourd'hui à la fois très malléable et très résistant.

DOUBLAGE DES NAVIRES.

On emploie le zinc à doubler les navires, avec une très grande
économie. Un doublage en numéros 15, 16 ou 17, cloué avec des clous
de zinc, fait dix ou douze voyages aux Colonies.

Pour empêcher le coquillage d'y adhérer, quelques armateurs
trempent préalablement les feuilles de zinc dans le suif ou la graisse
végétale.

Dans le cabotage, dans les mers froides, il y a moins à craindre
l'adhérence des coquillages.

LÉGÈRETÉ.

La toise superficielle de couverture pèse :
En zinc, n° 14, 25 kilogrammes.
En ardoises,   70 *idem.*
En tuiles,   400 *idem.*

Le zinc est donc deux fois et demie plus léger que l'ardoise et
quinze fois plus que la tuile, ce qui permet d'établir une charpente
de combles beaucoup plus légère et moins dispendieuse, et de sou-
lager ainsi les murs d'appui.

TABLEAU comparatif des dépenses résultant de l'emploi :

1° DE LA TUILE	*Pour la couverture d'un bâtiment*
2° DE L'ARDOISE	*à deux égoûts, calculée dans une*
3° DU ZINC	*travée de 5 mètres de longueur.*

PRIX DE REVIENT.	ENTRETIEN ANNUEL.	RÉSULTATS COMPARÉS en combinant LES DONNÉES CI-CONTRE.
Couverture en tuiles. 3 mètres 586 cubes de bois neuf de chêne, à fr. 105 l'un, fr..............576 53 82,00 superficiels de couverture en tuiles, compris égoûts et faîtières. à 4 fr. le mètre...328 00 Total......704 53 Le mètre superficiel mesuré horizontalement, revient à 12 80. Nota. La durée de cette couverture peut être évaluée à 50 ans. Ainsi, réfection après 50 ans.	L'entretien d'une couverture en tuiles est de 4 à 5 c. par abonnement et par mètre carré, soit en moyenne 4 c. 1/2. Au bout de 100 ans, ce sera 4 fr. 50 c.	par mètre. 1er prix de revient 12 80 Réfection dans 50 ans................. 12 80 Entretien........... 4 50 ________ Total...... 50 10
Couverture en ardoises. 2 mètres 920 cubes de bois neuf de chêne, à fr. 105 l'un.................506 60 80,00 superficiels de couverture en ardoises, compris égoût et faîtage, à 3 75 l'un...........300 00 Total......606 60 Le mètre superficiel, mesuré horizontalement, revient à 11 03. Nota. La durée de cette couverture peut être évaluée à 25 ans. Ainsi trois réfections dans cent ans.	L'entretien d'une couverture en ardoises est de 6 à 8 c. par abonnement : en moyenne, 7 c. Au bout de cent ans, ce sera 7 francs.	par mètre. 1er prix de revient fr.............. 11 03 Réfection dans 25 ans.............. 11 03 50 ans.............. 11 03 75 ans.............. 11 03 Entretien ...... 7 00 ________ Total...... 51 12

PRIX DE REVIENT.	ENTRETIEN ANNUEL.	RÉSULTATS COMPARÉS en combinant LES DONNÉES CI-CONTRE.
Couverture en zinc. 1 mètre 976 cubes de bois de chêne à fr. 105 l'un.......207 48 60,00 superficiels de couverture en zinc, n° 14, à 7 f. 50 c. le mètre.....450 00 Total......657 48 Le mètre superficiel, mesuré horizontalement, revient à 11 95. NOTA. La durée de cette couverture peut être évaluée au moins à cent ans.	Il existe des couvertures de zinc qui, depuis trente ans, n'ont pas eu besoin d'un centime d'entretien et qui sont en parfait état de conservation. Ainsi, ce serait 3 centimes 1/2, et dans cent ans, 5 f. 50 c.	par mètre. 1er prix de revient, fr.......... 11 95 Réfection....... 00 00 Entretien....... 3 50 Total...... 15 25

RÉSUMÉ : Dépense pour la tuile 30 f. 10 c. par mètre carré.
      Idem pour l'ardoise 51   12   Idem.
      Idem pour le zinc 15   45   Idem.

Ainsi, le zinc coûte environ moitié de la tuile, moins du tiers de l'ardoise, et on aurait une toiture toujours en bon état de conservation, n'exigeant point, par conséquent, d'entretien ou de renouvellement dans la charpente.

TABLES D'INTÉRÊTS

DE 3 A 6 POUR CENT,

CALCULÉS DE 1 A 365 JOURS, ET DE 1 FR. A 10,000.

 INTÉRÊTS AUX TAUX DE

Capitaux.	3		3 ¹/₂		4		4 ¹/₂		5		5 ¹/₂		6	
fr.	fr.	c.	fr.	c.	fr.	c.	fr.	o.	fr.	c.	fr.	c.	fr.	c.
1	0	00	0	00	0	00	0	00	0	00	0	00	0	00
2	0	00	0	00	0	00	0	00	0	00	0	00	0	00
3	0	00	0	00	0	00	0	00	0	00	0	00	0	00
4	0	00	0	00	0	00	0	00	0	00	0	00	0	00
5	0	00	0	00	0	00	0	00	0	00	0	00	0	00
6	0	00	0	00	0	00	0	00	0	00	0	00	0	00
7	0	00	0	00	0	00	0	00	0	00	0	00	0	00
8	0	00	0	00	0	00	0	00	0	00	0	00	0	00
9	0	00	0	00	0	00	0	00	0	00	0	00	0	00
10	0	00	0	00	0	00	0	00	0	00	0	00	0	00
20	0	00	0	00	0	00	0	00	0	00	0	00	0	00
30	0	00	0	00	0	00	0	00	0	00	0	00	0	00
40	0	00	0	00	0	00	0	00	0	01	0	01	0	01
50	0	00	0	00	0	01	0	01	0	01	0	01	0	01
60	0	00	0	01	0	01	0	01	0	01	0	01	0	01
70	0	01	0	01	0	01	0	01	0	01	0	01	0	01
80	0	01	0	01	0	01	0	01	0	01	0	01	0	01
90	0	01	0	01	0	01	0	01	0	01	0	01	0	01
100	0	01	0	01	0	01	0	01	0	01	0	02	0	02
200	0	02	0	02	0	02	0	02	0	03	0	03	0	03
300	0	02	0	03	0	03	0	04	0	04	0	05	0	05
400	0	03	0	04	0	04	0	05	0	06	0	06	0	07
500	0	04	0	05	0	06	0	06	0	07	0	08	0	08
600	0	05	0	06	0	07	0	07	0	08	0	09	0	10
700	0	06	0	07	0	08	0	09	0	10	0	11	0	12
800	0	07	0	08	0	09	0	10	0	11	0	12	0	13
900	0	07	0	09	0	10	0	11	0	12	0	14	0	15
1000	0	08	0	10	0	11	0	12	0	14	0	15	0	17
2000	0	17	0	19	0	22	0	25	0	28	0	31	0	33
3000	0	25	0	29	0	33	0	37	0	42	0	46	0	50
4000	0	33	0	39	0	44	0	50	0	56	0	61	0	67
5000	0	42	0	49	0	56	0	62	0	69	0	76	0	83
6000	0	50	0	58	0	67	0	75	0	83	0	92	1	00
7000	0	58	0	68	0	78	0	87	0	97	1	07	1	17
8000	0	67	0	78	0	89	1	00	1	11	1	22	1	33
9000	0	75	0	87	1	00	1	12	1	25	1	37	1	50
10000	0	83	0	97	1	11	1	25	1	39	1	53	1	67

2 JOURS.   INTÉRÊTS AUX TAUX DE

Capitaux.	3		3 1/2		4		4 1/2		5		5 1/2		6	
fr.	fr.	c.	fr.	c.	fr.	c.	fr.	c.	fr.	c.	fr.	a.	fr.	c.
1	0	00	0	00	0	00	0	00	0	00	0	00	0	00
2	0	00	0	00	0	00	0	00	0	00	0	00	0	00
3	0	00	0	00	0	00	0	00	0	00	0	00	0	00
4	0	00	0	00	0	00	0	00	0	00	0	00	0	00
5	0	00	0	00	0	00	0	00	0	00	0	00	0	00
6	0	00	0	00	0	00	0	00	0	00	0	00	0	00
7	0	00	0	00	0	00	0	00	0	00	0	00	0	00
8	0	00	0	00	0	00	0	00	0	00	0	00	0	00
9	0	00	0	00	0	00	0	00	0	00	0	00	0	00
10	0	00	0	00	0	00	0	00	0	00	0	00	0	00
20	0	00	0	00	0	00	0	00	0	01	0	01	0	01
30	0	00	0	01	0	01	0	01	0	01	0	01	0	01
40	0	01	0	01	0	01	0	01	0	01	0	01	0	01
50	0	01	0	01	0	01	0	01	0	01	0	02	0	02
60	0	01	0	01	0	01	0	01	0	02	0	02	0	02
70	0	01	0	01	0	02	0	02	0	02	0	02	0	02
80	0	01	0	02	0	02	0	02	0	02	0	02	0	03
90	0	01	0	02	0	02	0	02	0	02	0	03	0	03
100	0	02	0	02	0	02	0	02	0	03	0	03	0	03
200	0	03	0	04	0	04	0	05	0	06	0	06	0	07
300	0	05	0	06	0	07	0	07	0	08	0	09	0	10
400	0	07	0	08	0	09	0	10	0	11	0	12	0	13
500	0	08	0	10	0	11	0	12	0	14	0	15	0	17
600	0	10	0	12	0	13	0	15	0	17	0	18	0	20
700	0	12	0	14	0	16	0	17	0	19	0	21	0	23
800	0	13	0	16	0	18	0	20	0	22	0	24	0	27
900	0	15	0	17	0	20	0	22	0	25	0	27	0	30
1000	0	17	0	19	0	22	0	25	0	28	0	31	0	33
2000	0	33	0	39	0	44	0	50	0	56	0	61	0	67
3000	0	50	0	58	0	67	0	75	0	83	0	92	1	00
4000	0	67	0	78	0	89	1	00	1	11	1	22	1	33
5000	0	83	0	97	1	11	1	25	1	39	1	53	1	67
6000	1	00	1	17	1	33	1	50	1	67	1	83	2	00
7000	1	17	1	36	1	56	1	75	1	94	2	14	2	33
8000	1	33	1	56	1	78	2	00	2	22	2	44	2	67
9000	1	50	1	75	2	00	2	25	2	50	2	75	3	00
10000	1	67	1	94	2	22	2	50	2	78	3	06	3	33

8 JOURS.   INTÉRÊTS AUX TAUX DE

Capitaux.	3		3 ½		4		4 ½		5		5 ½		6	
fr.	fr.	c.	fr.	c.	fr.	c.	fr.	c.	fr.	c.	fr.	c.	fr.	c.
1	0	00	0	00	0	00	0	00	0	00	0	00	0	00
2	0	00	0	00	0	00	0	00	0	00	0	00	0	00
3	0	00	0	00	0	00	0	00	0	00	0	00	0	00
4	0	00	0	00	0	00	0	00	0	00	0	00	0	00
5	0	00	0	00	0	00	0	00	0	00	0	00	0	00
6	0	00	0	00	0	00	0	00	0	00	0	00	0	00
7	0	00	0	00	0	00	0	00	0	00	0	00	0	00
8	0	00	0	00	0	00	0	00	0	00	0	00	0	00
9	0	00	0	00	0	00	0	00	0	00	0	00	0	00
10	0	00	0	00	0	00	0	00	0	00	0	00	0	00
20	0	00	0	01	0	01	0	01	0	01	0	01	0	01
30	0	01	0	01	0	01	0	01	0	01	0	01	0	01
40	0	01	0	01	0	01	0	01	0	02	0	02	0	02
50	0	01	0	01	0	02	0	02	0	02	0	02	0	02
60	0	01	0	02	0	02	0	02	0	02	0	03	0	03
70	0	02	0	02	0	02	0	03	0	03	0	03	0	03
80	0	02	0	02	0	03	0	03	0	03	0	04	0	04
90	0	02	0	03	0	03	0	03	0	04	0	04	0	04
100	0	02	0	03	0	03	0	04	0	04	0	05	0	05
200	0	05	0	06	0	07	0	07	0	08	0	09	0	10
300	0	07	0	09	0	10	0	11	0	12	0	14	0	15
400	0	10	0	12	0	13	0	15	0	17	0	18	0	20
500	0	12	0	15	0	17	0	19	0	21	0	23	0	25
600	0	15	0	17	0	20	0	22	0	25	0	27	0	30
700	0	17	0	20	0	23	0	26	0	29	0	32	0	35
800	0	20	0	23	0	27	0	30	0	33	0	37	0	40
900	0	22	0	26	0	30	0	34	0	37	0	41	0	45
1000	0	25	0	29	0	33	0	37	0	42	0	46	0	50
2000	0	50	0	58	0	67	0	75	0	83	0	92	1	00
3000	0	75	0	87	1	00	1	12	1	25	1	37	1	50
4000	1	00	1	17	1	33	1	50	1	67	1	83	2	00
5000	1	25	1	46	1	67	1	87	2	08	2	29	2	50
6000	1	50	1	75	2	00	2	25	2	50	2	75	3	00
7000	1	75	2	04	2	33	2	62	2	92	3	21	3	50
8000	2	00	2	33	2	67	3	00	3	33	3	67	4	00
9000	2	25	2	62	3	00	3	37	3	75	4	12	4	50
10000	2	50	2	92	3	33	3	75	4	17	4	58	5	00

4 JOURS.   INTÉRÊTS AUX TAUX DE

Capitaux.	3		3 ½		4		4 ½		5		5 ½		6	
fr.	fr.	c.	fr.	c.	fr.	c.	fr.	c.	fr.	c.	fr.	c.	fr.	c.
1	0	00	0	00	0	00	0	00	0	00	0	00	0	00
2	0	00	0	00	0	00	0	00	0	00	0	00	0	00
3	0	00	0	00	0	00	0	00	0	00	0	00	0	00
4	0	00	0	00	0	00	0	00	0	00	0	00	0	00
5	0	00	0	00	0	00	0	00	0	00	0	00	0	00
6	0	00	0	00	0	00	0	00	0	00	0	00	0	00
7	0	00	0	00	0	00	0	00	0	00	0	00	0	00
8	0	00	0	00	0	00	0	00	0	00	0	00	0	01
9	0	00	0	00	0	00	0	00	0	00	0	00	0	01
10	0	00	0	00	0	00	0	00	0	01	0	01	0	01
20	0	01	0	01	0	01	0	01	0	01	0	01	0	01
30	0	01	0	01	0	01	0	01	0	02	0	02	0	02
40	0	01	0	02	0	02	0	02	0	02	0	02	0	03
50	0	02	0	02	0	02	0	02	0	03	0	03	0	03
60	0	02	0	02	0	03	0	03	0	03	0	04	0	04
70	0	02	0	03	0	03	0	03	0	04	0	04	0	05
80	0	03	0	03	0	04	0	04	0	04	0	05	0	05
90	0	03	0	03	0	04	0	04	0	05	0	05	0	06
100	0	03	0	04	0	04	0	05	0	06	0	06	0	07
200	0	07	0	08	0	09	0	10	0	11	0	12	0	13
300	0	10	0	12	0	13	0	15	0	17	0	18	0	20
400	0	13	0	16	0	18	0	20	0	22	0	24	0	27
500	0	17	0	19	0	22	0	25	0	28	0	31	0	33
600	0	20	0	23	0	27	0	30	0	33	0	37	0	40
700	0	23	0	27	0	31	0	35	0	39	0	43	0	47
800	0	27	0	31	0	36	0	40	0	44	0	49	0	53
900	0	30	0	35	0	40	0	45	0	50	0	55	0	60
1000	0	33	0	39	0	44	0	50	0	56	0	61	0	67
2000	0	67	0	78	0	89	1	00	1	11	1	22	1	33
3000	1	00	1	17	1	33	1	50	1	67	1	83	2	00
4000	1	33	1	56	1	78	2	00	2	22	2	44	2	67
5000	1	67	1	94	2	22	2	50	2	78	2	06	3	33
6000	2	00	2	33	2	67	3	00	3	33	3	67	4	00
7000	2	33	2	72	3	11	3	50	3	89	4	28	4	67
8000	2	67	3	11	3	56	4	00	4	44	4	89	5	33
9000	3	00	3	50	4	00	4	50	5	00	5	50	6	00
10000	3	33	3	89	4	44	5	00	6	56	5	11	6	67

　INTÉRÊTS AUX TAUX DE

Capitaux.	3	3 ¹/₂	4	4 ¹/₂	5	5 ¹/₂	6
fr.	fr. c.	fr. c.	fr. c.	fr. c.	fr. c.	fr. c.	fr. c.
1	0 00	0 00	0 00	0 00	0 00	0 00	0 00
2	0 00	0 00	0 00	0 00	0 00	0 00	0 00
3	0 00	0 00	0 00	0 00	0 00	0 00	0 00
4	0 00	0 00	0 00	0 00	0 00	0 00	0 00
5	0 00	0 00	0 00	0 00	0 00	0 00	0 00
6	0 00	0 00	0 00	0 00	0 00	0 00	0 00
7	0 00	0 00	0 00	0 00	0 00	0 01	0 01
8	0 00	0 00	0 00	0 00	0 01	0 01	0 01
9	0 00	0 00	0 00	0 01	0 01	0 01	0 01
10	0 00	0 00	0 01	0 01	0 01	0 01	0 01
20	0 01	0 01	0 01	0 01	0 01	0 02	0 02
30	0 01	0 01	0 02	0 02	0 02	0 02	0 02
40	0 02	0 02	0 02	0 02	0 03	0 03	0 03
50	0 02	0 02	0 03	0 03	0 03	0 04	0 04
60	0 02	0 03	0 03	0 04	0 04	0 05	0 05
70	0 03	0 03	0 04	0 04	0 05	0 05	0 06
80	0 03	0 04	0 04	0 05	0 06	0 06	0 07
90	0 04	0 04	0 05	0 06	0 06	0 07	0 07
100	0 04	0 05	0 06	0 06	0 07	0 08	0 08
200	0 08	0 10	0 11	0 12	0 14	0 15	0 17
300	0 12	0 15	0 17	0 19	0 21	0 23	0 25
400	0 17	0 19	0 22	0 25	0 28	0 31	0 33
500	0 21	0 24	0 28	0 31	0 35	0 38	0 42
600	0 25	0 29	0 33	0 37	0 42	0 46	0 50
700	0 29	0 34	0 39	0 44	0 49	0 53	0 58
800	0 33	0 39	0 44	0 50	0 56	0 61	0 67
900	0 37	0 44	0 50	0 56	0 62	0 69	0 75
1000	0 42	0 49	0 56	0 62	0 69	0 76	0 83
2000	0 83	0 97	1 11	1 25	1 39	1 53	1 67
3000	1 25	1 46	1 67	1 87	2 08	2 29	2 50
4000	1 67	1 94	2 22	2 50	2 78	3 06	3 33
5000	2 08	2 43	2 78	3 12	3 47	3 82	4 17
6000	2 50	2 92	3 33	3 75	4 17	4 58	5 00
7000	2 92	3 40	3 89	4 37	4 86	5 35	5 83
8000	3 33	3 89	4 44	5 00	5 56	6 11	6 67
9000	3 75	4 37	5 00	5 62	6 25	6 87	7 50
10000	4 17	4 86	5 55	6 25	6 94	7 64	8 33

INTÉRÊTS AUX TAUX DE

6 JOURS.

Capitaux.	3		3 ¹/₂		4		4 ¹/₂		5		5 ¹/₂		6	
fr.	fr.	c.	fr.	c.	fr.	c.	fr.	c.	fr.	c.	fr.	c.	fr.	c.
1	0	00	0	00	0	00	0	00	0	00	0	00	0	00
2	0	00	0	00	0	00	0	00	0	00	0	00	0	00
3	0	00	0	00	0	00	0	00	0	00	0	00	0	00
4	0	00	0	00	0	00	0	00	0	00	0	00	0	00
5	0	00	0	00	0	00	0	00	0	00	0	00	0	00
6	0	00	0	00	0	00	0	00	0	00	0	00	0	01
7	0	00	0	00	0	00	0	00	0	01	0	01	0	01
8	0	00	0	00	0	01	0	01	0	01	0	01	0	01
9	0	00	0	01	0	01	0	01	0	01	0	01	0	01
10	0	00	0	01	0	01	0	01	0	01	0	01	0	01
20	0	01	0	01	0	01	0	01	0	02	0	02	0	02
30	0	01	0	02	0	02	0	02	0	02	0	03	0	03
40	0	02	0	02	0	03	0	03	0	03	0	04	0	04
50	0	02	0	03	0	03	0	04	0	04	0	05	0	05
60	0	03	0	03	0	04	0	04	0	05	0	05	0	06
70	0	03	0	04	0	05	0	05	0	06	0	06	0	07
80	0	04	0	05	0	05	0	06	0	07	0	07	0	08
90	0	04	0	05	0	06	0	07	0	07	0	08	0	09
100	0	05	0	06	0	07	0	07	0	08	0	09	0	10
200	0	10	0	12	0	13	0	15	0	17	0	18	0	20
300	0	15	0	17	0	20	0	22	0	25	0	27	0	30
400	0	20	0	23	0	27	0	30	0	33	0	37	0	40
500	0	25	0	29	0	33	0	37	0	42	0	46	0	50
600	0	30	0	35	0	40	0	45	0	50	0	55	0	60
700	0	35	0	41	0	47	0	52	0	58	0	64	0	70
800	0	40	0	47	0	53	0	60	0	67	0	73	0	80
900	0	45	0	52	0	60	0	67	0	75	0	82	0	90
1000	0	50	0	58	0	67	0	75	0	83	0	92	1	00
2000	1	00	1	17	1	33	1	50	1	67	1	83	2	00
3000	1	50	1	75	2	00	2	25	2	50	2	75	3	00
4000	2	00	2	33	2	67	3	00	3	33	3	67	4	00
5000	2	50	2	92	3	33	3	75	4	17	4	58	5	00
6000	3	00	3	50	4	00	4	50	5	00	5	50	6	00
7000	3	50	4	08	4	67	5	25	5	83	6	42	7	00
8000	4	00	4	67	5	33	6	00	6	67	7	33	8	00
9000	4	50	5	25	6	00	6	75	7	50	8	25	9	00
10000	5	00	5	83	6	67	7	50	8	33	9	17	10	00

7 JOURS.   INTÉRÊTS AUX TAUX DE

Capitaux.	3		3 ¹/₂		4		4 ¹/₂		5		5 ¹/₂		6	
fr.	fr.	c.	fr.	c.	fr.	c.	fr.	c.	fr.	c.	fr.	c.	fr.	c.
1	0	00	0	00	0	00	0	00	0	00	0	00	0	00
2	0	00	0	00	0	00	0	00	0	00	0	00	0	00
3	0	00	0	00	0	00	0	00	0	00	0	00	0	00
4	0	00	0	00	0	00	0	00	0	00	0	00	0	00
5	0	00	0	00	0	00	0	00	0	00	0	01	0	01
6	0	00	0	00	0	00	0	01	0	01	0	01	0	01
7	0	00	0	00	0	01	0	01	0	01	0	01	0	01
8	0	00	0	01	0	01	0	01	0	01	0	01	0	01
9	0	01	0	01	0	01	0	01	0	01	0	01	0	01
10	0	01	0	01	0	01	0	01	0	01	0	01	0	01
20	0	01	0	01	0	02	0	02	0	02	0	02	0	02
30	0	02	0	02	0	02	0	03	0	03	0	03	0	03
40	0	02	0	03	0	03	0	03	0	04	0	04	0	05
50	0	03	0	03	0	04	0	04	0	05	0	05	0	06
60	0	03	0	04	0	05	0	05	0	06	0	06	0	07
70	0	04	0	05	0	05	0	06	0	07	0	07	0	08
80	0	05	0	05	0	06	0	07	0	08	0	09	0	09
90	0	05	0	06	0	07	0	08	0	09	0	10	0	10
100	0	06	0	07	0	08	0	09	0	10	0	11	0	12
200	0	12	0	14	0	16	0	17	0	19	0	21	0	23
300	0	17	0	20	0	23	0	26	0	29	0	32	0	35
400	0	23	0	27	0	31	0	35	0	39	0	43	0	47
500	0	29	0	34	0	39	0	44	0	49	0	53	0	58
600	0	35	0	41	0	47	0	52	0	58	0	64	0	70
700	0	41	0	48	0	54	0	61	0	68	0	75	0	82
800	0	47	0	54	0	62	0	70	0	78	0	86	0	93
900	0	52	0	61	0	70	0	79	0	87	0	96	1	05
1000	0	58	0	68	0	78	0	87	0	97	1	07	1	17
2000	1	17	1	36	1	56	1	75	1	94	2	14	2	33
3000	1	75	2	04	2	33	2	62	2	92	3	21	3	50
4000	2	33	2	72	3	11	3	50	3	89	4	28	4	67
5000	2	92	3	40	3	89	4	37	4	86	5	35	5	83
6000	3	50	4	08	4	67	5	25	5	83	6	42	7	00
7000	4	08	4	76	5	44	6	12	6	81	7	49	8	17
8000	4	67	5	44	6	22	7	00	7	78	8	56	9	33
9000	5	25	6	12	7	00	7	87	8	75	9	62	10	50
10000	5	83	6	81	7	78	8	75	9	72	10	69	11	67

INTÉRÊTS AUX TAUX DE

Capitaux.	3	3 ½	4	4 ½	5	5 ½	6
fr.	fr. c.	fr. c.	fr. c.	fr. c.	fr. c.	fr. c.	fr. c.
1	0 00	0 00	0 00	0 00	0 00	0 00	0 00
2	0 00	0 00	0 00	0 00	0 00	0 00	0 00
3	0 00	0 00	0 00	0 00	0 00	0 00	0 00
4	0 00	0 00	0 00	0 00	0 00	0 00	0 01
5	0 00	0 00	0 00 .	0 00	0 01	0 01	0 01
6	0 00	0 00	0 01	0 01	0 01	0 01	0 01
7	0 00	0 01	0 01	0 01	0 01	0 01	0 01
8	0 01	0 01	0 01	0 01	0 01	0 01	0 01
9	0 01	0 01	0 01	0 01	0 01	0 01	0 01
10	0 01	0 01	0 01	0 01	0 01	0 01	0 01
20	0 01	0 02	0 02	0 02	0 02	0 02	0 03
30	0 02	0 02	0 03	0 03	0 03	0 04	0 04
40	0 03	0 03	0 04	0 04	0 04	0 05	0 05
50	0 03	0 04	0 04	0 05	0 06	0 06	0 07
60	0 04	0 05	0 05	0 06	0 07	0 07	0 08
70	0 05	0 05	0 06	0 07	0 08	0 09	0 09
80	0 05	0 06	0 07	0 08	0 09	0 10	0 11
90	0 06	0 07	0 08	0 09	0 10	0 11	0 12
100	0 07	0 08	0 09	0 10	0 11	0 12	0 13
200	0 13	0 16	0 18	0 20	0 22	0 24	0 27
300	0 20	0 23	0 27	0 30	0 33	0 37	0 40
400	0 27	0 31	0 36	0 40	0 44	0 49	0 53
500	0 33	0 39	0 44	0 50	0 56	0 61	0 67
600	0 40	0 47	0 53	0 60	0 67	0 73	0 80
700	0 47	0 54	0 62	0 70	0 78	0 86	0 93
800	0 53	0 62	0 71	0 80	0 89	0 98	1 07
900	0 60	0 70	0 80	0 90	1 00	1 10	1 20
1000	0 67	0 78	0 89	1 00	1 11	1 22	1 33
2000	1 33	1 56	1 78	2 00	2 22	2 44	2 67
3000	2 00	2 33	2 67	3 00	3 33	3 67	4 00
4000	2 67	3 11	3 56	4 00	4 44	4 89	5 33
5000	3 33	3 89	4 44	5 00	5 56	6 11	6 67
6000	4 00	4 67	5 33	6 00	6 67	7 33	8 00
7000	4 67	5 44	6 22	7 00	7 78	8 56	9 33
8000	5 33	6 22	7 11	8 00	8 89	9 78	10 67
9000	6 00	7 00	8 00	9 00	10 00	11 00	12 00
10000	6 67	7 78	8 89	10 00	11 11	12 22	13 33

9 JOURS.   INTÉRÊTS AUX TAUX DE

Capitaux.	3		3 1/2		4		4 1/2		5		5 1/2		6	
fr.	fr.	c.	fr.	c.	fr.	c.	fr.	c.	fr.	c.	fr.	c.	fr.	c.
1	0	00	0	00	0	00	0	00	0	00	0	00	0	00
2	0	00	0	00	0	00	0	00	0	00	0	00	0	00
3	0	00	0	00	0	00	0	00	0	00	0	00	0	00
4	0	00	0	00	0	00	0	00	0	00	0	01	0	01
5	0	00	0	00	0	00	0	01	0	01	0	01	0	01
6	0	00	0	01	0	01	0	01	0	01	0	01	0	01
7	0	01	0	01	0	01	0	01	0	01	0	01	0	01
8	0	01	0	01	0	01	0	01	0	01	0	01	0	01
9	0	01	0	01	0	01	0	01	0	01	0	01	0	01
10	0	01	0	01	0	01	0	01	0	01	0	01	0	01
20	0	01	0	02	0	02	0	02	0	02	0	03	0	03
30	0	02	0	03	0	03	0	03	0	04	0	04	0	04
40	0	03	0	03	0	04	0	04	0	05	0	05	0	06
50	0	04	0	04	0	05	0	06	0	06	0	07	0	07
60	0	04	0	05	0	06	0	07	0	07	0	08	0	09
70	0	05	0	06	0	07	0	08	0	09	0	10	0	10
80	0	06	0	07	0	08	0	09	0	10	0	11	0	12
90	0	07	0	08	0	09	0	10	0	11	0	12	0	13
100	0	07	0	09	0	10	0	11	0	12	0	14	0	15
200	0	15	0	17	0	20	0	22	0	25	0	27	0	30
300	0	22	0	26	0	30	0	34	0	37	0	41	0	45
400	0	30	0	35	0	40	0	45	0	50	0	55	0	60
500	0	37	0	44	0	50	0	56	0	62	0	69	0	75
600	0	45	0	52	0	60	0	67	0	75	0	82	0	90
700	0	52	0	61	0	70	0	79	0	87	0	96	1	05
800	0	60	0	70	0	80	0	90	1	00	1	10	1	20
900	0	67	0	79	0	90	1	01	1	12	1	24	1	35
1000	0	75	0	87	1	00	1	12	1	25	1	37	1	50
2000	1	50	1	75	2	00	2	25	2	50	2	75	3	00
3000	2	25	2	62	3	00	3	37	3	75	4	12	4	50
4000	3	00	3	50	4	00	4	50	5	00	5	50	6	00
5000	3	75	4	37	5	00	5	62	6	25	6	87	7	50
6000	4	50	5	25	6	00	6	75	7	50	8	25	9	00
7000	5	25	6	12	7	00	7	87	8	75	9	62	10	50
8000	6	00	7	00	8	00	9	00	10	00	11	00	12	00
9000	6	75	7	87	9	00	10	12	11	25	12	37	13	50
10000	7	50	8	75	10	00	11	25	12	50	13	75	15	00

        INTÉRÊTS AUX TAUX DE

Capitaux.	3	3 ¹/₂	4	4 ¹/₂	5	5 ¹/₂	6
fr.	fr. c.	fr. c.	fr. c.	fr. c.	fr. c.	fr. c.	fr. c.
1	0 00	0 00	0 00	0 00	0 00	0 00	0 00
2	0 00	0 00	0 00	0 00	0 00	0 00	0 00
3	0 00	0 00	0 00	0 00	0 00	0 00	0 00
4	0 00	0 00	0 00	0 00	0 01	0 01	0 01
5	0 00	0 00	0 01	0 01	0 01	0 01	0 01
6	0 00	0 01	0 01	0 01	0 01	0 01	0 01
7	0 01	0 01	0 01	0 01	0 01	0 01	0 01
8	0 01	0 01	0 01	0 01	0 01	0 01	0 01
9	0 01	0 01	0 01	0 01	0 01	0 01	0 01
10	0 01	0 01	0 01	0 01	0 01	0 02	0 02
20	0 02	0 02	0 02	0 02	0 03	0 03	0 03
30	0 02	0 03	0 03	0 04	0 04	0 05	0 05
40	0 03	0 04	0 04	0 05	0 06	0 06	0 07
50	0 04	0 05	0 06	0 06	0 07	0 08	0 08
60	0 05	0 06	0 07	0 07	0 08	0 09	0 10
70	0 06	0 07	0 08	0 09	0 10	0 11	0 12
80	0 07	0 08	0 09	0 10	0 11	0 12	0 13
90	0 07	0 09	0 10	0 11	0 12	0 14	0 15
100	0 08	0 10	0 11	0 12	0 14	0 15	0 17
200	0 17	0 19	0 22	0 25	0 28	0 31	0 33
300	0 25	0 29	0 33	0 37	0 42	0 46	0 50
400	0 33	0 39	0 44	0 50	0 56	0 61	0 67
500	0 42	0 49	0 56	0 62	0 69	0 76	0 83
600	0 50	0 58	0 67	0 75	0 83	0 92	1 00
700	0 58	0 68	0 78	0 87	0 97	1 07	1 17
800	0 67	0 78	0 89	1 00	1 11	1 22	1 33
900	0 75	0 87	1 00	1 12	1 25	1 37	1 50
1000	0 83	0 97	1 11	1 25	1 39	1 53	1 67
2000	1 67	1 94	2 22	2 50	2 78	3 06	3 33
3000	2 50	2 92	3 33	3 75	4 17	4 58	5 00
4000	3 33	3 89	4 44	5 00	5 56	6 11	6 67
5000	4 17	4 86	5 56	6 25	6 94	7 64	8 33
6000	5 00	5 83	6 67	7 50	8 33	9 17	10 00
7000	5 83	6 81	7 78	8 75	9 72	10 69	11 67
8000	6 67	7 78	8 89	10 00	11 11	12 22	13 33
9000	7 50	8 75	10 00	11 25	12 50	13 75	15 00
10000	8 33	9 72	11 11	12 50	13 80	15 28	16 67

 INTÉRÊTS AUX TAUX DE

Capitaux.	3		3 ¹/₂		4		4 ¹/₂		5		5 ¹/₂		6	
fr.	fr.	c.	fr.	c.	fr.	c.	fr.	c.	fr.	c.	fr.	c.	fr.	c.
1	0	00	0	00	0	00	0	00	0	00	0	00	0	00
2	0	00	0	00	0	00	0	00	0	00	0	00	0	00
3	0	00	0	00	0	00	0	00	0	00	0	01	0	01
4	0	00	0	00	0	00	0	01	0	01	0	01	0	01
5	0	00	0	01	0	01	0	01	0	01	0	01	0	01
6	0	01	0	01	0	01	0	01	0	01	0	01	0	01
7	0	01	0	01	0	01	0	01	0	01	0	01	0	01
8	0	01	0	01	0	01	0	01	0	01	0	01	0	01
9	0	01	0	01	0	01	0	01	0	01	0	02	0	02
10	0	01	0	01	0	02	0	02	0	02	0	02	0	02
20	0	02	0	02	0	02	0	03	0	03	0	03	0	04
30	0	03	0	03	0	04	0	04	0	05	0	05	0	05
40	0	04	0	04	0	05	0	05	0	06	0	07	0	07
50	0	05	0	05	0	06	0	07	0	08	0	08	0	09
60	0	05	0	06	0	07	0	08	0	09	0	10	0	11
70	0	06	0	07	0	09	0	10	0	11	0	12	0	13
80	0	07	0	09	0	10	0	11	0	12	0	13	0	15
90	0	08	0	10	0	11	0	12	0	14	0	15	0	16
100	0	09	0	11	0	12	0	14	0	15	0	17	0	18
200	0	18	0	21	0	24	0	27	0	31	0	34	0	37
300	0	27	0	32	0	37	0	41	0	46	0	50	0	55
400	0	37	0	43	0	49	0	55	0	61	0	67	0	73
500	0	46	0	53	0	61	0	69	0	76	0	84	0	92
600	0	55	0	64	0	73	0	82	0	92	1	01	1	10
700	0	64	0	75	0	86	0	96	1	07	1	18	1	28
800	0	73	0	86	0	98	1	10	1	22	1	34	1	47
900	0	82	0	96	1	10	1	24	1	37	1	51	1	65
1000	0	92	1	07	1	22	1	37	1	53	1	68	1	83
2000	1	83	2	14	2	44	2	75	3	06	3	36	3	67
3000	2	75	3	21	3	67	4	12	4	58	5	04	5	50
4000	3	67	4	28	4	89	5	50	6	11	6	72	7	33
5000	4	58	5	35	6	11	6	87	7	64	8	40	9	17
6000	5	50	6	42	7	33	8	25	9	17	10	08	11	00
7000	6	42	7	49	8	56	9	62	10	69	11	76	12	83
8000	7	33	8	56	9	78	11	00	12	22	13	44	14	67
9000	8	25	9	62	11	00	12	37	13	75	15	12	16	50
10000	9	17	10	69	12	22	13	75	15	28	16	81	18	33

INTÉRÊTS AUX TAUX DE

12 JOURS.

Capitaux.	3		3 ½		4		4 ½		5		5 ½		6	
fr.	fr.	c.	fr.	c.	fr.	c.	fr.	c.	fr.	c.	fr.	c.	fr.	c.
1	0	00	0	00	0	00	0	00	0	00	0	00	0	00
2	0	00	0	00	0	00	0	00	0	00	0	00	0	00
3	0	00	0	00	0	00	0	00	0	00	0	01	0	01
4	0	00	0	00	0	01	0	01	0	01	0	01	0	01
5	0	00	0	01	0	01	0	01	0	01	0	01	0	01
6	0	01	0	01	0	01	0	01	0	01	0	01	0	01
7	0	01	0	01	0	01	0	01	0	01	0	01	0	02
8	0	01	0	01	0	01	0	01	0	01	0	02	0	02
9	0	01	0	01	0	01	0	01	0	02	0	02	0	02
10	0	01	0	01	0	01	0	01	0	03	0	04	0	04
20	0	02	0	02	0	03	0	03	0	03	0	05	0	06
30	0	03	0	03	0	04	0	04	0	05	0	07	0	08
40	0	04	0	05	0	05	0	06	0	07	0	09	0	10
50	0	05	0	06	0	07	0	07	0	08	0	11	0	12
60	0	06	0	07	0	08	0	09	0	10	0	13	0	14
70	0	07	0	08	0	09	0	10	0	12	0	15	0	16
80	0	08	0	09	0	11	0	12	0	13	0	16	0	18
90	0	09	0	10	0	12	0	13	0	15	0	18	0	20
100	0	10	0	12	0	13	0	15	0	17	0	18	0	20
200	0	20	0	23	0	27	0	30	0	33	0	37	0	40
300	0	30	0	35	0	40	0	45	0	50	0	55	0	60
400	0	40	0	47	0	53	0	60	0	67	0	73	0	80
500	0	50	0	58	0	67	0	75	0	83	0	92	1	00
600	0	60	0	70	0	80	0	90	1	00	1	10	1	20
700	0	70	0	82	0	93	1	05	1	17	1	28	1	40
800	0	80	0	93	1	07	1	20	1	33	1	47	1	60
900	0	90	1	05	1	20	1	35	1	50	1	65	1	80
1000	1	00	1	17	1	33	1	50	1	67	1	83	2	00
2000	2	00	2	33	2	67	3	00	3	33	3	67	4	00
3000	3	00	3	50	4	00	4	50	5	00	5	50	6	00
4000	4	00	4	67	5	33	6	00	6	67	7	33	8	00
5000	5	00	5	83	6	67	7	50	8	33	9	17	10	00
6000	6	00	7	00	8	00	9	00	10	00	11	00	12	00
7000	7	00	8	17	9	33	10	50	11	67	12	83	14	00
8000	8	00	9	33	10	67	12	00	13	33	14	67	16	00
9000	9	00	10	50	12	00	13	50	15	00	16	50	18	00
10000	10	00	11	67	13	33	15	00	16	67	18	33	20	00

Capitaux.	3	3 ¹/₂	4	4 ¹/₂	5	5 ¹/₂	6
fr.	fr. c.	fr. c.	fr. c.	fr. c.	fr. c.	fr. c.	fr. c.
1	0 00	0 00	0 00	0 00	0 00	0 00	0 00
2	0 00	0 00	0 00	0 00	0 00	0 00	0 00
3	0 00	0 00	0 00	0 00	0 01	0 01	0 01
4	0 00	0 01	0 01	0 01	0 01	0 01	0 01
5	0 01	0 01	0 01	0 01	0 01	0 01	0 01
6	0 01	0 01	0 01	0 01	0 01	0 01	0 01
7	0 01	0 01	0 01	0 01	0 01	0 01	0 02
8	0 01	0 01	0 01	0 01	0 01	0 02	0 02
9	0 01	0 01	0 01	0 01	0 02	0 02	0 02
10	0 01	0 01	0 01	0 02	0 02	0 02	0 02
20	0 02	0 03	0 03	0 03	0 04	0 04	0 04
30	0 03	0 04	0 04	0 05	0 05	0 06	0 06
40	0 04	0 05	0 06	0 06	0 07	0 08	0 09
50	0 05	0 06	0 07	0 08	0 09	0 10	0 11
60	0 06	0 08	0 09	0 10	0 11	0 12	0 13
70	0 08	0 09	0 10	0 11	0 13	0 14	0 15
80	0 09	0 10	0 12	0 13	0 14	0 16	0 17
90	0 10	0 11	0 13	0 15	0 16	0 18	0 19
100	0 11	0 13	0 14	0 16	0 18	0 20	0 22
200	0 22	0 25	0 29	0 32	0 36	0 40	0 43
300	0 32	0 38	0 43	0 49	0 54	0 60	0 65
400	0 43	0 51	0 58	0 65	0 72	0 79	0 87
500	0 54	0 63	0 72	0 81	0 90	0 99	1 08
600	0 65	0 76	0 87	0 97	1 08	1 19	1 30
700	0 76	0 88	1 01	1 14	1 26	1 39	1 52
800	0 87	1 01	1 16	1 30	1 44	1 59	1 73
900	0 97	1 14	1 30	1 46	1 62	1 79	1 95
1000	1 08	1 26	1 44	1 62	1 81	1 99	2 17
2000	2 17	2 53	2 89	3 25	3 61	3 97	4 33
3000	3 25	3 79	4 33	4 87	5 42	5 96	6 50
4000	4 33	5 06	5 78	6 50	7 22	7 94	8 67
5000	5 42	6 32	7 22	8 12	9 03	9 93	10 83
6000	6 50	7 58	8 67	9 75	10 83	11 92	13 00
7000	7 58	8 85	10 11	11 37	12 64	13 90	15 17
8000	8 67	10 11	11 56	13 00	14 44	15 89	17 33
9000	9 75	11 37	13 00	14 62	16 25	17 87	19 50
10000	10 83	12 64	14 44	16 25	18 06	19 86	21 67

Capitaux.	3		3 ½		4		4 ½		5		5 ½		6	
fr.	fr.	c.	fr.	c.	fr.	c.	fr.	c.	fr.	c.	fr.	c.	fr.	c.
1	0	00	0	00	0	00	0	00	0	00	0	00	0	00
2	0	00	0	00	0	00	0	00	0	00	0	00	0	00
3	0	00	0	00	0	00	0	01	0	01	0	01	0	01
4	0	00	0	00	0	01	0	01	0	01	0	01	0	01
5	0	01	0	01	0	01	0	01	0	01	0	01	0	01
6	0	01	0	01	0	01	0	01	0	01	0	01	0	01
7	0	01	0	01	0	01	0	01	0	01	0	01	0	02
8	0	01	0	01	0	01	0	01	0	02	0	02	0	02
9	0	01	0	01	0	01	0	02	0	02	0	02	0	02
10	0	01	0	01	0	02	0	02	0	02	0	02	0	02
20	0	02	0	03	0	03	0	03	0	04	0	04	0	05
30	0	03	0	04	0	05	0	05	0	06	0	06	0	07
40	0	05	0	05	0	06	0	07	0	08	0	09	0	09
50	0	06	0	07	0	08	0	09	0	10	0	11	0	12
60	0	07	0	08	0	09	0	10	0	12	0	13	0	14
70	0	08	0	10	0	11	0	12	0	14	0	15	0	16
80	0	09	0	11	0	12	0	14	0	16	0	17	0	19
90	0	10	0	12	0	14	0	16	0	17	0	19	0	21
100	0	12	0	14	0	16	0	17	0	19	0	21	0	23
200	0	23	0	27	0	31	0	35	0	39	0	43	0	47
300	0	35	0	41	0	47	0	52	0	58	0	64	0	70
400	0	47	0	54	0	62	0	70	0	78	0	86	0	93
500	0	58	0	68	0	78	0	87	0	97	1	07	1	17
600	0	70	0	82	0	93	1	05	1	17	1	28	1	40
700	0	82	0	95	1	09	1	22	1	36	1	50	1	63
800	0	93	1	09	1	24	1	40	1	56	1	71	1	87
900	1	05	1	22	1	40	1	57	1	75	1	92	2	10
1000	1	17	1	36	1	56	1	75	1	94	2	14	2	33
2000	2	33	2	72	3	11	3	50	3	89	4	28	4	67
3000	3	50	4	08	4	67	5	25	5	83	6	42	7	00
4000	4	67	5	44	6	22	7	00	7	78	8	56	9	33
5000	5	83	6	81	7	78	8	75	9	72	10	69	11	67
6000	7	00	8	17	9	33	10	50	11	67	12	83	14	00
7000	8	17	9	53	10	89	12	25	13	61	14	97	16	33
8000	9	33	10	89	12	44	14	00	15	56	17	11	18	67
9000	10	50	12	25	14	00	15	75	17	50	19	25	21	00
10000	11	67	13	61	15	56	17	50	19	44	21	39	23	33

Capitaux.	3	3 ¹/₂	4	4 ¹/₂	5	5 ¹/₂	6
fr.	fr. c.	fr. c.	fr. c.	fr. c.	fr. c.	fr. c.	fr. c.
1	0 00	0 00	0 00	0 00	0 00	0 00	0 00
2	0 00	0 00	0 00	0 00	0 00	0 00	0 00
3	0 00	0 00	0 00	0 01	0 01	0 01	0 01
4	0 00	0 01	0 01	0 01	0 01	0 01	0 01
5	0 01	0 01	0 01	0 01	0 01	0 01	0 01
6	0 01	0 01	0 01	0 01	0 01	0 01	0 01
7	0 01	0 01	0 01	0 01	0 01	0 02	0 02
8	0 01	0 01	0 01	0 01	0 02	0 02	0 02
9	0 01	0 01	0 01	0 02	0 02	0 02	0 02
10	0 01	0 01	0 02	0 02	0 02	0 02	0 02
20	0 02	0 03	0 03	0 04	0 04	0 05	0 05
30	0 04	0 04	0 05	0 06	0 06	0 07	0 07
40	0 05	0 06	0 07	0 07	0 08	0 09	0 10
50	0 06	0 07	0 08	0 09	0 10	0 11	0 12
60	0 07	0 09	0 10	0 11	0 12	0 14	0 15
70	0 09	0 10	0 12	0 13	0 15	0 16	0 17
80	0 10	0 12	0 13	0 15	0 17	0 18	0 20
90	0 11	0 13	0 15	0 17	0 19	0 21	0 22
100	0 12	0 15	0 17	0 19	0 21	0 23	0 25
200	0 25	0 29	0 33	0 37	0 42	0 46	0 50
300	0 37	0 44	0 50	0 56	0 62	0 69	0 75
400	0 50	0 58	0 67	0 75	0 83	0 92	1 00
500	0 62	0 73	0 83	0 94	1 04	1 15	1 25
600	0 75	0 87	1 00	1 12	1 25	1 37	1 50
700	0 87	1 02	1 17	1 31	1 46	1 60	1 75
800	1 00	1 17	1 33	1 50	1 67	1 83	2 00
900	1 12	1 31	1 50	1 69	1 87	2 06	2 25
1000	1 25	1 46	1 67	1 87	2 08	2 29	2 50
2000	2 50	2 92	3 33	3 75	4 17	4 58	5 00
3000	3 75	4 37	5 00	5 62	6 25	6 87	7 50
4000	5 00	5 83	6 67	7 50	8 33	9 17	10 00
5000	6 25	7 29	8 33	9 37	10 42	11 46	12 50
6000	7 50	8 75	10 00	11 25	12 50	13 75	15 00
7000	8 75	10 21	11 67	13 12	14 58	16 04	17 50
8000	10 00	11 67	13 33	15 00	16 67	18 33	20 00
9000	11 25	13 12	15 00	16 87	18 75	20 62	22 50
10000	12 50	14 58	16 67	18 75	20 83	22 92	25 00

16 JOURS. INTÉRÊTS AUX TAUX DE

Capitaux.	3	3 1/2	4	4 1/2	5	5 1/2	6
fr.	fr. c.	fr. c.	fr. c.	fr. c.	fr. c.	fr. c.	fr. c.
1	0 00	0 00	0 00	0 00	0 00	0 00	0 00
2	0 00	0 00	0 00	0 00	0 00	0 00	0 01
3	0 00	0 00	0 01	0 01	0 01	0 01	0 01
4	0 01	0 01	0 01	0 01	0 01	0 01	0 01
5	0 01	0 01	0 01	0 01	0 01	0 01	0 01
6	0 01	0 01	0 01	0 01	0 01	0 01	0 02
7	0 01	0 01	0 01	0 01	0 02	0 02	0 02
8	0 01	0 01	0 01	0 02	0 02	0 02	0 02
9	0 01	0 01	0 02	0 02	0 02	0 02	0 02
10	0 01	0 02	0 02	0 02	0 02	0 02	0 03
20	0 03	0 03	0 04	0 04	0 04	0 05	0 05
30	0 04	0 05	0 05	0 06	0 07	0 07	0 08
40	0 05	0 06	0 07	0 08	0 09	0 10	0 11
50	0 07	0 08	0 09	0 10	0 11	0 12	0 13
60	0 08	0 09	0 11	0 12	0 13	0 15	0 16
70	0 09	0 11	0 12	0 14	0 16	0 17	0 19
80	0 11	0 12	0 14	0 16	0 18	0 20	0 21
90	0 12	0 14	0 16	0 18	0 20	0 22	0 24
100	0 13	0 16	0 18	0 20	0 22	0 24	0 27
200	0 27	0 31	0 36	0 40	0 44	0 49	0 53
300	0 40	0 47	0 53	0 60	0 67	0 73	0 80
400	0 53	0 62	0 71	0 80	0 89	0 98	1 07
500	0 67	0 78	0 89	1 00	1 11	1 22	1 33
600	0 80	0 93	1 07	1 20	1 33	1 47	1 60
700	0 93	1 09	1 24	1 40	1 56	1 71	1 87
800	1 07	1 24	1 42	1 60	1 78	1 96	2 13
900	1 20	1 40	1 60	1 80	2 00	2 20	2 40
1000	1 33	1 56	1 78	2 00	2 22	2 44	2 67
2000	2 67	3 11	3 56	4 00	4 44	4 89	5 33
3000	4 00	4 67	5 33	6 00	6 67	7 33	8 00
4000	5 33	6 22	7 11	8 00	8 89	9 78	10 67
5000	6 67	7 78	8 89	10 00	11 11	12 22	13 33
6000	8 00	9 33	10 67	12 00	13 33	14 67	16 00
7000	9 33	10 89	12 44	14 00	15 56	17 11	18 67
8000	10 67	12 44	14 22	16 00	17 78	19 56	21 33
9000	12 00	14 00	16 00	18 00	20 00	22 00	24 00
10000	13 33	15 56	17 78	20 00	22 22	24 44	26 67

Capitaux.	3	3 ½	4	4 ½	5	5 ½	6
fr.	fr. c.	fr. c.	fr. c.	fr. c.	fr. c.	fr. c.	fr. c.
1	0 00	0 00	0 00	0 00	0 00	0 00	0 00
2	0 00	0 00	0 00	0 00	0 00	0 01	0 01
3	0 00	0 00	0 01	0 01	0 01	0 01	0 01
4	0 01	0 01	0 01	0 01	0 01	0 01	0 01
5	0 01	0 01	0 01	0 01	0 01	0 01	0 01
6	0 01	0 01	0 01	0 01	0 01	0 02	0 02
7	0 01	0 01	0 01	0 01	0 02	0 02	0 02
8	0 01	0 01	0 02	0 02	0 02	0 02	0 02
9	0 01	0 01	0 02	0 02	0 02	0 02	0 03
10	0 01	0 02	0 02	0 02	0 02	0 03	0 03
20	0 03	0 03	0 04	0 04	0 05	0 05	0 06
30	0 04	0 05	0 06	0 06	0 07	0 08	0 08
40	0 06	0 07	0 08	0 08	0 09	0 10	0 11
50	0 07	0 08	0 09	0 11	0 12	0 13	0 14
60	0 08	0 10	0 11	0 13	0 14	0 16	0 17
70	0 10	0 12	0 13	0 15	0 17	0 18	0 20
80	0 11	0 13	0 15	0 17	0 19	0 21	0 23
90	0 13	0 15	0 17	0 19	0 21	0 23	0 25
100	0 14	0 17	0 19	0 21	0 24	0 26	0 28
200	0 28	0 33	0 38	0 42	0 47	0 52	0 57
300	0 42	0 50	0 57	0 64	0 71	0 78	0 85
400	0 57	0 66	0 76	0 85	0 94	1 04	1 13
500	0 71	0 83	0 94	1 06	1 18	1 30	1 42
600	0 85	0 99	1 13	1 27	1 42	1 56	1 70
700	0 99	1 16	1 32	1 49	1 65	1 82	1 98
800	1 13	1 32	1 51	1 70	1 89	2 08	2 27
900	1 27	1 49	1 70	1 91	2 12	2 34	2 55
1000	1 42	1 65	1 89	2 12	2 36	2 60	2 83
2000	2 83	3 31	3 78	4 25	4 72	5 19	5 67
3000	4 25	4 96	5 67	6 37	7 08	7 79	8 50
4000	5 67	6 61	7 56	8 50	9 44	10 39	11 33
5000	7 08	8 26	9 44	10 62	11 81	12 99	14 17
6000	8 50	9 92	11 33	12 75	14 17	15 58	17 00
7000	9 92	11 57	13 22	14 87	16 53	18 18	19 83
8000	11 33	13 22	15 11	17 00	18 89	20 78	22 67
9000	12 75	14 87	17 00	19 12	21 25	23 37	25 50
10000	14 17	16 53	18 89	21 25	23 61	25 97	28 33

18 JOURS. INTÉRÊTS AUX TAUX DE

Capitaux.	3	3 1/2	4	4 1/2	5	5 1/2	6
fr.	fr. c.	fr. c.	fr. c.	fr. c.	fr. c.	fr. c.	fr. c.
1	0 00	0 00	0 00	0 00	0 00	0 00	0 00
2	0 00	0 00	0 00	0 00	0 00	0 01	0 01
3	0 00	0 01	0 01	0 01	0 01	0 01	0 01
4	0 01	0 01	0 01	0 01	0 01	0 01	0 01
5	0 01	0 01	0 01	0 01	0 01	0 01	0 01
6	0 01	0 01	0 01	0 01	0 01	0 02	0 02
7	0 01	0 01	0 01	0 02	0 02	0 02	0 02
8	0 01	0 01	0 02	0 02	0 02	0 02	0 02
9	0 01	0 02	0 02	0 02	0 02	0 02	0 03
10	0 01	0 02	0 02	0 02	0 02	0 03	0 03
20	0 03	0 03	0 04	0 04	0 05	0 05	0 06
30	0 04	0 05	0 06	0 07	0 07	0 08	0 09
40	0 06	0 07	0 08	0 09	0 10	0 11	0 12
50	0 07	0 09	0 10	0 11	0 12	0 14	0 15
60	0 09	0 10	0 12	0 13	0 15	0 16	0 18
70	0 10	0 12	0 14	0 16	0 17	0 19	0 21
80	0 12	0 14	0 16	0 18	0 20	0 22	0 24
90	0 13	0 16	0 18	0 20	0 22	0 25	0 27
100	0 15	0 17	0 20	0 22	0 25	0 27	0 30
200	0 30	0 35	0 40	0 45	0 50	0 55	0 60
300	0 45	0 52	0 60	0 67	0 75	0 82	0 90
400	0 60	0 70	0 80	0 90	1 00	1 10	1 20
500	0 75	0 87	1 00	1 12	1 25	1 37	1 50
600	0 90	1 05	1 20	1 35	1 50	1 65	1 80
700	1 05	1 22	1 40	1 57	1 75	1 92	2 10
800	1 20	1 40	1 60	1 80	2 00	2 20	2 40
900	1 35	1 57	1 80	2 02	2 25	2 47	2 70
1000	1 50	1 75	2 00	2 25	2 50	2 75	3 00
2000	3 00	3 50	4 00	4 50	5 00	5 50	6 00
3000	4 50	5 25	6 00	6 75	7 50	8 25	9 00
4000	6 00	7 00	8 00	9 00	10 00	11 00	12 00
5000	7 50	8 75	10 00	11 25	12 50	13 75	15 00
6000	9 00	10 50	12 00	13 50	15 00	16 50	18 00
7000	10 50	12 25	14 00	15 75	17 50	19 25	21 00
8000	12 00	14 00	16 00	18 00	20 00	22 00	24 00
9000	13 50	15 75	18 00	20 25	22 50	24 75	27 00
10000	15 00	17 50	20 00	22 50	25 00	27 50	30 00

19 JOURS.   INTÉRÊTS AUX TAUX DE

Capitaux.	3	3 1/2	4	4 1/2	5	5 1/2	6
fr.	fr. c.	fr. c.	fr. c.	fr. c.	fr. c.	fr. c.	fr. c.
1	0 00	0 00	0 00	0 00	0 00	0 00	0 00
2	0 00	0 00	0 00	0 00	0 01	0 01	0 01
3	0 00	0 01	0 01	0 01	0 01	0 01	0 01
4	0 01	0 01	0 01	0 01	0 01	0 01	0 01
5	0 01	0 01	0 01	0 01	0 01	0 01	0 02
6	0 01	0 01	0 01	0 01	0 02	0 02	0 02
7	0 01	0 01	0 01	0 02	0 02	0 02	0 02
8	0 01	0 01	0 02	0 02	0 02	0 02	0 03
9	0 01	0 02	0 02	0 02	0 02	0 03	0 03
10	0 02	0 02	0 02	0 02	0 03	0 03	0 03
20	0 03	0 04	0 04	0 05	0 05	0 06	0 06
30	0 05	0 06	0 06	0 07	0 08	0 09	0 09
40	0 06	0 07	0 08	0 09	0 11	0 12	0 13
50	0 08	0 09	0 11	0 12	0 13	0 15	0 16
60	0 09	0 11	0 13	0 14	0 16	0 17	0 19
70	0 11	0 13	0 15	0 17	0 18	0 20	0 22
80	0 13	0 15	0 17	0 19	0 21	0 23	0 25
90	0 14	0 17	0 19	0 21	0 24	0 26	0 28
100	0 16	0 18	0 21	0 24	0 26	0 29	0 32
200	0 32	0 37	0 42	0 47	0 53	0 58	0 63
300	0 47	0 55	0 63	0 71	0 79	0 87	0 95
400	0 63	0 74	0 84	0 95	1 06	1 16	1 27
500	0 79	0 92	1 06	1 19	1 32	1 45	1 58
600	0 95	1 11	1 27	1 42	1 58	1 74	1 90
700	1 11	1 29	1 48	1 66	1 85	2 03	2 22
800	1 27	1 48	1 69	1 90	2 11	2 32	2 53
900	1 42	1 66	1 90	2 14	2 37	2 61	2 85
1000	1 58	1 85	2 11	2 37	2 64	2 90	3 17
2000	3 17	3 69	4 22	4 75	5 28	5 81	6 33
3000	4 75	5 54	6 33	7 12	7 92	8 71	9 50
4000	6 33	7 39	8 44	9 50	10 56	11 61	12 67
5000	7 92	9 24	10 56	11 87	13 19	14 51	15 83
6000	9 50	11 08	12 67	14 25	15 83	17 42	19 00
7000	11 08	12 93	14 78	16 62	18 47	20 32	22 17
8000	12 67	14 78	16 89	19 00	21 11	23 22	25 33
9000	14 25	16 62	19 00	21 37	23 75	26 12	28 50
10000	15 83	18 47	21 11	23 75	26 39	29 03	31 67

INTÉRÊTS AUX TAUX DE

20 JOURS.

Capitaux.	3	3 ¹/₂	4	4 ¹/₂	5	5 ¹/₂	6
fr.	fr. c.	fr. c.	fr. c.	fr. c.	fr. c.	fr. c.	fr. c.
1	0 00	0 00	0 00	0 00	0 00	0 00	0 00
2	0 00	0 00	0 00	0 00	0 01	0 01	0 01
3	0 00	0 01	0 01	0 01	0 01	0 01	0 01
4	0 01	0 01	0 01	0 01	0 01	0 02	0 02
5	0 01	0 01	0 01	0 01	0 02	0 02	0 02
6	0 01	0 01	0 01	0 01	0 02	0 02	0 02
7	0 01	0 01	0 02	0 02	0 02	0 02	0 03
8	0 01	0 02	0 02	0 02	0 02	0 03	0 03
9	0 01	0 02	0 02	0 02	0 03	0 03	0 03
10	0 02	0 02	0 02	0 05	0 06	0 06	0 07
20	0 03	0 04	0 04	0 07	0 08	0 09	0 10
30	0 05	0 06	0 07	0 10	0 11	0 12	0 13
40	0 07	0 08	0 09	0 12	0 14	0 15	0 17
50	0 08	0 10	0 11	0 15	0 17	0 18	0 20
60	0 10	0 12	0 13	0 17	0 19	0 21	0 23
70	0 12	0 14	0 16	0 20	0 22	0 24	0 27
80	0 13	0 16	0 18	0 22	0 25	0 27	0 30
90	0 15	0 17	0 20	0 25	0 28	0 31	0 33
100	0 17	0 19	0 22	0 50	0 56	0 61	0 67
200	0 33	0 39	0 44	0 75	0 83	0 92	1 30
300	0 50	0 58	0 67	1 00	1 11	1 22	1 03
400	0 67	0 78	0 89	1 25	1 30	1 53	1 67
500	0 83	0 97	1 11	1 50	1 67	1 83	2 00
600	1 00	1 17	1 33	1 75	1 94	2 14	2 33
700	1 17	1 36	1 56	2 00	2 22	2 44	2 67
800	1 33	1 56	1 78	2 25	2 50	2 75	3 00
900	1 50	1 75	2 00	2 50	2 78	3 06	3 33
1000	1 67	1 94	2 22	5 00	5 56	6 11	6 67
2000	3 33	3 89	4 44	7 50	8 33	9 17	10 00
3000	5 00	5 83	6 67	10 00	11 11	12 22	13 33
4000	6 67	7 78	8 89	12 50	13 89	15 28	16 67
5000	8 33	9 72	11 11	15 00	16 67	18 33	20 00
6000	10 00	11 67	13 33	17 50	19 44	21 39	23 33
7000	11 67	13 61	15 56	20 00	22 22	24 44	26 67
8000	13 33	15 56	17 78	22 50	25 00	27 50	30 00
9000	15 00	17 50	20 00	25 00	27 78	30 56	33 33
10000	16 67	19 44	22 22				

24*

Capitaux.	3	3 ¹/₂	4	4 ¹/₂	5	5 ¹/₂	6
fr.	fr. c.	fr. c.	fr. c.	fr. c.	fr. c.	fr. c	fr. c
1	0 00	0 00	0 00	0 00	0 00	0 00	0 00
2	0 00	0 00	0 00	0 01	0 01	0 01	0 01
3	0 01	0 01	0 01	0 01	0 01	0 01	0 01
4	0 01	0 01	0 01	0 01	0 01	0 01	0 01
5	0 01	0 01	0 01	0 01	0 01	0 02	0 02
6	0 01	0 01	0 01	0 02	0 02	0 02	0 02
7	0 01	0 01	0 02	0 02	0 02	0 02	0 02
8	0 01	0 02	0 02	0 02	0 02	0 03	0 03
9	0 02	0 02	0 02	0 02	0 03	0 03	0 03
10	0 02	0 02	0 02	0 03	0 03	0 03	0 03
20	0 03	0 04	0 05	0 05	0 06	0 06	0 07
30	0 05	0 06	0 07	0 08	0 09	0 10	0 10
40	0 07	0 08	0 09	0 10	0 12	0 13	0 14
50	0 09	0 10	0 12	0 13	0 15	0 16	0 17
60	0 10	0 12	0 14	0 16	0 17	0 19	0 21
70	0 12	0 14	0 16	0 18	0 20	0 22	0 24
80	0 14	0 16	0 19	0 21	0 23	0 26	0 28
90	0 16	0 18	0 21	0 24	0 26	0 29	0 31
100	0 17	0 20	0 23	0 26	0 29	0 32	0 35
200	0 35	0 41	0 47	0 52	0 58	0 64	0 70
300	0 62	0 61	0 70	0 79	0 87	0 96	1 05
400	0 70	0 82	0 93	1 05	1 17	1 28	1 40
500	0 87	1 02	1 17	1 31	1 46	1 60	1 75
600	1 05	1 22	1 40	1 57	1 75	1 92	2 10
700	1 22	1 43	1 63	1 84	2 04	2 25	2 45
800	1 40	1 63	1 87	2 10	2 33	2 57	2 80
900	1 57	1 84	2 10	2 36	2 62	2 89	3 15
1000	1 75	2 04	2 33	2 62	2 92	3 21	3 50
2000	3 50	4 08	4 67	5 25	5 83	6 42	7 00
3000	5 25	6 12	7 00	7 87	8 75	9 62	10 50
4000	7 00	8 17	9 33	10 50	11 67	12 83	14 00
5000	8 75	10 21	11 67	13 12	14 58	16 04	17 50
6000	10 50	12 25	14 00	15 75	17 50	19 25	21 00
7000	12 25	14 29	16 33	18 37	20 42	22 46	24 50
8000	14 00	16 33	18 67	21 00	23 33	25 67	28 00
9000	15 75	18 37	21 00	23 62	26 25	28 87	31 50
10000	17 50	20 42	23 33	26 25	29 17	32 08	35 00

INTÉRÊTS AUX TAUX DE

22 JOURS.

Capitaux.	3		3 1/2		4		4 1/2		5		5 1/2		6	
fr.	fr.	c.	fr.	c.	fr.	c.	fr.	c.	fr.	c.	fr.	c.	fr.	c.
1	0	00	0	00	0	00	0	00	0	00	0	00	0	00
2	0	00	0	00	0	00	0	01	0	01	0	01	0	01
3	0	01	0	01	0	01	0	01	0	01	0	01	0	01
4	0	01	0	01	0	01	0	01	0	01	0	01	0	01
5	0	01	0	01	0	01	0	01	0	02	0	02	0	02
6	0	01	0	01	0	01	0	02	0	02	0	02	0	02
7	0	01	0	01	0	02	0	02	0	02	0	02	0	03
8	0	01	0	02	0	02	0	02	0	02	0	03	0	03
9	0	02	0	02	0	02	0	02	0	03	0	03	0	03
10	0	02	0	02	0	02	0	03	0	03	0	03	0	04
20	0	04	0	04	0	05	0	05	0	06	0	07	0	07
30	0	05	0	06	0	07	0	08	0	09	0	10	0	11
40	0	07	0	09	0	10	0	11	0	12	0	13	0	15
50	0	09	0	11	0	12	0	14	0	15	0	17	0	18
60	0	11	0	13	0	15	0	16	0	18	0	20	0	22
70	0	13	0	15	0	17	0	19	0	21	0	24	0	26
80	0	15	0	17	0	20	0	22	0	24	0	27	0	29
90	0	16	0	19	0	22	0	25	0	27	0	30	0	33
100	0	18	0	21	0	24	0	27	0	31	0	34	0	37
200	0	37	0	43	0	49	0	55	0	61	0	67	0	73
300	0	55	0	64	0	73	0	82	0	92	1	01	1	10
400	0	73	0	86	0	98	1	10	1	22	1	34	1	47
500	0	92	1	07	1	22	1	37	1	53	1	68	1	83
600	1	10	1	28	1	47	1	65	1	83	2	02	2	20
700	1	28	1	50	1	71	1	92	2	14	2	35	2	57
800	1	47	1	71	1	96	2	20	2	44	2	69	2	93
900	1	65	1	92	2	20	2	47	2	75	3	02	3	30
1000	1	83	2	14	2	44	2	75	3	06	3	36	3	67
2000	3	67	4	28	4	89	5	50	6	11	6	72	7	33
3000	5	50	6	42	7	33	8	25	9	17	10	08	11	00
4000	7	33	8	56	9	78	10	00	12	22	13	44	14	67
5000	9	17	10	69	12	22	13	75	15	28	16	81	18	33
6000	11	00	12	83	14	67	16	50	18	33	20	17	22	00
7000	12	83	14	97	17	11	19	25	21	39	23	53	25	67
8000	14	67	17	11	19	56	22	00	24	44	26	89	29	33
9000	16	50	19	25	22	00	24	75	27	50	30	25	33	00
10000	18	33	21	39	24	44	27	50	30	56	33	61	36	67

INTÉRÊTS AUX TAUX DE

23 JOURS.

Capitaux.	3	3 ½	4	4 ½	5	5 ½	6
fr.	fr. c.	fr. c.	fr. c.	fr. c.	fr. c.	fr. c.	fr. c.
1	0 00	0 00	0 00	0 00	0 00	0 00	0 00
2	0 00	0 00	0 01	0 01	0 01	0 01	0 01
3	0 01	0 01	0 01	0 01	0 01	0 01	0 01
4	0 01	0 01	0 01	0 01	0 01	0 01	0 02
5	0 01	0 01	0 01	0 01	0 02	0 02	0 02
6	0 01	0 01	0 02	0 02	0 02	0 02	0 02
7	0 01	0 02	0 02	0 02	0 02	0 02	0 03
8	0 02	0 02	0 02	0 02	0 03	0 03	0 03
9	0 02	0 02	0 02	0 03	0 03	0 03	0 03
10	0 02	0 02	0 03	0 03	0 03	0 04	0 04
20	0 04	0 04	0 05	0 06	0 06	0 07	0 08
30	0 06	0 07	0 08	0 09	0 10	0 11	0 11
40	0 08	0 09	0 10	0 11	0 13	0 14	0 15
50	0 10	0 11	0 13	0 14	0 16	0 18	0 19
60	0 11	0 13	0 15	0 17	0 19	0 21	0 23
70	0 13	0 16	0 18	0 20	0 22	0 25	0 27
80	0 15	0 18	0 20	0 23	0 26	0 28	0 31
90	0 17	0 20	0 23	0 26	0 29	0 32	0 34
100	0 19	0 22	0 26	0 29	0 32	0 35	0 38
200	0 38	0 45	0 51	0 57	0 64	0 70	0 77
300	0 57	0 67	0 77	0 86	0 96	1 05	1 15
400	0 77	0 89	1 02	1 15	1 28	1 41	1 53
500	0 96	1 12	1 28	1 44	1 60	1 76	1 92
600	1 15	1 34	1 53	1 72	1 92	2 11	2 30
700	1 34	1 57	1 79	2 01	2 24	2 46	2 68
800	1 53	1 79	2 04	2 30	2 56	2 81	3 07
900	1 72	2 01	2 30	2 59	2 87	3 16	3 45
1000	1 92	2 24	2 56	2 87	3 19	3 51	3 83
2000	3 83	4 47	5 11	5 75	6 39	7 03	7 67
3000	5 75	6 71	7 67	8 62	9 58	10 54	11 50
4000	7 67	8 94	10 22	11 50	12 78	14 06	15 33
5000	9 58	11 18	12 78	14 37	15 97	17 57	19 17
6000	11 50	13 42	15 33	17 25	19 17	21 08	23 00
7000	13 42	15 65	17 89	20 12	22 36	24 [illegible]	26 83
8000	15 33	17 89	20 44	23 00	25 56	28 [illegible]	30 67
9000	17 25	20 12	23 00	25 87	28 75	31 62	34 50
10000	19 17	22 36	25 56	28 75	31 94	35 14	38 33

24 JOURS.   INTÉRÊTS AUX TAUX DE

Capitaux.	3	3 ¹/₂	4	4 ¹/₂	5	5 ¹/₂	6
fr.	fr. c.	fr. c.	fr. c.	fr. c.	fr. c.	fr. c.	fr. c.
1	0 00	0 00	0 00	0 00	0 00	0 00	0 00
2	0 00	0 00	0 01	0 01	0 01	0 01	0 01
3	0 01	0 01	0 01	0 01	0 01	0 01	0 01
4	0 01	0 01	0 01	0 01	0 01	0 01	0 02
5	0 01	0 01	0 01	0 01	0 02	0 02	0 02
6	0 01	0 01	0 02	0 02	0 02	0 02	0 02
7	0 01	0 02	0 02	0 02	0 02	0 03	0 03
8	0 02	0 02	0 02	0 02	0 03	0 03	0 03
9	0 02	0 02	0 02	0 03	0 03	0 03	0 04
10	0 02	0 02	0 03	0 03	0 03	0 04	0 04
20	0 04	0 05	0 05	0 06	0 07	0 07	0 08
30	0 06	0 07	0 08	0 09	0 10	0 11	0 12
40	0 08	0 09	0 11	0 12	0 13	0 15	0 16
50	0 10	0 12	0 13	0 15	0 17	0 18	0 20
60	0 12	0 14	0 16	0 18	0 20	0 22	0 24
70	0 14	0 16	0 19	0 21	0 23	0 26	0 28
80	0 16	0 19	0 21	0 24	0 27	0 29	0 32
90	0 18	0 21	0 24	0 27	0 30	0 33	0 36
100	0 20	0 23	0 27	0 30	0 33	0 37	0 40
200	0 40	0 47	0 53	0 60	0 67	0 73	0 80
300	0 60	0 70	0 80	0 90	1 00	1 10	1 20
400	0 80	0 93	1 07	1 20	1 33	1 47	1 60
500	1 00	1 17	1 33	1 50	1 67	1 83	2 00
600	1 20	1 40	1 60	1 80	2 00	2 20	2 40
700	1 40	1 63	1 87	2 10	2 33	2 57	2 80
800	1 60	1 87	2 13	2 40	2 67	2 93	3 20
900	1 80	2 10	2 40	2 70	3 00	3 30	3 60
1000	2 00	2 33	2 67	3 00	3 33	3 67	4 00
2000	4 00	4 67	5 33	6 00	6 67	7 33	8 00
3000	6 00	7 00	8 00	9 00	10 00	11 00	12 00
4000	8 00	9 33	10 67	12 00	13 33	14 67	16 00
5000	10 00	11 67	13 33	15 00	16 67	18 33	20 00
6000	12 00	14 00	16 00	18 00	20 00	22 00	24 00
7000	14 00	16 33	18 67	21 00	23 33	25 67	28 00
8000	16 00	18 67	21 33	24 00	26 67	29 33	32 00
9000	18 00	21 00	24 00	27 00	30 00	33 00	36 00
10000	20 00	23 33	26 67	30 00	33 33	36 67	40 00

Capitaux.	3		3 1/2		4		4 1/2		5		5 1/2		6	
fr.	fr.	c.	fr.	c.	fr.	c.	fr.	c.	fr.	c.	fr.	c.	fr.	c.
1	0	00	0	00	0	00	0	00	0	00	0	00	0	00
2	0	00	0	00	0	01	0	01	0	01	0	01	0	01
3	0	01	0	01	0	01	0	01	0	01	0	01	0	01
4	0	01	0	01	0	01	0	01	0	01	0	02	0	02
5	0	01	0	01	0	01	0	02	0	02	0	02	0	02
6	0	01	0	01	0	02	0	02	0	02	0	02	0	02
7	0	01	0	02	0	02	0	02	0	02	0	03	0	03
8	0	02	0	02	0	02	0	02	0	03	0	03	0	03
9	0	02	0	02	0	02	0	03	0	03	0	03	0	04
10	0	02	0	02	0	03	0	03	0	03	0	04	0	04
20	0	04	0	05	0	06	0	06	0	07	0	08	0	08
30	0	06	0	07	0	08	0	09	0	10	0	11	0	12
40	0	08	0	10	0	11	0	12	0	14	0	15	0	17
50	0	10	0	12	0	14	0	16	0	17	0	19	0	21
60	0	12	0	15	0	17	0	19	0	21	0	23	0	25
70	0	15	0	17	0	19	0	22	0	24	0	27	0	29
80	0	17	0	19	0	22	0	25	0	28	0	31	0	33
90	0	19	0	22	0	25	0	28	0	31	0	34	0	37
100	0	21	0	24	0	28	0	31	0	35	0	38	0	42
200	0	42	0	49	0	56	0	62	0	69	0	76	0	83
300	0	62	0	73	0	83	0	94	1	04	1	15	1	25
400	0	83	0	97	1	11	1	25	1	39	1	53	1	67
500	1	04	1	22	1	39	1	56	1	74	1	91	2	08
600	1	25	1	46	1	67	1	87	2	08	2	29	2	50
700	1	46	1	70	1	94	2	19	2	43	2	67	2	92
800	1	67	1	94	2	22	2	50	2	78	3	06	3	33
900	1	87	2	19	2	50	2	81	3	12	3	44	3	75
1000	2	08	2	43	2	78	3	12	3	47	3	82	4	17
2000	4	17	4	86	5	56	6	25	6	94	7	64	8	33
3000	6	25	7	29	8	33	9	37	10	42	11	46	12	50
4000	8	33	9	72	11	11	12	50	13	89	15	28	16	67
5000	10	42	12	15	13	89	15	62	17	36	19	10	20	83
6000	12	50	14	58	16	67	18	75	20	83	22	92	25	00
7000	14	58	17	01	19	44	21	87	24	31	26	74	29	17
8000	16	67	19	44	22	22	25	00	27	78	30	56	33	33
9000	18	75	21	87	25	00	28	12	31	25	34	37	37	50
10000	20	83	24	31	27	78	31	25	34	72	38	19	41	67

INTÉRÊTS AUX TAUX DE

26 JOURS.

Capitaux.	3		3 ¹/₂		4		4 ¹/₂		5		5 ¹/₂		6	
fr.	fr.	c.	fr.	c.	fr.	c.	fr.	c.	fr.	c.	fr.	c.	fr.	c.
1	0	00	0	00	0	00	0	00	0	00	0	00	0	00
2	0	00	0	01	0	01	0	01	0	01	0	01	0	01
3	0	01	0	01	0	01	0	01	0	01	0	01	0	01
4	0	01	0	01	0	01	0	01	0	01	0	02	0	02
5	0	01	0	01	0	01	0	02	0	02	0	02	0	02
6	0	01	0	02	0	02	0	02	0	02	0	02	0	03
7	0	02	0	02	0	02	0	02	0	03	0	03	0	03
8	0	02	0	02	0	02	0	03	0	03	0	03	0	03
9	0	02	0	02	0	03	0	03	0	03	0	04	0	04
10	0	02	0	03	0	03	0	03	0	04	0	04	0	04
20	0	04	0	05	0	06	0	06	0	07	0	08	0	09
30	0	06	0	08	0	09	0	10	0	11	0	12	0	13
40	0	09	0	10	0	12	0	13	0	14	0	16	0	17
50	0	11	0	13	0	14	0	16	0	18	0	20	0	22
60	0	13	0	15	0	17	0	19	0	22	0	24	0	26
70	0	15	0	18	0	20	0	23	0	25	0	28	0	30
80	0	17	0	20	0	23	0	26	0	29	0	32	0	35
90	0	19	0	23	0	26	0	29	0	32	0	36	0	39
100	0	22	0	25	0	29	0	32	0	36	0	40	0	43
200	0	43	0	51	0	58	0	65	0	72	0	79	0	87
300	0	65	0	76	0	87	0	97	1	08	1	19	1	30
400	0	87	1	01	1	16	1	30	1	44	1	59	1	73
500	1	08	1	26	1	44	1	62	1	81	1	99	2	17
600	1	30	1	52	1	73	1	95	2	17	2	38	2	60
700	1	52	1	77	2	02	2	27	2	53	2	78	3	03
800	1	73	2	02	2	31	2	60	2	89	3	18	3	47
900	1	95	2	27	2	60	2	92	3	25	3	57	3	90
1000	2	17	2	53	2	89	3	25	3	61	3	97	4	33
2000	4	33	5	06	5	78	6	50	7	22	7	94	8	67
3000	6	50	7	58	8	67	9	75	10	83	11	92	13	00
4000	8	67	10	11	11	56	13	00	14	44	15	89	17	33
5000	10	83	12	64	14	44	16	25	18	06	19	86	21	67
6000	13	00	15	17	17	33	19	50	21	67	23	83	26	00
7000	15	17	17	69	20	22	22	75	25	28	27	91	30	33
8000	17	33	20	22	23	11	26	00	28	89	31	78	34	67
9000	19	50	22	75	26	00	29	25	32	50	35	75	39	00
10000	21	67	25	28	28	89	32	50	36	11	39	72	43	33

27 JOURS.   INTÉRÊTS AUX TAUX DE

Capitaux.	3	3 1/2	4	4 1/2	5	5 1/2	6
fr.	fr. c.	fr. c.	fr. c.	fr. c.	fr. c.	fr. c.	fr. c.
1	0 00	0 00	0 00	0 00	0 00	0 00	0 00
2	0 00	0 01	0 01	0 01	0 01	0 01	0 01
3	0 01	0 01	0 01	0 01	0 01	0 01	0 01
4	0 01	0 01	0 01	0 01	0 01	0 02	0 02
5	0 01	0 01	0 01	0 02	0 02	0 02	0 02
6	0 01	0 02	0 02	0 02	0 02	0 02	0 03
7	0 02	0 02	0 02	0 02	0 03	0 03	0 03
8	0 02	0 02	0 02	0 03	0 03	0 03	0 04
9	0 02	0 02	0 03	0 03	0 03	0 04	0 04
10	0 02	0 03	0 03	0 03	0 04	0 04	0 04
20	0 04	0 05	0 06	0 07	0 07	0 08	0 09
30	0 07	0 08	0 09	0 10	0 11	0 12	0 13
40	0 09	0 10	0 12	0 13	0 15	0 16	0 18
50	0 11	0 13	0 15	0 17	0 19	0 21	0 22
60	0 13	0 16	0 18	0 20	0 22	0 25	0 27
70	0 16	0 18	0 21	0 24	0 26	0 29	0 31
80	0 18	0 21	0 24	0 27	0 30	0 33	0 36
90	0 20	0 24	0 27	0 30	0 34	0 37	0 40
100	0 22	0 26	0 30	0 34	0 37	0 41	0 45
200	0 45	0 52	0 60	0 67	0 75	0 82	0 90
300	0 67	0 79	0 90	1 01	1 12	1 24	1 35
400	0 90	1 05	1 20	1 35	1 50	1 65	1 80
500	1 12	1 31	1 50	1 69	1 87	2 06	2 25
600	1 35	1 57	1 80	2 02	2 25	2 47	2 70
700	1 57	1 84	2 10	2 36	2 62	2 89	3 15
800	1 80	2 10	2 40	2 70	3 00	3 30	3 60
900	2 02	2 36	2 70	3 04	3 37	3 71	4 05
1000	2 25	2 62	3 00	3 37	3 75	4 12	4 50
2000	4 50	5 25	6 00	6 75	7 50	8 25	9 05
3000	6 75	7 87	9 00	10 12	11 25	12 37	13 50
4000	9 00	10 50	12 00	13 50	15 00	16 50	18 00
5000	11 25	13 12	15 00	16 87	18 75	20 62	22 50
6000	13 50	15 75	18 00	20 25	22 50	24 75	27 00
7000	15 75	18 37	21 00	23 62	26 25	28 87	31 50
8000	18 00	21 00	24 00	27 00	30 00	33 00	36 00
9000	20 25	23 62	27 00	30 37	33 75	37 12	40 50
10000	22 50	26 25	30 00	33 75	37 50	41 25	45 00

28 JOURS.   INTÉRÊTS AUX TAUX DE

Capitaux.	3	3 1/2	4	4 1/2	5	5 1/2	6
fr.	fr. c.	fr. e.	fr. c.	fr. e.	fr. c.	fr. e.	fr. c.
1	0 00	0 00	0 00	0 00	0 00	0 00	0 00
2	0 00	0 01	0 01	0 01	0 01	0 01	0 01
3	0 01	0 01	0 01	0 01	0 01	0 01	0 01
4	0 01	0 01	0 01	0 01	0 02	0 02	0 02
5	0 01	0 01	0 02	0 02	0 02	0 02	0 02
6	0 01	0 02	0 02	0 02	0 02	0 03	0 03
7	0 02	0 02	0 02	0 02	0 03	0 03	0 03
8	0 02	0 02	0 02	0 03	0 03	0 03	0 04
9	0 02	0 02	0 03	0 03	0 03	0 04	0 04
10	0 02	0 03	0 03	0 03	0 04	0 04	0 05
20	0 05	0 05	0 06	0 07	0 08	0 09	0 09
30	0 07	0 08	0 09	0 10	0 12	0 13	0 14
40	0 09	0 11	0 12	0 14	0 16	0 17	0 19
50	0 12	0 14	0 16	0 17	0 19	0 21	0 23
60	0 14	0 16	0 19	0 21	0 23	0 26	0 28
70	0 16	0 19	0 22	0 24	0 27	0 30	0 33
80	0 19	0 22	0 25	0 28	0 31	0 34	0 37
90	0 21	0 24	0 28	0 31	0 35	0 38	0 42
100	0 23	0 27	0 31	0 35	0 39	0 43	0 47
200	0 47	0 54	0 62	0 70	0 78	0 86	0 93
300	0 70	0 82	0 93	1 05	1 17	1 28	1 40
400	0 93	1 09	1 24	1 40	1 56	1 71	1 87
500	1 17	1 36	1 56	1 75	1 94	2 14	2 33
600	1 40	1 63	1 87	2 10	2 33	2 57	2 80
700	1 63	1 91	2 18	2 45	2 72	2 99	3 27
800	1 87	2 18	2 49	2 80	3 11	3 42	3 73
900	2 10	2 45	2 80	3 15	3 50	3 85	4 20
1000	2 33	2 72	3 11	3 50	3 89	4 28	4 67
2000	4 67	5 44	6 22	7 00	7 78	8 56	9 33
3000	7 00	8 17	9 33	10 50	11 67	12 83	14 00
4000	9 33	10 89	12 44	14 00	15 56	17 11	18 67
5000	11 67	13 61	15 56	17 50	19 44	21 39	23 33
6000	14 00	16 33	18 67	21 00	23 33	25 67	28 00
7000	16 33	19 06	21 78	24 50	27 22	29 94	32 67
8000	18 67	21 78	24 89	28 00	31 11	34 22	37 33
9000	21 00	24 50	28 00	31 50	35 00	38 50	42 00
10000	23 33	27 22	31 11	35 00	38 89	42 78	46 67

Capitaux.	3	3 ¹/₂	4	4 ¹/₂	5	5 ¹/₂	6
fr.	fr. c.	fr. c.	fr. c.	fr. c.	fr. c.	fr. c.	fr. c.
1	0 00	0 00	0 00	0 00	0 00	0 00	0 00
2	0 00	0 01	0 01	0 01	0 01	0 01	0 01
3	0 01	0 01	0 01	0 01	0 01	0 01	0 01
4	0 01	0 01	0 01	0 01	0 02	0 02	0 02
5	0 01	0 01	0 02	0 02	0 02	0 02	0 02
6	0 01	0 02	0 02	0 02	0 02	0 03	0 03
7	0 02	0 02	0 02	0 03	0 03	0 03	0 03
8	0 02	0 02	0 03	0 03	0 03	0 04	0 04
9	0 02	0 03	0 03	0 03	0 04	0 04	0 04
10	0 02	0 03	0 03	0 04	0 04	0 04	0 05
20	0 05	0 06	0 06	0 07	0 08	0 09	0 10
30	0 07	0 08	0 10	0 11	0 12	0 13	0 14
40	0 10	0 11	0 13	0 14	0 16	0 18	0 19
50	0 12	0 14	0 16	0 18	0 20	0 22	0 24
60	0 14	0 17	0 19	0 22	0 24	0 27	0 29
70	0 17	0 20	0 23	0 25	0 28	0 31	0 34
80	0 19	0 23	0 26	0 29	0 32	0 35	0 39
90	0 22	0 25	0 29	0 33	0 36	0 40	0 43
100	0 24	0 28	0 32	0 36	0 40	0 44	0 48
200	0 48	0 56	0 64	0 72	0 81	0 89	0 97
300	0 72	0 85	0 97	1 09	1 21	1 33	1 45
400	0 97	1 13	1 29	1 45	1 61	1 77	1 93
500	1 21	1 41	1 61	1 81	2 01	2 22	2 42
600	1 45	1 69	1 93	2 17	2 42	2 66	2 90
700	1 69	1 97	2 26	2 54	2 82	3 10	3 38
800	1 93	2 26	2 58	2 90	3 22	3 54	3 87
900	2 17	2 54	2 90	3 26	3 62	3 99	4 35
1000	2 42	2 82	3 22	3 62	4 03	4 43	4 83
2000	4 83	5 62	6 44	7 25	8 06	8 86	9 67
3000	7 25	8 46	9 67	10 87	12 08	13 29	14 50
4000	9 67	11 28	12 89	14 50	16 11	17 72	19 23
5000	12 08	14 10	16 11	18 12	20 14	22 15	24 17
6000	14 50	16 92	19 33	21 75	24 17	26 58	29 00
7000	16 92	19 74	22 56	25 37	28 19	31 01	33 83
8000	19 33	22 56	25 78	29 00	32 22	35 44	38 67
9000	21 75	25 37	29 00	32 62	36 25	39 87	43 50
10000	24 17	28 19	32 22	36 25	40 28	44 31	48 33

30 JOURS. INTÉRÊTS AUX TAUX DE

Capitaux.	3		3 ¹/₂		4		4 ¹/₂		5		5 ¹/₂		6	
fr.	fr.	c.	fr.	c.	fr.	c.	fr.	c.	fr.	c.	fr.	c.	fr.	c.
1	0	00	0	00	0	00	0	00	0	00	0	00	0	00
2	0	00	0	01	0	01	0	01	0	01	0	01	0	01
3	0	01	0	01	0	01	0	01	0	01	0	01	0	01
4	0	01	0	01	0	01	0	01	0	02	0	02	0	02
5	0	01	0	01	0	02	0	02	0	02	0	02	0	02
6	0	01	0	02	0	02	0	02	0	02	0	03	0	03
7	0	02	0	02	0	02	0	03	0	03	0	03	0	03
8	0	02	0	02	0	03	0	03	0	03	0	04	0	04
9	0	02	0	03	0	03	0	03	0	04	0	04	0	04
10	0	02	0	03	0	03	0	04	0	04	0	05	0	05
20	0	05	0	06	0	07	0	07	0	08	0	09	0	10
30	0	07	0	09	0	10	0	11	0	12	0	14	0	15
40	0	10	0	12	0	13	0	15	0	17	0	18	0	20
50	0	12	0	15	0	17	0	19	0	21	0	23	0	25
60	0	15	0	17	0	20	0	22	0	25	0	27	0	30
70	0	17	0	20	0	23	0	26	0	29	0	32	0	35
80	0	20	0	23	0	27	0	30	0	33	0	37	0	40
90	0	22	0	26	0	30	0	34	0	37	0	41	0	45
100	0	25	0	29	0	33	0	37	0	42	0	46	0	50
200	0	50	0	58	0	67	0	75	0	83	0	92	1	00
300	0	75	0	87	1	00	1	12	1	25	1	37	1	50
400	1	00	1	17	1	33	1	50	1	67	1	83	2	00
500	1	25	1	46	1	67	1	87	2	08	2	29	2	50
600	1	50	1	75	2	00	2	25	2	50	2	75	3	00
700	1	75	2	04	2	33	2	62	2	92	3	21	3	50
800	2	00	2	33	2	67	3	00	3	33	3	67	4	00
900	2	25	2	62	3	00	3	37	3	75	4	12	4	50
1000	2	50	2	92	3	33	3	75	4	17	4	58	5	00
2000	5	00	5	83	6	67	7	50	8	33	9	17	10	00
3000	7	50	8	75	10	00	11	25	12	50	13	75	15	00
4000	10	00	11	67	13	33	15	00	16	67	18	33	20	00
5000	12	50	14	58	16	67	18	75	20	83	22	92	25	00
6000	15	00	17	50	20	00	22	50	25	00	27	50	30	00
7000	17	50	20	42	23	33	26	25	29	17	32	08	35	00
8000	20	00	23	33	26	67	30	00	33	33	36	67	40	00
9000	22	50	26	25	30	00	33	75	37	50	41	25	45	00
10000	25	00	29	17	33	33	37	50	41	67	45	83	50	00

 INTÉRÊTS AUX TAUX DE

Capitaux.	3	3 ¹/₂	4	4 ¹/₂	5	5 ¹/₂	6
fr.	fr. c.	fr. c.	fr. c.	fr. c.	fr. c.	fr. c.	fr. c.
1	0 01	0 01	0 01	0 01	0 01	0 01	0 01
2	0 01	0 02	0 02	0 02	0 02	0 03	0 03
3	0 02	0 03	0 03	0 03	0 04	0 04	0 04
4	0 03	0 03	0 04	0 04	0 05	0 05	0 06
5	0 04	0 04	0 05	0 06	0 06	0 07	0 07
6	0 04	0 05	0 06	0 07	0 07	0 08	0 09
7	0 05	0 06	0 07	0 08	0 09	0 10	0 10
8	0 06	0 07	0 08	0 09	0 10	0 11	0 12
9	0 07	0 08	0 09	0 10	0 11	0 12	0 13
10	0 07	0 09	0 10	0 11	0 12	0 14	0 15
20	0 15	0 17	0 20	0 22	0 25	0 27	0 30
30	0 22	0 26	0 30	0 34	0 37	0 41	0 45
40	0 30	0 35	0 40	0 45	0 50	0 55	0 60
50	0 37	0 44	0 50	0 56	0 62	0 69	0 75
60	0 45	0 52	0 60	0 67	0 75	0 82	0 90
70	0 52	0 61	0 70	0 79	0 87	0 96	1 05
80	0 60	0 70	0 80	0 90	1 00	1 10	1 20
90	0 67	0 79	0 90	1 01	1 12	1 24	1 35
100	0 75	0 87	1 00	1 12	1 25	1 37	1 50
200	1 50	1 75	2 00	2 25	2 50	2 75	3 00
300	2 25	2 62	3 00	3 37	3 75	4 12	4 50
400	3 00	3 50	4 00	4 50	5 00	5 50	6 00
500	3 75	4 37	5 00	5 62	6 25	6 87	7 50
600	4 50	5 25	6 00	6 75	7 50	8 25	9 00
700	5 25	6 12	7 00	7 87	8 75	9 62	10 50
800	6 00	7 00	8 00	9 00	10 00	11 00	12 00
900	6 75	7 87	9 00	10 12	11 25	12 37	13 50
1000	7 50	8 75	10 00	11 25	12 50	13 75	15 00
2000	15 00	17 50	20 00	22 50	25 00	27 50	30 00
3000	22 50	26 25	30 00	33 75	37 50	41 25	45 00
4000	30 00	35 00	40 00	45 00	50 00	55 00	60 00
5000	37 50	43 75	50 00	56 25	62 50	68 75	75 00
6000	45 00	52 50	60 00	67 50	75 00	82 50	90 00
7000	52 50	61 25	70 00	78 75	87 50	96 25	105 00
8000	60 00	70 00	80 00	90 00	100 00	110 00	120 00
9000	67 50	78 75	90 00	101 25	112 50	123 75	135 00
10000	75 00	87 50	100 00	112 50	125 00	137 50	150 00

 INTÉRÊTS AUX TAUX DE

Capitaux.	3		3 ½		4		4 ½		5		5 ½		6	
fr.	fr.	c.	fr.	c.	fr.	c.	fr.	c.	fr.	c.	fr.	c.	fr.	c.
1	0	01	0	02	0	02	0	02	0	02	0	03	0	03
2	0	03	0	03	0	04	0	04	0	05	0	05	0	06
3	0	04	0	05	0	06	0	07	0	07	0	08	0	09
4	0	06	0	07	0	08	0	09	0	10	0	11	0	12
5	0	07	0	09	0	10	0	11	0	12	0	14	0	15
6	0	09	0	10	0	12	0	13	0	15	0	16	0	18
7	0	10	0	12	0	14	0	16	0	17	0	19	0	21
8	0	12	0	14	0	16	0	18	0	20	0	22	0	24
9	0	13	0	16	0	18	0	20	0	22	0	25	0	27
10	0	15	0	17	0	20	0	22	0	25	0	27	0	30
20	0	30	0	35	0	40	0	45	0	50	0	55	0	60
30	0	45	0	52	0	60	0	67	0	75	0	82	0	90
40	0	60	0	70	0	80	0	90	1	00	1	10	1	20
50	0	75	0	87	1	00	1	12	1	25	1	37	1	50
60	0	90	1	05	1	20	1	35	1	50	1	65	1	80
70	1	05	1	22	1	40	1	57	1	75	1	92	2	10
80	1	20	1	40	1	60	1	80	2	00	2	20	2	40
90	1	35	1	57	1	80	2	02	2	25	2	47	2	70
100	1	50	1	75	2	00	2	25	2	50	2	75	3	00
200	3	00	3	50	4	00	4	50	5	00	5	50	6	00
300	4	50	5	25	6	00	6	75	7	50	8	25	9	00
400	6	00	7	00	8	00	9	00	10	00	11	00	12	00
500	7	50	8	75	10	00	11	25	12	50	13	75	15	00
600	9	00	10	50	12	00	13	50	1	00	16	50	18	00
700	10	50	12	25	14	00	15	75	17	50	19	25	21	00
800	12	00	14	00	16	00	18	00	20	00	22	00	24	00
900	13	50	15	75	18	00	20	25	22	50	24	75	27	00
1000	15	00	17	50	20	00	22	50	25	00	27	50	30	00
2000	30	00	35	00	40	00	45	00	50	00	55	00	60	00
3000	45	00	52	50	60	00	67	50	75	00	82	50	90	00
4000	60	00	70	00	80	00	90	00	100	00	110	00	120	00
5000	75	00	87	50	100	00	112	50	125	00	137	50	150	00
6000	90	00	105	00	120	00	135	00	150	00	165	00	180	00
7000	105	00	122	50	140	00	157	50	175	00	192	50	210	00
8000	120	00	140	00	160	00	180	00	200	00	220	00	240	00
9000	135	00	157	50	180	00	202	50	225	00	247	50	270	00
10000	150	00	175	00	200	00	225	00	250	00	275	00	300	00

Capitaux.	3		3 ½		4		4 ½		5		5 ½		6	
fr.	fr.	c.	fr.	c.	fr.	c.	fr.	c.	fr.	c.	fr.	c.	fr.	c.
1	0	02	0	03	0	03	0	03	0	04	0	04	0	04
2	0	04	0	05	0	06	0	07	0	07	0	08	0	09
3	0	07	0	08	0	09	0	10	0	11	0	12	0	13
4	0	09	0	10	0	12	0	13	0	15	0	16	0	18
5	0	11	0	13	0	15	0	17	0	19	0	21	0	22
6	0	13	0	16	0	18	0	20	0	22	0	25	0	27
7	0	16	0	18	0	21	0	24	0	26	0	29	0	31
8	0	18	0	21	0	24	0	27	0	30	0	35	0	36
9	0	20	0	24	0	27	0	30	0	34	0	37	0	40
10	0	22	0	26	0	30	0	34	0	37	0	41	0	45
20	0	45	0	52	0	60	0	67	0	75	0	82	0	90
30	0	67	0	79	0	90	1	01	1	12	1	24	1	35
40	0	90	1	05	1	20	1	35	1	50	1	65	1	80
50	1	12	1	31	1	50	1	69	1	87	2	06	2	25
60	1	35	1	57	1	80	2	02	2	25	2	47	2	70
70	1	57	1	84	2	10	2	36	2	62	2	89	3	15
80	1	80	2	10	2	40	2	70	3	00	3	30	3	60
90	2	02	2	36	2	70	3	04	3	37	3	71	4	05
100	2	25	2	62	3	00	3	37	3	75	4	12	4	50
200	4	50	5	25	6	00	6	75	7	50	8	25	9	00
300	6	75	7	87	9	00	10	12	11	25	12	37	13	50
400	9	00	10	50	12	00	13	50	15	00	16	50	18	00
500	11	25	13	12	15	00	16	87	18	75	20	62	22	50
600	13	50	15	75	18	00	20	25	22	50	24	75	27	00
700	15	75	18	37	21	00	23	62	26	25	28	87	31	50
800	18	00	21	00	24	00	27	00	30	00	33	00	36	00
900	20	25	23	62	27	00	30	37	33	75	37	12	40	50
1000	22	50	26	25	30	00	33	75	37	50	41	25	45	00
2000	45	00	52	50	60	00	67	50	75	00	82	50	90	00
3000	67	50	78	75	90	00	101	25	112	50	123	75	135	00
4000	90	00	105	00	120	00	135	00	150	00	165	00	180	00
5000	112	50	131	25	150	00	168	75	187	50	206	25	225	00
6000	135	00	157	50	180	00	202	50	225	00	247	50	270	00
7000	157	50	183	75	210	00	236	25	262	50	288	75	315	00
8000	180	00	210	00	240	00	270	00	300	00	330	00	360	00
9000	202	50	236	25	270	00	303	75	337	50	371	25	405	00
10000	225	00	262	50	300	00	337	50	375	00	412	50	450	00

365 JOURS. INTÉRÊTS AUX TAUX DE

Capitaux.	3		3 ¹/₂		4		4 ¹/₂		5		5 ¹/₂		6	
fr.	fr.	c.	fr.	c.	fr.	c.	fr.	c.	fr.	c.	fr.	c.	fr.	c.
1	0	03	0	04	0	04	0	05	0	05	0	06	0	06
2	0	06	0	07	0	08	0	09	0	10	0	11	0	12
3	0	09	0	11	0	12	0	14	0	15	0	17	0	18
4	0	12	0	14	0	16	0	18	0	20	0	22	0	24
5	0	15	0	18	0	20	0	23	0	25	0	28	0	30
6	0	18	0	21	0	24	0	27	0	30	0	33	0	36
7	0	21	0	25	0	28	0	32	0	35	0	39	0	43
8	0	24	0	28	0	32	0	36	0	41	0	45	0	49
9	0	27	0	32	0	36	0	41	0	46	0	50	0	55
10	0	30	0	35	0	41	0	46	0	51	0	56	0	61
20	0	61	0	71	0	81	0	91	1	01	1	12	1	22
30	0	91	1	06	1	22	1	37	1	52	1	67	1	82
40	1	22	1	42	1	62	1	82	2	03	2	23	2	43
50	1	52	1	77	2	03	2	28	2	53	2	79	3	04
60	1	82	2	13	2	43	2	74	3	04	3	35	3	65
70	2	13	2	48	2	84	3	19	3	55	3	90	4	26
80	2	43	2	84	3	24	3	65	4	06	4	46	4	87
90	2	74	3	19	3	65	4	12	4	56	5	02	5	47
100	3	04	3	55	4	06	4	56	5	07	5	58	6	08
200	6	08	7	10	8	11	9	12	10	14	11	15	12	17
300	9	12	10	65	12	17	13	69	15	21	16	73	18	25
400	12	17	14	19	16	22	18	25	20	28	22	31	24	33
500	15	21	17	74	20	28	22	81	25	35	27	88	30	42
600	18	25	21	29	24	33	27	37	30	42	33	46	36	50
700	21	29	24	84	28	39	31	94	35	49	39	03	42	58
800	24	33	28	39	32	44	36	50	40	56	44	61	48	67
900	27	37	31	94	36	50	41	06	45	62	50	19	54	75
1000	30	42	35	49	40	56	45	62	50	69	55	76	60	83
2000	60	83	70	97	81	11	91	25	101	39	114	53	121	67
3000	91	25	106	46	121	67	136	87	152	08	167	29	182	50
4000	121	67	141	94	162	22	182	50	202	78	223	06	243	33
5000	152	08	177	43	202	78	228	62	253	47	278	82	304	17
6000	182	50	212	92	243	33	273	75	304	17	334	58	365	00
7000	212	92	248	40	283	89	319	37	354	86	390	35	425	83
8000	243	33	283	89	324	44	365	00	405	56	446	11	486	67
9000	273	75	319	37	365	00	410	62	456	25	501	87	547	50
10000	304	17	354	86	405	56	456	25	506	94	557	64	608	33

DES SIX

ORDRES D'ARCHITECTURE.

(Voir la planche à la fin de cet ouvrage.)

Cette planche représente les six ordres d'architecture., suivant Panseron, professeur. Le sixième, qu'on nomme ordre français, a été commenté par cet auteur. Le module doit être divisé en trente parties. Pour faciliter la construction des membres des moulures, on a ajouté, à cette planche, deux figures appliquées à la coupe des pierres.

La première représente le plan d'une niche, et la deuxième l'élévation ou vue géométrale. On a descendu, par des retombées, la naissance des voussoirs jusqu'au plan, afin de donner une idée de l'opération pour la détermination de l'ombre au nu du mur dans le fond de la niche. La figure 3 représente une arcade de pont en cintre, surbaissée comme une anse de panier, sur un plan biais. La figure 4 en représente le plan.

DE L'ORDRE TOSCAN. (Figure première.)

A l'entablement de l'ordre toscan, l'ove ou quart de rond qui sert de cymaise, est compté pour un demi-pied ; l'astragale avec son filet au-dessous, un pied ; la couronne avec la mouchette pendante, un pied ; le talon avec son filet, un pied : ainsi. la corniche seule vaut 3 pieds et demi. La frise est comprise dans la hauteur du mur.

L'architrave est comptée pour un pied. Tout l'entablement toscan vaut 4 pieds et demi, c'est-à-dire qu'une toise courante ne fera que trois quarts de toise.

Au chapiteau de l'ordre toscan, l'abaque et son filet valent un pied ; l'ove et le filet au-dessous, un pied ; la frise n'est point comptée ; l'astragale, son filet et le congé, un pied. Or donc, le chapiteau vaut trois pieds.

25*

A là base de l'ordre toscan, le congé, le filet et le tore valent un pied ; la plinthe, un demi-pied ; la base vaut en tout un pied et demi.

Au-piédestal de l'ordre toscan, la plinthe et le talon valent un pied ; le socle, le filet, et le congé, un pied : voilà l'ordre toscan

DE L'ORDRE DORIQUE (Figure deuxième).

A l'entablement de l'ordre dorique, la cymaise et son filet valent un pied ; le talon et son filet, un pied ; la couronne et la double mouchette, deux pieds ; la petite gorge et son filet, un pied.

Les denticules non refendues valent un demi-pied ; et refendues, un pied et demi ; le talon et son filet, un pied. Toute la corniche vaut six pieds et demi (les denticules non refendues) ; et sept pieds et demi, refendues.

Le filet qui couronne les triglyphes vaut un demi-pied ; les canaux angulaires des trigliphes valent un demi-pied chacun, les deux angles, un pied.

Les gouttes valent un demi-pied chacune ; la face avec son filet, un pied.

Si, au lieu de denticules, on met des modillons couronnés d'un talon, comme celui vu de profil, ou par dessous, ce modillon et son couronnement seront comptés pour un pied, outre le corps de la corniche, en le contournant des deux cotés. Dans les entre-modillons qui sont la partie nommée soffite, on fait des rosaces entre-fermées d'un petit cadre, qui doit être contourné et compté suivant les moulures qui le composent. Chaque membre couronné d'un filet vaut un demi-pied, et la masse de la rose aussi un demi-pied. La rose est faite par un sculpteur, et est comptée à part.

Au chapiteau de l'ordre dorique, le talon couronné d'un filet, vaut un pied ; l'abaque, un demi-pied ; l'ove aussi un demi-pied ; l'astragale, le filet et le congé, un pied, l'astragale du collarin, son filet et le congé, un pied ; le chapiteau vaut en tout quatre pieds y compris l'astragale du collarin qui fait partie de la colonne,

A la base de l'ordre dorique, la plinthe vaut un demi-pied ; le tore, aussi un demi-pied ; l'astragale, son filet et le congé , un pied : la base vaut donc deux pieds. Le filet et le congé en escarpe font partie de la colonne.

A la corniche du piédestal de l'ordre dorique, la cymaise fait du quart de rond et son filet, valent un pied : la couronne, son filet et la mouchette pendante, un pied et demi ; le talon et son filet, un pied ; la corniche vaut trois pieds et demi.

A la base du piédestal de l'ordre dorique, la gorge et son filet valent un pied ; la doucine renversée et son filet, aussi un pied ; et le socle un demi-pied. La base du piédestal vaut deux pieds et demi.

DE L'ORDRE IONIQUE. (Figure troisième.)

A la corniche de l'ordre ionique, la doucine et son filet valent un pied ; le talon et son filet, un pied ; la couronne, la mouchette pendante et le soffitte, un pied ; l'ove et son filet, un pied ; l'astragale, son filet et le congé, un pied ; les denticules refendues, un pied et demi ; la gorge et son filet, un pied ; la corniche vaut sept pieds et demi.

A l'architrave, le talon couronné d'un filet vaut un pied ; les deux faces, un demi-pied chacune. La troisième n'est pas comptée, non plus que la frise, parce qu'elle représente le nu du mur ou de la colonne.

Les moulures du chapiteau ionique sont à peu près les mêmes que celles du dorique ; le talon couronné d'un filet vaut un pied ; la face qui fait corps de la volute, couronnée de son listel, un pied ; l'ove, un demi-pied ; l'astragale, le filet et le congé un pied ; le chapiteau vaut trois pieds et demi. Les volutes sont laissées en bossage pour le sculpteur.

La base ionique est celle qu'on nomme attique : elle n'est comptée que depuis le dessus du tore supérieur jusqu'au bas, car le filet du dessus, qu'on nomme escarpe, appartient à la colonne ou au pilastre ; ainsi, à la base seule, le tore et son filet au-dessous valent un pied ; la scotie et son filet, aussi un pied ; le tore, un demi-pied ; la plinthe aussi un demi-pied ; la base vaut trois pieds.

A la corniche du piédestal ionique, le talon et son filet valent un pied ; la couronne et la mouchette pendante, un pied ; l'ove et son filet, un pied ; l'astragale, son filet et le congé, un pied. Toute la corniche vaut quatre pieds.

A la base du piédestal ionique, l'astragale, son filet et le congé valent un pied ; la doucine renversée et son filet, un pied ; la plinthe, un demi-pied.

La base vaut deux pieds et demi ; la table du piédestal étant contournée, vaut un demi-pied.

DE L'ORDRE CORINTHIEN. (Figure quatrième.)

A la corniche de l'ordre corinthien, la doucine et son filet valent un pied ; le talon et son filet, un pied ; la couronne et le petit talon au-dessous, un pied ; la face et l'ove au-dessous, un pied ; l'astragale et son filet, un pied ; les carrés des denticules non refendues, un demi-pied ; le talon et son filet, un pied. La corniche vaut six pieds et demi, sans les modillons et les denticules refendues. Les modillons sont comptés à part, en contournant leurs moulures. Les petits cadres sous le soffite pour les rosaces, sont comptés sur leur pourtour. Chaque membre couronné vaut un pied et demi ; les denticules refendues valent un pied et demi, ainsi qu'on l'a déjà dit.

A l'architrave, le talon et son filet valent un pied ; l'astragale, un demi-pied ; la face et le talon au-dessous, un pied ; la face et l'astragale au-dessous, un pied. La troisième face n'est point comptée par la raison qui a été dite ci-devant.

Au chapiteau corinthien, l'abaque est comptée un pied et demi, en la contournant ; et la campane, un demi-pied ; l'astragale, un pied ; le chapiteau est compté pour trois pieds de moulures, y compris l'astragale qui est de la colonne. Il faut estimer l'ébauche des feuilles à part : elle peut être comptée trois pieds.

A la base, le filet et l'escarpe valent un demi-pied et font partie de la colonne ; le tore supérieur et son filet, un pied ; la scotie et le filet au-dessous, un pied ; le petit tore du milieu et le filet au-dessous, un pied ; la seconde scotie et son filet, un pied ; le tore inférieur et le filet au-dessus, un pied ; la plinthe, un demi-pied. La base vaut six pieds.

A la corniche du piédestal, le talon et son filet valent un pied ; la couronne et la mouchette, un pied ; la doucine couronnée d'un filet, un pied ; l'astragale, son filet et le congé, un pied. Le tout vaut quatre pieds.

A la base du piédestal, l'astragale, son filet et le congé valent un pied ; la doucine et le filet au-dessous, un pied ; le tore et la plinthe, un pied. Le tout vaut trois pieds.

Le corps des colonnes étant toisé à part, puis le pourtour sur la hauteur, y compris la base et le chapiteau, si la colonne a neuf pieds de pourtour, à son premier tiers, et vingt-sept pieds de hauteur, y compris la base et le chapiteau, on multipliera 27 par 9, on aura 6 toises 3/4 pour le corps de la colonne. On ajoutera les moulures du chapiteau et de la base suivant le pourtour de la colonne, comme il a été dit ci-devant.

ʌ'est encore utile de connaître par règles les hauteurs des ordres et des parties qui les composent.

La difficulté de prendre des mesures occasione quelquefois des erreurs qu'on peut éviter en les étudiant et retenant de mémoire. Chaque ordre se divise en trois parties, savoir : piédestal, colonne, entablement; chacune se subdivise en trois autres parties, savoir : le piédestal en socle, dé et corniche; la colonne en base, fût et chapiteau; l'entablement en architrave, frise et corniche. Dans tous les ordres, le module est formé du demi-diamètre du bas de la colonne, et est égal à la hauteur de sa base. La colonne toscane porte sept fois sa grosseur, y compris la base et le chapiteau; la colonne dorique, huit fois; l'ionique, neuf fois; la corinthienne et la composite, dix fois.

Les entablements ont pour hauteur le quart de la colonne, et les piédestaux le tiers.

DE L'ORDRE TOSCAN SANS PIÉDESTAL.

La hauteur de la colonne est de 14 modules, savoir :
Base... 1 module 0 part. ⎫
Fût de la colonne....................12   0   ⎬ 14 mod.
Chapiteau 1   0   ⎠

L'entablement, quart de la colonne, est de 3 mod. et demi, savoir :

Architrave............................... 1 module 0 part. ⎫
Frise.. 1   2   ⎬ 3 mod.1/2.
Corniche................................... 1   4   ⎠

Total de la hauteur sans piédestal : 17 mod. 1/2

Le piédestal, tiers de la colonne, est de 4 mod. 2/3, savoir :

Corniche................................... 0 module 6 part. ⎫
Dé.. 3   8   ⎬ 4 mod. 1|
Socle.. 0   6   ⎠

Total général de l'ordre toscan : 22 mod.

Pour bien connaître les différentes proportions d'un ordre, on mesurera la base par le bas, dont la hauteur est toujours égale au demi-diamètre de la colonne. Cette marche est plus sûre que de s'en rapporter à la hauteur du piédestal. Il arrive souvent que l'on donne plus de hauteur à son dé, pour plus d'élégance, et ce, suivant le goût de l'architecte.

Soit la base ou le demi-diamètre connu, que nous supposons être de 18 pouces, la colonne aura 21 pieds; le piédestal, suivant ce qui a été dit ci-dessus, aura 7 pieds de haut, et l'entablement 5 pieds un quart; le surplus sera dans la même proportion.

Le module de cet ordre et du suivant se divise en 12 parties.

Le dorique, sans piédestal, est de 20 modules, et de 25 modules un tiers avec piédestal.

La hauteur de la colonne a huit fois sa grosseur; or donc, elle est de 16 modules, savoir :

Base... 1 module 0 part. ⎫
Fût. 14   0   ⎬ 16 mod.
Chapiteau.................................. 1   0   ⎭

L'entablement, le quart de la colonne, est de 4 modules, savoir :

Architrave................................. 1 module 0 part. ⎫
Frise...................................... 1   6   ⎬ 4 mod.
Corniche 1   6   ⎭

Le piédestal, tiers de la colonne, est de 5 modules un tiers, savoir :

Corniche.................................. 0 module 6 part. ⎫
Dé.. 4   0   ⎬ 5 mod.1/3.
Socle..................................... 3   20   ⎭

Total de l'ordre dorique : 25 mod. 1/3.

Pour connaître et bien réaliser ces mesures, il faut se servir de la méthode de l'ordre toscan.

L'ionique, sans piédestal, est de 22 modules et demi, et avec piédestal, de 28 modules et demi.

La hauteur de la colonne a neuf fois sa grosseur, et est de 18 modules, savoir :

Base...................................... 1 module 0 part. ⎫
Fût....................................... 16   0   ⎬ 18 mod.
Chapiteau................................. 0   22   ⎭

L'entablement, quart de la colonne, est de 4 modules et demi, savoir :

Architrave.................... 1 module 4 part. 1/2. ⎫
Frise......................... 1   9   »   ⎬ 4 mod. 1/2.
Corniche 1   13   1/2. ⎭

Le piédestal, tiers de la colonne, est de 6 modules, savoir :

Corniche.................................. 0 module 9 part. ⎫
Dé.. 5   0   ⎬ 6 mod.
Socle..................................... 0   9   ⎭

Total de l'ordre ionique : 28 mod. 1/2.

Le module de l'ordre ionique, du corinthien et composite , se divise en 18 parties. On opérera néanmoins, comme pour l'ordre toscan, en mesurant la base par le bas : on aura soin de ne pas confondre les différentes divisions du module.

Le corinthien et le composite, sans piédestal, sont de 25 modules, et avec piédestal, de 31 modules deux tiers, ou 12 parties.

La hauteur de la colonne a dix fois sa grosseur ; elle est, par conséquent, de 20 modules, y compris la base et le chapiteau, savoir ;

Base......................	1 module	0 part.	⎫
Fût..................... .	16	12	⎬ 20 mod.
Chapiteau	2	6	⎭

L'entablement, quart de la colonne, est de 5 modules, savoir :

Architrave............	1 module	9 part.	⎫
Frise..................	1	9	⎬ 5 mod.
Corniche...............	2	0	⎭

Le piédestal, tiers de la colonne, est de 6 modules deux tiers , savoir :

Corniche..................	0 modules	14 part.	⎫
Dé.......................	5	4	⎬ 6 mod. 1/2
Socle....................	0	12	⎭

Il arrive souvent que l'on donne 7 modules pour le piédestal, au lieu de 6 deux tiers.

DE L'ORDRE FRANÇAIS.

A l'entablement de l'ordre français, l'ove ou quart de rond, qui sert de cymaise, est compté pour un pied ; le talon renversé et son filet, un pied ; la couronne et le petit talon au-dessous, un pied ; la face et l'ove au-dessous, un pied ; la première astragale et son filet, un pied ; le premier carré, un demi-pied ; le deuxième, quatre pouces ; les troisième et quatrième seront comptés pour quatre pouces ; la corniche vaut 6 pieds 2 pouces sans les modillons qu'on doit compter séparément, en contournant leurs moulures ; les petits cadres sous le soffite, pour les rosaces , sont comptés sur leur circonférence : chaque membre couronné vaut un pied et demi.

A l'architrave, la gorge et son filet valent un pied ; l'astragale, un demi-pied ; la face avec le filet au-dessous, un pied ; la troisième face n'est point comptée, par la raison dite ci-devant.

Au chapiteau de l'ordre français, l'abaque est comptée un point et demi, en la contournant; et la campane, pour un demi-pied; l'astragale, un pied; le chapiteau vaut trois pieds de moulure, y compris l'astragale qui est de la colonne. On estimera l'ébauche des feuilles à part.

A la base, le filet et l'escarpe valent un demi-pied, et font partie de la colonne; le tore supérieur et son filet un pied; la scotie et le filet au-dessous, un pied; le gros tore un pied; la plinthe, un demi pied; la base vaut quatre pieds.

A la corniche du piédestal, le filet et la gorge renversés, un pied; la couronne et la doucine, un pied; l'astragale et son filet, un pied: le tout vaut trois pieds.

A la base du piédestal, le filet et le tore, un demi-pied; la gorge renversée et son filet, un pied; le tore inférieur, un pied; la plinthe, un pied. Le tout vaut trois pieds et demi.

Il est encore utile de connaître par règles les hauteurs des ordres et des parties qui les composent.

Si les colonnes sont cannelées, on comptera à part leurs cannelures, lorsque celles-ci seront, comme aux colonnes doriques où il y a des portions de cercle jointes les unes contre les autres, et une arête vive entre deux, pour un quart de pied chacune, sur leur hauteur, de sorte que vingt-quatre toises de long de ces cannelures vaudront une toise de mur.

Si ces cannelures étaient des demi-cercles, et qu'il y eût entre elles des côtés qui sont ordinairement le quart des demi-cercles, chaque cannelure et sa côte vaudraient un demi-pied; et douze toises de long, une toise de mur.

Les cannelures étant, au contraire, des demi-cercles avec un filet outre les côtes, on les comptera pour un pied, et les six toises de long vaudront une toise de mur. Il y a encore d'autres sortes de cannelures qu'on peut toiser par les mêmes principes.

Pour toiser les corps des piédestaux, on prend toute la hauteur, y compris la base et la corniche, qu'on multiplie par les deux faces prises à nu, ce qui produit des toises à mur.

Quant aux moulures de la corniche et de la base, elles sont contournées à l'entour des quatre faces du nu du piédestal, s'il est isolé: on les compte comme il vient d'être dit.

S'il y a des tables simples dans le dé ou le nu du piédestal, elles sont contournées et comptées pour un demi-pied; si au lieu de tables, on y fait des cadres, chaque membre couronné n'est compté que pour un demi-pied, puisqu'ils sont pris dans l'épaisseur du corps du piédestal.

Si le piédestal n'est pas isolé, et qu'il soit engagé dans l'épaisseur du mur, on ne compte que ce qui est dégagé suivant son pourtour.

Les corps des entablements portés sur ces colonnes ou sur des pilastres qui saillent hors les faces des murs, doivent être comptés à part, outre les moulures.

Ces corps d'entablement sont mesurés comme des avant-corps simples, et on prend toute la longueur de la face avec l'un des retours qu'on multiplie par la hauteur de l'entablement, et les toises qui en résultent sont comptées dans la proportion qu'a la saillie de l'entablement avec les murs auxquels il est joint.

Si le corps de l'entablement n'a de saillie que la moitié de l'épaisseur du mur, on ne comptera les toises superficielles qu'à demi mur, plus ou moins et proportionnellement. On comptera en outre les moulures des entablements, en prenant le contour au nu de la frise, encore que les saillies excèdent ce nu.

Lorsqu'il y a des frontons au-dessus d'un ordre d'architecture ou d'un avant-corps simple, il faut compter comme mur le corps de ces frontons, ou triangulaires ou ceintrés; il faut compter les moulures à part, suivant la pente ou le contour des frontons.

Les scroters qu'on fait au-dessous des frontons, sont comptés comme les piédestaux.

Quand, au lieu de colonnes on met des pilastres pour faire un avant-corps, il faut prendre la moitié de leur contour qu'on multiplie par la hauteur, pour en avoir des toises à mur.

Les chapiteaux, les bases, les cannelures, etc. des pilastres, se toisent comme les colonnes, et on prend le contour au nu de celle-ci.

Ces tables d'attente qui saillent hors le nu des murs, sont mesurées comme les pilastres, en prenant la moitié de leur contour, qu'on multiplie par leur hauteur, et le produit donne des toises à mur.

On ajoutera les moulures des corniches et cadres dont les tables d'attente sont ornées. Le contour de ces mêmes corniches sera pris au nu des tables, et si les moulures des cadres de celle-ci sont prises dans leur épaisseur, chaque membre couronne ne doit être compté que pour un demi-pied.

Le corps des bossages laissés aux encoignures des chaînes de murs de face, n'est point compté à part, outre le mur; mais les joints refendus qu'on fait dans ces bossages, le sont pour un pied de toise courante, carrés ou à deux angles, et même triangulaires; enfin arrondis dans leurs arêtes. On prend leur contour ou la face des retours, et chaque pied de long vaut un pied de mur, dont trente-six font la toise.

Les plinthes qu'on fait aux faces des bâtiments pour marquer les étages, sont simples ou composées; les simples n'ont qu'une seule bande sans moulure, et ne sont comptées que pour un demi-pied courant. Celles qui ont un membre sans les bandes, valent un pied courant.

Les plinthes se comptent dans la proporti a du nombre des moulures; celles des appuis de croisées ou autres Indroits, sont comptées de même que ci-dessus.

Le bandeau simple qu'on fait au pourtour m dehors d'une croisée est compté pour un demi-pied de toise.

Les croisées qui ont un double bandeau, sont comptées pour un pied sur leur contour. Si, au lieu d'un band eau, on fait une archivolte au pourtour du dehors, les moulures doivent être comptée et chaque membre couronné, pour un pied de toise à mur.

Dans les croisées et portes composées ayant un avant-corps couronné d'un fronton, on doit compter pour un pied toutes les moulures saillantes, couronnées d'un filet, ainsi qu'il a été dit: celles qui sont enfoncées dans les avant-corps valent un demi-pied. Il arrive d'y ajouter des consoles; dans ce cas, on compte les membres qui les couronnent, en estimant les consoles à part.

On doit faire peu de moulures au haut des cheminées pour éviter qu'elles ne se démolissent en peu de temps; les plus simples sont d'une plinthe et d'un larmier avec un amortissement au-dessus pour égoutter l'eau, qu'on compte pour un pied et demi. Si la plinthe était au-dessous, on la compterait à part, suivant ce qui a été dit.

Aux grandes maisons, on fait ordinairement les hauts des cheminées de pierres de taille de Saint-Leu ou de celles équivalentes: dans ce cas, on peut orner le haut des cheminées, selon la qualité de la maison, en faisant une corniche de trois ou quatre pieds de moulures, avec une architrave au-dessous.

FIN.

TABLE.

DES SIX ORDRES D'ARCHITECTURE.

FIN DE LA TABLE.

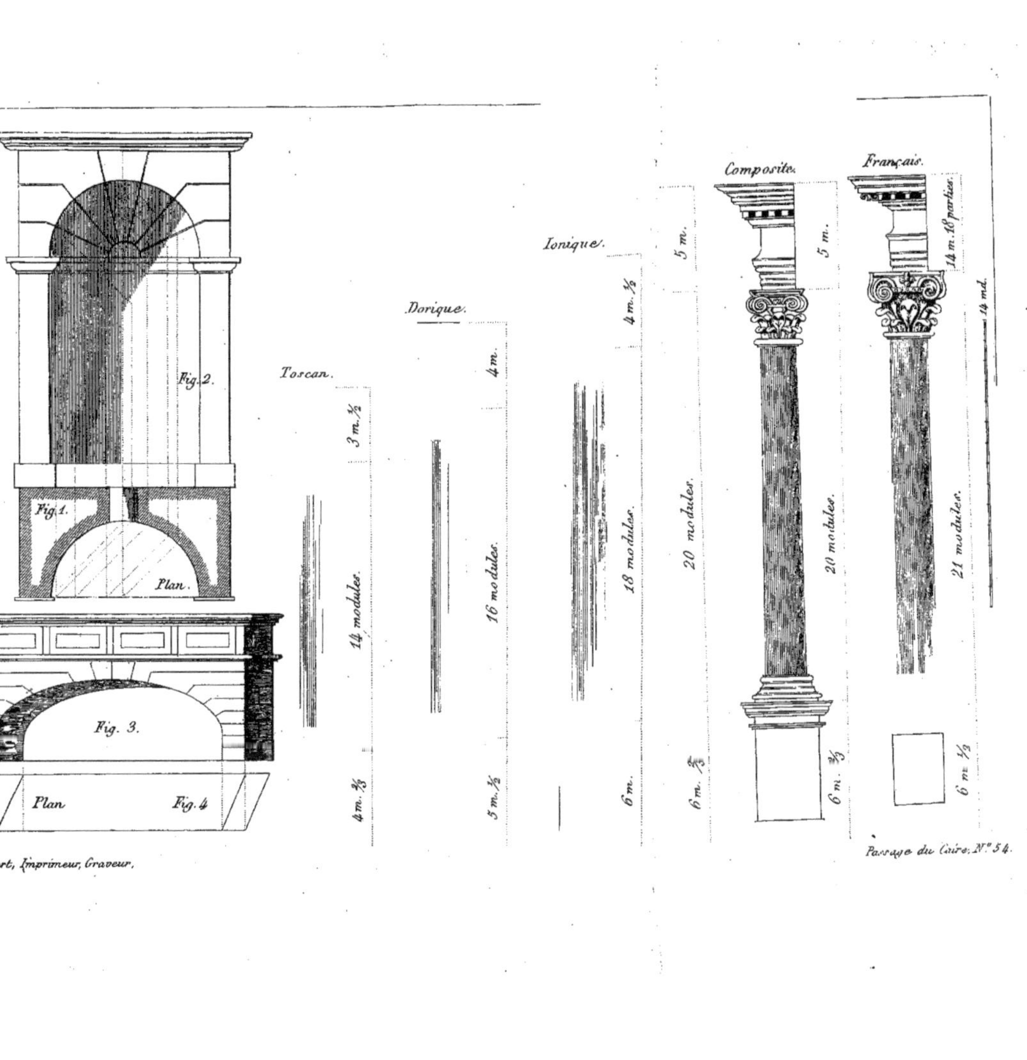

Fig. 2.
Fig. 1.
Plan.
Fig. 3.
Plan
Fig. 4.
Toscan.
Dorique.
Ionique.
Composite.
Français.
14 modules.
16 modules.
18 modules.
20 modules.
20 modules.
21 modules.
3 m. ½
4 m.
4 m. ½
5 m.
5 m.
14 m. 18 parties.
14 md.
4 m. ⅔
5 m. ½
6 m.
6 m. ⅔
6 m. ⅔
6 m. ⅓
ert, Imprimeur, Graveur.
Passage du Caire, N.º 54.

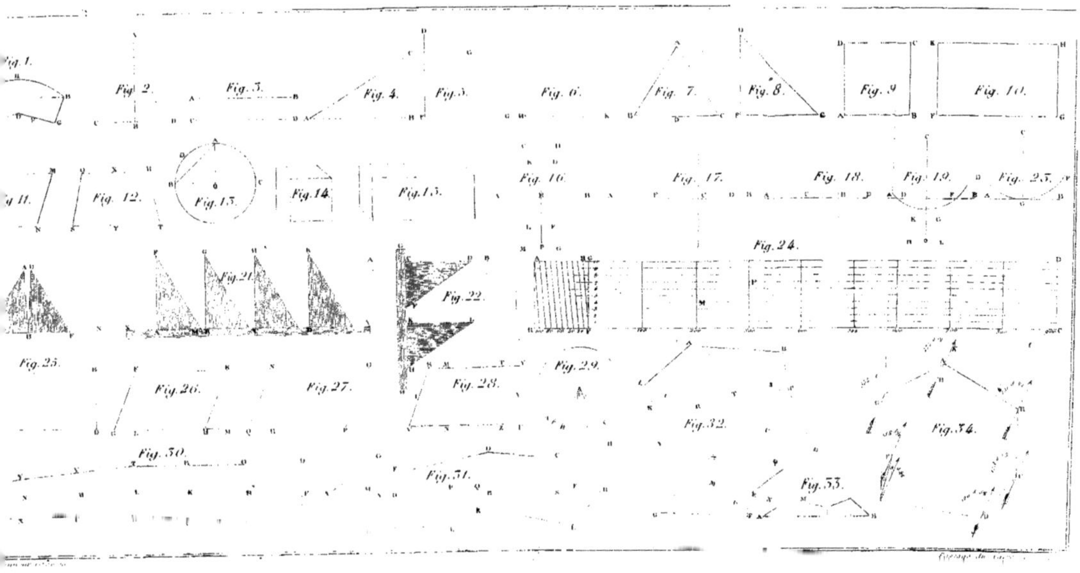

Fig. 1.

Fig. 2. Fig. 3. Fig. 4. Fig. 5. Fig. 6. Fig. 7. Fig. 8. Fig. 9. Fig. 10.

Fig. 11. Fig. 12. Fig. 13. Fig. 14. Fig. 15. Fig. 16. Fig. 17. Fig. 18. Fig. 19. Fig. 23.

Fig. 20. Fig. 21. Fig. 22. Fig. 24.

Fig. 25. Fig. 26. Fig. 27. Fig. 28. Fig. 29.

Fig. 30. Fig. 31. Fig. 32. Fig. 33. Fig. 34.